Dare to Share – Deutschlands Weg zur Partnerschaftlichkeit in Familie und Beruf

BESSERE POLITIK FÜR EIN BESSERES LEBEN

Dieses Dokument und die darin enthaltenen Karten berühren weder den völkerrechtlichen Status von Territorien noch die Souveränität über Territorien, den Verlauf internationaler Grenzen und Grenzlinien sowie den Namen von Territorien, Städten oder Gebieten.

Bitte zitieren Sie diese Publikation wie folgt:
OECD (2016), *Dare to Share – Deutschlands Weg zur Partnerschaftlichkeit in Familie und Beruf*, OECD Publishing, Paris.
http://dx.doi.org/10.1787/9789264263420-de

ISBN 978-92-64-26327-7 (Print)
ISBN 978-92-64-26342-0 (PDF)

Die statistischen Daten für Israel wurden von den zuständigen israelischen Stellen bereitgestellt, die für sie verantwortlich zeichnen. Die Verwendung dieser Daten durch die OECD erfolgt unbeschadet des Status der Golanhöhen, von Ost-Jerusalem und der israelischen Siedlungen im Westjordanland gemäß internationalem Recht.

Lettland war zum Zeitpunkt der Erstellung dieser Publikation nicht Mitglied der OECD. Lettland erscheint somit nicht in der Liste der Mitgliedsländer und ist nicht als Teil des OECD-Raums aufgeführt.

Originaltitel: *Dare to Share: Germany's Experience Promoting Equal Partnership in Families*
Übersetzung durch den Deutschen Übersetzungsdienst der OECD.

Foto(s): Deckblatt © akindo/DigitalVision Vectors/Getty Images ; © yuoak/DigitalVision Vectors/Getty Images

Korrigenda zu OECD-Veröffentlichungen sind verfügbar unter: *www.oecd.org/about/publishing/corrigenda.htm*.
© OECD 2016

Die OECD gestattet das Kopieren, Herunterladen und Abdrucken von OECD-Inhalten für den eigenen Gebrauch sowie das Einfügen von Auszügen aus OECD-Veröffentlichungen, -Datenbanken und -Multimediaprodukten in eigene Dokumente, Präsentationen, Blogs, Websites und Lehrmaterialien, vorausgesetzt die Quelle und der Urheberrechtsinhaber werden in geeigneter Weise genannt. Sämtliche Anfragen bezüglich Verwendung für öffentliche oder kommerzielle Zwecke bzw. Übersetzungsrechte sind zu richten an: *rights@oecd.org*. Die Genehmigung zur Kopie von Teilen dieser Publikation für den öffentlichen oder kommerziellen Gebrauch ist direkt einzuholen beim Copyright Clearance Center (CCC) unter *info@copyright.com* oder beim Centre français d'exploitation du droit de copie (CFC) unter *contact@cfcopies.com*.

Vorwort

Im OECD-Vergleich ist festzustellen, dass die Länder, in denen die Differenzen zwischen dem Zeitaufwand von Frauen und Männern für Haus- und Familienarbeit am geringsten sind, auch die geringsten Geschlechterdifferenzen bei den Erwerbstätigenquoten aufweisen. Wie viel Zeit am Arbeitsplatz verbracht wird, hat Einfluss darauf, wie viel Zeit mit der Familie verbracht wird und umgekehrt. Das traditionelle Modell des männlichen Haupt- bzw. Alleinverdieners wird weder den heutigen Anforderungen einer effizienten Ressourcenallokation auf dem Arbeitsmarkt noch den Lebensvorstellungen vieler Väter und Mütter gerecht. Viele Väter würden heute gerne mehr Zeit mit ihren Kindern verbringen, und viele Mütter hätten gerne mehr Zeit, um ihre Karrierevorstellungen und ihr berufliches Potenzial zu verwirklichen.

Die deutsche Familienpolitik und die Einstellung der Bevölkerung, was die Organisation von Familie und Beruf anbelangt, haben sich in den letzten 15 Jahren stark gewandelt, und so ist es an der Zeit, aus einer internationalen Perspektive heraus eine Bilanz dieser Veränderungen zu ziehen. Der vorliegende Bericht erläutert die Vorteile einer partnerschaftlichen Aufgabenteilung in Familie und Beruf, beurteilt die Situation in Deutschland und veranschaulicht empfehlenswerte Vorgehensweisen in Politik und Praxis anhand von Beispielen aus anderen OECD-Ländern.

Dieser Bericht wurde von Willem Adema, Chris Clarke, Valerie Frey, Angela Greulich (Université Paris 1 Panthéon Sorbonne), Hyunsook Kim, Pia Rattenhuber und Olivier Thévenon mit Unterstützung von Ava Guez, Annalena Oppel, Natalie Lagorce, Elma Lopes und Marlène Mohier unter der Aufsicht von Monika Queisser, Leiterin der Abteilung Sozialpolitik, erstellt und von Ken Kincaid sowie Kate Lancaster redaktionell überarbeitet. Das Bundesministerium für Familie, Senioren, Frauen und Jugend hat diese internationale Vergleichsstudie über die Förderung der Partnerschaftlichkeit in Familie und Beruf finanziell unterstützt und Kommentare zur Entwurfsfassung des Berichts beigesteuert, die in die Endfassung eingeflossen sind.

Inhaltsverzeichnis

Vorwort 3

Abkürzungen 13

Zusammenfassung 15

Kapitel 1 Dare to share – Deutschlands Weg zur Partnerschaftlichkeit in Familie und Beruf 19
   1. Einführung 20
   2. Arbeitsteilung zahlt sich für Familien aus 21
   3. Arbeitsteilung zahlt sich für die Gesellschaft als Ganzes aus 29
   4. Den Weg für eine partnerschaftliche Aufgabenteilung bereiten: Die Sozialpolitik kann Partnerschaftlichkeit in den Familien fördern 31
   Literaturverzeichnis 37

Kapitel 2 Partnerschaft, Familienstruktur und Arbeitsteilung: Deutschland im OECD-Vergleich 41
   1. Einleitung und wichtigste Erkenntnisse 42
   2. Die meisten Kinder leben in Paarfamilien, die Zahl der Kinder je Familie ist jedoch nach wie vor gering 44
   3. Ungleichheiten und Ineffizienzen auf dem Arbeitsmarkt: Frauen sind in Deutschland zwar erwerbstätig, Mütter gehen jedoch oft Teilzeitbeschäftigungen nach 48
   4. Ungleiche Verteilung der unbezahlten Arbeit: Frauen übernehmen nach wie vor den Großteil der häuslichen Arbeit 60
   5. In Deutschland kommt der Konflikt zwischen Familie und Beruf deutlich zum Ausdruck 62
   6. Ist die Entwicklung der Erwerbsbevölkerung in Deutschland mit einer partnerschaftlichen Aufgabenteilung vereinbar? 66
   7. Schlussbetrachtungen 70
   Anmerkungen 71
   Literaturverzeichnis 71
   Anhang 2.A1 Schätzung der Auswirkungen von Veränderungen der Erwerbsmuster von Männern und Frauen auf die Erwerbsbevölkerung und das Pro-Kopf-BIP in Deutschland 74

Kapitel 3 Politikmaßnahmen zur Förderung der Partnerschaftlichkeit in Deutschland 79
   1. Einleitung und wichtigste Erkenntnisse 80
   2. Familien profitieren von geschlechtergerechter Familienpolitik 83
   3. Finanzielle Anreize für eine Erwerbstätigkeit beider Elternteile 90
   4. Elterngeldregelungen können Veränderungen der Väterbeteiligung an der Kinderbetreuung bewirken und Müttern eine schnellere Rückkehr in den Beruf erleichtern 96
   5. Weiterentwicklung in Richtung einer flexiblen „Familienarbeitszeit" 102
   6. Eine umfassende Politik im Bereich der frühkindlichen Betreuung, Bildung und Erziehung konzipieren und Eltern unterstützen, wenn die Kinder größer werden 104

INHALTSVERZEICHNIS

7. Zeit für die Arbeit und für die Familie: Politikmaßnahmen und Vereinbarungen zwischen den beteiligten Akteuren zur Förderung flexibler Arbeitszeiten 114
8. Schlussbetrachtungen 120
Anmerkungen 121
Literaturverzeichnis 122
Anhang 3.A1 Steuer- und Transfermodelle: Methodik und Einschränkungen 128
Anhang 3.A2 Schätzung der Effekte eines hypothetischen Familienarbeitszeitmodells auf die Entwicklung der Erwerbsbevölkerung in Deutschland 130

Kapitel 4 Verteilung von Erwerbsarbeit und Erwerbseinkommen in Paaren mit Kindern 135
1. Einleitung und wichtigste Erkenntnisse 136
2. Die Arbeitszeitmuster der Eltern unterscheiden sich zwischen den einzelnen OECD-Ländern 138
3. Mütter tragen in Paarfamilien OECD-weit weniger zum Haushaltseinkommen bei als Väter 154
4. Was bewegt Mütter dazu, sich für eine Vollzeit- oder eine Teilzeitbeschäftigung zu entscheiden? 158
5. Schlussbetrachtungen 164
Anmerkungen 165
Literaturverzeichnis 166
Anhang 4.A1 Arbeitszeitumfang von Müttern und Vätern und Gründe der Väter für eine Teilzeitbeschäftigung 168
Anhang 4.A2 Vorhergesagte Wahrscheinlichkeiten für eine Vollzeitbeschäftigung von Müttern mit einem unterhaltsberechtigten Kind 171

Kapitel 5 Aufteilung der unbezahlten Arbeit zwischen den Partnern 173
1. Einleitung und wichtigste Erkenntnisse 174
2. Aufgabenteilung bei Paaren 175
3. Arbeitsteilung bei Paaren im Erwerbsalter 181
4. Partnerschaftliche Aufgabenteilung zwischen den Elternteilen 189
5. Schlussbetrachtungen 202
Anmerkungen 203
Literaturverzeichnis 204
Anhang 5.A1 Überblick über die analysierten Zeitverwendungserhebungen 208

Kapitel 6 Partnerschaftlichkeit und Geburtenverhalten in Deutschland und Frankreich 211
1. Einleitung und wichtigste Erkenntnisse 212
2. Geburtentrends in Deutschland und im OECD-Raum 215
3. Differenz zwischen tatsächlicher und gewünschter Kinderzahl 218
4. Vereinbarkeit von Familie und Beruf als eine entscheidende Determinante des Geburtenverhaltens 219
5. Was können Vereinbarkeitsregelungen bewirken? 225
6. Schlussbetrachtungen 227
Anmerkungen 228
Literaturverzeichnis 228
Anhang 6.A1 Beruf oder Kinder? Ein Vergleich des Geburtenverhaltens in Deutschland und Frankreich 231

Kästen

2.1 Die Partnerschaftsmuster verändern sich in Deutschland 45
2.2 Die unbeabsichtigten Folgen langer Arbeitszeiten 53
2.3 Aushandlungsprozesse in Familien im Haushaltskontext: eine theoretische Diskussion 57
2.4 Familienpolitik und persönliche Einstellungen: ein Henne-Ei-Problem 67
3.1 Gender Budgeting 84
3.2 Grundgesetz und Ehegattensplitting in Deutschland 92
3.3 Fördert das deutsche Steuer- und Transfersystem eine partnerschaftliche Aufgabenteilung? Befunde einer umfassenden Evaluierung 95
3.4 Pfadabhängigkeit der Arbeits- und Betreuungspolitik in verschiedenen Ländern.. 106
3.5 Initiativen zur Schaffung familienfreundlicher Arbeitsplätze in Deutschland.. 117
4.1 Die neue (verbindliche) Geschlechterquote in Deutschland 146
4.2 Die Beschäftigungslücke zwischen Männern und Frauen wird im Alter zu einer Rentenlücke 157
4.3 Bestimmungsfaktoren der weiblichen Erwerbsbeteiligung 159
5.1 Zeitverwendungserhebungen: Ein Fenster in das Leben der Menschen 176
5.2 Was veranlasst Paare dazu, ihre Aufgaben in Familie und Beruf partnerschaftlicher aufzuteilen? 180
5.3 Teilzeitbeschäftigung und unbezahlte Arbeit von Müttern in den Niederlanden im Zeitverlauf 189
5.4 „Vätermonate" oder wie die Elternzeit für Väter die Arbeitsteilung und Teilnahme an der Kindererziehung beeinflusst 193
5.5 Mit den Eltern verbrachte Zeit aus Sicht der Kinder (Australien) 196

Tabellen

2.A1.1 Zusammenfassung der Auswirkungen der unterstellten Veränderungen der Erwerbsmuster von Männern und Frauen auf die Gesamterwerbsquoten und den Gesamtdurchschnitt der üblichen Wochenarbeitszeiten in Deutschland...... 76
2.A1.2 Zusammenfassung der möglichen Auswirkungen der unterstellten Veränderungen der Erwerbsmuster von Männern und Frauen auf das Pro-Kopf-BIP und das Wachstum des Pro-Kopf-BIP in Deutschland 78
3.1 Die neuen Elterngeldregelungen in Deutschland fördern eine partnerschaftliche Aufgabenteilung 102
3.2 Gesetzlicher Anspruch auf flexible Arbeitszeitregelungen aus familiären Gründen, ausgewählte Länder 115
3.A2.1 Überblick über die Anzahl der Beschäftigten in Deutschland mit potenziellem Anspruch auf Leistungen bei Familienarbeitszeit sowie durchschnittliche Wochenarbeitszeiten dieser potenziell Anspruchsberechtigten 131
4.1 Die Merkmale der Mutter und ihres Partners haben großen Einfluss auf die Wahrscheinlichkeit der Ausübung einer Vollzeit- anstatt einer Teilzeitbeschäftigung 161
4.2 Der Verdienst des Partners hat in Ländergruppe 1 einen stärkeren Einfluss auf die Wahrscheinlichkeit der Ausübung einer Vollzeit- anstatt einer Teilzeitbeschäftigung 163
4.A2.1 Vorhergesagte Wahrscheinlichkeiten der Ausübung einer Vollzeitbeschäftigung anstatt einer Teilzeitbeschäftigung 171

4.A2.2 Vorhergesagte Wahrscheinlichkeiten der Ausübung einer Vollzeitbeschäftigung anstatt einer Teilzeitbeschäftigung nach Ländergruppen 172
5.A1.1 Hauptmerkmale der Zeitverwendungserhebungen 209
6.A1.1 Zusammenhang zwischen Beschäftigung und Geburtenverhalten 234
6.A1.2 Zusammenhang zwischen Geburtenverhalten und Partnermerkmalen 236

Abbildungen

1.1 Befürworter einer bezahlten Elternzeit, die sich für eine (partnerschaftliche) Aufteilung dieser Zeit aussprechen 21
1.2 Erwerbstätige Mütter in Deutschland arbeiten überwiegend in Teilzeit 24
1.3 In deutschsprachigen Ländern gibt es ein großes Arbeitszeit- und Einkommensgefälle zwischen in einer Partnerschaft lebenden Frauen und Männern............ 25
1.4 Frauen leisten im OECD-Raum mehr unbezahlte Arbeit als Männer 27
1.5 Weniger mit Hausarbeit und Kinderbetreuung verbrachte Zeit ist mit höheren Erwerbstätigenquoten der Frauen assoziiert 28
1.6 Väter und Mütter kleiner Kinder ziehen kürzere Arbeitszeiten ihrer Partner vor 29
1.7 Die Betreuungsquote der Kinder steigt in Deutschland 33
2.1 In Deutschland wachsen Kinder mit größerer Wahrscheinlichkeit bei verheirateten Eltern und mit geringerer Wahrscheinlichkeit bei unverheiratet zusammenlebenden Eltern auf als in den meisten anderen europäischen OECD-Ländern 44
2.2 Der Anteil der Kinder in Zweielternfamilien ist in den letzten Jahrzehnten zurückgegangen 45
2.3 Nichteheliche Lebensgemeinschaften sind in Deutschland bei jüngeren Menschen besonders stark verbreitet 46
2.4 Die Geburtenraten liegen in Deutschland weiterhin auf niedrigem Niveau 47
2.5 Die deutsche Bevölkerung wird älter und schrumpft 48
2.6 In Deutschland ebenso wie in den meisten OECD-Ländern haben junge Frauen mit größerer Wahrscheinlichkeit einen Hochschulabschluss als junge Männer... 49
2.7 In Deutschland sind Frauen in den Bereichen Naturwissenschaften, Technik und Ingenieurwissenschaften unterrepräsentiert, nicht jedoch in Mathematik... 50
2.8 Die Erwerbstätigenquoten der Frauen sind in Deutschland zwischen 2000 und 2014 erheblich gestiegen 51
2.9 In den meisten OECD-Ländern ist die Erwerbstätigkeit der Frauen seit 2000 stärker gestiegen als die Erwerbstätigkeit der Männer 51
2.10 Frauen haben OECD-weit kürzere Arbeitszeiten als Männer 52
2.11 Erwerbstätige Mütter in Deutschland arbeiten überwiegend in Teilzeit 53
2.12 Nur wenige Familien teilen die Erwerbsarbeit gerecht auf, indem beide Partner vollzeitnah arbeiten 57
2.13 Das Lohngefälle zwischen Männern und Frauen bleibt bestehen, hat sich seit 2000 jedoch in den meisten OECD-Ländern, einschl. Deutschlands, verringert... 59
2.14 Unternehmerinnen verdienen häufig deutlich weniger als Unternehmer 60
2.15 Frauen leisten im OECD-Raum nach wie vor mehr unbezahlte Arbeit als Männer 61
2.16 In Deutschland verbringen Frauen nach wie vor mehr Zeit mit Hausarbeit und Kinderbetreuung als Männer 61

2.17 Eltern sehen in Deutschland mit größerer Wahrscheinlichkeit einen Konflikt zwischen Familie und Beruf als in anderen europäischen Ländern 63

2.18 Vätern und Müttern kleiner Kinder wäre es lieber, wenn ihr Partner weniger Stunden arbeiten würde 64

2.19 Die Einstellung zu erwerbstätigen Müttern ist im Lauf der Zeit etwas positiver geworden 65

2.20 In Ländern mit einer ausgewogeneren Verteilung der bezahlten und unbezahlten Arbeit als in Deutschland sind die Erwerbsquoten und Arbeitszeiten der Frauen tendenziell höher/länger und die Arbeitszeiten der Männer etwas kürzer 68

2.21 Eine Angleichung an die Erwerbsmuster von Ländern mit einer geschlechtergerechteren Aufteilung der bezahlten und unbezahlten Arbeit würde die Entwicklung der Erwerbsbevölkerung in Deutschland (schlimmstenfalls) nur geringfügig beeinträchtigen 69

3.1 Öffentliche Ausgaben für Familienleistungen in Form von Geldleistungen, Sachleistungen und steuerlichen Maßnahmen in ausgewählten OECD-Ländern 87

3.2 Öffentliche Investitionen in Kinder gehen nach einem guten Start oft zurück 89

3.3 In den meisten OECD-Ländern sind Doppelverdienerhaushalte besser gestellt als Alleinverdienerhaushalte 91

3.4 Für Väter ist der Anspruch auf bezahlte Freistellung vom Beruf in den letzten 15 Jahren gestiegen, während er für Mütter weitgehend gleich geblieben ist .. 97

3.5 Mütter kehren in Deutschland seit einiger Zeit früher in den Beruf zurück 98

3.6 Die Inanspruchnahme von Elterngeld durch Väter ist in Deutschland gestiegen.. 101

3.7 Deutschland investiert mehr in die frühkindliche Bildung 105

3.8 Mehrere OECD-Länder haben umfassende Systeme der frühkindlichen Betreuung, Bildung und Erziehung aufgebaut, wenn auch zu unterschiedlichen Zeitpunkten und auf unterschiedliche Art und Weise 110

3.9 Die Kosten der institutionellen Kinderbetreuung in Deutschland liegen unter dem OECD-Durchschnitt 112

3.10 Dänemark ist im OECD-Raum bei der außerschulischen Betreuung führend, wohingegen in Deutschland Spielraum für Verbesserungen besteht 113

3.11 Deutschland zählt zu den fünf Ländern, in denen die meisten Unternehmen flexible Arbeitszeitregelungen anbieten 119

3.A1.1 Nettotransfers an den Staat bei verschiedenen Einkommenskonstellationen von Paarfamilien mit 200% des Durchschnittsverdiensts 129

3.A2.1 Unter bestimmten Voraussetzungen hätte eine Familienarbeitszeit keine oder nur geringfügig negative Effekte auf die Entwicklung der Erwerbsbevölkerung in Deutschland 133

4.1 Das Geschlechtergefälle bei der Erwerbstätigkeit ist in Deutschland geringer als im OECD-Durchschnitt, allerdings nicht, wenn der Arbeitszeitumfang berücksichtigt wird 138

4.2 Frauen passen ihre Arbeitszeit im Lebensverlauf eher an als Männer 141

4.3 Länder mit Frauen in langfristiger Teilzeitbeschäftigung (z.B. Deutschland) und polarisierter Frauenerwerbsbeteiligung (z.B. Italien) weisen einen größeren geschlechtsspezifischen Arbeitszeitunterschied auf 142

4.4 Teilzeitbeschäftigte Mütter in Deutschland haben eine relativ kurze Wochenarbeitszeit 144

4.5 In den meisten Ländern sind familiäre Aufgaben der Hauptgrund für die Teilzeitbeschäftigung von Müttern 145

4.6 Die Arbeitszeiten vollzeitbeschäftigter Mütter sind in Deutschland relativ lang ... 148

4.7 In einer Partnerschaft lebende Mütter gehen in deutschsprachigen Ländern mit geringerer Wahrscheinlichkeit einer Vollzeittätigkeit nach als in anderen ausgewählten OECD-Ländern 149

4.8 In deutschsprachigen Ländern gibt es ein großes Arbeitszeitgefälle zwischen in einer Partnerschaft lebenden Männern und Frauen 151

4.9 Nur wenige Familien teilen die Erwerbsarbeit gerecht auf, indem beide Partner zwischen 30 und 39 Stunden arbeiten 152

4.10 Der Arbeitszeitunterschied zwischen in einer Partnerschaft lebenden Männern und Frauen ist in Deutschland größer als in Frankreich 153

4.11 Mütter in Paarfamilien steuern in deutschsprachigen Ländern einen geringeren Anteil zum Erwerbseinkommen des Haushalts bei 154

4.12 Die Arbeitszeit und der Beitrag der Frauen zum Erwerbseinkommen der Haushalte ist in den deutschsprachigen Ländern am geringsten 155

4.13 Der Beitrag der Mütter zum Erwerbseinkommen der Haushalte steigt mit zunehmendem Bildungsniveau und sinkt mit steigendem Verdienst des Partners 156

4.14 Erwerbspausen verringern die Rentenansprüche 157

4.A1.1 Die Arbeitszeiten teilzeitbeschäftigter Väter sind in Deutschland länger als die teilzeitbeschäftigter Mütter 168

4.A1.2 In den meisten Ländern ist mangelnde Arbeitsnachfrage der Hauptgrund für die Teilzeitbeschäftigung von Vätern 169

4.A1.3 Die Arbeitszeiten vollzeitbeschäftigter Väter sind in Deutschland relativ lang.... 169

4.A1.4 Durchschnittlicher Arbeitszeitumfang von abhängig und selbstständig beschäftigten Müttern und Vätern 170

4.A1.5 Durchschnittlicher Arbeitszeitumfang von Müttern und Vätern 170

5.1 Frauen leisten in allen Ländern mehr unbezahlte Arbeit als Männer 176

5.2 Insgesamt arbeiten in einer Partnerschaft lebende Frauen in verschiedenen Altersgruppen mehr als in einer Partnerschaft lebende Männer 178

5.3 Bei identischer Erwerbsstundenzahl leisten in einer Partnerschaft lebende Frauen mehr unbezahlte Arbeit als in einer Partnerschaft lebende Männer ... 182

5.4 Selbst Doppelverdienerhaushalte mit gleicher Erwerbsstundenzahl teilen die Hausarbeit nicht partnerschaftlich 183

5.5 Unbezahlte Arbeit ist selbst in Paaren unausgewogen verteilt, in denen die Frau das höhere Einkommen hat 185

5.6 In Ländern mit hoher Frauenerwerbstätigkeit teilen die Paare die Aufgaben gleichmäßiger auf 186

5.7 Paare mit hohem Bildungsniveau teilen die unbezahlte Arbeit in den meisten Ländern gleichmäßiger auf 187

5.8 Paare mit höherem Haushaltseinkommen teilen die unbezahlte Arbeit ausgewogener auf 188

5.9 Im Vergleich zu anderen OECD-Ländern arbeitet in den Niederlanden ein hoher Anteil der Frauen und Männer Teilzeit 189

5.10 Die Frauen in den Niederlanden verbringen heute weniger Zeit mit unbezahlter Arbeit, die Genderlücke besteht aber fort, wenn Kinder im Haushalt sind 190

5.11 Junge Paare im Erwerbsalter teilen die gesamte Erwerbs- und unbezahlte Arbeit weniger partnerschaftlich auf, wenn sie Kinder haben, insbesondere in Ländern mit niedrigeren Frauenerwerbstätigkeit 191

5.12 Junge Eltern im Erwerbsalter teilen die bezahlte und unbezahlte Arbeit traditioneller auf als kinderlose Paare im Erwerbsalter 192

5.13 Kinder verbringen genauso viel Zeit mit ihren Vätern wie mit ihren Müttern, wenn die Mütter Vollzeit arbeiten 197

5.14 In einer Partnerschaft lebende Väter verbringen weniger Zeit mit ihren Kindern als die Mütter, an Wochenenden und sobald die Kinder zur Schule gehen, ist die Differenz aber offenbar geringer 198

5.15 In Paaren mit hohem Bildungsniveau sind die Aktivitäten der Kinderbetreuung gleichmäßiger verteilt 199

5.16 Obwohl Väter weniger Zeit mit kleinen Kindern verbringen, ist ein größerer Teil dieser Zeit „Qualitätszeit" 200

5.17 In einer Partnerschaft lebende Männer kümmern sich mit geringerer Wahrscheinlichkeit um die Pflege und Versorgung erwachsener Haushaltsmitglieder, wenn sie dies jedoch tun, widmen sie dieser Aufgabe genauso viel Zeit wie die Frauen 202

6.1 Die Geburtenraten scheinen in Deutschland seit einigen Jahren leicht zu steigen 215

6.2 In Frankreich sind mindestens zwei Kinder am üblichsten, in Deutschland bleiben Frauen mit größerer Wahrscheinlichkeit kinderlos 216

6.3 Die endgültige Kinderlosigkeit ist in Deutschland doppelt so hoch wie in Frankreich 217

6.4 Die „ideale" Familie hat in Deutschland zwei Kinder 218

6.5 Mittlere angestrebte Kinderzahl in der EU angehörenden OECD-Ländern 219

6.6 In Ländern mit hoher Frauenerwerbstätigkeit sind die Geburtenraten oft höher 220

6.7 Die Mutterschaft hat in Deutschland einen negativeren Effekt auf die Erwerbstätigkeit der Frauen als in Frankreich 221

6.8 Wie viel würden Sie gerne arbeiten? 222

Abkürzungen

BIP	Bruttoinlandsprodukt
BMFSFJ	Bundesministerium für Familie, Senioren, Frauen und Jugend
DGB	Deutscher Gewerkschaftsbund
DIHK	Deutscher Industrie- und Handelskammertag
DM	Deutsche Mark
EU-SILC	Statistik der Europäischen Union über Einkommen und Lebensbedingungen
FBBE	Frühkindliche Betreuung, Bildung und Erziehung
IAB	Institut für Arbeitsmarkt- und Berufsforschung
ISCED	Internationale Standardklassifikation des Bildungswesens
ISSP	International Social Survey Programme
KKP	Kaufkraftparität
MINT	Mathematik, Informatik, Naturwissenschaften und Technik
PISA	Internationale Schulleistungsstudie der OECD
WSI	Wirtschafts- und Sozialwissenschaftliches Institut
ZDH	Zentralverband des Deutschen Handwerks

Zusammenfassung

Deutschland hat große Fortschritte bei der Reform von Maßnahmen zur Unterstützung erwerbstätiger Eltern und zur Förderung einer partnerschaftlichen Aufgabenteilung zwischen den Eltern in Paarfamilien erzielt. In der Vergangenheit wirkten Arbeitsmarktbestimmungen, Politik und soziale Normen vor allem in den alten Bundesländern zugunsten traditioneller Geschlechterrollen, die sozialpolitischen Reformen der letzten zehn Jahre – z.B. die Einführung und Fortentwicklung des Elterngeldes und die erhöhten Investitionen in die frühkindliche Betreuung, Bildung und Erziehung (FBBE) – haben jedoch dafür gesorgt, dass sich Eltern heute bessere Möglichkeiten bieten, Familie und Beruf zu vereinbaren.

Dieser Kurswechsel in der Politik ging in Deutschland mit einem erheblichen Wandel der Einstellungen und Wahrnehmungen einher, durch den er seinerseits begünstigt wurde. Der Anteil der Bevölkerung, der in Deutschland der Ansicht ist, dass Mütter von Kindern im Vorschulalter nicht arbeiten sollten, hat sich in den zehn Jahren bis 2012 z.B. um die Hälfte reduziert. Deutschland ist heute nach Schweden das Land, in dem die Einstellung der Bevölkerung zur Aufteilung der Elternzeit zwischen Vater und Mutter am egalitärsten ist. Im Vergleich zum Jahr 2007, d.h. zur Zeit vor der Einführung des Elterngeldes, werden die finanziellen Kosten der Elternschaft heute weniger als ein Problem betrachtet, und der Anteil der Deutschen, die ihr Land als familienfreundlich betrachten, ist gestiegen. Doch trotz der jüngsten Zunahme liegt die zusammengefasste Geburtenziffer in Deutschland immer noch unter dem OECD-Durchschnitt, und die Wahrscheinlichkeit, dass Eltern einen Konflikt zwischen Familie und Beruf sehen, ist in Deutschland nach wie vor größer als in den meisten anderen europäischen Ländern.

Eltern stehen immer noch vor großen Herausforderungen, wenn sie familiäre und berufliche Pflichten miteinander vereinbaren möchten. Das Modell des männlichen Allein- bzw. Hauptverdieners ist in Deutschland weiterhin vorherrschend, wenn auch in etwas veränderter Form: In einer Partnerschaft lebende Väter haben häufig lange Wochenarbeitszeiten, während ihre Frauen inzwischen zwar häufiger erwerbstätig sind, aber in der Regel nur in Teilzeit arbeiten. Zuhause erledigen die Frauen den Großteil der unbezahlten Arbeit und sie verbringen wesentlich mehr Zeit mit ihren Kindern als die Väter.

Ein neuer Ansatz in der deutschen Familienpolitik soll es Eltern und Kindern durch die Förderung einer partnerschaftlicheren Aufgabenteilung in Familie und Beruf ermöglichen, mehr Zeit miteinander zu verbringen. Der Ausbau des FBBE-Angebots ermöglicht es beiden Elternteilen, familiäre und berufliche Pflichten besser zu vereinbaren. Die auf die Einführung des Elterngeldes von 2007 aufbauende Fortentwicklung von 2015 (mit Einführung des ElterngeldPlus) erleichtert es Eltern, Elterngeld und Teilzeitarbeit miteinander zu kombinieren, und sieht einen zusätzlichen Partnerschaftsbonus vor, wenn beide Eltern parallel mindestens vier Monate lang zwischen 25 und 30 Wochenstunden arbeiten. Außerdem werden in Zusammenarbeit mit den Sozialpartnern und anderen Akteuren Anstrengungen unternommen, um die Arbeitsbedingungen in den Unternehmen familienfreundlicher zu gestalten.

ZUSAMMENFASSUNG

Wenn die Chancen und Pflichten, die Familie und Beruf mit sich bringen, gerechter zwischen den Eltern aufgeteilt werden, kommt dies dem Wohlergehen der ganzen Familie zugute. Partnerschaftlichkeit ermöglicht es Vätern, mehr Zeit mit ihren Kindern zu verbringen, was wiederum die Entwicklung der Kinder fördert. Müttern eröffnet sie größere Möglichkeiten, ihre beruflichen Vorstellungen umzusetzen und so ihre langfristige Arbeitsmarktbindung, ihre Rentenansprüche, ihre finanzielle Unabhängigkeit und zugleich auch die Finanzlage der Familie zu verbessern.

Dieser Bericht rückt Deutschlands Erfahrung mit der Förderung der Partnerschaftlichkeit in Familie und Beruf in eine internationale Perspektive. Er gibt einen Überblick über erzielte Ergebnisse, Motivationen, Fragen und Maßnahmen im Hinblick auf die Beseitigung von Faktoren, die Familien daran hindern, mehr Zeit miteinander zu verbringen, und einer gleichberechtigteren Teilhabe der Frauen am Arbeitsmarkt entgegenstehen. Zu diesen Hindernissen gehören lange Arbeitszeiten – vor allem für Väter –, die Familie und Beruf schwer vereinbar machen, unzureichende Betreuungsangebote für kleine Kinder sowie außerhalb der Schulzeit und traditionelle Geschlechterrollen, die sich in den Familien meist nach der Geburt der Kinder stärker herausbilden, vor allem wenn es die Mütter sind und nicht die Väter, die aus dem Erwerbsleben aussteigen oder ihre Arbeitszeit verringern, um sich um die Kinder zu kümmern. Aus diesem Grund wird in der in Deutschland geführten Debatte über flexible Arbeitszeiten und eine gerechtere Aufteilung beruflicher und familiärer Pflichten zwischen Eltern kleiner Kinder der im internationalen Gebrauch unübliche Begriff „vollzeitnah" diskutiert.

Eine partnerschaftliche Aufteilung der Verantwortung für die Kinder zwischen Vater und Mutter wirkt sich positiv auf die Familien und ihr Wohlergehen aus und begünstigt zudem die Entwicklung einer Reihe weniger greifbarer, aber wichtiger sozialer Güter, z.B. eine bessere Vater-Kind-Bindung und egalitäre Geschlechternormen über die Generationen hinweg. Ein „Familienarbeitszeitmodell", wie es derzeit in Deutschland im Gespräch ist, könnte Familien mehr Zeit miteinander verschaffen und könnte – wenn Väter und Mütter beide ihre Arbeitsstundenzahl eine Zeit lang reduzieren und ihre berufliche Laufbahn wieder in Vollzeit fortsetzen würden, wenn die Kinder größer werden – das Arbeitskräfteangebot sichern und zu einer deutlichen Verringerung der Lohn- und Rentenlücke zwischen Männern und Frauen beitragen. Insgesamt könnte eine zwischen den Geschlechtern ausgeglichenere Aufgabenteilung in Familie und Beruf ein inklusives Wachstum in der Zukunft sichern.

Dieser Bericht soll die Bundesregierung bei ihren Anstrengungen zur Förderung von mehr Partnerschaftlichkeit in Familie und Beruf unterstützen. Die – in Kapitel 1 ausführlicher dargelegten – Empfehlungen lauten:

- *Die Bemühungen fortsetzen, mehr Väter zur Inanspruchnahme von Elternzeit zu ermutigen*, und den Effekt des 2015 eingeführten ElterngeldPlus auf die Nutzung des Elterngeldes durch die Väter sowie die Aufteilung der Arbeitszeit zwischen Vätern und Müttern junger Kinder beobachten.

- Auf der Grundlage der mit dem Elterngeld und dem ElterngeldPlus gesammelten Erfahrungen *weitere familienpolitische Förderinstrumente entwickeln*, einschließlich Möglichkeiten für Eltern junger Kinder, während eines bestimmten Zeitraums, in dem sie eine begleitende Geldleistung beziehen, vollzeitnah erwerbstätig zu sein.

- In Anbetracht des Anspruchs auf Verringerung der Arbeitszeit aus familiären Gründen einen *Anspruch auf Rückkehr in Vollzeit* – oder zu einem anderen Arbeitszeitumfang, der zu den sich verändernden familiären Rahmenbedingungen passt – innerhalb einer bestimmten Frist einführen.

- Gestützt auf die erheblichen Fortschritte, die in den letzten 15 Jahren bei der Aufstockung der öffentlichen Investitionen in FBBE erzielt wurden, die *Investitionen in Betreuungsmöglichkeiten für Kleinkinder weiter erhöhen und den Zugang zu entsprechenden Einrichtungen ausweiten.*

- Verglichen mit den Investitionen in FBBE hat Deutschland bei der außerschulischen Betreuung noch Nachholbedarf: *Sowohl die Investitionen in außerschulische Betreuung für Kinder im Grundschulalter als auch der Zugang dazu müssen ausgeweitet werden.*

- *Das deutsche Steuer- und Transfersystem anpassen, um Paare zur partnerschaftlichen Aufteilung der Erwerbsarbeit zu ermutigen,* wozu es gilt, die finanziellen Erwerbsanreize für Zweitverdienende in Paarfamilien zu erhöhen, z.B. durch einen gesonderten Steuerfreibetrag für Zweitverdienende.

- *Die Zusammenarbeit mit den Sozialpartnern und anderen Akteuren weiter ausbauen, um das Berufsleben familienfreundlicher zu gestalten,* beispielsweise durch Telearbeit und flexiblere Arbeitszeiten.

- *Die Sensibilisierung für die Vorteile einer partnerschaftlichen Aufgabenteilung in Familie und Beruf weiter erhöhen,* auch durch Initiativen zur Förderung und Verbreitung empfehlenswerter Praktiken auf lokaler Ebene.

Kapitel 1

Dare to share – Deutschlands Weg zur Partnerschaftlichkeit in Familie und Beruf

Dieses Kapitel umreißt den Hintergrund und die Fragen, die sich in Deutschland im Zusammenhang mit der Förderung einer partnerschaftlichen Aufgabenteilung in Familie und Beruf stellen. Die Politikverantwortlichen in Deutschland werden ermutigt, auf den wichtigen Reformen von 2007 und 2015 aufzubauen, um es Vätern ebenso wie Müttern zu ermöglichen, berufliche und familiäre Pflichten zu vereinbaren, und Familien wird empfohlen, „mehr Partnerschaftlichkeit zu wagen". Zu diesem Zweck werden die deutschen Erfahrungen einem internationalen Vergleich unterzogen, wobei beispielsweise auf die Erfahrungen Frankreichs und der nordischen Länder eingegangen wird, die seit langem eine Politik zur Förderung der Vereinbarkeit von Familie und Beruf sowie zur Stärkung der Gleichstellung der Geschlechter verfolgen. Das Kapitel beginnt mit einer Erläuterung, weshalb und inwiefern sich Partnerschaftlichkeit auszahlt: Sie ist gut für das Wohlergehen der Familie, die kindliche Entwicklung, die Beschäftigungschancen der Frauen, die Arbeitszeiten der Väter (Abschnitte 2 und 3) und die Stützung der Geburtenraten. In Abschnitt 4 werden Politikmaßnahmen zur Förderung der Partnerschaftlichkeit untersucht, wobei sowohl nach wie vor bestehende Mängel als auch die durch die Reformen seit Mitte der 2000er Jahre erzielten Fortschritte betrachtet werden. Das Kapitel schließt mit einer Reihe von Politikempfehlungen, deren Ziel es ist, Eltern eine gerechtere Aufteilung beruflicher und familiärer Pflichten zu ermöglichen.

Die statistischen Daten für Israel wurden von den zuständigen israelischen Stellen bereitgestellt, die für sie verantwortlich zeichnen. Die Verwendung dieser Daten durch die OECD erfolgt unbeschadet des Status der Golanhöhen, von Ost-Jerusalem und der israelischen Siedlungen im Westjordanland gemäß internationalem Recht.

1. Einführung

Die Vereinbarkeit von Beruf und Familie durchläuft in Deutschland gegenwärtig einen Wandel. Die Väter sind zwar nach wie vor die Hauptverdiener in Paarfamilien, doch während Mütter in Deutschland früher häufig nicht erwerbstätig waren, arbeiten sie heute in der Regel, wenn auch in Teilzeit. Frauen der Altersgruppe 25-34 Jahre erwerben in Deutschland heute mit größerer Wahrscheinlichkeit einen Hochschulabschluss als junge Männer. Diese Zunahme des Bildungsniveaus hat in den vergangenen 15 Jahren zu dem starken Anstieg (11 Prozentpunkte) der Erwerbstätigenquote der Frauen in Deutschland auf 70% beigetragen. Dies ist der höchste Anteil erwerbstätiger Frauen außerhalb der nordischen Länder und der Schweiz. Dieser Anstieg der Erwerbsbeteiligung ging mit einem Rückgang der für unbezahlte Haus- und Familienarbeit aufgewendeten Zeit einher, aber in Deutschland wie in anderen OECD-Ländern entfällt der Hauptteil der unbezahlten Arbeit nach wie vor auf Frauen, und Väter verbringen deutlich weniger Zeit mit ihren Kindern als Mütter. Eltern geben in Deutschland mit größerer Wahrscheinlichkeit als in anderen europäischen Ländern an, dass Arbeits- und Familienleben miteinander in Konflikt stehen, und trotz des jüngsten Anstiegs lag die zusammengefasste Geburtenziffer 2014 bei 1,47 Kindern je Frau und damit unter dem OECD-Durchschnitt des Jahres 2013 von 1,67 (Kapitel 2).

In der Vergangenheit verstärkten die Arbeitsmarktbestimmungen, Politikmaßnahmen und sozialen Normen die traditionellen Geschlechterrollen, insbesondere in den alten Bundesländern. Seit den sozialpolitischen Reformen Mitte der 2000er Jahre haben Eltern jedoch mehr Möglichkeiten, um Familie und Beruf miteinander zu vereinbaren. Die Einführung und Fortentwicklung des Elterngeldes hat die Dauer der familienbedingten beruflichen Freistellung von Müttern effektiv verkürzt und viele Väter zur Nutzung ihres Anspruchs auf bezahlte Elternzeit motiviert, oftmals für die Dauer von zwei Monaten (Kapitel 3). Gleichzeitig sind die staatlichen Investitionen in die frühkindliche Betreuung, Bildung und Erziehung deutlich gestiegen, wobei sowohl die öffentlichen Ausgaben in Prozent des BIP als auch der Anteil der Kinder, die entsprechende Einrichtungen besuchen, zuvor unter dem OECD-Durchschnitt lagen, diesen inzwischen jedoch übersteigen (Kapitel 3).

Die Einstellungen gegenüber Arbeit und Betreuungsmöglichkeiten haben sich ebenfalls verändert. Der Anteil der Bevölkerung in den alten Bundesländern, der meint, dass eine Mutter überhaupt nicht arbeiten sollte, wenn sie ein Kind im Vorschulalter hat, ist von 46,6% im Jahr 2002 auf 21,8% im Jahr 2012 gesunken, und im selben Zeitraum hat sich der entsprechende Anteil in den neuen Bundesländern auf unter 10% halbiert (Kapitel 2). Zudem zeigte sich die deutsche Bevölkerung im Hinblick auf die Frage, ob Väter oder Mütter bezahlte Elternzeit nehmen sollten, im Jahr 2012 nach der schwedischen als eine der egalitärsten (Abb. 1.1).

Der neue familienpolitische Ansatz in Deutschland zielt darauf ab, Eltern und Kindern mehr Zeit miteinander zu ermöglichen, indem auch eine gerechtere Aufgabenverteilung im Hinblick auf die Vereinbarkeit von Familie und Beruf gefördert wird, also die Partnerschaftlichkeit (BMFSFJ, 2015a). Dies spiegelt sich in der Einführung des ElterngeldPlus im Jahr 2015 wider, die es beiden Elternteilen erleichtert, Elterngeld und Teilzeitarbeit miteinander zu kombinieren, und einen zusätzlichen Partnerschaftsbonus vorsieht, wenn beide Eltern mindestens vier Monate lang zeitgleich zwischen 25 und 30 Wochenstunden

Abbildung 1.1 **Befürworter einer bezahlten Elternzeit, die sich für eine (partnerschaftliche) Aufteilung dieser Zeit aussprechen**

Verteilung der Antworten auf die Frage „Bitte stellen Sie sich ein Paar vor, bei dem beide Vollzeit gearbeitet haben und das nun ein Baby bekommen hat. Beide sind in einer vergleichbaren Lage in Arbeit und Beruf und haben Anspruch auf bezahlten Erziehungsurlaub. Wie sollte dieser bezahlte Erziehungsurlaub zwischen Mutter und Vater aufgeteilt werden?"

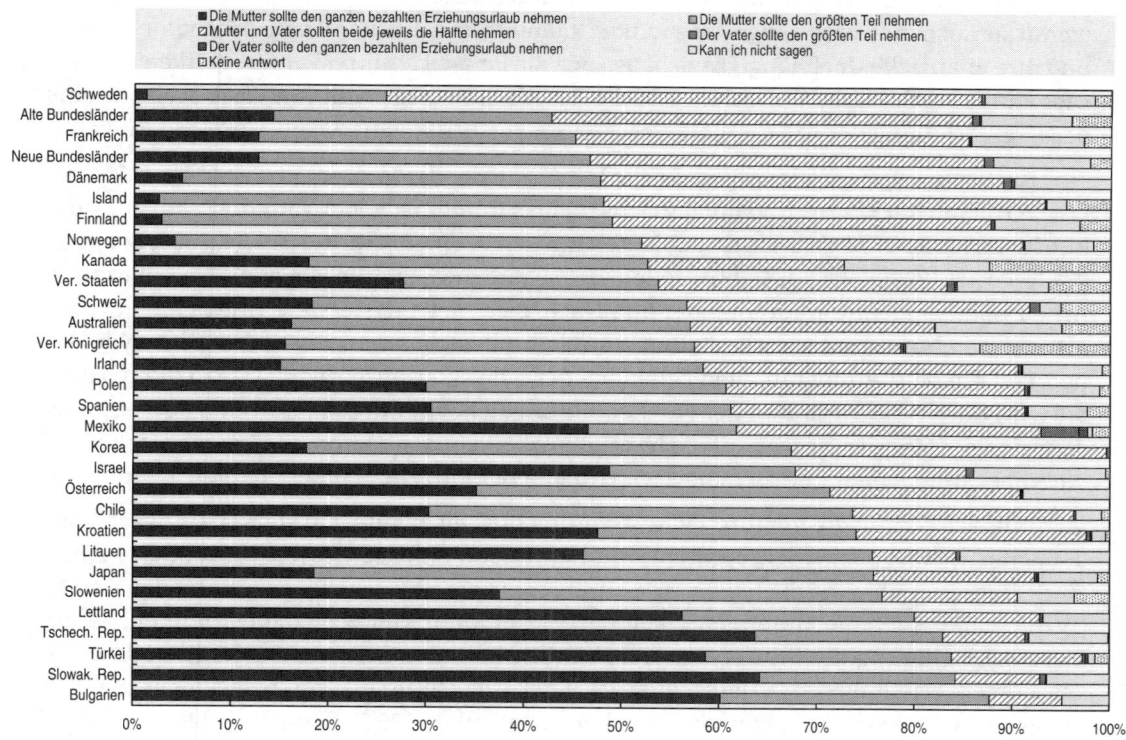

Anmerkung: Die Frage wurde nur denjenigen gestellt, die der Meinung sind, dass es eine bezahlte Erziehungszeit für Eltern geben sollte. Die Antwortoptionen „Vater 100%, Mutter 0%" und „Der Vater sollte den größten Teil nehmen und die Mutter auch einen Teil" wurden aufgrund der geringen Antwortquote zu einer Kategorie zusammengefasst.
Quelle: International Social Survey Programme (ISSP) (2012).

arbeiten. Diese Reform ist Teil einer allgemeinen Politik, um die Arbeitsbedingungen in den Unternehmen in Zusammenarbeit mit Arbeitgebern, Gewerkschaften und anderen Akteuren familienfreundlicher zu gestalten. In Deutschland arbeiten viele Mütter heute in Teilzeit mit geringer Stundenzahl, wohingegen viele Väter über 40 Stunden pro Woche arbeiten. Aus diesem Grund wird in der in Deutschland geführten Debatte über flexible Arbeitszeiten und eine gerechtere Aufteilung beruflicher und familiärer Pflichten zwischen Eltern kleiner Kinder der im internationalen Gebrauch unübliche Begriff „vollzeitnah" diskutiert.

Die Politik hat darüber hinaus die Kapazitäten der frühkindlichen Betreuung, Bildung und Erziehung ausgeweitet, es bestehen jedoch nach wie vor erhebliche Politikherausforderungen, beispielsweise im Hinblick auf Betreuungsmöglichkeiten außerhalb der Schulzeiten und gleichermaßen starke Anreize durch das Steuer- und Transfersystem für beide Elternteile, (mehr) zu arbeiten.

2. Arbeitsteilung zahlt sich für Familien aus

Eine gerechtere Aufteilung der Chancen und Pflichten des Arbeits- und Privatlebens zwischen den Partnern ist gut für das Wohlergehen der Familien und der einzelnen Familienmitglieder. Dies tritt möglicherweise am deutlichsten für Paarfamilien zutage, die im Mittelpunkt des vorliegenden Berichts stehen, eine gerechte Aufteilung der beruflichen und familiären Pflichten kommt jedoch allen Familien zugute, auch wenn die Eltern getrennt sind und nicht dauerhaft zusammenleben. Durch mehr Partnerschaftlichkeit in Familie und Beruf steht Vätern mehr Zeit zur Verfügung, die sie mit ihren Kindern verbringen können, was auch der kindlichen Entwicklung zugutekommt. Die Mütter erlangen zugleich mehr Spielraum, um ihre beruflichen Vorstellungen und ihre Karrierechancen zu verwirklichen, womit sie auch ihre langfristige Arbeitsmarktbindung und ihre Rentenansprüche verbessern und ihre finanzielle Unabhängigkeit ebenso wie die Finanzlage ihrer Familie stärken können. Dies könnte auch für die Wirtschaft und die Gesellschaft insgesamt von Vorteil sein, da eine bessere Verteilung der Arbeitsmarktressourcen das Wirtschaftswachstum fördern kann.

Die Geburt eines Kindes erweist sich als entscheidender Moment im Leben eines Paares. Das Verhalten der Eltern rund um die Geburt eines Kindes ist wichtig für die Festlegung der künftigen Rollen und Verantwortlichkeiten innerhalb einer Familie (Baxter, 2008; Schober, 2013; Barnes, 2015). Bis zur Geburt teilen viele Paare die bezahlte wie auch die unbezahlte Arbeit relativ gerecht untereinander auf. Nach der Geburt des ersten Kindes fallen Paare oftmals wieder in traditionelle Rollen zurück, und selbst wenn die Kinder älter werden, nehmen die Mütter nicht in allen Fällen wieder eine (Vollzeit-)Erwerbstätigkeit auf. Allzu oft wird durch das Verhalten der Partner ein unglücklicher Kreislauf in Gang gesetzt, bei dem sich die Männer stärker auf die bezahlte Arbeit konzentrieren, die Frauen stärker auf die unbezahlte Arbeit und sich die Erwartungen der Einzelnen nicht erfüllen.

Kindern kommt die mit ihren Vätern verbrachte Zeit zugute: Ein stärkeres Engagement der Väter ist mit positiven kognitiven und emotionalen Ergebnissen verbunden (Lamb, 2010; Huerta et al., 2013; Schober, 2015) und stärkt die physische Gesundheit der Kinder (WHO, 2007). Auch die Erwerbstätigkeit der Mütter kann Kindern zugutekommen, da die Erwerbsbeteiligung der Mütter das Haushaltseinkommen steigert. Sie kann zudem die Ressourcenverteilung in den Haushalten verändern, da Mütter hierdurch die kindbezogenen Ausgaben stärker steigern können (Lundberg und Pollak, 1996; Woolley, 2004).

Für Väter ist es vorteilhaft, mehr Zeit mit ihren Kindern zu verbringen: Väter, die einen größeren Teil der unbezahlten Arbeit (einschließlich der Kinderbetreuung) übernehmen, haben ein geringeres Scheidungsrisiko als weniger engagierte Väter (Sigle-Rushton, 2010), und Väter, die mehr Zeit mit ihren Kindern verbringen, sind eigenen Angaben zufolge zufriedener mit ihrem Leben sowie physisch und psychisch gesünder als weniger engagierte Väter (Eggebeen und Knoester, 2001; WHO, 2007; Craig und Swrikar, 2009). Die Befunde lassen ferner darauf schließen, dass das Arbeitsumfeld der Väter eine wichtige Rolle spielt: Die Zufriedenheit der Väter mit ihrem Arbeits- und Privatleben ist ebenso wie ihr Engagement gegenüber ihren Kindern größer, wenn ihr Arbeitsplatz väterfreundlicher gestaltet ist (Goodman et al., 2008; Craig und Swrikar, 2009; Ishii-Kuntz, 2013).

Die Erwerbsbeteiligung der Mütter ist oftmals von entscheidender Bedeutung, um das wirtschaftliche Wohlergehen der Familie zu sichern und Armutsrisiken zu verringern. Während der Großen Rezession leisteten die Erwerbseinkommen der Frauen einen wichtigen Beitrag, um die Einkommensverluste in den gefährdeteren männlich dominierten Sektoren auszugleichen (OECD, 2013 und 2014). Die Berufstätigkeit bietet Frauen (und ihren Kindern) wirtschaftliche Sicherheit im Fall einer Scheidung oder Auflösung der Partnerschaft, deren Häufigkeit in Deutschland leicht über dem OECD-Durchschnitt liegt. Eine dauerhafte Erwerbsbeteiligung könnte zudem berufliche Chancen eröffnen und erhöht in jedem Fall die Rentenansprüche, wodurch das Risiko der Altersarmut sinkt (OECD, 2015a).

Erwerbstätige Mütter tragen darüber hinaus längerfristig zur Veränderung der Geschlechternormen und zur partnerschaftlichen Aufgabenteilung bei. Es kommt zu generationsübergreifenden Effekten im Hinblick auf die künftige Gleichstellung der Geschlechter, wenn Mütter einer bezahlten Beschäftigung nachgehen, da egalitäre Einstellungen sowohl zu Hause als auch im öffentlichen Leben geprägt werden. Eine ausgewogene Verteilung unbezahlter Arbeit zwischen Müttern und Vätern ist auch mit geschlechtergerechteren Ansichten und Verhaltensweisen der Kinder verbunden, wenn diese erwachsen werden (McGinn, 2015; Davis und Greenstein, 2009). Kinder, deren Mütter erwerbstätig sind, erwarten von der Gesellschaft eher, dass sie Frauen auf dem Arbeitsmarkt die gleichen Chancen bietet wie Männern – mit allen Folgen für die Aufgabenteilung im Haushalt, die dies mit sich bringt. Söhne, die von berufstätigen Müttern erzogen wurden, verbringen als Erwachsene später mehr Zeit mit der Betreuung der Kinder als Söhne von Hausfrauen. Was Töchter von berufstätigen Müttern betrifft, so sind auch sie erfolgreicher auf dem Arbeitsmarkt. Ihre Arbeitsplätze sind besser, ihre Bezahlung ist höher und ihre Arbeitszeiten sind länger als diejenigen von Töchtern von Hausfrauen (McGinn et al., 2015; Olivetti et al., 2015; Cunningham, 2001).

In den meisten Familien in Deutschland wird die bezahlte und unbezahlte Arbeit jedoch ungleich aufgeteilt

Das „Hauptverdienermodell" dominiert in Deutschland weiterhin, wenn auch in abgewandelter Form. Die meisten Kinder in Deutschland wachsen bei einem vollzeitbeschäftigten Vater und einer oftmals teilzeitbeschäftigten Mutter auf, die den Großteil der unbezahlten Arbeit im Haus erledigt, einschließlich der Kinderbetreuung. Im Jahr 2013 folgten 47% der Paare mit einem Kind unter 18 Jahre dem Hauptverdienermodell (BMFSFJ, 2015b).

In den vergangenen 15 Jahren stieg die Erwerbstätigenquote der Frauen im Erwerbsalter in Deutschland indessen um über 11 Prozentpunkte, von 58,1% auf 69,5% (Kapitel 2). Im OECD-Raum betrug die durchschnittliche Veränderung in diesem Zeitraum lediglich 4,7 Prozentpunkte. Der Anstieg in Deutschland stellt nach Chile den zweitgrößten Anstieg der Erwerbstätigkeit der Frauen im OECD-Raum in diesem Zeitraum dar, und 2014 hatte Deutschland den höchsten Anteil erwerbstätiger Frauen außerhalb der nordischen Länder und der Schweiz.

Die bei der Erwerbstätigkeit der Frauen in Deutschland verzeichneten Zuwächse sind allerdings zum großen Teil auf Mütter zurückzuführen, die eine Teilzeitbeschäftigung aufgenommen haben, oftmals mit relativ kurzen Arbeitszeiten. Über die Hälfte der erwerbstätigen Mütter arbeitet in Deutschland in Teilzeit: Lediglich die Niederlande – mit 70% – weisen einen höheren Anteil teilzeitbeschäftigter erwerbstätiger Mütter auf (Abb. 1.2). Aufgrund der Verbreitung der Teilzeitbeschäftigung unter erwerbstätigen Frauen ist die Genderlücke bei der Beschäftigung in Vollzeitäquivalenten (die den Arbeitsstunden der Beschäftigten Rechnung trägt) mit 24,6 Prozentpunkten nach wie vor groß, verglichen mit einer Genderlücke von 8,5 Prozentpunkten bei der Erwerbstätigenquote in Deutschland (OECD, 2016a).

Mit einer durchschnittlichen Wochenarbeitszeit von 42 Stunden haben Väter in Deutschland verglichen mit vielen anderen OECD-Ländern oftmals lange Arbeitszeiten (Kapitel 4). Die Zeit, die die Väter auf der Arbeit verbringen, geht zu Lasten der Zeit, die sie mit ihrer Familie und der Betreuung ihrer Kinder verbringen können – ein wichtiger Faktor bei der Vater-Kind-Beziehung. Jeder dritte Vater in Deutschland wünscht sich mehr Zeit für seine Kinder (Destatis, 2015a) und die meisten Väter würden kürzere Arbeitszeiten bevorzugen (BMFSFJ, 2015b).

Im Hinblick auf Arbeitszeitumfang und Erwerbseinkommen sind die geschlechtsspezifischen Unterschiede unter (Ehe-)Partnern in Deutschland größer als in anderen euro-

Abbildung 1.2 **Erwerbstätige Mütter in Deutschland arbeiten überwiegend in Teilzeit**

Erwerbstätigenquoten von Müttern nach Teilzeit-/Vollzeitstatus, 15- bis 64-Jährige mit mindestens einem Kind im Alter von 0-14 Jahren1, 2013 oder letztes verfügbares Jahr2

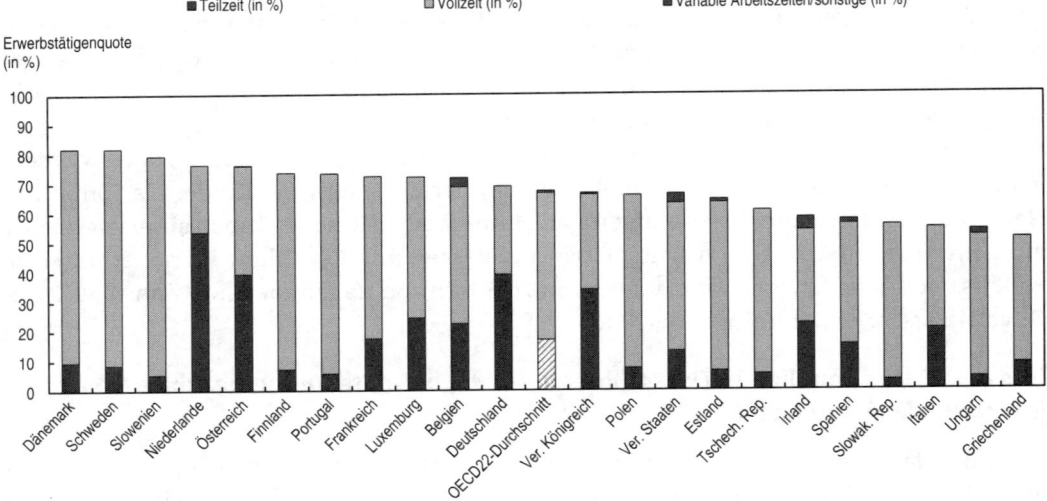

Anmerkung: Die Unterscheidung zwischen Teilzeit- und Vollzeitbeschäftigung beruht auf einer gängigen Definition (übliche Wochenarbeitszeit unter 30 Stunden am Hauptarbeitsplatz). „Variable Arbeitszeiten/sonstige" bezieht sich auf Frauen, deren normale Arbeitszeiten nicht angegeben werden können, weil ihre Arbeitszeiten von Woche zu Woche bzw. von Monat zu Monat stark schwanken. Die Definition von „erwerbstätig" bzw. „Erwerbstätigkeit" richtet sich nach den ILO-Leitlinien (http://laborsta.ilo.org/applv8/data/c2e.html) und erfasst sowohl diejenigen in bezahlter (abhängiger) Beschäftigung als auch Selbstständige (einschließlich unbezahlt mithelfender Familienangehöriger).

1. Für die Vereinigten Staaten Kinder im Alter von 0-17 Jahren.
2. Die Daten für Dänemark, Finnland und Schweden beziehen sich auf 2012.

Quelle: OECD-Berechnungen auf der Grundlage der Europäischen Arbeitskräfteerhebung für die europäischen Länder und des Current Population Survey (CPS) für die Vereinigten Staaten.

päischen Ländern und den Vereinigten Staaten (Abb. 1.3, Teil A und B). In Paarhaushalten mit mindestens einem Kind, in denen die Frau 25-45 Jahre alt ist, sind Mütter durchschnittlich 17 Stunden pro Woche erwerbstätig. In Österreich, Italien und der Schweiz beträgt die Wochenarbeitszeit solcher Mütter im Durchschnitt ebenfalls unter 20 Stunden. Im Gegensatz dazu beträgt die Wochenarbeitszeit von in einer Partnerschaft lebenden Müttern im Alter von 25-45 Jahren in Dänemark, Norwegen und Schweden mindestens 30 Stunden (Kapitel 4).

Väter haben in Deutschland hingegen in der Regel lange Wochenarbeitszeiten. Die meisten Männer in Deutschland arbeiten über 40 Stunden pro Woche und der Anteil der in einer Partnerschaft lebenden Väter, die über 44 Stunden arbeiten, ist in Deutschland, Österreich und der Schweiz höher als in Finnland, Norwegen und Schweden. Doppelverdienerhaushalte, in denen beide Partner vollzeitnah arbeiten – wobei beide Elternteile nach der in Kapitel 4 verwendeten Arbeitsdefinition zwischen 30 und 39 Wochenstunden erwerbstätig sind –, sind in Deutschland nach wie vor unüblich. Sie machen unter 2% der Paare mit Kindern aus und damit deutlich weniger als in Dänemark oder Norwegen, wo dies auf über 25% der Elternpaare zutrifft (Kapitel 4). Mit 18% sind die Niederlande das Land mit dem höchsten Anteil an Paarhaushalten mit Kindern, in denen die Männer zwischen 30 und 39 Stunden pro Woche erwerbstätig sind und die Frauen in Teilzeit (1-29 Stunden) arbeiten: Der Anteil dieser Haushalte ist dort doppelt so hoch wie in vielen anderen europäischen Ländern und dreimal so hoch wie in Deutschland (Kapitel 4).

In Anbetracht der Arbeitszeitgestaltung bei in einer Partnerschaft lebenden Eltern ist die durchschnittliche geschlechtsspezifische Differenz bei den bezahlten Arbeitsstunden

Abbildung 1.3 **In deutschsprachigen Ländern gibt es ein großes Arbeitszeit- und Einkommensgefälle zwischen in einer Partnerschaft lebenden Frauen und Männern**

Durchschnittliche Differenz zwischen den üblichen Wochenarbeitszeiten von in einer Partnerschaft lebenden Männern und Frauen und durchschnittlicher relativer Einkommensanteil der Frau, Paare mit Frau im Alter von 25-45 Jahren und mindestens einem Kind, ausgewählte Länder, 2012[1]

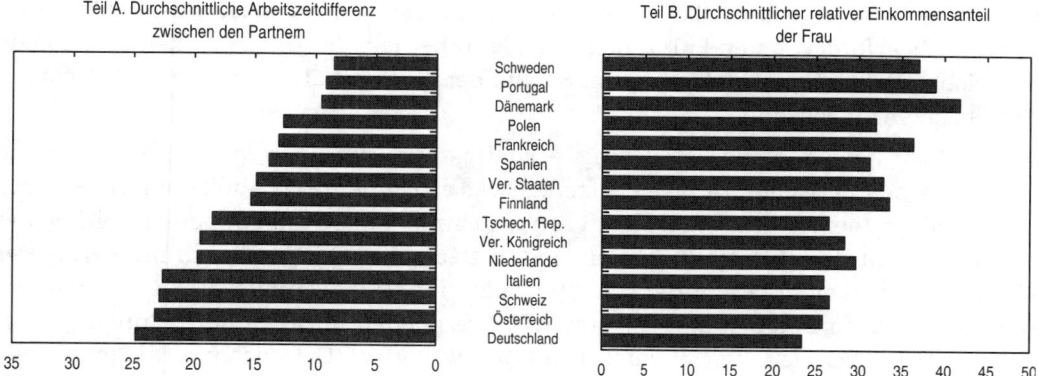

Anmerkung zu Teil A: Die Daten beziehen sich auf die durchschnittliche absolute Differenz zwischen den üblichen Wochenarbeitszeiten der Partner (übliche Wochenarbeitszeit des Mannes – übliche Wochenarbeitszeit der Frau). Paare, in denen keiner der Partner arbeitet, wurden nicht berücksichtigt. In Schweden beispielsweise arbeiten Männer im Durchschnitt fast sieben Stunden mehr pro Woche als ihre Partnerinnen.
Anmerkung zu Teil B: Die Daten beziehen sich auf den durchschnittlichen Anteil der Frau am Gesamteinkommen des Paares (Verdienst der Frau / [Verdienst des Mannes + Verdienst der Frau]). Paare, in denen keiner der Partner arbeitet, wurden nicht berücksichtigt. In Dänemark beispielsweise steuern die Frauen im Durchschnitt 42,13% zum Gesamteinkommen des Paares bei.
1. Die Angaben zur Differenz zwischen den üblichen Wochenarbeitszeiten von in einer Partnerschaft lebenden Männern und Frauen beziehen sich auf 2012 (für die Vereinigten Staaten auf 2014). Das Einkommensreferenzjahr für den Einkommensanteil der Frau ist 2011 (für die Vereinigten Staaten 2013).
Quelle: OECD-Berechnungen auf der Grundlage der Europäischen Arbeitskräfteerhebung 2012 und des Current Population Survey (CPS) 2014 für die Vereinigten Staaten.

unter den Partnern in Deutschland und anderen deutschsprachigen Ländern mit 25 Stunden pro Woche größer als in vielen anderen OECD-Ländern (Abb. 1.3, Teil A, und Kapitel 4). Hingegen belaufen sich die geschlechtsspezifischen Arbeitszeitunterschiede zwischen den Partnern in Dänemark, Portugal und Schweden auf unter zehn Wochenstunden.

Diese Differenz zwischen dem Arbeitszeitumfang der Partner trägt zum anhaltenden Lohngefälle zwischen Männern und Frauen innerhalb der Haushalte und auf nationaler Ebene bei. Das Lohngefälle zwischen vollzeitbeschäftigten Männern und Frauen liegt in Deutschland mit 13,4% leicht unter dem OECD-Durchschnitt (15,5%), wobei sich der Lohnabstand in den vergangenen zehn Jahren in Deutschland jedoch verringert hat (OECD, 2016a). Innerhalb der Haushalte ist der durchschnittliche Beitrag der Mütter zum Haushaltseinkommen in Deutschland geringer als in den meisten OECD-Ländern. Bei Paaren mit mindestens einem Kind, in denen die Partnerin zwischen 25 und 45 Jahre alt ist, belaufen sich die Erwerbseinkommen der Frauen in Deutschland im Durchschnitt auf knapp ein Viertel des Haushaltseinkommens. Ähnliche Muster sind in Österreich und der Schweiz zu finden (EU-SILC, 2012, und Abb. 1.3, Teil B). Hingegen tragen die Partnerinnen in Frankreich, Schweden und Dänemark im Durchschnitt über 35% zum Haushaltseinkommen bei (Kapitel 4).

Entgegen der Tendenz hin zu langen Arbeitszeiten, die bei in einer Partnerschaft lebenden Vätern in Österreich, Deutschland und der Schweiz zu beobachten ist, machen sich übermäßig lange Arbeitszeiten nicht durch eine bessere Produktivität bezahlt (Kapitel 2). Die Produktivität steigt zwar mit der Zahl der geleisteten Arbeitsstunden, jedoch nur bis zu einem bestimmten Punkt: Zahlreiche Untersuchungen haben ergeben, dass die Produktivität bei rd. 40 Stunden pro Woche ihren Höchststand erreicht (Penceval, 2014; Business

Roundtable, 1980; Thomas und Raynar, 1997). Nach fünf Achtstundentagen stabilisiert sich die Produktivität und sinkt anschließend, da die Arbeitskräfte die Überstunden antizipieren und pro Stunde weniger produzieren. Darüber hinaus erhöht sich das Risiko von Unfällen und Fehlern, und die Wahrscheinlichkeit von Fehlkommunikation und Fehlentscheidungen nimmt zu (Dembe et al., 2005; Rogers et al., 2004; Flinn und Armstrong, 2011). Die Gesundheit der Arbeitskräfte leidet ebenfalls (Virtanen et al., 2012), was zum Nachlassen der Produktivität beiträgt. Es erfordert einen kulturellen Wandel innerhalb der Unternehmen ebenso wie ausreichende Politikmaßnahmen zum Schutz der Arbeitskräfte, um übermäßig langen Arbeitszeiten zu begegnen.

Ein Weg, um die Zwänge der Vollzeitbeschäftigung zu umgehen, kann in der Aufnahme einer unternehmerischen Tätigkeit bestehen, was eine größere Flexibilität im Hinblick auf die Gestaltung der Arbeitszeiten bieten kann, aber nicht unbedingt mit einem geringeren Arbeitszeitumfang einhergeht. Frauen sind in Deutschland jedoch auch mit geringerer Wahrscheinlichkeit unternehmerisch tätig als Männer. 2013 waren nur 2,5% der erwerbstätigen Frauen in Deutschland selbstständig, verglichen mit 6,7% der Männer. Zudem verdienen Unternehmerinnen im Durchschnitt weit weniger als Unternehmer: Die Einkommen von Frauen aus selbstständiger Tätigkeit lagen in Deutschland nahezu 43% unter den Einkommen von Männern aus selbstständiger Tätigkeit, was über dem OECD-Durchschnitt des geschlechtsspezifischen Gefälles zwischen den Einkünften aus unternehmerischer Tätigkeit (36,1%) liegt. Das Einkommensgefälle lässt sich durch die niedrigere Kapitalisierung von Unternehmen mit weiblicher Führung, die Branchen, in denen sie tätig sind, einen Mangel an Führungserfahrung sowie die geringere Zahl der Arbeitsstunden erklären, die Frauen im Durchschnitt auf ihre Unternehmen verwenden, da sie mit größerer Wahrscheinlichkeit als Männer Erwerbsarbeit mit familiären Pflichten kombinieren (OECD, 2013). Das niedrigere Einkommen unternehmerisch tätiger Frauen könnte auch eine zusätzliche Folge unzureichender öffentlicher Kinderbetreuungsmöglichkeiten sein (Kapitel 2).

Junge Männer verdienen oftmals mehr als junge Frauen, so dass die Einkommenseinbußen für viele Familien am geringsten sind, wenn die Mütter statt der Väter ihre Arbeitszeit nach der Geburt eines Kindes verringern. Dies trägt dazu bei, dass viele Paare nach der Geburt eines Kindes traditionelle Rollen übernehmen, wobei die Mütter mehr unbezahlte Familienarbeit übernehmen als die Väter, die oftmals längere Vollzeitarbeitstage haben als Männer ohne Kinder (WSI, 2015). Dieses Muster trägt zu den geschlechtsspezifischen Unterschieden bei den Karrierechancen und Einkommensprofilen bei und nach dem Renteneintritt zu einem großen Rentengefälle zwischen Männern und Frauen (Kapitel 4). Um diesen Kreislauf der Ungleichheit zu durchbrechen, ist eine ausgewogenere Verteilung der beruflichen und familiären Aufgaben zwischen Vätern und Müttern erforderlich. Wenn Väter länger in Elternzeit gehen oder mit ebenso hoher Wahrscheinlichkeit wie Mütter ihre Arbeitszeit nach der Geburt eines Kindes vorübergehend verringern würden, hätten die Arbeitgeber stärkere Anreize, in gleichem Maße in die Fortbildung und Karrierechancen von Müttern zu investieren. Wenn Mütter im selben Umfang wie Väter erwerbstätig sein könnten, würde dies ihre wirtschaftliche Sicherheit im Fall einer Scheidung oder Auflösung der Partnerschaft stärken und ihr rentenbezogenes Risiko der Altersarmut verringern. Wenn Väter und Mütter beide vorübergehend vollzeitnah arbeiten und ihre berufliche Laufbahn in Vollzeit verfolgen würden, wenn die Kinder größer werden, würde dies in der Zukunft zu einer deutlichen Reduzierung des geschlechtsspezifischen Lohn- und Rentengefälles beitragen.

Die unbezahlte häusliche Arbeit von Frauen beeinträchtigt ihre Vollzeiterwerbstätigkeit

Kein OECD-Land hat eine ausgewogene Verteilung von bezahlter und unbezahlter Arbeit erreicht und in allen OECD-Ländern leisten Frauen mehr unbezahlte häusliche Arbeit als

Abbildung 1.4 **Frauen leisten im OECD-Raum mehr unbezahlte Arbeit als Männer**

Durchschnittlich mit Kinderbetreuung und anderen unbezahlten Arbeiten pro Tag verbrachte Zeit in Minuten (15- bis 64-Jährige[1]), nach Geschlecht, letztes verfügbares Jahr[2]

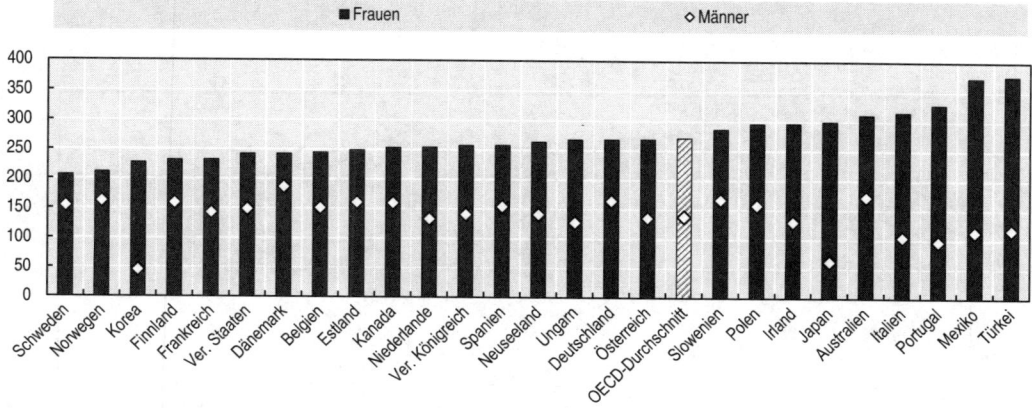

1. Die Angaben beziehen sich auf Personen der Altersgruppe 15-64 Jahre, außer für Australien (Personen ab 15 Jahre), Ungarn (Altersgruppe 15-74 Jahre) und Schweden (Altersgruppe 25-64 Jahre).
2. Die Referenzjahre sind: Australien: 2006, Österreich: 2008-2009, Belgien: 2005, Kanada: 2010, Dänemark: 2001, Estland: 2009-2010, Finnland: 2009-2010, Frankreich: 2009, Deutschland: 2001-2002, Ungarn: 1999-2000, Italien: 2008-2009, Irland: 2005, Japan: 2011, Korea: 2009, Mexiko: 2009, die Niederlande: 2005-2006, Neuseeland: 2009-2010, Norwegen: 2010, Polen: 2003-2004, Portugal: 1999, Slowenien: 2000-2001, Spanien: 2009-2010, Schweden: 2010, Türkei: 2006, Vereinigtes Königreich: 2005, Vereinigte Staaten: 2014.

Quelle: OECD Gender Data Portal 2016.

Männer (Abb. 1.4). In einer Partnerschaft lebende Frauen wenden im Durchschnitt doppelt so viel Zeit für Hausarbeit und Kinderbetreuung auf wie ihre männlichen Partner. In nahezu allen OECD-Ländern arbeiten Männer tatsächlich *weniger* als Frauen, wenn die *insgesamt* auf bezahlte und unbezahlte Arbeit verwendete Zeit addiert wird (Kapitel 5).

Paare mit einem männlichen Alleinverdiener tendieren in den verschiedenen Ländern dazu, an einer traditionelleren Aufteilung der bezahlten und unbezahlten Arbeit festzuhalten: Wenn der Mann in Vollzeit arbeitet, kümmert sich die Frau vorrangig um den Haushalt und die Kindererziehung (Kapitel 5). Männer in Doppelverdienerhaushalten übernehmen demgegenüber einen größeren Teil der Hausarbeit als Alleinverdiener. Aber selbst dann, wenn beide Partner Vollzeit arbeiten, ist die Hausarbeit selten gleich verteilt: Der Anteil der Frauen an der unbezahlten Hausarbeit variiert von Land zu Land zwischen durchschnittlich 62% in Deutschland und durchschnittlich 88% in Korea. Frauen leisten weniger unbezahlte Hausarbeit und Kinderbetreuung, wenn ihr Anteil am Haushaltserwerbseinkommen steigt, der Zusammenhang verläuft jedoch nicht linear; es liegen einige Befunde vor, denen zufolge gut verdienende Frauen oftmals mehr Hausarbeit verrichten, um traditionellen Geschlechternormen wenn schon nicht am Arbeitsplatz, dann zumindest zu Hause zu entsprechen, was ein Beispiel für das bewusste Einnehmen einer Geschlechterrolle (sogenanntes „doing gender") ist (Bittman, 2003; Bertrand et al., 2015).

Auch wenn die Zahl der Frauen in Deutschland zugenommen hat, die eine Erwerbstätigkeit aufnehmen, und trotz leichter Verbesserungen bei der Arbeitsmenge, die Männer im Haus erledigen, ist die Verteilung der unbezahlten Arbeit in den einzelnen Haushalten nach wie vor unausgewogen. Frauen der Altersgruppe 30-44 Jahre wenden im Durchschnitt 4,73 Stunden täglich für Kinderbetreuung und andere unbezahlte Arbeit auf, wohingegen Männer derselben Altersgruppe im Durchschnitt lediglich 2,52 Stunden täglich für diese Aufgaben aufwenden (Destatis, 2015b). Die Zeit, die Frauen auf unbezahlte Arbeit

Abbildung 1.5 **Weniger mit Hausarbeit und Kinderbetreuung verbrachte Zeit ist mit höheren Erwerbstätigenquoten der Frauen assoziiert**

Zeit in Minuten, die in einer Partnerschaft lebende Männer und Frauen täglich auf unbezahlte Arbeit verwenden

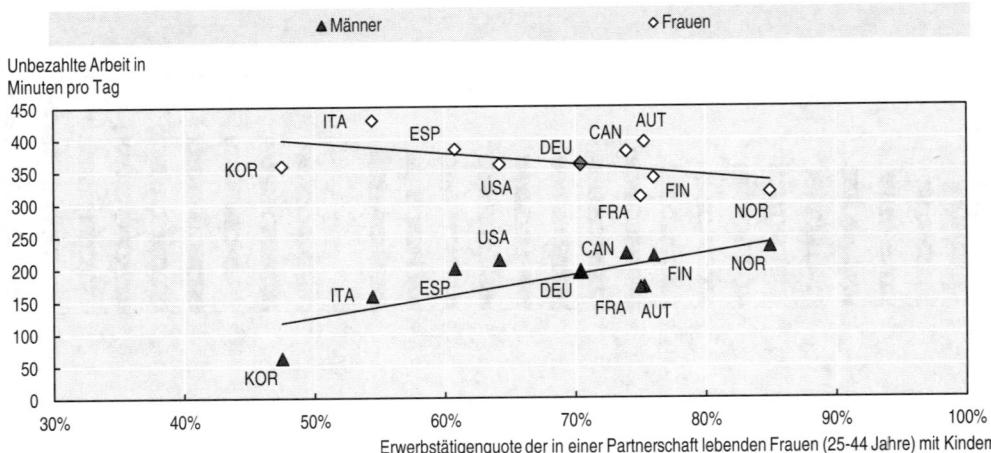

Anmerkung: Zeitnutzungsdaten für in einer Partnerschaft lebende Männer und Frauen ab 20 Jahren, die im selben Haushalt leben wie ihr Ehe- oder Lebenspartner. Erwerbstätigenquoten von in einer Partnerschaft lebenden Frauen ab 20 Jahren, die im selben Haushalt leben wie ihr Ehe- oder Lebenspartner. Für Norwegen sind die Erwerbstätigenquoten der in einer Partnerschaft lebenden Frauen zwischen 15 und 75 Jahren angegeben.
Quelle: OECD Time Use Database und Statistisches Bundesamt, Schätzungen des OECD-Sekretariats der Erwerbstätigenquoten der Frauen. Für Norwegen wurden die Erwerbstätigenquoten von Statistics Norway bereitgestellt.

verwenden, hat in den vergangenen zehn Jahren abgenommen, was jedoch zum großen Teil auf technologische Verbesserungen und Automatisierung statt auf einen großen Anstieg der Zeit, den Männer auf Hausarbeit verwenden, zurückzuführen ist.

Die auf Haus- und Familienarbeit verwendete Zeit schmälert die für Erwerbsarbeit zur Verfügung stehende Zeit und umgekehrt. Liegt auf Frauen eine unverhältnismäßig hohe Last, Kinder zu erziehen, so kann dies Mütter davon abhalten, eine Vollzeitbeschäftigung (wieder) aufzunehmen, und die Wahrscheinlichkeit verringern, dass Arbeitgeber Mütter oder Frauen im gebärfähigen Alter einstellen. In Deutschland sind Hausarbeit, Kinderbetreuung und Pflege anderer Familienangehöriger der häufigste Grund, den Frauen für Arbeitszeiten unter dreißig Stunden pro Woche angeben (Kapitel 4). Demgegenüber ist in Ländern, in denen die Erwerbstätigenquoten der Frauen höher sind, geschlechtergerechtere Ansichten vertreten werden und Leistungen der frühkindlichen Betreuung, Bildung und Erziehung sowie außerschulische Betreuungsangebote weithin zugänglich sind (z.B. Dänemark und Schweden), auch die Hausarbeit ausgewogener verteilt (Abb. 1.5).

Bei den Präferenzen in Bezug auf die Zahl der Arbeitsstunden der Partnerin bzw. des Partners bestehen in Deutschland erhebliche Unterschiede zwischen Männern und Frauen. Die durchschnittliche Stundenzahl, die sich Mütter kleiner Kinder für ihre Partner wünschen, liegt deutlich höher als die Zahl der Arbeitsstunden, die sich Väter kleiner Kinder für ihre Partnerinnen wünschen (Abb. 1.6). Die Mütter würden es in Deutschland im Durchschnitt vorziehen, dass ihre Partner ca. fünf Stunden pro Woche weniger arbeiten, wohingegen die Väter sich wünschen würden, dass ihre Partnerinnen drei Stunden pro Woche weniger arbeiten (in Kapitel 4 findet sich eine ausführliche Erörterung der relativ langen Arbeitszeiten von Vätern sowie der relativ kurzen Arbeitszeiten von Müttern in Deutschland). Diese unterschiedlichen geschlechtsspezifischen Präferenzen finden sich in allen Ländern, sind in Deutschland, den Niederlanden und dem Vereinigten Königreich jedoch ausgeprägter als beispielsweise in Dänemark, Frankreich oder Schweden, wo

Abbildung 1.6 **Väter und Mütter kleiner Kinder ziehen kürzere Arbeitszeiten ihrer Partner vor**
Durchschnittliche Antworten auf die Frage nach dem durchschnittlichen Arbeitszeitumfang des Partners und dem für den Partner bevorzugten Arbeitszeitumfang, 2010

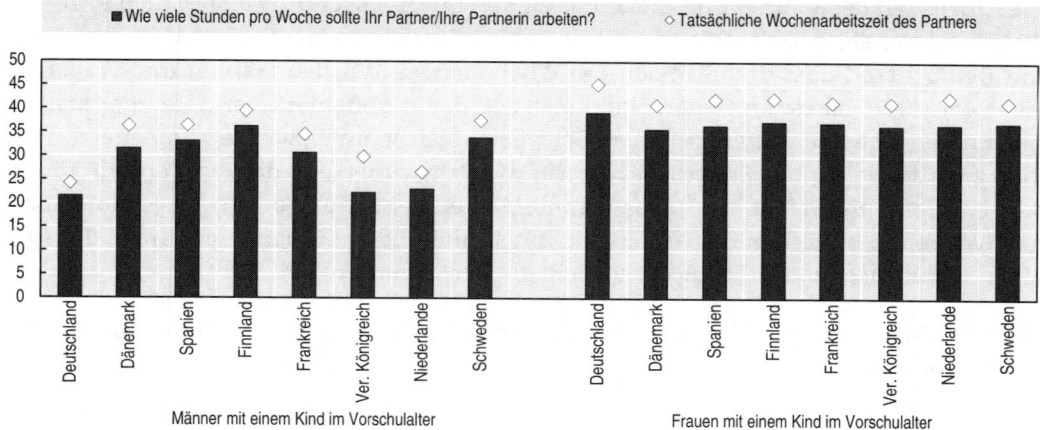

Quelle: European Social Survey (2010).

die Sozialsysteme es Vätern und Müttern erleichtern, ihre Arbeitszeit unter weniger Einschränkungen zu verwirklichen.

3. Arbeitsteilung zahlt sich für die Gesellschaft als Ganzes aus

Deutschland sieht sich zunehmend demografisch bedingten Belastungen gegenüber. Die Förderung einer besseren Vereinbarkeit von Beruf und Familie kann dem deutschen Arbeitsmarkt eine doppelte Dividende einbringen: Sie wird sowohl dem deutschen Arbeitsmarkt kurzfristig helfen, da mehr Mütter eine Erwerbstätigkeit aufnehmen und/oder ihre Arbeitszeit erhöhen, als auch potenziell den Bevölkerungsrückgang begrenzen, indem sie höheren Geburtenraten Vorschub leistet.

Die Ausschöpfung des beruflichen Potenzials von Frauen auf dem Arbeitsmarkt kommt der deutschen Wirtschaft zugute

Die OECD-Projektionen lassen darauf schließen, dass das BIP in den kommenden zwanzig Jahren um 12% steigen würde, wenn die Beschäftigungsquoten der Frauen in den OECD-Ländern das Niveau der Männer erreichen würden (OECD, 2013). Einer der Bereiche mit dem größten unerschlossenen Potenzial in der deutschen Erwerbsbevölkerung sind nichterwerbstätige und/oder teilzeitbeschäftigte Mütter. Eine bessere Aufteilung der unbezahlten häuslichen Arbeit, zusammen mit kohärenten Politikmaßnahmen, hilft Müttern dabei, ihre Arbeitsmarktbindung zu wahren und ihre berufliche Laufbahn fortzusetzen.

In Anbetracht der Tatsache, dass das Bildungsniveau der Frauen dem der Männer in den meisten OECD-Ländern heute entspricht bzw. dieses sogar übersteigt, entstehen der Wirtschaft potenziell große Verluste, wenn Frauen zu Hause bleiben oder einer Teilzeitbeschäftigung mit geringem Stundenumfang nachgehen. In Deutschland sind junge Frauen im Vergleich zu jungen Männern gut ausgebildet: 32,1% der 25- bis 34-jährigen Frauen haben einen Tertiärabschluss erworben, verglichen mit 27,9% der Männer derselben Altersgruppe (Kapitel 2). In OECD (2013) wurde festgestellt, dass rd. 50% des gesamten Wirtschaftswachstums zwischen 1960 und 2008 auf die Anhebung des Bildungsniveaus in den OECD-Ländern entfielen, wovon über die Hälfte auf den Anstieg des Bildungsniveaus der Frauen zurückzuführen war.

Eine partnerschaftlichere Aufteilung der Erwerbsarbeit zwischen Männern und Frauen kann dem projizierten Rückgang der deutschen Erwerbsbevölkerung entgegenwirken. In Schweden, einem der egalitärsten Länder mit einem starken Fördersystem für Familien, ist die Arbeitszeit der Männer (mit und ohne Kinder) im Durchschnitt wöchentlich etwa eine Stunde kürzer als in Deutschland, und die der Frauen (mit und ohne Kinder) ist verglichen mit Deutschland über drei Stunden pro Woche länger. Würden Männer und Frauen im Alter von 25-54 Jahren in Deutschland bis 2040 das Arbeitsmarktverhalten der Männer und Frauen derselben Altersgruppe in Schweden übernehmen, würde sich der erwartete Rückgang der deutschen Erwerbsbevölkerung verlangsamen und das Pro-Kopf-BIP könnte steigen, wenn unterstellt wird, dass Veränderungen der Erwerbsbeteiligungsquoten bzw. der Wochenarbeitszeiten die Arbeitsnachfrage nicht beeinflussen (vgl. Kapitel 2 wegen einer ausführlichen Erörterung der verschiedenen Szenarien).

Sind Beschäftigung und Familiengründung nicht miteinander vereinbar, sinken die Geburtenraten

Das Bildungsniveau der Frauen und ihre Erwerbsbeteiligung erhöhen die mit der Unterbrechung der beruflichen Laufbahn für die Kindererziehung verbundenen Kosten. In Ländern, in denen die Vereinbarkeit von Beruf und Familie nur begrenzt gefördert wird, ist die Geburt eines Kindes oftmals mit einem deutlichen Rückgang des Familieneinkommens verbunden, da mindestens einer der Partner seine Beschäftigung aufgeben (oder den Umfang reduzieren) muss, um sich um das Neugeborene zu kümmern.

In Deutschland bestehen starke Spannungen zwischen beruflichen und familiären Pflichten. Die Zahl der Kinder in einer Familie hat einen stärkeren negativen Effekt auf die Erwerbstätigkeit der Frauen als in vielen anderen OECD-Ländern, und Frauen bleiben in Deutschland mit deutlich größerer Wahrscheinlichkeit kinderlos als Frauen in anderen Ländern (Kapitel 6). 2012 waren in Deutschland 36% der Frauen im Alter von 25-49 Jahren kinderlos, verglichen mit lediglich 28% in Frankreich, wo endgültige Kinderlosigkeit zudem viel weniger häufig als in den meisten europäischen Ländern ist (Miettinen et al., 2015). In Deutschland besteht überdies eine erhebliche Diskrepanz zwischen den Präferenzen der Frauen im Hinblick auf Kinderlosigkeit und der tatsächlichen Kinderlosigkeit. In Deutschland geben 7% der Frauen – im OECD-Durchschnitt liegt dieser Wert bei 4% (Eurobarometer, 2014) – an, dass Kinderlosigkeit ihr „Ideal" ist, was darauf schließen lässt, dass zahlreiche Haushalte in Deutschland von „ungewollter" Kinderlosigkeit betroffen sind. Großfamilien – solche mit drei oder mehr Kindern – sind in Deutschland ebenfalls relativ unüblich.

Die Herausforderungen im Hinblick auf die Vereinbarung von Beruf und Familie haben dazu beigetragen, dass die zusammengefassten Geburtenziffern in Deutschland anhaltend niedrig sind (OECD, 2011). Seit 1990 liegen die zusammengefassten Geburtenziffern bei rd. 1,3-1,4 Kindern je Frau, auch wenn im Jahr 2014 ein Anstieg auf 1,47 Kinder je Frau verzeichnet wurde. Dies ist jedoch niedriger als der OECD-Durchschnitt von 1,67 und liegt deutlich unter dem Bestandserhaltungsniveau von 2,1 Kindern je Frau. Stagnierende Geburtenraten sind für Deutschland ein besonders wichtiges Thema: Abgesehen von der persönlichen Zufriedenheit, die durch die Erziehung von Kindern entsteht, bedeuten weniger Babys künftig weniger Arbeitskräfte, was gravierende Folgen für die Wirtschaft haben wird.

Die Geburtenraten in Deutschland variieren je nach Bildungsstand, Beruf und Einkommen der Frauen (Dorbritz, 2008; Kreyenfeld und Konietzka, 2013; Bujard, 2015). Frauen mit Hochschulabschluss haben in Deutschland mit geringerer Wahrscheinlichkeit Kinder, ebenso wie erwerbstätige Frauen, insbesondere wenn sie in Vollzeit erwerbstätig sind. Frauen mit höherem Einkommen haben ebenfalls mit deutlich geringerer Wahrscheinlichkeit ein

Kind als Frauen mit niedrigeren Einkommen, da Frauen mit niedrigem Erwerbseinkommen oftmals mit einem männlichen Hauptverdiener zusammenleben. Die Unterschiede im Hinblick auf die Geschlechterrollen sind in Frankreich weniger dramatisch, wo die Wahrscheinlichkeit, ein Kind zu gebären, mit zunehmendem Einkommen der Frauen sogar steigt (Kapitel 6). Das Geburtenverhalten ist in Frankreich, wo das Angebot an Betreuungsmöglichkeiten für Klein-, Vorschul- und Schulkinder in der Regel groß ist, auch weniger von der Zahl der geleisteten Arbeitsstunden der Frauen abhängig.

Die internationale Fachliteratur lässt darauf schließen, dass die Mitwirkung der Väter bei der Betreuung des ersten Kindes positiv mit der Wahrscheinlichkeit assoziiert ist, dass sich die Familien für ein zweites Kind entscheiden (Duvander et al., 2010; Aassve et al., 2015; Miettinen et al., 2015; Cooke, 2004). Über den Zusammenhang zwischen der allgemeinen Aufgabenteilung der privaten Haushalte und der Zahl der Geburten herrscht in der Fachliteratur jedoch keine Einigkeit, da sich die Studien im Hinblick auf die Vorgehensweise bei der Messung der Gleichstellung von Mann und Frau unterscheiden und die „partnerschaftliche Aufgabenteilung" in der Regel nicht messen. Dies stellt einen wichtigen Bereich für künftige Forschungsarbeiten dar.

4. Den Weg für eine partnerschaftliche Aufgabenteilung bereiten: Die Sozialpolitik kann Partnerschaftlichkeit in den Familien fördern

Sozioökonomische und demografische Faktoren haben Auswirkungen auf den Grad der Partnerschaftlichkeit bei der Aufteilung der unbezahlten Arbeit zuhause. Eine partnerschaftlichere Arbeitsteilung ist im Allgemeinen bei Paaren zu beobachten, die unverheiratet, Doppelverdiener, gut ausgebildet, jünger und egalitär in ihren Ansichten sowie kinderlos sind. Die Haushalte in den postkommunistischen Ländern teilen sich die Hausarbeit ebenfalls partnerschaftlicher auf.

Die jüngsten Politikänderungen in Deutschland im Überblick

Familien in Deutschland sehen sich beträchtlichen Herausforderungen dabei gegenüber, mehr Zeit miteinander zu verbringen und Beruf und Familie partnerschaftlicher miteinander zu vereinbaren. Die Familienpolitik kann einen wichtigen Beitrag leisten, und Deutschland hat bereits wesentliche Fortschritte bei der Unterstützung von Familien vor und nach der Geburt eines Kindes erzielt (Kapitel 3). 2007 wurden Änderungen an den Transferleistungen während der Elternzeit vorgenommen, wobei das pauschale bedürftigkeitsgeprüfte Erziehungsgeld durch das einkommensbezogene Elterngeld mit Mindest- und Höchstsatz ersetzt wurde. Die Leistungsdauer wurde auf zwölf Monate festgesetzt, kann sich aber um zwei weitere Monate erhöhen, wenn mindestens zwei Monate der Elternzeit vom zweiten Partner (üblicherweise dem Vater) genutzt werden.

Die Reform von 2007 hat die Wahrscheinlichkeit deutlich erhöht, dass Mütter nach dem Ende des Elterngeldbezugs wieder an den Arbeitsplatz zurückkehren, und hat insbesondere die Rückkehr hochqualifizierter Mütter in eine Vollzeitbeschäftigung gefördert (Kluve und Schmitz, 2014; Kluve und Tamm, 2013). Da die Eltern (insbesondere die Mütter) rascher und in größerer Anzahl wieder eine Erwerbstätigkeit aufnehmen, dürfte ein Großteil der durch die Leistung entstehenden zusätzlichen Kosten durch Steuermehreinnahmen und einen Rückgang der anderen mit der Nichterwerbstätigkeit verbundenen Staatsausgaben ausgeglichen werden: Schätzungen des Forschungsinstituts RWI lassen darauf schließen, dass selbst in den ersten Jahren nach der Einführung etwa 25% der zusätzlichen Kosten durch staatliche Mehreinnahmen bzw. Minderausgaben refinanziert wurden (Bechara et al., 2015).

Die Einführung des Elterngeldes in Deutschland im Jahr 2007 war ein großer Fortschritt, um eine stärkere Beteiligung der Väter an der Kindererziehung sicherzustellen, und diese Politikreform stand mit international bewährten Praktiken im Einklang, da sie den Vorbildern in Island, Frankreich, Portugal und Schweden ähnelt (Adema et al., 2015). Nach der Reform in Deutschland stieg der Anteil der Väter, die Elterngeld bezogen, im Zeitraum 2009-2014 auf über ein Drittel (Destatis, 2015b).

Die Einführung des ElterngeldPlus im Jahr 2015 ermutigt die Väter noch stärker zur Inanspruchnahme von Elternzeit und Elterngeld und bietet den Paaren finanzielle Anreize, um eine ausgewogenere Aufteilung von bezahlter und unbezahlter Arbeit zu entwickeln (und idealerweise beizubehalten). Die Reform von 2015 erleichtert die Kombination von Teilzeitbeschäftigung und Elterngeldbezug („ElterngeldPlus"). Zudem ermutigt sie Paare dazu, die Elternzeit untereinander aufzuteilen, da Paare, bei denen beide Partner mindestens vier Monate lang zwischen 25 und 30 Wochenstunden arbeiten, nunmehr einen „Partnerschaftsbonus" erhalten, der vier zusätzlichen Monaten ElterngeldPlus entspricht. Die stärkere Akzeptanz der Arbeitszeitreduktion und der Inanspruchnahme der Elternzeit durch die Väter, wenn die Kinder klein sind, ist ein weiterer Meilenstein auf dem Weg zu einer partnerschaftlichen Aufgabenteilung zwischen Müttern und Vätern. Wenn bei Männern ein größeres „Risiko" besteht, dass sie um den Zeitpunkt der Geburt ihres Kindes herum ihren Arbeitsplatz vorübergehend aufgeben, sind Frauen im gebärfähigen Alter möglicherweise weniger stark von Diskriminierung bei der Einstellung und/oder Einkommens- und Karriereeinbußen betroffen, die mit der Inanspruchnahme von Elternzeit zusammenhängen. Durch die weitere Steigerung der Inanspruchnahme durch die Väter und die Bewirkung einer partnerschaftlicheren Aufgabenteilung zwischen Vätern und Müttern würde diese Reform, zusammen mit an die Arbeitgeber gerichteten Informationskampagnen, dazu beitragen, die von Vätern in Anspruch genommene Elternzeit bei den Arbeitgebern zu entstigmatisieren und die „Gender Diversity" am Arbeitsplatz zu verbessern.

Die politischen Modelle in Ländern wie Dänemark, Frankreich und Schweden zielen darauf ab, Familien während der gesamten Phase der Kindererziehung kontinuierlich zu unterstützen. Abgesehen von bezahlten Freistellungsregelungen umfasst dies die Bereitstellung erschwinglicher Dienstleistungen im Bereich der frühkindlichen Betreuung, Bildung und Erziehung sowie Betreuungsmöglichkeiten außerhalb der Schulzeiten, die Eltern in die Lage versetzen, Kinder mit einer Vollzeit- oder vollzeitnahen Beschäftigung zu vereinbaren, und zwar auch während der Schulferien. Seit Mitte der 2000er Jahre hat Deutschland sein Angebot an frühkindlicher Betreuung, Bildung und Erziehung ebenfalls erheblich ausgeweitet, was Kindern und ihren Eltern zugutekommt (OECD, 2011). Gleichwohl scheint mehr das quantitative Angebot als die Erschwinglichkeit ein Problem zu sein. Die Kosten der institutionellen Kinderbetreuung sind für Eltern in Deutschland ähnlich hoch wie in Dänemark und Schweden (Kapitel 3), die Kinderbetreuungsquote liegt trotz des deutlichen Anstiegs in den vergangenen Jahren jedoch nach wie vor unter dem OECD-Durchschnitt (Abb. 1.7).

Darüber hinaus gibt es Initiativen zur Ausweitung des Ganztagsunterrichts sowie der Betreuung außerhalb der Schulzeiten, auch wenn es noch Spielraum für Verbesserungen gibt: Rund 15% der 6- bis 10-Jährigen in Deutschland werden außerhalb der Schulzeiten betreut, verglichen mit rd. 80% in Dänemark und Schweden. Vor (und nach) Beginn und Ende des Schultags können die Kinder ihre Hausaufgaben erledigen oder an kommunalen Freizeitprogrammen teilnehmen. Die Eltern haben hierdurch den Vorteil längerer, flexiblerer staatlich erbrachter Betreuungszeiten.

Abbildung 1.7 **Die Betreuungsquote der Kinder steigt in Deutschland**

Teilnahme der 0- bis 2-Jährigen an der frühkindlichen Betreuung, Bildung und Erziehung[1], 2006[2] und 2013[3]

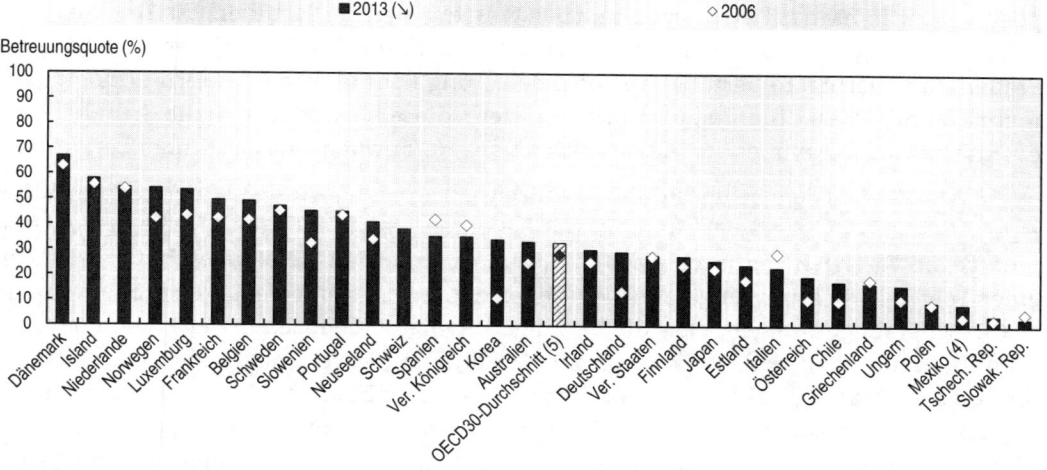

1. Die Daten berücksichtigen im Allgemeinen Kinder in institutionellen Kinderbetreuungseinrichtungen, Kindertagesstätten und Vorschulen (sowohl öffentliche als auch private) sowie Kinder, die von einer professionellen Tagesmutter betreut werden, und lassen informelle Betreuungsleistungen, die von Verwandten, Freunden oder Nachbarn erbracht werden, unberücksichtigt. Die genauen Definitionen können sich jedoch von Land zu Land leicht unterscheiden.
2. Die Daten für Australien beziehen sich auf 2005.
3. Die Daten für Japan beziehen sich auf 2010 und die für Australien, Chile, Mexiko und die Vereinigten Staaten auf 2011.
4. In den Daten für Mexiko sind durch den privaten Sektor erbrachte Dienstleistungen nicht berücksichtigt.
5. Ungewichteter Durchschnitt für die 30 OECD-Länder, für die Daten für beide Zeitpunkte verfügbar sind.

Quelle: OECD Family Database, www.oecd.org/els/family/database.htm.

Flexible Arbeitszeitregelungen sind von entscheidender Bedeutung, da sie den Beschäftigten eine größere Autonomie bei der Gestaltung ihrer Arbeitszeiten einräumen, so dass sie ihre beruflichen und familiären Pflichten besser miteinander vereinbaren können, während gleichzeitig die Wissensbasis in der Belegschaft aufrechterhalten werden kann und die Einstellungskosten der Arbeitgeber begrenzt werden können. Seit Mitte der 2000er Jahre ist die Politik in Deutschland dazu übergegangen, eine partnerschaftlichere Aufteilung der Zeit für Kinderbetreuung und Erwerbsarbeit zu fördern, und in diesem Sinne ist sie – vielleicht mit Ausnahme der nordischen Länder – den meisten OECD-Ländern voraus. Es gibt eine Reihe staatlich geförderter Initiativen, an denen verschiedene Akteure des privaten Sektors beteiligt sind, darunter Initiativen für einen stärkeren Austausch über empfehlenswerte Praktiken unter den beteiligten Akteuren und Evaluierungen familienfreundlicher Unternehmen. Zuletzt unterzeichneten verschiedene Akteure (einschließlich der Arbeitgeberverbände und Gewerkschaften) 2015 das „Memorandum Familie und Arbeitswelt: Die NEUE Vereinbarkeit". In dem Memorandum werden Fortschrittsfelder (z.B. größeres Bewusstsein für die Bedeutung flexibler Arbeitszeiten in den Unternehmen), aber auch Herausforderungen (z.B. die Stärkung der Erwerbstätigkeit von Müttern) identifiziert und Leitsätze entwickelt, um Beruf und Familie im Lebensverlauf für Arbeitnehmer und Unternehmen erfolgreich miteinander zu vereinbaren. Hierzu zählt die Förderung der vollzeitnahen Beschäftigung, d.h. einer Wochenarbeitszeit von unter 40 Stunden, insbesondere im Hinblick auf Arbeitnehmer und Arbeitnehmerinnen, die sich um kleine Kinder kümmern.

Die Einführung des ElterngeldPlus kann als Schritt in Richtung eines Familienarbeitszeitmodells betrachtet werden, das darauf abzielt, Eltern junger Kinder zu unterstützen, die ihre beruflichen und familiären Pflichten partnerschaftlich aufteilen wollen. Ein Vorschlag für ein solches Modell (Müller et al., 2013) sieht Lohnergänzungsleistungen für die Dauer von drei Jahren für in einer Partnerschaft lebende Eltern vor, wenn beide Elternteile ihre Arbeitszeit verringern und vollzeitnah arbeiten. Im Durchschnitt würde dies kürzere Arbeitszeiten für die Väter und längere Arbeitszeiten für die Mütter bedeuten und hätte positive Folgen für das Einkommen und das Wohlergehen der Familien, die Zeit, die Väter mit ihren Kindern verbringen können, und die Laufbahn- und Gehaltsentwicklung der Frauen. Eine geringere berufliche Arbeitsbelastung könnte es den Vätern ermöglichen, mehr Zeit mit ihren Kindern zu verbringen, wenn diese klein sind, und die Grundlage für ein stärkeres Engagement der Väter während des Heranwachsens der Kinder bereiten.

Ein System, in dem beide Elternteile vollzeitnah arbeiten, würde für die meisten Mütter eine Verlängerung der Wochenarbeitszeit bedeuten, da die meisten Mütter in Deutschland gegenwärtig teilzeitbeschäftigt sind, und es könnte für teilzeitbeschäftigte Mütter einen Schritt in Richtung längerer Arbeitszeiten darstellen, wenn die Kinder größer werden. OECD-Schätzungen zeigen, dass die Verlängerung der Arbeitszeiten der Frauen bei dem „Familienarbeitszeitmodell" unter diesen Annahmen die Verringerung des Arbeitszeitumfangs der Männer nahezu vollständig wettmachen würde und damit insgesamt einen begrenzten Effekt auf das Arbeitsangebot in Deutschland haben dürfte (Kapitel 2). Darüber hinaus könnte eine Phase der vollzeitnahen Beschäftigung, wenn die Kinder sehr jung sind, die Aufstockung der Stundenzahl auf eine Vollzeitbeschäftigung für beide Eltern erleichtern (was sehr schwierig ist, wenn man von einer niedrigen Stundenzahl ausgeht) und dem Arbeitsangebot in Deutschland langfristig weiter Auftrieb geben, was von entscheidender Bedeutung sein wird, um die Herausforderungen der Bevölkerungsalterung zu bewältigen.

Die Öffentlichkeit in Deutschland ist bereit für Veränderungen. Umfragen lassen darauf schließen, dass viele Deutsche nicht mit ihren Möglichkeiten zur Vereinbarung von Familie und Beruf zufrieden sind: Berufstätige Eltern in Deutschland geben mit größerer Wahrscheinlichkeit als die meisten anderen Eltern in Europa an, dass ihre berufliche Tätigkeit sie daran hindert, so viel Zeit mit der Familie zu verbringen, wie sie sich wünschen würden. Und auch wenn die Eltern kleiner Kinder bevorzugen würden, dass ihr Partner (dies gilt sowohl für Mütter als auch für Väter) weniger Stunden auswärts arbeitet, haben sich die Menschen in Deutschland stärker an den Gedanken gewöhnt, dass Mütter von Kleinkindern eine Erwerbstätigkeit aufnehmen (Kapitel 2): 61% der Bevölkerung in Deutschland sind der Meinung, dass es wichtig ist, Eltern mit Kindern unter drei Jahren so zu unterstützen, dass beide Partner erwerbstätig sein können (Institut für Demoskopie Allensbach, 2015), und viele Eltern vertreten die Ansicht, dass sich die Unternehmen stärker für eine bessere Vereinbarkeit von Familie und Beruf einsetzen könnten (BMFSFJ, 2013).

Politikempfehlungen für Deutschland

Um die partnerschaftliche Aufteilung beruflicher und familiärer Pflichten weiter zu erleichtern und eine bessere Vereinbarkeit von Familie und Beruf zu erreichen, empfiehlt der vorliegende Bericht den Politikverantwortlichen in Deutschland:

- *Die Bemühungen fortzusetzen, mehr Väter zur Inanspruchnahme der Elternzeit zu ermutigen.* Die Einführung des Elterngeldes im Jahr 2007 stand im Einklang mit international bewährten Praktiken und stellte einen bedeutenden Schritt in Richtung einer ausgewogeneren Aufteilung von Erwerbsarbeit und unbezahlter Arbeit zwischen Männern und Frauen dar. Die Auswertungen haben gezeigt, dass die Wahrscheinlichkeit, dass Mütter nach dem Ende der Bezugsdauer rascher als früher wieder an den Arbeitsplatz zurückkehren, dadurch wesentlich gesteigert wurde und auch die Inanspruchnahme der Elternzeit bzw. des Elterngeldes durch die Väter deutlich zunahm.

Die „ElterngeldPlus"-Reform von 2015 erleichtert die Kombination von Teilzeitarbeit und Elterngeldbezug und bietet zusätzlich finanzielle Anreize, um beide Partner in Paarfamilien zu ermutigen, mindestens weitere vier Monate lang zwischen 25 und 30 Stunden pro Woche parallel erwerbstätig zu sein. Die Auswirkungen dieser Reform sollten genau beobachtet werden, um herauszufinden, ob sie dazu beiträgt, die Inanspruchnahme von Elterngeld durch die Väter noch weiter zu steigern, wobei die Väter ihre Vollzeittätigkeit für einen begrenzten Zeitraum verringern und die Mütter ihre Arbeitsstundenzahl erhöhen.

- Auf der Grundlage der mit dem Elterngeld und dem ElterngeldPlus gesammelten Erfahrungen *weitere familienpolitische Förderinstrumente zu entwickeln*, einschließlich Möglichkeiten für Eltern junger Kinder, während eines bestimmten Zeitraums vollzeitnah zu arbeiten und eine begleitende finanzielle Unterstützung zu erhalten, wie dies derzeit in Deutschland im Rahmen des Konzepts einer „Familienarbeitszeit" diskutiert wird. Eine vollzeitnahe Beschäftigung könnte es vielen Vätern ermöglichen, sich mehr Zeit für ihre Kinder zu nehmen, wenn diese klein sind, während eine vorübergehende vollzeitnahe Beschäftigung verglichen mit einer langfristigen Teilzeitbeschäftigung mit geringem Stundenumfang positive Effekte auf die Verdienst- und Karrierechancen von Müttern haben dürfte.

- In Anbetracht des Anspruchs auf Verringerung der Arbeitszeit aus familiären Gründen einen *Anspruch auf Rückkehr in Vollzeit* – oder zu einem anderen Arbeitszeitumfang, der zu den sich verändernden familiären Rahmenbedingungen passt – innerhalb einer bestimmten Frist einzuführen. Eltern könnten die Arbeitszeitflexibilität nutzen, um ihre beruflichen und familiären Pflichten miteinander zu vereinbaren – auch wenn die Kinder größer werden.

- *Die Investitionen in Betreuungsmöglichkeiten für Kleinkinder weiter zu erhöhen und den Zugang zu entsprechenden Einrichtungen auszuweiten.* Die Kindererziehungsphase ist eine entscheidende Zeit, in der die Paare häufig eine neue Aufteilung hinsichtlich der bezahlten und unbezahlten Arbeit entwickeln. Eine angemessene und erschwingliche frühkindliche Betreuung, Bildung und Erziehung ist von entscheidender Bedeutung, um beiden Elternteilen die Vereinbarkeit von Beruf und Familie zu ermöglichen. Deutschland hat die öffentlichen Investitionen in die frühkindliche Betreuung, Bildung und Erziehung in den vergangenen 15 Jahren aufgestockt. Es sind jedoch weitere Investitionen erforderlich, um sicherzustellen, dass das Angebot die Nachfrage deckt, insbesondere in Regionen, in denen es noch kein ausreichendes Angebot an frühkindlicher Betreuung, Bildung und Erziehung gibt, und um dem Bedarf der Eltern flexibler Rechnung zu tragen.

- Verglichen mit den Investitionen in frühkindliche Betreuung, Bildung und Erziehung hat Deutschland bei der außerschulischen Betreuung noch Nachholbedarf: *Sowohl die Investitionen in außerschulische Betreuung für Kinder im Grundschulalter als auch der Zugang dazu müssen ausgeweitet werden.* Da der Betreuungsbedarf nicht mit der Einschulung der Kinder endet, müssen erwerbstätige Eltern und insbesondere Elternpaare, in denen beide Partner vollzeitbeschäftigt sind, in Deutschland oftmals eine Betreuung für ihre Kinder vor und/oder nach der Schule organisieren. In Deutschland sollte von öffentlicher Seite mehr in außerschulische Betreuungsangebote investiert werden, die Eltern schulpflichtiger Kinder – auch während der Schulferien – helfen, Vollzeiterwerbstätigkeit und Familienleben miteinander zu vereinbaren.

- *Das deutsche Steuer- und Transfersystem anzupassen, um Paare zur partnerschaftlichen Aufteilung der Erwerbsarbeit zu ermutigen.* In rund einem Drittel der OECD-Länder fördert die Steuer- und Transferpolitik eine ausgewogene Aufteilung der Erwerbstätigkeit auf beide Partner, was zum großen Teil durch die progressive Einkommensbesteuerung bedingt ist. Hingegen sorgen die steuerliche Zusammenveranlagung, die beitragsfreie Mitversicherung von Ehepartnern bzw. -partnerinnen und die Deckelung der Sozialversicherungsbeiträge in Deutschland dafür, dass sich die Steuer- und Abgabenbelastung der Erwerbseinkommen deutlich erhöht, wenn in einem Haushalt eine zweite Person eine Beschäftigung aufnimmt (es sei denn, es handelt sich dabei um einen steuerfreien Minijob mit einem Einkommen von maximal 450 Euro pro Monat). Die finanziellen Erwerbsanreize für Zweitverdienende in Paarfamilien könnten auf verschiedene Weise verbessert werden, z.B. durch einen gesonderten Steuerfreibetrag für Zweitverdienende oder durch die Festsetzung der Krankenversicherungsbeiträge auf Basis der Anzahl der versicherten Erwachsenen, mit einem entsprechenden finanziellen Ausgleich für einkommensschwache Familien (vgl. OECD, 2016c, und Kapitel 3 wegen näherer Einzelheiten).

- *Die Zusammenarbeit mit den Sozialpartnern und anderen Akteuren weiter auszubauen, um das Berufsleben familienfreundlicher zu gestalten.* Die Förderung einer Reihe von familienfreundlichen Arbeitsplatzmaßnahmen, wie z.B. im Rahmen des „Memorandum Familie und Arbeitswelt: Die NEUE Vereinbarkeit", sollte fortgesetzt werden. Dazu zählt u.a., die Zahl der Arbeitsstunden eines regulären Vollzeitarbeitstags zu verringern, Väter zur Inanspruchnahme von Elternzeit zu ermutigen, Telearbeit zu erleichtern und flexible Arbeitszeiten zuzulassen.

- Die zuständigen Stellen in Deutschland sind aufgerufen, sich durch öffentliche Aufklärungskampagnen, Vorbildwerbung, öffentlichkeitswirksame Veranstaltungen und andere Kommunikationsmittel *weiter dafür einzusetzen, die Vorteile einer partnerschaftlichen Aufgabenteilung in Familien im Bewusstsein zu verankern.* Initiativen zur Förderung und Verbreitung empfehlenswerter Praktiken auf lokaler Ebene, wie z.B. die „Lokalen Bündnisse für Familie", die länderspezifische Besonderheiten und die Rolle der Kommunen berücksichtigen, sollten weiter unterstützt werden.

Die Förderung von Partnerschaften, in denen sich Väter und Mütter die Verantwortung für ihre Kinder partnerschaftlich teilen, ist gut für die Familien und ihr Wohlergehen; zudem entsteht hierdurch eine Reihe weniger greifbarer sozialer Güter, z.B. eine bessere Vater-Kind-Bindung und die Förderung egalitärer Geschlechternormen über die Generationen hinweg sowie die Verbesserung der Vereinbarkeit von Familie und Beruf. Eine partnerschaftlichere Aufteilung der Zeit für Familie und Beruf zwischen Vätern und Müttern, wie sie beispielsweise im Zusammenhang mit dem „Familienarbeitszeitmodell" diskutiert wird, könnte Familien mehr Zeit miteinander verschaffen und Männer und Frauen in die Lage versetzen, ihr Arbeitsmarktpotenzial voll auszuschöpfen. Wenn Väter und Mütter beide eine Zeit lang vollzeitnah arbeiten und ihre berufliche Laufbahn wieder in Vollzeit fortsetzen, wenn die Kinder größer werden, würde dies zu einer deutlichen Reduzierung der geschlechtsspezifischen Lohn- und Rentenlücke beitragen und das Arbeitsangebot von Männern und Frauen stützen und damit ein inklusives Wachstum in der Zukunft sichern.

Literaturverzeichnis

Aassve, A. et al. (2015), "What Is your Couple Type? Gender Ideology, Housework Sharing, and Babies", *Demographic Research*, Vol. 32, Article 30, S. 835-858.

Adema, W., C. Clarke und V. Frey (2015), "Paid Parental Leave: Lessons from OECD Countries and Selected U.S. States", *OECD Social, Employment and Migration Working Papers*, No. 172, OECD Publishing, Paris, http://dx.doi.org/10.1787/5jrqgvqqb4vb-en.

Barnes, M.W. (2015), "Gender Differentiation in Paid and Unpaid Work during the Transition to Parenthood", *Sociology Compass*, Vol. 9, No. 5, S. 348-364.

Baxter, J. (2015), "Children's Time with Fathers and Mothers over the Pre-School Years: A Longitudinal Time-Use Study of Couple Families in Australia", *Family Science*, Vol. 6, No. 1, S. 302-317.

Baxter, J. und D. Smart (2010), "Fathering in Australia Among Couple Families with Young Children", *FaHCSIA Occasional Paper*, No. 37, Department of Families, Housing, Community Services and Indigenous Affairs, Canberra.

Baxter, J., B. Hewitt und M. Haynes (2008), "Life Course Transitions and Housework: Marriage, Parenthood, and Time on Housework", *Journal of Marriage and Family*, Vol. 70, No. 2, S. 259-272.

Bechara, P., J. Kluve und M. Tamm (2015), "Fiskalische Refinanzierungseffekte des Elterngeldes" Projektbericht zum Forschungsvorhaben des Bundesministeriums für Familie, Senioren, Frauen und Jugend, Rheinisch-Westfälisches Institut für Wirtschaftsforschung.

Bertrand, M., E. Kamenica und J. Pan (2015), "Gender Identity and Relative Income within Households", *Quarterly Journal of Economics*, Vol. 130, No. 2, S. 571-614.

Bittman, M. und J. Wajman (2000), "The Rush Hour: The Character of Leisure Time and Gender Equity", *Social Forces*, Vol. 79, No. 1, S. 165-189.

BMFSFJ (Bundesministerium für Familie, Senioren, Frauen und Jugend)(2015a), "Familienreport 2014 – Leistungen, Wirkungen, Trends", Bundesministerium für Familie, Senioren, Frauen und Jugend, Berlin, Dezember.

BMFSFJ (2015b), "Dossier Väter und Familie – erste Bilanz einer neuen Dynamik", Bundesministerium für Familie, Senioren, Frauen und Jugend, Berlin.

BMFSFJ (2013), "Familienreport 2012 – Leistungen, Wirkungen, Trends", Bundesministerium für Familie, Senioren, Frauen und Jugend, Berlin, Dezember.

Brandth, B. und I. Gislason (2012), "Family Policies and the Best Interest of Children", in B.G. Eydal und I. Gíslason (Hrsg.), *Parental Leave, Childcare and Gender Equality in the Nordic Countries*, Nordic Council, Kopenhagen.

Bujard, M. (2015b), "Kinderlosigkeit in Deutschland: Wie interagieren Bildung, Wohnort, Migrationshintergrund, Erwerbstätigkeit und Kohorte?", *Zeitschrift für Familienforschung – Journal of Family Research*, 27. Jg., Heft 3, S. 1-25.

Business Roundtable (1980), "Scheduled Overtime Effect on Construction Projects: A Construction Industry Cost-effectiveness Project Report".

Cooke, L. (2004), "The Gendered Division of Labour and Family Outcomes in Germany", *Journal of Marriage and the Family*, Vol. 66, No. 5, S. 1246-1259.

Craig, L. und P. Sawrikar (2009), "Work and Family: How Does the (Gender) Balance Change as Children Grow?", *Gender, Work & Organization*, Vol. 16, No. 6, S. 684-709.

Cunningham, M. (2001), "Parental Influences on the Gendered Division of Housework", *American Sociological Review*, Vol. 66, No. 2, S. 184-203.

Davis, S. und T. Greenstein (2009), "Gender Ideology: Components, Predictors, and Consequences", *Annual Review of Sociology*, Vol. 35, S. 87-105.

Dembe, A. et al. (2005), "The Impact of Overtime and Long Hours on Occupational Injuries and Illnesses: New Evidence from the United States", *Occupational and Environmental Medicine*, Vol. 62, No. 9, S. 588-597.

Destatis (2015a), "Wie die Zeit vergeht, Ergebnisse zur Zeitverwendung in Deutschland 2012/2013", Statistisches Bundesamt, Wiesbaden.

Destatis (2015b), "Kinder und tätige Personen in Tageseinrichtungen und in öffentlich geförderter Kindertagespflege am 01.03.2015", Statistisches Bundesamt, Wiesbaden.

Dorbritz, J. (2008), "Germany: Family Diversity with Low, Actual, and Desired Fertility", *Demographic Research*, Vol. 19, Article 17, S. 557-598.

Duvander, A., T. Lappegard und G. Andersson (2010), "Family Policy and Fertility: fathers' and mothers' use of parental leave on continued childbearing in Norway and Sweden", *Journal of European Social Policy*, Vol. 20, No. 1, S. 45-57.

Eggebeen, D. und C. Knoester (2001), "Does Fatherhood Matter for Men?", *Journal of Marriage and Family*, Vol. 63, No. 2, S. 381-393.

Eichhorst, W. et al. (2012), "Geringfügige Beschäftigung: Situation und Gestaltungsoptionen", Bertelsmann Stiftung, Gütersloh.

Flinn, F. and C. Armstrong (2011), "Junior Doctors' Extended Work Hours and the Effects on their Performance: The Irish Case", *International Journal for Quality in Health Care*, Vol. 23, No. 2. S. 210-217.

Goodman, W. et al. (2008), "Paternal Work Characteristics and Father-Infant Interactions in Low-Income, Rural Families", *Journal of Marriage and Family*, Vol. 70, No. 3, S. 640-653.

Huerta, M.C. et al. (2013), "Fathers' Leave, Fathers' Involvement and Child Development: Are They Related? Evidence from Four OECD Countries", *OECD Social, Employment and Migration Working Papers*, No. 140, OECD Publishing, Paris, http://dx.doi.org/10.1787/5k4dlw9w6czq-en.

Institut für Demoskopie Allensbach (2015a), "Familienbilder in Deutschland und Frankreich – Vergleich der Ergebnisse von Repräsentativbefragungen der Bevölkerung im Alter von 16 bis 49 Jahren in beiden Ländern", Untersuchung im Auftrag des Bundesministeriums für Familie, Senioren, Frauen und Jugend, Allensbach.

Institut für Demoskopie Allensbach (2015b), "Weichenstellungen für die Aufgabenteilung in Familie und Beruf", Allensbach, http://www.ifd-allensbach.de/fileadmin/IfD/sonstige_pdfs/Weichenstellungen_Bericht_FINAL.pdf.

Ishii-Kuntz, M. (2013), "Work Environment and Japanese Fathers' Involvement in Child Care", *Journal of Family Issues*, Vol. 34, No. 2, S. 252-271.

Kluve, J. und S. Schmitz (2014), "Mittelfristige Effekte der Elterngeldreform in Ost- und Westdeutschland", *Vierteljahrshefte zur Wirtschaftsforschung*, 83. Jg., Nr. 4, S. 163-181, DIW Berlin.

Kluve, J. und M. Tamm (2013), "Parental Leave Regulations, Mothers' Labor Force Attachment and Fathers' Childcare Involvement: Evidence from a Natural Experiment", *Journal of Population Economics*, Vol. 26, No. 3, S. 983-1005.

Kreyenfeld, M. und D. Konietzka (2013), *Ein Leben ohne Kinder: Ausmaß, Strukturen und Ursachen von Kinderlosigkeit in Deutschland*, Springer.

Lamb, M. (2010), *The Role of the Father in Child Development*, 5. Aufl., Wiley, New York.

Lundberg, S. und R. Pollak (1996), "Bargaining and Distribution in Marriage", *Journal of Economic Perspectives*, Vol. 10, No. 4, S. 139-158.

McGinn, K., M. Ruiz Castro und E. Long Lingo (2015), "Mums the Word! Cross-national Relationship between Maternal Employment and Gender Inequalities at Work and at Home", *Harvard Business School Working Paper*, No. 15-094.

Miettinen, A., L. Lainiala und A. Rotkirch (2015), "Women's Housework Decreases Fertility: Evidence from a Longitudinal Study among Finnish Couples", *Acta Sociologica*, Vol. 58, No. 2, S. 139-154.

Miettinen, A. et al. (2015), "Increasing Childlessness in Europe: Time Trends and Country Differences", *Families And Societies Working Paper Series*, No. 33, Stockholm.

OECD (2016a), "The OECD Gender Data Portal", OECD Publishing, Paris, www.oecd.org/gender/data/.

OECD (2016b), *The OECD Family Database*, OECD Publishing, Paris, www.oecd.org/els/family/database.htm.

OECD (2016c), *OECD-Wirtschaftsberichte: Deutschland 2016*, OECD Publishing, Paris, http://dx.doi.org/10.1787/eco_surveys-deu-2016-de.

OECD (2015a), *Pensions at a Glance 2015: OECD and G20 indicators*, OECD Publishing, Paris, http://dx.doi.org/10.1787/pension_glance-2015-en.

OECD (2015b), *In It Together: Why Less Inequality Benefits All*. OECD Publishing, Paris, *http://dx.doi.org/10.1787/9789264235120-en*.

OECD (2014), *OECD Employment Database 2014*, *http://www.oecd.org/employment/onlineoecdemploymentdatabase.htm*.

OECD (2013), *Gleichstellung der Geschlechter: Zeit zu handeln*, OECD Publishing, Paris, *http://dx.doi.org/10.1787/9789264190344-de*.

OECD (2011), *Doing Better for Families*, OECD Publishing, Paris, *http://dx.doi.org/10.1787/9789264098732-en*.

Olivetti, C., E. Patacchini und Y. Zenou (2013), "Mothers, Friends and Gender Identity", *IZA Discussion Paper*, No. 7704, Bonn.

Pencavel, J. (2014), "The Productivity of Working Hours", *IZA Discussion Paper*, No. 8129, Bonn.

Rendall, M. et al. (2014), "Employment Impacts on Partnership and Parenthood Entry in Different Family-Policy Regimes", Paper für die European Population Conference 2014, verfügbar unter: *http://epc2014.princeton.edu/*.

Rogers, A. et al. (2004), "The Working Hours of Hospital Staff Nurses and Patient Safety", *Health Affairs*, Vol. 23, No. 4, S. 202-212.

Schober, P. (2015), "Increasing Father Involvement in Child Care: What Do We Know About Effects on Child Development?", *DIW Roundup: Politik im Fokus*, No. 79.

Schober, P. (2013), "The Parenthood Effect on Gender Inequality: Explaining the Change in Paid and Domestic Work when British Couples Become Parents", *European Sociological Review*, Vol. 29, No. 1, S. 74-85.

Sigle-Rushton, W. (2010), "Men's Unpaid Work and Divorce: Reassessing Specialization and Trade in British Families", *Feminist Economics*, Vol. 16, No. 2, S. 1-26.

Thomas, R. und K. Raynar (1997), "Scheduled Overtime and Labor Productivity: quantitative Analysis", *Journal of Construction and Engineering Management*, Vol. 123, No. 2, S. 181-188.

WHO (2007), "Fatherhood and Health Outcomes in Europe", WHO-Regionalbüro für Europa, Kopenhagen.

Wood J., J. Vergauwen und K. Neels (2015), "Economic Conditions and Variation in First Birth Hazards in 22 European Countries between 1970 and 2005", in K. Matthijs et al. (Hrsg.), *Population Change in Europe, the Middle-East and North-Africa : Beyond the Demographic Divide*, Ashgate Publishing, S. 45-80, *http://www.ashgate.com/isbn/9781472439567*.

Woolley, F. (2004), "Why Pay Child Benefits to Mothers?", *Canadian Public Policy*, Vol. 30, No. 1, S. 47-69.

WSI (2015), "Gender News: Große Unterschiede in den Arbeitszeiten von Frauen und Männern, Ergebnisse aus dem WSI GenderDatenPortal", *WSI Report*, No. 22, Wirtschafts- und Sozialwissenschaftliches Institut, Düsseldorf.

Kapitel 2

Partnerschaft, Familienstruktur und Arbeitsteilung: Deutschland im OECD-Vergleich

Die deutsche Familienpolitik zielt darauf ab, die Partnerschaftlichkeit in Familie und Beruf zu fördern, um es den Menschen leichter zu machen, eine Familie zu gründen, mehr Zeit mit ihren Kindern zu verbringen und am Erwerbsleben teilzunehmen. Dieses Kapitel soll den Rahmen abstecken und die gestellten Fragen in die richtige Perspektive rücken. Es beginnt mit einer Untersuchung der demografischen Entwicklung in Deutschland und anderen OECD-Ländern, wobei der Schwerpunkt auf Geburtenraten, Familienstruktur, Eheschließungen und der Zunahme von nichtehelichen Lebensgemeinschaften liegt. Abschnitt 3 befasst sich mit der Rolle der Frauen auf dem Arbeitsmarkt. Dabei wird festgestellt, dass Frauen in Deutschland trotz des starken Anstiegs der Frauenerwerbstätigkeit in den letzten 15 Jahren nach wie vor weniger verdienen als Männer und sehr oft teilzeitbeschäftigt sind. Und das, obwohl sie zunehmend gut – und häufig besser – ausgebildet sind als die Männer. Im folgenden Abschnitt wird festgestellt, dass die unbezahlte Arbeit in den Familien ebenfalls ungleich verteilt ist, weil Frauen nach wie vor den Großteil der Haus- und Familienarbeit übernehmen. Abschnitt 5 befasst sich mit der weitverbreiteten Unzufriedenheit über Schwierigkeiten bei der Vereinbarung von Beruf und Familie, während der letzte Abschnitt untersucht, welche Auswirkungen eine ausgewogenere Verteilung der bezahlten Arbeit zwischen Männern und Frauen auf die Erwerbsbevölkerung und die wirtschaftliche Leistungsfähigkeit Deutschlands haben könnte.

Die statistischen Daten für Israel wurden von den zuständigen israelischen Stellen bereitgestellt, die für sie verantwortlich zeichnen. Die Verwendung dieser Daten durch die OECD erfolgt unbeschadet des Status der Golanhöhen, von Ost-Jerusalem und der israelischen Siedlungen im Westjordanland gemäß internationalem Recht.

1. Einleitung und wichtigste Erkenntnisse

Die meisten Kinder wachsen in Deutschland bei zwei verheiratet oder unverheiratet zusammenlebenden Elternteilen auf[1]. Der Anteil der in Paarfamilien lebenden Kinder ist effektiv etwas höher als im Durchschnitt der europäischen OECD-Länder. Die Aufgabenverteilung in diesen Familien ist deshalb ein wichtiger Parameter, der in die Evaluierungen der Familienpolitik und der Geschlechtergleichstellung in Deutschland und anderswo einfließen sollte.

Wie viel Zeit am Arbeitsplatz verbracht wird, hat Einfluss darauf, wie viel Zeit mit der Familie verbracht wird und umgekehrt. Paarfamilien, in denen der Mann der Hauptverdiener ist, sind in Deutschland ebenso wie in den meisten anderen OECD-Ländern weit verbreitet. Deutschland ist bei seinen Anstrengungen, es Eltern zu ermöglichen, häusliche und berufliche Pflichten gerecht aufzuteilen, jedoch mit besonderen Herausforderungen konfrontiert. Eine relativ hohe Zahl von Frauen – darunter viele Mütter – ist teilzeitbeschäftigt. Sowohl die Familien als auch die Gesellschaft insgesamt profitieren, wenn Frauen stärker am Erwerbsleben teilnehmen, die Bemühungen der Eltern, Vollzeitbeschäftigung mit familiären Pflichten zu vereinbaren, werden jedoch dadurch erschwert, dass Vollzeitbeschäftigungen in Deutschland mit relativ langen Arbeitszeiten verbunden sind und dass der Ausbau der öffentlichen Kinderbetreuungsangebote trotz der jüngsten Verbesserungen noch nicht abgeschlossen ist. Darüber hinaus teilen die Eltern auch die unbezahlte Haus- und Familienarbeit nicht gerecht auf, wobei Frauen nach wie vor mehr leisten als ihre männlichen Partner. Die Aufteilung der bezahlten und unbezahlten Arbeit unter den Eltern hat auch makroökonomische Auswirkungen. Die Länder, in denen die Geschlechterdifferenz bei der zeitlichen Aufteilung der Haus- und Familienarbeit am geringsten ist, weisen auch bei den Erwerbstätigenquoten die niedrigste Genderlücke auf, was erhebliche Auswirkungen auf das Wirtschaftswachstum und die sozioökonomische Gleichstellung hat.

Dieses Kapitel untersucht, wie sich das Familienleben im gegenwärtigen Kontext in Deutschland abspielt, wo die Politik versucht, es Eltern und Kindern durch die Förderung einer partnerschaftlichen Aufteilung von beruflichen und familiären Pflichten zu ermöglichen, mehr Zeit miteinander zu verbringen. Es beschreibt die Trends der letzten 15 Jahre im Hinblick auf die Zeitaufteilung in Familie und Beruf und identifiziert Bereiche, in denen in Deutschland und im OECD-Raum insgesamt Fortschritte erzielt wurden und in denen dies nicht der Fall ist. Das Kapitel befasst sich außerdem mit internationalen Indikatoren für das Wohlergehen der Familien und die Gleichstellung der Geschlechter, die sich auf die partnerschaftliche Aufgabenteilung in Familie und Beruf beziehen (Kapitel 3).

Abschnitt 2 beschreibt die demografischen Bedingungen in Deutschland und anderen OECD-Ländern, wobei der Schwerpunkt insbesondere auf Familienstruktur, Lebensformen und Geburtenraten liegt. Abschnitt 3 beschäftigt sich mit der Aufteilung der bezahlten Arbeit in Paaren und untersucht die Situation von Männern und Frauen im Hinblick auf Bildungsniveau und Erwerbsstatus sowie die Frage der Teilzeitarbeit, insbesondere von Frauen. Abschnitt 4 befasst sich mit Geschlechterdifferenzen bei der unbezahlten Hausarbeit und stellt fest, dass die Frauen in diesem Bereich in Deutschland nach wie vor mehr leisten als die Männer. Abschnitt 5 untersucht die Veränderungen in den Einstellungen zur Vereinbarkeit von Familie und Beruf und zur Rolle der Eltern. Abschnitt 6 prüft schließlich, wie die Verteilung der bezahlten Arbeit zwischen Männern und Frauen das Wachstum in den kommenden Jahren beeinflussen kann. Insgesamt hat Deutschland bei der Verbesserung der geschlechtsspezifischen Verteilung der bezahlten und unbezahlten Arbeit erhebliche Fortschritte erzielt. Es gibt jedoch noch viel Raum für weitere Fortschritte.

Wichtigste Ergebnisse

- In Deutschland leben die meisten Kinder mit zwei Elternteilen zusammen, die häufig verheiratet sind. Aufgrund der Zunahme nichtehelicher Lebensgemeinschaften wachsen jedoch immer mehr Kinder in Haushalten mit zwei unverheiratet zusammenlebenden Elternteilen auf.

- Die zusammengefasste Geburtenziffer verharrt in Deutschland seit den 1970er Jahren auf niedrigem Niveau und liegt weiterhin deutlich unter dem Bestandserhaltungsniveau. Seit dem historischen Tiefstand von 1,24 Kindern je Frau im Jahr 1994 ist die zusammengefasste Geburtenziffer jedoch um 0,23 Prozentpunkte auf 1,47 im Jahr 2014 gestiegen.

- Viele Eltern in Deutschland sind mit ihrer Work-Life-Balance unzufrieden, und sowohl Vätern als auch Müttern kleiner Kinder wäre es lieber, wenn ihr Partner weniger Stunden pro Woche arbeiten würde.

- Die Einstellung der Deutschen gegenüber erwerbstätigen Müttern mit kleinen Kindern hat sich zwar verbessert, viele sind jedoch der Auffassung, dass Mütter nur in Teilzeit und nicht vollzeit arbeiten sollten.

- Junge Frauen haben in Deutschland mit höherer Wahrscheinlichkeit einen Hochschulabschluss als junge Männer. Sie sind in Bereichen wie Ingenieur- und Naturwissenschaften jedoch nach wie vor unterrepräsentiert, wenngleich sie ihren Anteil in mathematik- oder statistikorientierten Berufen seit 2000 deutlich erhöhen konnten.

- In den letzten 15 Jahren sind in Deutschland viele Frauen in den Arbeitsmarkt eingetreten. Die meisten sind jedoch teilzeitbeschäftigt. Der Großteil der Vollzeitarbeitsverhältnisse entfällt nach wie vor auf Männer, die häufig lange Arbeitszeiten haben. Arbeitszeitunterschiede zwischen Männern und Frauen tragen zu dem andauernden Lohngefälle zwischen Männern und Frauen auf nationaler Ebene und in den Haushalten bei.

- Frauen sind in Deutschland mit geringerer Wahrscheinlichkeit selbstständig als Männer, und ihr Einkommen aus selbstständiger Tätigkeit ist außerdem fast 43% niedriger.

- Obwohl in Deutschland heute viel mehr Frauen erwerbstätig sind, hat sich die Verteilung der unbezahlten Arbeit innerhalb der Haushalte nur wenig verändert. Frauen verrichten nach wie vor mehr Hausarbeit als ihre männlichen Partner.

- Die Erwerbsbevölkerung wird den Projektionen zufolge in Deutschland in den nächsten Jahrzehnten infolge der Bevölkerungsalterung und der rückläufigen Zahl der Personen im Erwerbsalter stark zurückgehen. Die Verringerung der geschlechtsspezifischen Unterschiede in der bezahlten Arbeit auf ein mit Frankreich oder Schweden vergleichbares Niveau würde helfen, den bevorstehenden Arbeitskräftemangel zu mindern. Deutschland kann dem Arbeitskräftemangel jedoch nur umfassend begegnen, wenn die Erwerbstätigkeitsmuster der Frauen sich denen der Männer annähern, bis schließlich gleiche Bedingungen erreicht sind.

2. Die meisten Kinder leben in Paarfamilien, die Zahl der Kinder je Familie ist jedoch nach wie vor gering

Die meisten Kinder leben mit zwei Elternteilen zusammen, die häufig verheiratet sind

In Deutschland ebenso wie in den anderen OECD-Ländern wachsen die meisten Kinder in Haushalten mit zwei Elternteilen auf (Abb. 2.1). 2014 lebten rd. 83,1% der Kinder (Personen unter 18 Jahren) in einem Haushalt mit zwei Elternteilen, was leicht über dem Durchschnitt der europäischen OECD-Länder (82,5%) liegt. Kinder wachsen in Deutschland allerdings mit deutlich höherer Wahrscheinlichkeit bei verheirateten Eltern auf als in vielen anderen europäischen OECD-Ländern – 2014 lebten rd. 75,6% der Kinder in Deutschland mit zwei verheirateten Elternteilen zusammen, verglichen mit weniger als 60% in Frankreich und vielen nordeuropäischen OECD-Ländern (Estland, Island, Norwegen und Schweden).

Der Anteil der Kinder, die in Deutschland mit zwei Elternteilen zusammenleben, ist in den letzten etwa zwanzig Jahren leicht zurückgegangen (Abb. 2.2). Aus Daten von Destatis (2015a) geht hervor, dass der Anteil der Kinder (Personen unter 18 Jahren), die in Familien mit zwei Elternteilen aufwachsen, zwischen 1996 und 2014 um fast 6 Prozentpunkte abgenommen hat. Dies ist vollständig darauf zurückzuführen, dass die Zahl der Kinder in Familien mit zwei verheirateten Elternteilen zwischen 1996 und 2014 um mehr als 10 Prozentpunkte gesunken ist. Im gleichen Zeitraum hat sich der Anteil der Kinder, die in Familien mit zwei unverheiratet zusammenlebenden Elternteilen aufwachsen, von 4% auf 9% mehr als verdoppelt, was einem Anstieg nichtehelicher Lebensgemeinschaften in der Erwachsenenbevölkerung zuzuschreiben ist (Kasten 2.1).

Abbildung 2.1 **In Deutschland wachsen Kinder mit größerer Wahrscheinlichkeit bei verheirateten Eltern und mit geringerer Wahrscheinlichkeit bei unverheiratet zusammenlebenden Eltern auf als in den meisten anderen europäischen OECD-Ländern**

Verteilung (in %) der Kinder (unter 18 Jahren) nach Familienstand der Eltern[1] im Haushalt, 2014

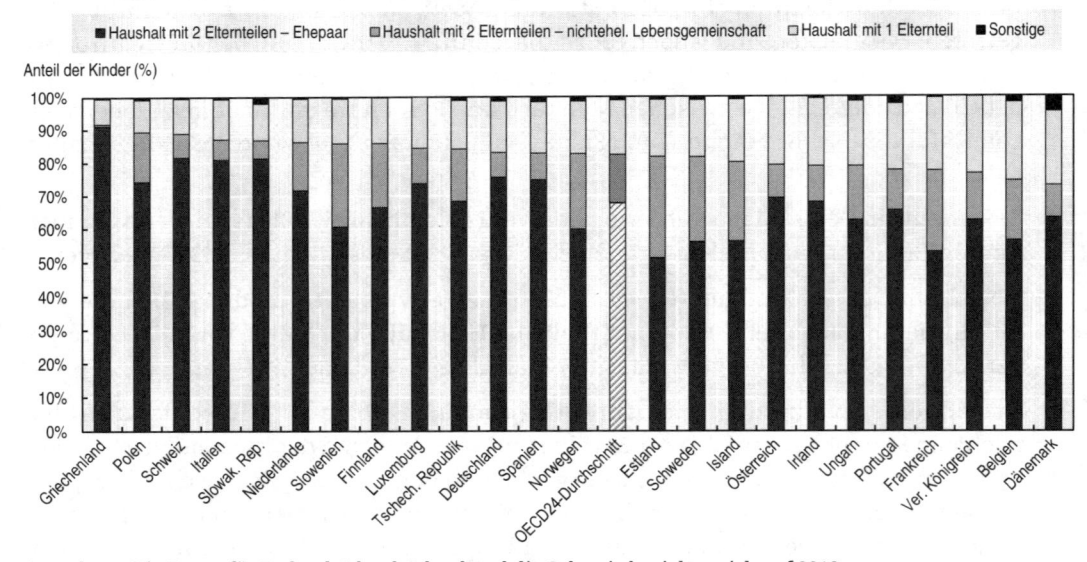

Anmerkung: Die Daten für Estland, Irland, Island und die Schweiz beziehen sich auf 2013.

1. „Elternteil" bezieht sich auf leibliche Eltern, Stiefeltern und Adoptiveltern. „Haushalt mit 2 Elternteilen – Ehepaar" bezeichnet eine Situation, in der Kinder mit einem verheirateten Elternpaar in einem Haushalt leben. „Haushalt mit 2 Elternteilen – nichtehel. Lebensgemeinschaft" bezieht sich auf eine Situation, in der Kinder mit zwei Elternteilen aufwachsen, die nicht verheiratet sind. „Haushalt mit 1 Elternteil" bezieht sich auf eine Situation, in der Kinder in einem Haushalt leben, in dem nur ein Erwachsener als Elternteil angegeben wird. „Sonstige" bezeichnet Situationen, in denen Kinder in einem Haushalt aufwachsen, in dem kein Erwachsener als Elternteil angegeben wird.

Quelle: Eurostat, http://ec.europa.eu/eurostat/data/database.

Abbildung 2.2 **Der Anteil der Kinder in Zweielternfamilien ist in den letzten Jahrzehnten zurückgegangen**

Verteilung (in %) der Kinder (unter 18 Jahren) nach Familienform, Deutschland, 1996-2014

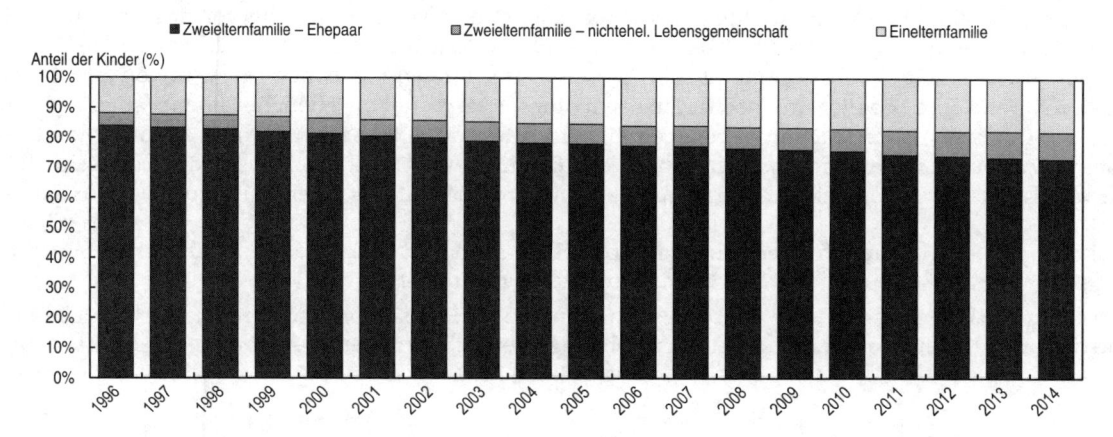

Anmerkung: „Familienform" bezieht sich auf Situationen, in denen Eltern als Paar oder Alleinerziehende mit mindestens einem Kind im selben Haushalt leben. „Elternteil" bezieht sich auf leibliche Eltern, Stiefeltern und Adoptiveltern. „Zweielternfamilie – Ehepaar" bezeichnet einen Haushalt, in dem Kinder bei zwei Elternteilen leben, die miteinander verheiratet sind. „Zweielternfamilie – nichtehel. Lebensgemeinschaft" bezeichnet einen Haushalt, in dem Kinder bei zwei Elternteilen leben, die nicht miteinander verheiratet sind oder in einer eingetragenen gleichgeschlechtlichen Lebenspartnerschaft zusammenleben. „Einelternfamilie" bezieht sich auf eine Situation, in der Kinder bei einem Elternteil ohne Ehegatten oder Partner im selben Haushalt aufwachsen.
Quelle: Destatis (2015a).

Kasten 2.1 **Die Partnerschaftsmuster verändern sich in Deutschland**

In Deutschland verändern sich die Partnerschaftsmuster ebenso wie in vielen anderen OECD-Ländern. 1996 gaben knapp über 48% der deutschen Gesamterwachsenenbevölkerung – rd. 39,2 Millionen Personen – an, mit ihrem Ehepartner als Paar zusammenzuleben. 2014 war dieser Anteil auf etwas unter 43,7% bzw. rd. 35 Millionen gesunken (Destatis, 2015a).

Der langfristige Rückgang der Zahl der Eheschließungen und die Zunahme der Scheidungen sind die Hauptfaktoren für die Verringerung der Zahl der Ehepaare. Die Heiratsrate liegt in Deutschland im Vergleich zu vielen anderen OECD-Ländern auf mittlerem Niveau (OECD, 2016a), sie ist in den letzten 40 Jahren jedoch deutlich zurückgegangen – von 7,4 Eheschließungen je 1 000 Einwohner im Jahr 1970 auf 4,6 im Jahr 2013 (Eurostat, 2016). Gleichzeitig stieg die rohe Scheidungsrate – die im Vergleich zu einigen anderen OECD-Ländern ebenfalls moderat ist (OECD, 2016a) – von 1,3 im Jahr 1970 auf 2,1 im Jahr 2013 (Eurostat, 2016). In den letzten zehn Jahren haben sich sowohl die Heirats- als auch die Scheidungsraten stabilisiert, wobei seit Mitte der 2000er Jahre bei der Zahl der Eheschließungen ein leichter Anstieg und beim Anteil der Ehen, die geschieden werden, ein leichter Rückgang festzustellen ist (Eurostat, 2016; Destatis, 2016). Dennoch heiraten heute wesentlich weniger Menschen und lassen sich mehr Menschen scheiden als noch vor drei oder vier Jahrzehnten.

Stattdessen entscheiden sich in Deutschland viele für alternative Partnerschaftsformen. Zwischen 1996 und 2014 ist der Anteil der Bevölkerung, der eigenen Angaben zufolge in einer nichtehelichen Lebensgemeinschaft lebt, um mehr als 60% gestiegen – von rd. 4,5% der Bevölkerung bzw. 3,7 Millionen Menschen auf knapp unter 7,3% der Bevölkerung bzw. knapp über 5,8 Millionen Menschen (Destatis, 2015a). Der Anstieg der nichtehelichen Lebensgemeinschaften ist teilweise auf die Zunahme der gleichgeschlechtlichen Paare zurückzuführen. Im gleichen Zeitraum stieg die Zahl der Personen, die laut eigenen Angaben in einer gleichgeschlechtlichen Partnerschaft leben, von rd. 75 000 auf knapp über 175 000. Gemischtgeschlechtliche Paare leben jedoch ebenfalls mit zunehmender Wahrscheinlichkeit in nichtehelichen Lebensgemeinschaften. 1996 gaben rd. 3,6 Millionen Menschen an, in einer nichtehelichen gemischtgeschlechtlichen Lebensgemeinschaft zu leben. 2014 war diese Zahl auf knapp unter 5,7 Millionen gestiegen (Destatis, 2015a).

(Fortsetzung nächste Seite)

(Fortsetzung)

Nichteheliche Lebensgemeinschaften sind bei jüngeren Altersgruppen besonders beliebt (Abb. 2.3). Aus Daten der Volks- und Wohnungszählung der Europäischen Union von 2011 geht hervor, dass in Deutschland rd. 18,5% der Personen im Alter von 30-34 Jahren und fast 22% der Personen im Alter von 25-29 Jahren in einer nichtehelichen Lebensgemeinschaft lebten. Unter jungen Menschen im Alter von 20-29 Jahren waren nichteheliche Lebensgemeinschaften sogar stärker verbreitet als eheliche Lebensgemeinschaften. Viele der in einer nichtehelichen Lebensgemeinschaft lebenden Personen können natürlich zu einem späteren Zeitpunkt noch heiraten. Insbesondere bei den jüngeren Generationen ist jedoch eine eindeutige und wachsende Akzeptanz der nichtehelichen Lebensgemeinschaft als Alternative zur Ehe festzustellen.

Abbildung 2.3 **Nichteheliche Lebensgemeinschaften sind in Deutschland bei jüngeren Menschen besonders stark verbreitet**

Anteil (in %) der Personen in privaten Haushalten, die als Ehepaar, in einer eingetragenen Lebenspartnerschaft oder in einer nichtehelichen Lebensgemeinschaft zusammenleben, nach Altersgruppe, Deutschland, 2011

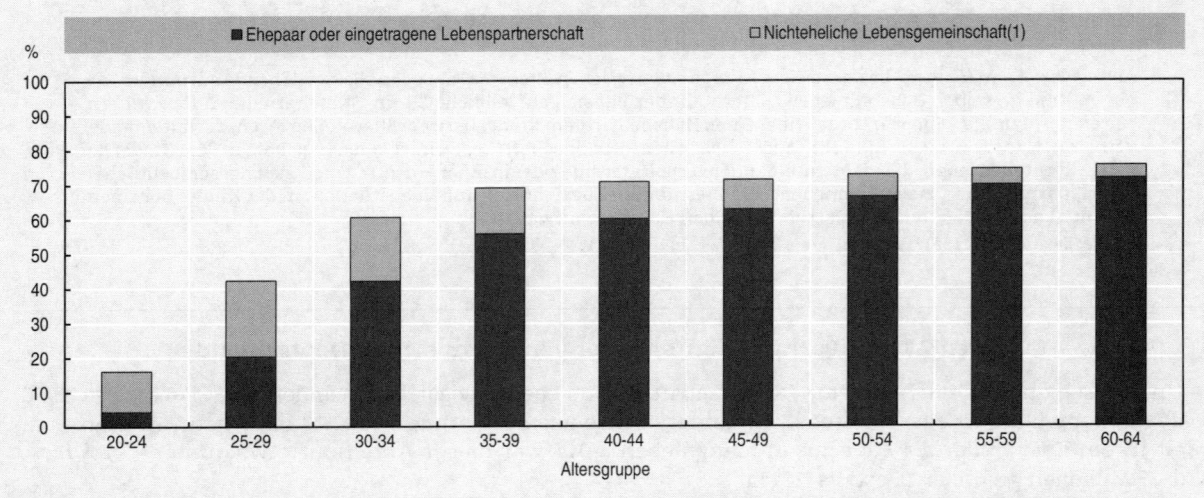

1. „Nichteheliche Lebensgemeinschaft" umfasst gleichgeschlechtliche und unverheiratete gemischtgeschlechtliche Paare.
Quelle: European Union Census on Population and Housing, 2011 (Volks- und Wohnraumzählung in der Europäischen Union, 2011), https://ec.europa.eu/CensusHub2.

Die Geburtenraten liegen in Deutschland weiterhin auf niedrigem Niveau

Die Geburtenraten sind in Deutschland niedriger als in vielen anderen OECD-Ländern (Abb. 2.4, Teil A). 2014 lag die zusammengefasste Geburtenziffer[2] mit 1,47 unter dem OECD-Durchschnitt (1,67) und eindeutig unter dem Bestandserhaltungsniveau von 2,1 Kindern je Frau. Deutschland ist jedoch nicht das einzige Land, das eine Geburtenrate unterhalb des Bestandserhaltungsniveaus verzeichnet: 2014 hatten nur drei OECD-Länder (Israel, Mexiko und die Türkei) eine zusammengefasste Geburtenziffer von über 2,1, während zehn Länder Raten unterhalb der deutschen Rate aufwiesen. In Portugal und Korea lag die zusammengefasste Geburtenziffer sogar nur bei 1,2 Kindern je Frau.

Niedrige Geburtenraten sind in Deutschland keine jüngere Entwicklung (Abb. 2.4, Teil B). Die zusammengefasste Geburtenziffer ist in Deutschland in den 1960er Jahren und Anfang der 1970er Jahre stark zurückgegangen und verharrt seit 1969 unter dem Bestandserhaltungsniveau. Seit Anfang der 1980er Jahre hat sie sich stabilisiert, und in den letzten Jahren ist sie sogar leicht angestiegen: Nach einem historischen Tiefstand von 1,24 Kindern je Frau im Jahr 1994 war in den folgenden 20 Jahren eine Zunahme um

Abbildung 2.4 **Die Geburtenraten liegen in Deutschland weiterhin auf niedrigem Niveau**

Teil A. Zusammengefasste Geburtenziffern[1], 2014[2]

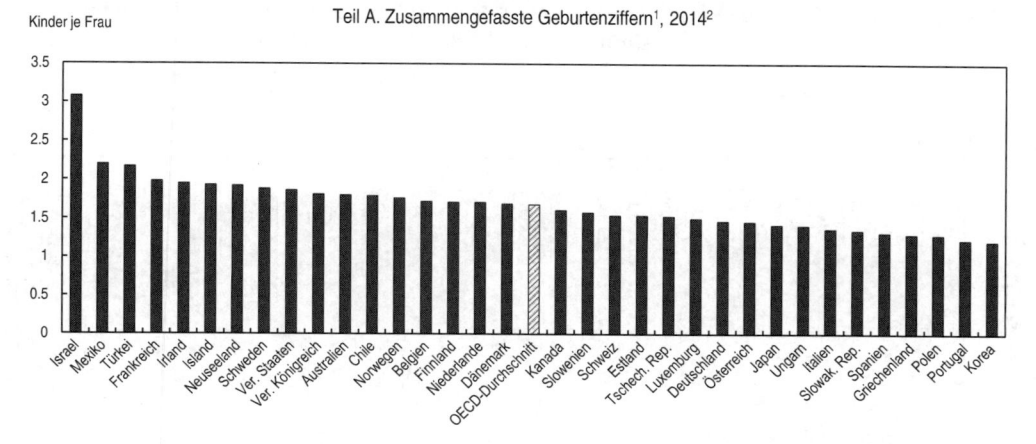

Teil B. Zusammengefasste Geburtenziffer, Deutschland[3] und OECD-Durchschnitt, 1960-2014

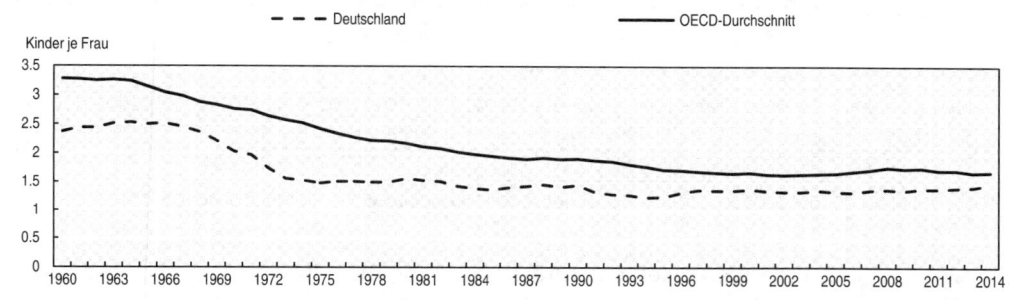

1. Die zusammengefasste Geburtenziffer ist die durchschnittliche Zahl der Kinder, die eine Frau entsprechend der jeweiligen altersspezifischen Geburtenraten im Verlauf ihres Lebens zur Welt bringen würde, wenn unterstellt wird, dass keine Frauen im gebärfähigen Alter sterben.
2. Die Daten für Kanada beziehen sich auf 2012, die Daten für Chile auf 2013.
3. Die Daten für Deutschland beziehen sich vor 1990 nur auf Westdeutschland. Ab 1990 beziehen sich die Daten für Deutschland sowohl auf die neuen als auch die alten Bundesländer.

Quelle: OECD Family Database, *www.oecd.org/els/family/database.htm*.

0,23 Prozentpunkte zu verzeichnen. Der Anstieg ist jedoch gering und reicht bei weitem nicht aus, um die Geburtenrate auf das für eine stabile Bevölkerungszahl erforderliche Niveau von 2,1 Kindern je Frau zu erhöhen.

Diese andauernde Periode niedriger Geburtenraten hatte erhebliche Auswirkungen auf den Umfang und die Altersstruktur der deutschen Bevölkerung, und dies wird auch in Zukunft der Fall sein (Abb. 2.5). Die Bevölkerungszahl ist in Deutschland seit mehr als zehn Jahren rückläufig. Sie ist von einem Höchststand von knapp über 82,5 Millionen im Jahr 2002 auf etwa 81,3 Millionen im Jahr 2015 gesunken. Vorausberechnungen lassen darauf schließen, dass der Abwärtstrend anhalten und sich in den kommenden Jahrzehnten wahrscheinlich noch beschleunigen wird, wobei die Bevölkerung bis 2050 auf gerade einmal 76,1 Millionen Menschen sinken könnte (Destatis, 2015c, und Anmerkungen zu Abbildung 2.5). Zugleich verändert sich die Altersverteilung der deutschen Bevölkerung, zumal die geburtenstarken Jahrgänge der Nachkriegszeit in Rente gehen. Personen ab 65 Jahren machen bereits rd. 21,3% der Bevölkerung aus, und dieser Anteil wird bis 2050 voraussichtlich auf rd. 30,4% ansteigen. Im Gegensatz dazu wird der Anteil der Menschen, die mit größter Wahrscheinlichkeit am Erwerbsleben teilnehmen – d.h. die Personen im Alter von 15-64 Jahren – bis 2050 voraussichtlich von gegenwärtig 65,7% auf rd. 57,7% zurückgehen. Die Bevölkerungsalterung beschränkt sich natürlich nicht auf Deutschland. Viele andere OECD-Länder, insbesondere in Ostasien,

Abbildung 2.5 **Die deutsche Bevölkerung wird älter und schrumpft**
Tatsächliche (1990-2013) und projizierte (2014-2050) Bevölkerung nach Altersgruppe, Deutschland, 1990-2050

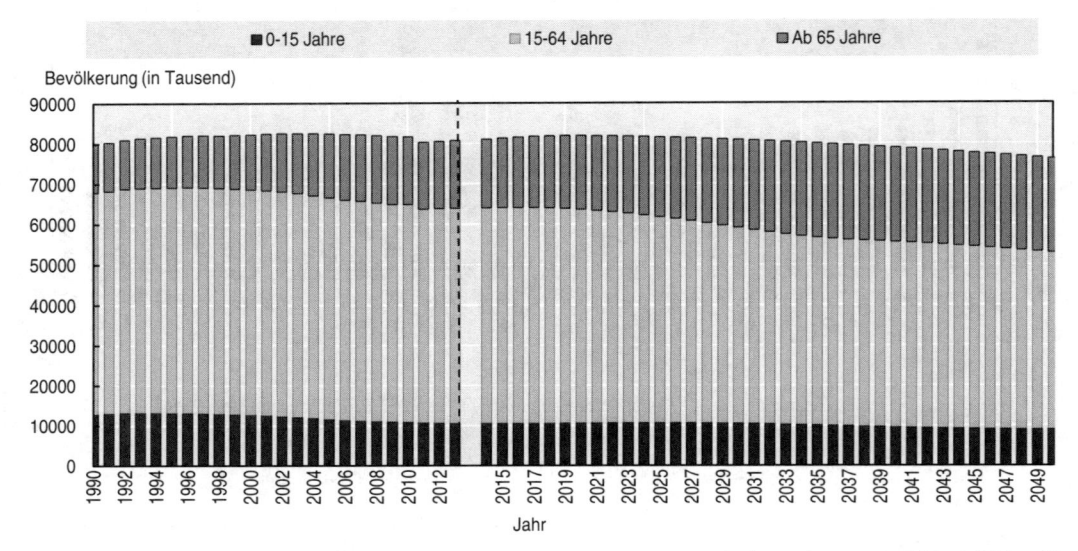

Anmerkung: Bevölkerungsvorausberechnungen für 2014-2050 von Destatis (2015c). Verwendet wird hier die Variante 2 „Kontinuität bei stärkerer Zuwanderung": Die zusammengefasste Geburtenziffer verharrt fast konstant bei 1,4 Kindern je Frau, wobei der Wanderungssaldo von 500 000 Personen in den Jahren 2014 und 2015 auf 200 000 Personen im Jahr 2021 zurückgeht und danach konstant bleibt.
Quelle: Destatis (2015c) und Destatis, *www.destatis.de/DE/ZahlenFakten/GesellschaftStaat/Bevoelkerung.*

sind mit ähnlichen Veränderungen der Altersverteilung ihrer Bevölkerung konfrontiert. In Verbindung mit der projizierten Abnahme der Gesamtbevölkerung bedeutet der Rückgang des Anteils der Personen im Erwerbsalter jedoch, dass die die Bevölkerung im Erwerbsalter in den nächsten 35 Jahren in Deutschland um fast 10 Millionen Personen zurückgehen könnte – von rd. 53,5 Millionen heute auf rd. 43,9 Millionen im Jahr 2050.

3. Ungleichheiten und Ineffizienzen auf dem Arbeitsmarkt: Frauen sind in Deutschland zwar erwerbstätig, Mütter gehen jedoch oft Teilzeitbeschäftigungen nach

Frauen haben in Deutschland ihre Teilhabe am Erwerbsleben in den letzten zehn Jahren erheblich ausgeweitet. Doppelverdienerhaushalte sind inzwischen die Regel: Bei 64% der Paarfamilien mit Kindern unter 15 Jahren handelt es sich heute in Deutschland um Doppelverdienerfamilien (OECD, 2016a). Die meisten von ihnen sind jedoch in Wirklichkeit „Eineinhalbverdienerhaushalte", in denen die Männer lange Arbeitszeiten haben, während ihre Partnerinnen einer Teilzeitbeschäftigung mit relativ kurzen Arbeitszeiten nachgehen (Kapitel 4). Im OECD-Raum ist der prozentuale Anteil der Doppelverdienerfamilien, in denen beide Partner vollzeitbeschäftigt sind, nur in den Niederlanden noch niedriger. Der in den letzten zehn Jahren in Deutschland zu verzeichnende Zuwachs der Frauenerwerbstätigkeit ist in der Tat zum großen Teil auf Teilzeitbeschäftigungen zurückzuführen.

Frauen sind in Deutschland gut ausgebildet, in lukrativen MINT-Berufen jedoch unterrepräsentiert

Bildung ist eine der Möglichkeiten, die es Frauen gestatten, ihre Chancen auf dem Arbeitsmarkt zu verbessern und später das Einkommen und Wohlergehen ihrer Familien zu sichern.

Abbildung 2.6 **In Deutschland ebenso wie in den meisten OECD-Ländern haben junge Frauen mit größerer Wahrscheinlichkeit einen Hochschulabschluss als junge Männer**
Prozentualer Anteil der Bevölkerung mit Hochschulabschluss, nach Geschlecht, 25- bis 34-Jährige, 2013

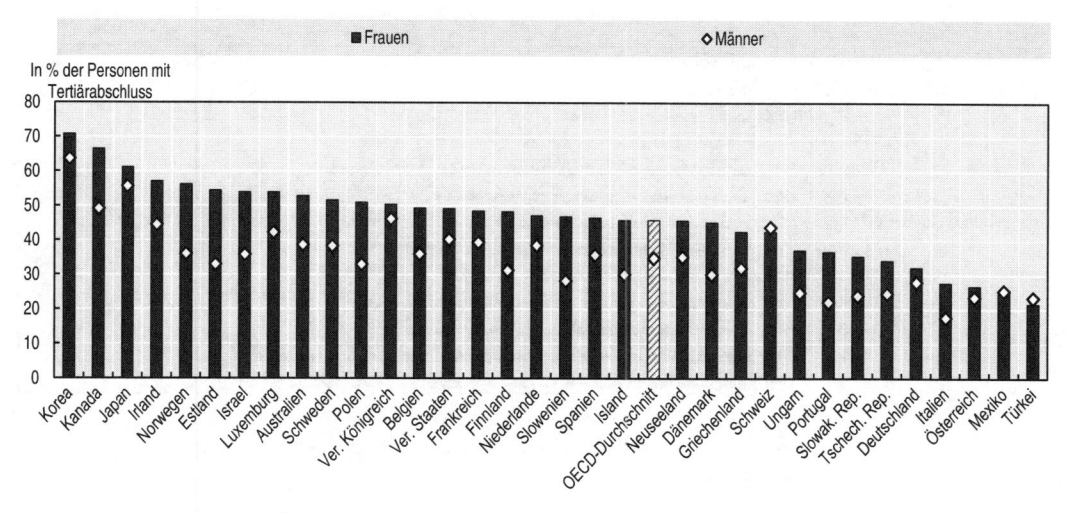

Quelle: OECD Gender Data Portal, *www.oecd.org/statistics/datalab/gender-data-portal.htm*.

In der Bevölkerung insgesamt haben mehr Männer als Frauen einen Hochschulabschluss. In den jüngeren Kohorten ist jedoch das Gegenteil der Fall: 2013 hatten in Deutschland 32,1% der Frauen im Alter von 25-34 Jahren einen Hochschulabschluss, verglichen mit 27,9% ihrer männlichen Altersgenossen (Abb. 2.6).

Frauen studieren jedoch nicht die gleichen Fächer wie Männer (Abb. 2.7). So entscheiden sich viele Frauen in Deutschland trotz der höheren Löhne in den Bereichen Mathematik, Informatik, Naturwissenschaften und Technik (MINT) gegen ein Studium in Ingenieur- und Naturwissenschaften. 2012 lag der Frauenanteil der Hochschulabsolventen in den Bereichen Informatik (16,7%), Ingenieurwesen und Fertigung (22,1%), Physik (41,9%) und sonstige Naturwissenschaften (43,8%) deutlich unter 50%. In den Bereichen Mathematik und Statistik haben die Frauen jedoch große Fortschritte erzielt: 2012 waren fast 60% der Absolventen dieser Fachbereiche Frauen, verglichen mit lediglich 42,1% im Jahr 2000. Zugleich dominieren die Frauen weiterhin, wie schon seit langem, in den Bereichen Pädagogik, Gesundheit und Soziales.

Die Unterrepräsentation der Frauen in MINT-Bereichen in Deutschland ist nicht auf mangelnde Fähigkeiten zurückzuführen. 2012 schnitten 15-jährige Mädchen in Deutschland bei der Internationalen Schulleistungsstudie der OECD (PISA) im Lesekompetenztest besser, im Naturwissenschaftstest genauso gut und im Mathematiktest nur geringfügig schlechter ab als ihre männlichen Altersgenossen. In Deutschland gibt es ebenso wie im gesamten OECD-Raum ein Missverhältnis zwischen den Schulleistungen der Mädchen in MINT-Fächern und ihrer späteren Unterrepräsentation in MINT-Berufen.

Eine Erhöhung der Zahl der Mädchen, die in der Schule MINT-Fächer belegen, könnte dazu führen, dass mehr junge Frauen einen MINT-Beruf wählen, was ihre Verdienstaussichten verbessern würde. Öffentliche Initiativen, um die Bedeutung von MINT-Kompetenzen bereits in den ersten Schuljahren zu betonen und das Interesse der Mädchen für mathematik- und naturwissenschaftsbezogene Berufe zu wecken, könnten mehr Mädchen ermutigen, die entsprechenden Fächer zu studieren. Auch eine stärkere Sensibilisierung für den

Abbildung 2.7 **In Deutschland sind Frauen in den Bereichen Naturwissenschaften, Technik und Ingenieurwissenschaften unterrepräsentiert, nicht jedoch in Mathematik**
Anteil der Frauen an den Absolventen des Tertiärbereichs, nach Studienfach, Deutschland, 2000 und 2012

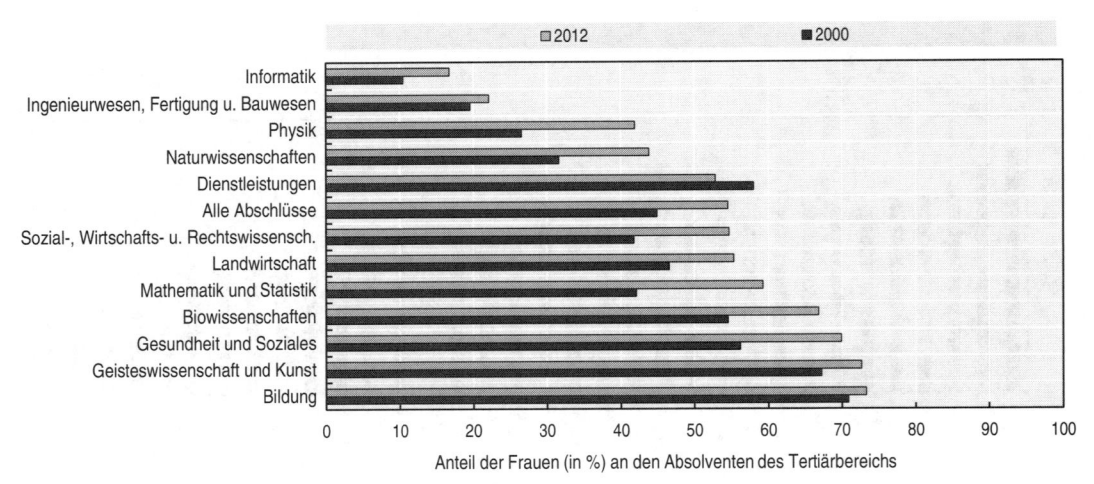

Quelle: OECD Gender Data Portal, *www.oecd.org/gender/data/*.

Zusammenhang zwischen Bildungsentscheidungen und Einkommen könnte dazu beitragen, dass sich mehr Mädchen für MINT-Fächer entscheiden. (Vgl. OECD, 2015b, wegen einer näheren Erörterung von Fragen in Bezug auf die Fähigkeiten, das Verhalten und das Selbstvertrauen von Jungen und Mädchen im Bildungsbereich.)

Die Erwerbstätigkeit von Frauen und Müttern ist in Deutschland seit 2000 erheblich gestiegen

In den letzten Jahrzehnten sind in Deutschland viele Frauen in den Arbeitsmarkt eingetreten. Zwischen 2000 und 2014 sind die Erwerbstätigenquoten der Frauen in Deutschland (Altersgruppe 15-64 Jahre) um über 11,3 Prozentpunkte gestiegen, von 58,1% auf 69,5% (Abb. 2.8). Dies liegt eindeutig über dem durchschnittlichen Anstieg der Frauenerwerbstätigkeit, der im gleichen Zeitraum im OECD-Raum zu beobachten war (4,7 Prozentpunkte). Damit verzeichnete Deutschland nach Chile den zweitgrößten Anstieg der Erwerbstätigkeit der Frauen im OECD-Raum, und das Land hat heute die höchste Frauenerwerbstätigenquote im OECD-Raum nach den nordischen Ländern und der Schweiz (Abb. 2.8).

Die Beschäftigungssituation der Frauen hat sich in Deutschland auch im Vergleich zu den Männern verbessert (Abb. 2.9). Die Erwerbstätigenquoten sind in Deutschland seit 2000 zwar sowohl bei den Frauen als auch bei den Männern gestiegen – was für den OECD-Raum in diesem Zeitraum eher ungewöhnlich war, da männliche Arbeitskräfte während der großen Rezession in vielen Ländern erhebliche Arbeitsplatzverluste hinnehmen mussten –, der Anteil der erwerbstätigen Frauen ist jedoch deutlich schneller gewachsen. In Deutschland sind Männer natürlich nach wie vor mit größerer Wahrscheinlichkeit erwerbstätig als Frauen, das Beschäftigungsgefälle zwischen den Geschlechtern ist jedoch stark zurückgegangen: von 14,8 Prozentpunkten im Jahr 2000 auf 8,6 Prozentpunkte im Jahr 2014.

Die Zunahme der Frauenerwerbstätigkeit ist zu einem großen Teil dem Eintritt (bzw. der Rückkehr) von Müttern ins Erwerbsleben zuzuschreiben. Zwischen 2000 und 2013 stieg die Erwerbstätigkeit von Müttern mit Kindern unter 18 Jahren um 7,8 Prozentpunkte von 59,0% auf 66,8% (BMFSFJ, 2015a). Am größten war der Anstieg der Erwerbstätigenquoten

Abbildung 2.8 **Die Erwerbstätigenquoten der Frauen sind in Deutschland zwischen 2000 und 2014 erheblich gestiegen**

Erwerbstätigenquoten der Frauen (in %), 15- bis 64-Jährige, 2000 und 2014

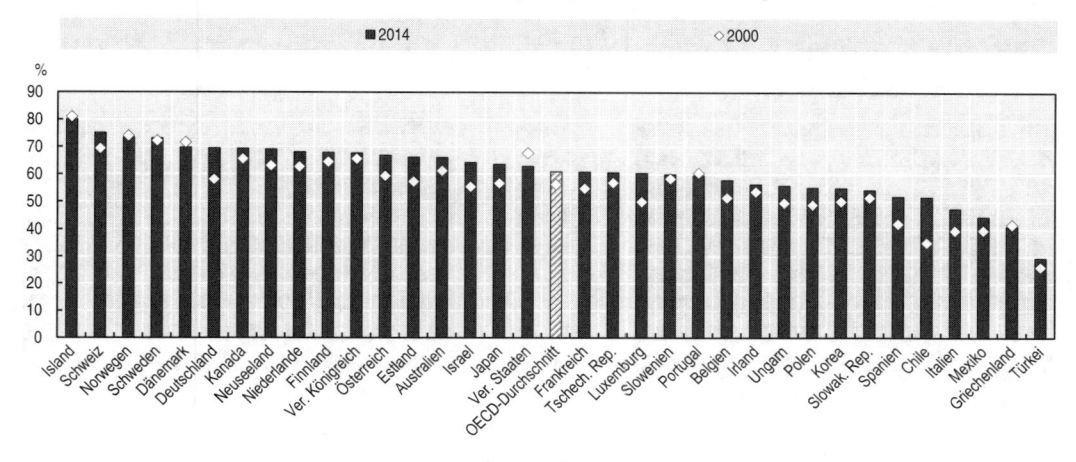

Quelle: OECD Employment Database, www.oecd.org/employment/emp/onlineoecdemploymentdatabase.htm.

Abbildung 2.9 **In den meisten OECD-Ländern ist die Erwerbstätigkeit der Frauen seit 2000 stärker gestiegen als die Erwerbstätigkeit der Männer**

Veränderung der Erwerbstätigenquoten (15- bis 64-Jährige) zwischen 2000 und 2014, nach Geschlecht, in Prozentpunkten

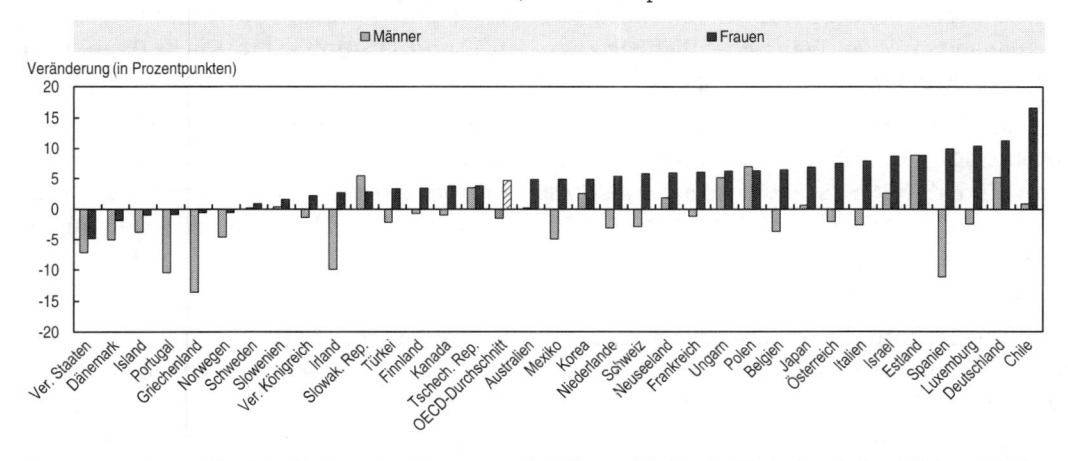

Erläuterung: In Deutschland ist die Erwerbstätigenquote der Männer (15- bis 64-Jährige) zwischen 2000 und 2014 um 5,2 Prozentpunkte gestiegen, während die Erwerbstätigenquote der Frauen (15- bis 64-Jährige) um 11,3 Prozentpunkte gestiegen ist.
Quelle: OECD Employment Database, www.oecd.org/employment/emp/onlineoecdemploymentdatabase.htm.

bei Müttern mit sehr kleinen Kindern. Bei Müttern von Kindern im Alter von 1-2 Jahren wurde eine Zunahme um 9 Prozentpunkte auf 42,1% und bei Müttern von Kindern im Alter von 2-3 Jahren um 12,9 Prozentpunkte auf 55% verzeichnet (ebd., vgl. auch Keller und Haustein, 2013).

Frauen sind häufig teilzeitbeschäftigt, und Männer haben oft lange Arbeitszeiten

Frauen arbeiten in Deutschland häufig in Teilzeit. In Deutschland arbeiten etwa 37,5% der erwerbstätigen Frauen normalerweise in Teilzeit[3], was als eine übliche Wochenarbeitszeit von unter 30 Stunden definiert ist (Abb. 2.10). Dieser Anteil ist vergleichbar mit der Situation

Abbildung 2.10 Frauen haben OECD-weit kürzere Arbeitszeiten als Männer
Verteilung der Beschäftigten (alle Altersgruppen) nach üblicher Wochenarbeitszeit, ausgewählte Länder, 2014

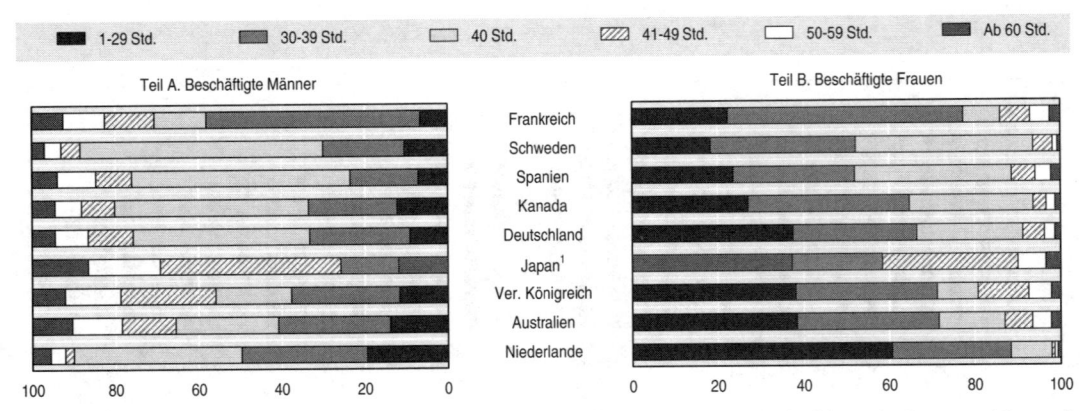

Anmerkung: Die Länder sind in aufsteigender Reihenfolge nach dem Anteil aller Beschäftigten (Männer und Frauen) angeordnet, deren übliche Wochenarbeitszeit 1-29 Stunden beträgt.
1. Für Japan ist die übliche Wochenarbeitszeit folgendermaßen abgestuft: 1-29, 30-39, 40-48, 49-59, ab 60 Stunden.
Quelle: OECD Employment Database, *www.oecd.org/employment/emp/onlineoecdemploymentdatabase.htm*.

in einigen anderen OECD-Ländern – beispielsweise Australien, Japan und das Vereinigte Königreich –, jedoch deutlich höher als in Frankreich, Spanien und Schweden, wo weniger als 25% der erwerbstätigen Frauen in Teilzeit arbeiten. In diesen Ländern arbeiten erwerbstätige Frauen mit größerer Wahrscheinlichkeit zwischen 30 und 39 Stunden pro Woche (Frankreich) oder 40 Stunden pro Woche (Spanien und Schweden).

In Deutschland ist Teilzeitbeschäftigung unter Müttern besonders stark verbreitet (Abb. 2.11). 2013 arbeitete in Deutschland mehr als die Hälfte aller erwerbstätigen Mütter von Kindern unter 15 Jahren weniger als 30 Stunden pro Woche, verglichen mit knapp unter 25% in Frankreich und weniger als 10% in Finnland und Portugal. Nur in den Niederlanden, wo mehr als 70% der erwerbstätigen Mütter von Kindern unter 15 Jahren teilzeitbeschäftigt sind, war der Anteil noch höher.

Darüber hinaus arbeiten Mütter in Deutschland immer häufiger in Teilzeit. Der jüngste Anstieg der Erwerbstätigkeit von Müttern ist in der Tat fast vollständig auf die Aufnahme von Teilzeitbeschäftigungen zurückzuführen: Zwischen 2000 und 2013 stieg der Anteil der erwerbstätigen Mütter, die höchstens 32 Stunden pro Woche arbeiten, um mehr als 11 Prozentpunkte von 36% auf 47% (BMFSFJ, 2015a). In den neuen Bundesländern hat sich der Anteil der Teilzeitbeschäftigten unter den erwerbstätigen Müttern zwischen 1996 und 2012 fast verdoppelt, von 23% auf 44% (Keller und Haustein, 2013).

Männer haben in Deutschland längere Arbeitszeiten. In Deutschland haben weniger als 10% der erwerbstätigen Männer eine übliche Wochenarbeitszeit von unter 30 Stunden (Abb. 2.10), wobei Teilzeitbeschäftigung bei Vätern besonders selten ist (Keller und Haustein, 2013; vgl. Kapitel 4). Stattdessen arbeiten die meisten erwerbstätigen Männer in Deutschland normalerweise wenigstens 40 Stunden pro Woche, wobei mehr als 13% meist mindestens 50 Stunden arbeiten. Solche langen durchschnittlichen Arbeitszeiten machen es schwer, Berufstätigkeit und Kindererziehung zu kombinieren, und tragen zur weitverbreiteten Unzufriedenheit über Probleme mit der Vereinbarkeit von Familie und Beruf bei (vgl. Kasten 2.2 über den abnehmenden Grenzertrag langer Arbeitszeiten).

Abbildung 2.11 **Erwerbstätige Mütter in Deutschland arbeiten überwiegend in Teilzeit**

Erwerbstätigenquoten von Müttern nach Teilzeit-/Vollzeitbeschäftigung[1], Mütter (15- bis 64-Jährige) mit mindestens einem Kind im Alter von 0-14 Jahren, 2013 oder letztes verfügbares Jahr

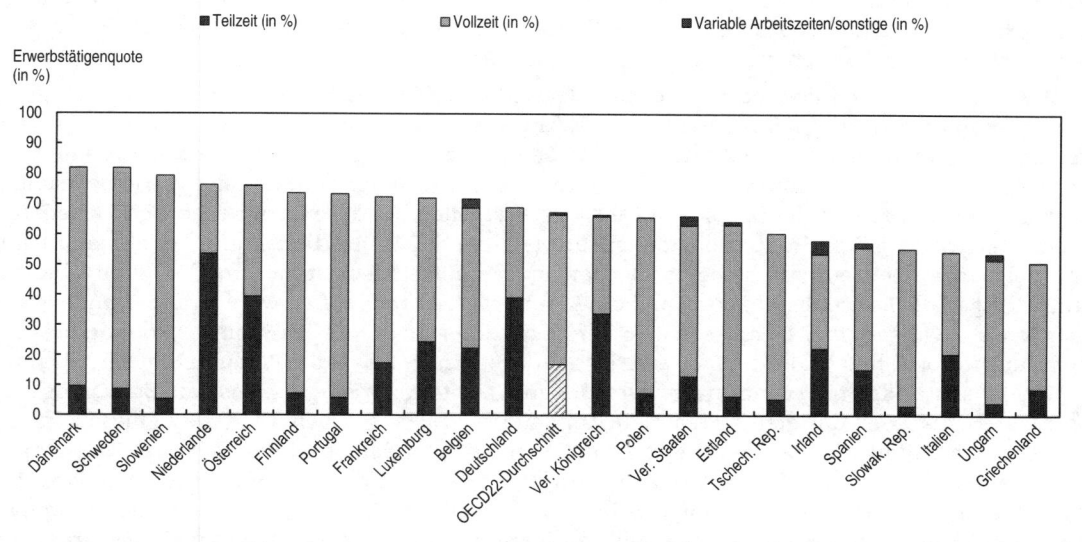

■ Teilzeit (in %)   ■ Vollzeit (in %)   ■ Variable Arbeitszeiten/sonstige (in %)

Anmerkung: Die Daten für die Vereinigten Staaten beziehen sich auf Mütter (im Alter von 15-64 Jahren) mit mindestens einem Kind im Alter von 0-17 Jahren. Die Daten für Dänemark, Finnland und Schweden beziehen sich auf 2012.

1. Die Unterscheidung zwischen Teilzeit- und Vollzeitbeschäftigung beruht auf einer gängigen Definition der Teilzeitarbeit (übliche Wochenarbeitszeit von unter 30 Stunden am Hauptarbeitsplatz).

Quelle: OECD-Berechnungen auf der Grundlage der Europäischen Arbeitskräfteerhebung für die europäischen Länder und des Current Population Survey (CPS) für die Vereinigten Staaten.

Kasten 2.2 **Die unbeabsichtigten Folgen langer Arbeitszeiten**

Die Arbeitskräfte stehen zunehmend unter Druck, länger und härter zu arbeiten. Mitarbeiter, die versuchen morgens die ersten und abends die letzten im Büro zu sein, entfachen einen Konkurrenzkampf darüber, wer (vermeintlich) am meisten arbeitet, und schaffen so eine Kultur langer Arbeitszeiten. Und wenn die Beschäftigten abends endlich ihren Arbeitsplatz verlassen, sind sie durch die allgegenwärtige Technologie häufig dem Druck ausgesetzt, ganz gleich, wo sie sind oder wie spät es ist, weiter für ihre Arbeit zur Verfügung zu stehen.

Diese übermäßig langen Arbeitszeiten führen jedoch nicht zu besseren Ergebnissen oder einer höheren Produktivität. Die Produktivität steigt zwar mit der Zahl der geleisteten Arbeitsstunden, jedoch nur bis zu einem bestimmten Punkt: Zahlreiche Untersuchungen haben ergeben, dass die Produktivität bei rd. 40 Wochenstunden ihren Höchststand erreicht. Nach fünf Achtstundentagen stabilisiert sie sich und sinkt anschließend, da die Arbeitskräfte die Überstunden antizipieren und pro Stunde weniger produzieren. Das Risiko von Unfällen und Fehlern erhöht sich, und die Wahrscheinlichkeit von Fehlkommunikation und Fehlentscheidungen nimmt zu. Die Gesundheit der Arbeitskräfte leidet ebenfalls, was die Produktivität verringert.

Die Lösung des Problems übermäßig langer Arbeitszeiten erfordert einen Kulturwandel innerhalb der Organisationen und Politikmaßnahmen, die einen ausreichenden Schutz der Arbeitnehmer gewährleisten. Solche Maßnahmen können sich für die Unternehmen sehr vorteilhaft auswirken: Unternehmen mit vernünftigen Arbeitszeiten haben nicht nur eine höhere Produktivität und eine gesündere Belegschaft, sondern können auch bessere Ergebnisse an der Börse erzielen und sind erfolgreicher bei der Anwerbung qualifizierter Arbeitskräfte.

Mehr ist weniger

Die Unternehmen versuchen seit langem, die ideale Wochenarbeitszeit zur Maximierung der Produktion zu ermitteln. Um die Wende zum 20. Jahrhundert war der deutsche Unternehmer Ernst Abbe einer von vielen Geschäftsleuten, die Studien zu der Frage durchführten, wie sich die Zahl der Arbeitsstunden auf die Leistung der Arbeitskräfte auswirkt. Er stellte fest, dass eine Verkürzung der Tagesarbeitszeit in seiner Optikfabrik von

(Fortsetzung nächste Seite)

(Fortsetzung)

neun auf acht Stunden zu einer Erhöhung der Gesamtproduktion führte. Der berühmte Wirtschaftspionier Henry Ford experimentierte in den 1920er Jahren mit verschiedenen Arbeitszeitkombinationen und kam schließlich zu dem Schluss, dass seine Arbeitskräfte in fünf Tagen mehr produzierten als in sechs Tagen und in Achtstundenschichten mehr als in Zehnstundenschichten.

Die Produktivität geht ab einer bestimmten Stundenzahl zurück. Moderne ökonometrische Evaluierungen historischer und aktueller Arbeitnehmerdaten bestätigen, was Abbe, Ford und andere schon vor Jahrzehnten feststellten, nämlich dass Arbeitskräfte nur eine begrenzte Zahl von Stunden wirklich produktiv sind. Trotz des großen Produktionsdrucks, der im ersten Weltkrieg in der Munitionsindustrie herrschte, war das Produktionsmaximum der britischen Fabrikarbeiterinnen bei durchschnittlich 48 Wochenstunden erreicht. Danach ging ihre Produktionsrate zurück (Penceval, 2014). Arbeitskräfte können einfach nicht über einen langen Zeitraum dasselbe Produktionsniveau aufrechterhalten. Ermüdung und Überlastung beeinträchtigen die Leistungsfähigkeit, und die Beschäftigten produzieren weniger pro Stunde, wenn sie wissen, dass sie länger arbeiten müssen. In einer häufig zitierten Studie des Business Roundtable über die Auswirkungen von Überstunden im Baugewerbe wurde festgestellt, dass die Produktivität bei Arbeitszeiten von 60 Wochenstunden oder mehr nach zwei Monaten so stark zurückging, dass die Bauverzögerungen größer waren, als wenn das gleiche Team 40 Stunden pro Woche gearbeitet hätte (Business Roundtable, 1980). Abgesehen davon, dass die Stimmung der Beschäftigten leidet und sie häufiger Fehler machen, kann es bei sehr langen Arbeitszeiten zu Schwierigkeiten bei der Lieferung von Materialien, Werkzeugen und Ausrüstungen sowie beim Informationsfluss kommen, die zu Effizienzverlusten führen (Thomas und Raynar, 1997). Außerdem wird die Entscheidungsfindung im Beruf beeinträchtigt. Lange Arbeitszeiten führen zu Entscheidungsmüdigkeit: Wenn im Lauf des Tages zu viele Entscheidungen getroffen werden müssen, ermüdet das Gehirn und die Qualität der Entscheidungen nimmt ab.

Mit zunehmender Zahl der Überstunden kommt es häufiger zu Fehlern, Unfällen und Verletzungen. Überstunden erhöhen in allen Branchen das Risiko von Fehlern, Unfällen und Verletzungen (Penceval, 2014; Dembe et al., 2005). Die überlangen Arbeitszeiten und die übermäßige Arbeitsbelastung der Ingenieure und Techniker des Kennedy Space Center in den Vereinigten Staaten vor dem Unfall der Raumfähre Challenger sind nur eines von vielen gut dokumentierten Beispielen dafür, dass überlastete Beschäftigte schwerwiegende Fehler machen können (US Presidential Commission, 1986). Nur wenige Branchen sind gegen durch Überlastung verursachte Unfälle gefeit (Dembe et al., 2005). Im medizinischen Bereich wurde nachgewiesen, dass Ärzte und Krankenpflegekräfte nach langen Schichten mehr Fehler bei der Behandlung von Patienten machen (Rogers et al., 2004; Flinn und Armstrong, 2011) und auch mit größerer Wahrscheinlichkeit Verkehrsunfälle haben (Barger et al., 2005). Die Fähigkeit zur Erledigung von Aufgaben, die ein hohes Maß an Konzentration erfordern, nimmt in allen Branchen in Abhängigkeit von der Dauer dieser Anstrengungen ab, ein Phänomen, das „Vigilanzminderung" genannt wird (Ariga und Lleras, 2010). Das bedeutet einfach ausgedrückt, dass es schwierig ist, sich über einen langen Zeitraum hinweg zu konzentrieren.

Das Arbeitsklima leidet. Wichtige soziale Kompetenzen im Berufsleben wie emotionale Intelligenz und Kommunikationsfähigkeit werden durch lange Arbeitszeiten ebenfalls beeinträchtigt. Überlastete Beschäftigte leiden mit größerer Wahrscheinlichkeit an Schlafmangel (Faber et al., 2015). Schlafmangel wiederum reduziert das Einfühlungsvermögen gegenüber anderen, beeinträchtigt die Fähigkeit, Impulse zu kontrollieren, belastet die zwischenmenschlichen Beziehungen und macht es schwerer, Herausforderungen zu bewältigen, da die Betroffenen weniger optimistisch sind und weniger zielorientiert vorgehen (Killgore et al., 2008). Außerdem beeinträchtigt Schlafmangel die Wahrnehmung von durch Mimik ausgedrückten Emotionen und erhöht die Wahrscheinlichkeit, dass ein Gesichtsausdruck negativ interpretiert wird (van der Helm et al., 2010). Solche unterschwelligen Formen der Fehlkommunikation erschweren die Zusammenarbeit am Arbeitsplatz.

Geistige und körperliche Überlastung: Lange Arbeitszeiten schaden der Gesundheit

Lange Arbeitszeiten sind mit Gesundheitsproblemen verbunden, was sowohl den Arbeitskräften als auch den Unternehmen schadet, die Interesse daran haben, dass ihre Mitarbeiter gesund sind. Eine offensichtliche Folge langer Arbeitszeiten ist die höhere Wahrscheinlichkeit von Arbeitsunfällen. Es gibt jedoch auch chronische Risiken. Eine neuere Metaanalyse von zwölf länderübergreifenden Studien mit 22 000 Teilnehmern stellte

(Fortsetzung nächste Seite)

(Fortsetzung)

fest, dass Arbeitszeiten von mehr als acht Stunden pro Tag mit einem 40-80% höheren Risiko koronarer Herzkrankheiten verbunden sind. Die Kausalfaktoren hierfür sind längere Phasen psychischer Belastung, ein erhöhter Ausstoß des Stresshormons Cortisol, schlechte Essgewohnheiten und fehlende Bewegung aufgrund unzureichender Freizeit (Virtanen et al., 2012). Die psychische Gesundheit wird durch die Belastung infolge von langen Arbeitszeiten und Schlafmangel ebenfalls beeinträchtigt. Zusätzlich zu kognitiven Störungen kommt es bei überlasteten Beschäftigten auch mit höherer Wahrscheinlichkeit zu schweren Depressionen, wie eine Untersuchung des britischen öffentlichen Dienstes ergab (Virtanen, 2008; Virtanen et al., 2012). Außerdem tendieren Personen mit überlangen Arbeitszeiten auch häufiger zu Alkoholmissbrauch (Virtanen, 2015).

Lange Arbeitszeiten stellen eine Belastung für Familien und Beziehungen dar, die schwerer zu quantifizieren ist. Die Jahre, in denen die Beschäftigten Karriere machen können, fallen zeitlich mit den Jahren der Kindererziehung zusammen. Dies gilt insbesondere für Frauen, weil das Zeitfenster, in dem sie Kinder bekommen können, kürzer ist. Erwerbstätige sind häufig gezwungen, sich zu entscheiden, ob sie sich um ihre Kinder kümmern oder am Arbeitsplatz Präsenz zeigen möchten. Länderübergreifende Studien belegen, dass Kinder durch atypische Arbeitszeiten ihrer Eltern, wozu Abend-, Nacht- und Wochenendarbeit gehören, belastet werden. Die Eltern leiden mit größerer Wahrscheinlichkeit an Depressionen, es fällt ihnen schwerer, sich um ihre Kinder zu kümmern, Kinder und Eltern verbringen weniger Zeit miteinander, und das häusliche Umfeld ist insgesamt weniger günstig, insbesondere in Familien mit niedrigem Einkommen. Die Auswirkungen auf die Kinder variieren je nach Alter. Sie umfassen Verhaltensprobleme (insbesondere bei kleinen Kindern und Jugendlichen), eine langsamere kognitive Entwicklung (insbesondere im Vorschulalter), Übergewicht, weniger Einsatzbereitschaft in der Schule und bei außerkurrikularen Aktivitäten sowie Schlafschwierigkeiten. (Wegen einer vollständigen Übersicht über die länderübergreifende Literatur vgl. Li et al., 2014.)

Lange Arbeitszeiten sind trotz der Evidenz für ihre negativen Auswirkungen nach wie vor weit verbreitet

Angesichts der umfangreichen Evidenz für die negativen Auswirkungen von langen Arbeitszeiten ist es erstaunlich, dass so viele Beschäftigte im OECD-Raum mehr als 40 Stunden pro Woche arbeiten. Aus Zeitreihendaten der OECD geht hervor, dass Deutschland zu den etwa zehn OECD-Ländern gehört, in denen der Anteil der Beschäftigten, die durchschnittlich mehr als 40 Stunden pro Woche arbeiten, seit 2000 zugenommen hat. (Die Frage der langen Arbeitszeiten wurde u.a. auch von Gray et al., 2004, für Australien sowie von Cha und Weeden, 2014, für die Vereinigten Staaten erörtert.) Sowohl die Arbeitgeber als auch die Arbeitnehmer sind für die Perpetuierung langer Arbeitszeiten verantwortlich. In vielen Unternehmen sind lange Arbeitszeiten Teil der Organisationskultur. Viele Beschäftigte wollen durch Überstunden zeigen, dass sie loyale, „ideale" Mitarbeiter sind (Cha und Weeden, 2014; Sharone, 2004). Zudem sind Überstunden für Arbeitskräfte mit niedrigerem Einkommen häufig auch eine finanzielle Notwendigkeit. Ein weiterer Faktor ist die Angst vor dem Arbeitsplatzverlust.

Die Arbeitgeber ihrerseits werden sich nur langsam bewusst, dass Überstunden im Büro nicht automatisch mehr Leistung bedeuten. Einige Forschungsarbeiten deuten darauf hin, dass die Lohnprämie für lange Arbeitszeiten sogar steigt (Cha und Weeden, 2014). Führungskräften und Managern, die häufig viel Zeit geopfert haben, um ihre Stellung in der Hierarchie zu erreichen, fällt es oft schwer, zu akzeptieren, dass die gleiche Arbeit auch in weniger Zeit erledigt werden könnte. Menschen, die sich nicht in dieses Schema einfügen wollen – Beschäftigte, die sich für flexible Arbeitszeiten und Elternzeit entscheiden –, werden dafür manchmal sogar bestraft, indem ihnen eine Beförderung versagt wird, indem ihnen die Möglichkeit geraubt wird, den Vorgesetzten gegenüber ihre Leistungsfähigkeit unter Beweis zu stellen, oder indem sie von wichtigen Projekten ausgeschlossen werden. Die Anwesenheit am Arbeitsplatz ist nach wie vor eine wichtige Messgröße für die Evaluierung von Beschäftigten, selbst wenn sie keine Messgröße der Leistung ist (Elsbach und Cable, 2012).

In einem Beratungsunternehmen wurde beispielsweise festgestellt, dass Männer vorgaben, 60-80 Stunden pro Woche zu arbeiten, indem sie strategisch geschickt planten, wann sie E-Mails versandten, geschäftliche Telefongespräche zu ungewöhnlichen Zeiten führten und sich unauffällig ohne formale Genehmigung freinahmen, um Zeit mit der Familie zu verbringen. Im Gegensatz dazu nutzten Frauen mit wesentlich höherer Wahrscheinlichkeit die formalen Möglichkeiten der Arbeitszeitreduzierung und wurden deshalb innerhalb des Unternehmens ausgegrenzt (Reid, 2015).

(Fortsetzung nächste Seite)

> *(Fortsetzung)*
>
> Auch wenn der Produktivitätsverlust bei Wissensarbeitern schwieriger zu quantifizieren sein dürfte als bei manuellen Arbeitskräften, treten viele negative Effekte doch in beiden Gruppen auf: Lange Arbeitszeiten führen zu Stress, Schlafmangel, Streit mit Kollegen und Fehlern am Arbeitsplatz. Sogar Software-Ingenieure weisen darauf hin, dass die Wahrscheinlichkeit von Programmierungsfehlern (und der Zeitaufwand für ihre Behebung) mit zunehmender Dauer der Arbeitszeit steigt – und dies obwohl die Technologiebranche dazu tendiert, ihre scheinbar endlosen Arbeitstage zu verherrlichen (Robinson, 2005).
>
> **Was kann getan werden?**
>
> Die Politik kann dazu beitragen, Überlastungen zu verhindern. Mit Arbeitszeitgesetzen und Rechtsansprüchen auf flexible Arbeitszeiten wird traditionell versucht, die Arbeitnehmer zu schützen. Der eigentliche Wandel muss jedoch in der Organisationskultur und -praxis stattfinden. Die Unternehmen haben viele Möglichkeiten, lange Arbeitszeiten zu verhindern. Das übergeordnete Ziel besteht darin, die Arbeitsplatzkultur so zu verändern, dass die Manager den Schwerpunkt statt auf die Präsenz im Büro auf Aufgabenerfüllung, Zeitmanagement und effiziente Arbeit legen. Führungskräfte müssen erkennen, dass lange Arbeitszeiten keine Voraussetzung für hochwertige Arbeit sind und sogar ein Hindernis dafür sein können.

Nur wenige Eltern teilen die bezahlte Arbeit gerecht untereinander auf

Im Idealfall sollte eine partnerschaftliche Aufgabenteilung in Familie und Beruf die Partner in die Lage versetzen, die Erwerbsarbeit gerecht untereinander aufzuteilen und zugleich ein angemessenes Haushaltseinkommen zu sichern und mehr Zeit miteinander zu verbringen. Weltweit gelingt es jedoch nur wenigen Familien, die bezahlte Arbeit gerecht aufzuteilen (Abb. 2.12, gestreifte Balken). Dänemark hat mit 30,1% den höchsten Anteil an Paaren, in denen beide Partner vollzeitnah arbeiten (definiert als 30-39 Wochenstunden Erwerbsarbeit). In Norwegen, Frankreich, Finnland und Belgien entscheiden sich zwischen 15% und 26% der Paarfamilien für eine vollzeitnahe Beschäftigung beider Partner. In Deutschland dagegen beträgt der Anteil der Paare, in denen beide Partner zwischen 30 und 39 Stunden arbeiten, gerade einmal 1,2%. Solche niedrigen Werte sind in Europa in der Tat weit verbreitet – der Anteil der Paarfamilien, in denen beide Partner vollzeitnah arbeiten, liegt in 17 von 26 Ländern unter 5%.

Die in Deutschland am weitesten verbreitete Erwerbskonstellation in Paarfamilien ist, dass der Vater in Vollzeit beschäftigt ist, während die Mutter wenige Stunden in Teilzeit arbeitet oder gar nicht erwerbstätig ist: In rd. 34,8% der Paarfamilien arbeitet der Vater mindestens 40 Stunden pro Woche, während die Mutter höchstens 29 Stunden pro Woche berufstätig ist (Abb. 2.12, weiße Balken), und in rd. 23,9% der Fälle arbeitet der Vater mindestens 40 Stunden, während die Mutter nichterwerbstätig oder arbeitslos ist (graue Balken). In den osteuropäischen Ländern sowie in Schweden und Portugal ist das am weitesten verbreitete Erwerbsarrangement, dass beide Elternteile in Vollzeit arbeiten (dunkelblaue Balken und Kapitel 4).

Die Niederlande – die auf eine lange Tradition der Teilzeitbeschäftigung, insbesondere von Frauen, zurückblicken (Kapitel 4) – verzeichnen mit 18,1% den höchsten Anteil an Paarfamilien, in denen der Vater zwischen 30 und 39 Stunden und die Mutter zwischen 1 und 29 Stunden arbeitet. In Deutschland beträgt der Anteil der Familien, die dieses „Vollzeitnah-plus-Teilzeit-Modell" praktizieren, 5,3%.

2. PARTNERSCHAFT, FAMILIENSTRUKTUR UND ARBEITSTEILUNG: DEUTSCHLAND IM OECD-VERGLEICH

Abbildung 2.12 **Nur wenige Familien teilen die Erwerbsarbeit gerecht auf, indem beide Partner vollzeitnah arbeiten**

Auf die verschiedenen Erwerbskonstellationen entfallender Anteil der Paare mit Frau im Alter von 25-45 Jahren, mindestens ein Kind, in Prozent

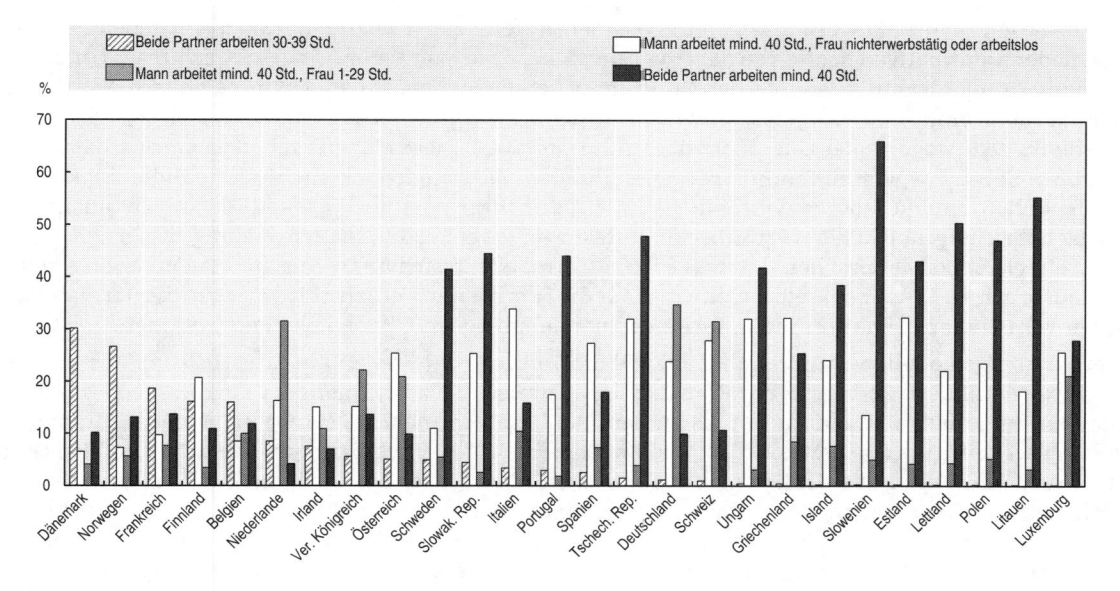

Anmerkung: Die Länder sind in absteigender Reihenfolge nach dem Anteil der Paare, in denen beide Partner zwischen 30 und 39 Stunden arbeiten, angeordnet.

Quelle: OECD-Berechnungen auf der Basis der Statistik der Europäischen Union über Einkommen und Lebensbedingungen (EU-SILC), 2012.

Kasten 2.3 **Aushandlungsprozesse in Familien im Haushaltskontext: eine theoretische Diskussion**

Wie wird innerhalb von Familien über die Aufteilung der bezahlten und unbezahlten Arbeit entschieden? Wer trifft die Entscheidung über die Verteilung der Aufgaben und Einnahmen? Und warum sollten die politischen Entscheidungsträger Wert darauf legen, dass Männer und Frauen die gleichen Chancen haben, einer Erwerbsarbeit nachzugehen?

Auf der Basis von Beckers wegweisender Theorie über die Arbeitsteilung in der Familie (Becker, 1981 und 1985) debattieren Wissenschaftler schon seit Jahrzehnten über den Aushandlungsprozess in Haushalten. In Beckers Modell der rationalen Entscheidung wird die Familie als eine Einheit mit gemeinsamen Präferenzen betrachtet. Becker zufolge arbeiten alle Familienmitglieder zusammen, um das Wohlergehen der Familieneinheit zu maximieren, und um maximalen Nutzen zu erzielen, nehmen sie eine strenge „geschlechtsspezifische Arbeitsteilung" vor: Ein Partner (normalerweise der Mann) spezialisiert sich auf die Erwerbsarbeit, während der andere (normalerweise die Frau) sich auf unbezahlte Hausarbeit spezialisiert. Diese Rollenverteilung könnte zwar umgekehrt werden, Frauen spezialisieren sich jedoch normalerweise auf Haus- bzw. Familienarbeit, weil sie im Bereich der Kinderbetreuung in der Zeit vor und nach der Geburt der Kinder einen vorübergehenden komparativen (biologischen) Vorteil besitzen. Diese ursprünglichen komparativen Vorteile verfestigen sich anschließend jedoch zu langfristigen Verhaltensweisen, weil Menschen Kompetenzen tendenziell umso stärker entwickeln, je mehr sie sie nutzen. Becker zufolge verstärkt auch die Sozialisierung im Kindesalter die Geschlechterrollen, weil Eltern bemüht sind, bei ihren Kindern Kompetenzen zu fördern, die ihrer Meinung nach deren Heiratsaussichten verbessern.

Beckers Theorie mag zwar altmodisch erscheinen, sie besitzt jedoch eine starke Vorhersagekraft: In allen OECD-Ländern verbringen Männer mehr Zeit mit Erwerbsarbeit und Frauen mehr Zeit mit Hausarbeit und Kinderbetreuung. Diese Arbeitsteilung ist jedoch weder so streng noch so starr, wie Modelle wie das von Becker entwickelte „Modell gemeinsamer Präferenzen" nahelegen. Es ist vielmehr so, dass

(Fortsetzung nächste Seite)

(Fortsetzung)
die Arbeitsteilung je nach Paar variiert und dass sich die Grenzen im Lauf der Zeit zunehmend verwischt haben (Bianchi et al., 2000; Coltrane, 2000; Sullivan, 2000; Lachance-Grzela und Bouchard, 2010).

Als Reaktion auf die Mängel von auf „gemeinsamen Präferenzen" basierenden Modellen haben Ökonomen verschiedene alternative Theorien zu der Frage entwickelt, wie Männer und Frauen bezahlte und unbezahlte Arbeit untereinander aufteilen. „Verhandlungsmodelle" versuchen, andere Faktoren wie z.B. Machtgefälle innerhalb der Familie und mögliche Auswirkungen des Scheidungsrisikos zu berücksichtigen (vgl. Lundberg und Pollak, 1996, wegen eines Überblicks über diese Literatur). Diese Modelle gehen davon aus, dass Partner zwar bis zu einem gewissen Punkt zusammenarbeiten, dass sie jedoch auch miteinander konkurrieren und die Rollen- und Ressourcenverteilung auf der Basis ihrer relativen Verhandlungsmacht aushandeln. Männer haben aufgrund höherer Erwerbseinkünfte und anderer Ressourcen, z.B. Bildung, bei Entscheidungen häufig ein größeres Mitspracherecht, was es ihnen ermöglicht, sich nur wenig an unattraktiven Aufgaben wie Hausarbeit zu beteiligen, selbst wenn dies für die Familie nicht effizient ist. Frauen, die normalerweise stärker vom Einkommen ihrer männlichen Partner abhängig sind, haben weniger Optionen.

Verhandlungsmodelle veranschaulichen, wie die Teilhabe der Frauen am Erwerbsleben das Verhalten zu Hause beeinflusst. So verringern Frauen beispielsweise mit zunehmendem Einkommen häufig ihren Anteil an der Hausarbeit, zumindest bis zu dem Punkt, an dem beide Partner in gleichem Umfang zum Einkommen beitragen (Lachance-Grzela und Bouchard, 2010). Den Verhandlungsmodellen zufolge ist dies darauf zurückzuführen, dass Einkommen aus bezahlter Arbeit Frauen helfen, ihren Anteil an der unbezahlten Arbeit auszuhandeln. Die mit dem steigenden Einkommen der Frauen verbundene Verhandlungsmacht hat jedoch noch weitere Auswirkungen auf Frauen und Familien. Frauen geben ihr Einkommen beispielsweise tendenziell anders aus als Männer, und es ist heute fast schon anerkannte Lehrmeinung, dass es Kindern besser geht, wenn ihre Mütter einen größeren Teil der Haushaltsmittel kontrollieren, wenngleich die entsprechende Evidenz zum großen Teil aus dem Bereich der Entwicklungsökonomie stammt (Lundberg und Pollak, 1996). Den Verhandlungsmodellen zufolge führt eine Förderung der Erwerbstätigkeit von Frauen dazu, dass Frauen einen größeren Einfluss auf die Verwendung der der Familie zur Verfügung stehenden Mittel haben.

Die Debatte ist auch heute noch relevant, weil politische Entscheidungsträger mit der Frage konfrontiert sind, ob – und wie – gleiche Rahmenbedingungen für Frauen in bezahlter und unbezahlter Arbeit gesichert werden können. In Anbetracht der Tatsache, dass das Bildungsniveau der jungen Frauen heute in den meisten OECD-Ländern dem der Männer entspricht oder dieses sogar übersteigt und dass Männer und Frauen sich zunehmend einen Partner mit ähnlichem sozioökonomischem Status suchen, können erhebliche Verluste entstehen, wenn Frauen nicht erwerbstätig sind. Die OECD hat umfangreiche Forschungsarbeiten durchgeführt, die die positiven Auswirkungen der Frauenerwerbstätigkeit auf makroökonomische Faktoren wie Wirtschaftswachstum, sozioökonomische Gleichheit und Geburtenraten zeigen (OECD, 2012; 2015a). Die Verhandlungstheorie lässt jedoch darauf schließen, dass für die Frauen selbst, ihre Partner und ihre Kinder genauso viel auf dem Spiel steht.

Zwischen Männern und Frauen besteht nach wie vor ein Lohngefälle

In Deutschland verdienen Frauen nach wie vor weniger als Männer, selbst wenn nur die Vollzeitbeschäftigten berücksichtigt werden. Das Lohngefälle zwischen Männern und Frauen ist in Deutschland etwas größer als im OECD-Durchschnitt, auch wenn es seit dem Jahr 2000 zurückgegangen ist. 2013 verdienten vollzeitbeschäftigte Frauen fast 13,4% weniger als vollzeitbeschäftigte Männer (Abb. 2.13). Das Gefälle variiert in den verschiedenen Einkommensdezilen, wobei die Unterschiede zwischen Männern und Frauen im unteren Bereich der Einkommensverteilung zu den größten im OECD-Raum gehören: 2012 verdienten Frauen mit geringem Einkommen (im untersten Dezil) in Deutschland 15,6% weniger als Männer im untersten Einkommensdezil. Diese Differenz ist größer als das bei den ärmsten Erwerbstätigen im OECD-Durchschnitt festzustellende Lohngefälle zwischen Männern und Frauen (10,5%) und deutlich höher als in einigen anderen OECD-Ländern (z.B. Luxemburg, Neuseeland, Norwegen und Ungarn), wo die geschlechtsspezifische Differenz im untersten Dezil der Einkommensverteilung unter 2% liegt (OECD Employment Database, 2015).

Abbildung 2.13 **Das Lohngefälle zwischen Männern und Frauen bleibt bestehen, hat sich seit 2000 jedoch in den meisten OECD-Ländern, einschl. Deutschlands, verringert**

Differenz zwischen dem Medianverdienst von männlichen und weiblichen Vollzeitkräften, 2000, 2006 und 2013 oder letztes verfügbares Jahr[1]

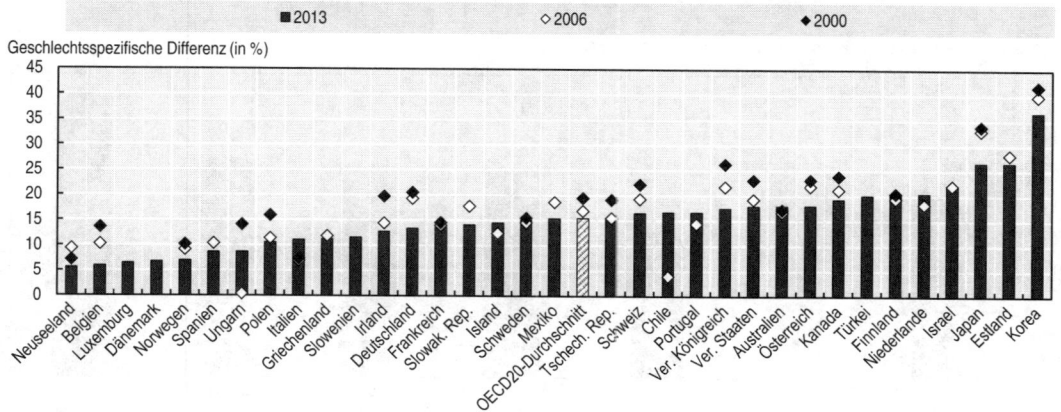

Anmerkung: Die Daten für 2013 beziehen sich für Estland, Luxemburg, die Niederlande, Slowenien und die Türkei auf 2010, für Israel auf 2011 und für Frankreich, Italien, Polen, Spanien, Schweden und die Schweiz auf 2012.

1. Das Lohngefälle zwischen Männern und Frauen ist unbereinigt und wird als Differenz zwischen dem Medianverdienst der Männer und dem Medianverdienst der Frauen im Verhältnis zum Medianverdienst der Männer berechnet. Die in den Berechnungen verwendeten Einkommensschätzungen beziehen sich auf die Bruttoeinkommen vollzeitbeschäftigter Lohn- und Gehaltsempfänger. Die Definition kann sich jedoch von Land zu Land geringfügig unterscheiden.

Quelle: OECD Employment Database, *www.oecd.org/employment/emp/onlineoecdemploymentdatabase.htm*.

Frauen sind weniger häufig unternehmerisch tätig

Frauen sind in Deutschland mit geringerer Wahrscheinlichkeit unternehmerisch tätig als Männer. 2013 waren in Deutschland nur 2,5% der erwerbstätigen Frauen selbstständig beschäftigt, verglichen mit 6,7% der erwerbstätigen Männer. In Deutschland sind Frauen zwar mit höherer Wahrscheinlichkeit selbstständig beschäftigt als in vielen anderen OECD-Ländern, in Korea, Neuseeland, Portugal, der Schweiz, Spanien und Ungarn sind die Selbstständigenquoten der Frauen mit Werten von über 3% jedoch höher, und in Griechenland sowie Italien belaufen sie sich sogar auf 4% (OECD, 2016b).

Zudem verdienen selbstständig beschäftigte Frauen nach Gründung ihres Unternehmens in Deutschland häufig deutlich weniger als männliche Unternehmer: 2011 betrug der Unterschied fast 43% (Abb. 2.14). Und obwohl selbstständig beschäftigte Frauen überall weniger verdienen als selbstständig beschäftigte Männer, ist der Unterschied in Deutschland deutlich größer als im OECD-Durchschnitt, wo er bei 36,1% liegt.

Das Einkommensgefälle zwischen Unternehmern und Unternehmerinnen lässt sich hauptsächlich durch die niedrigere Kapitalisierung von Unternehmen mit weiblicher Führung, deren Tätigkeitsfelder, einen Mangel an Führungserfahrung sowie die geringere Arbeitsstundenzahl erklären, die Frauen in ihre Unternehmen investieren, da sie mit größerer Wahrscheinlichkeit als Männer Erwerbsarbeit mit familiären Pflichten kombinieren. In Deutschland könnte das niedrigere Einkommen unternehmerisch tätiger Frauen auch eine weitere Folge unzureichender öffentlicher Kinderbetreuungsmöglichkeiten für erwerbstätige Mütter sein.

Die Regierungen der OECD-Länder fördern die unternehmerische Tätigkeit von Frauen auf vielfältige Art und Weise: Förderung geschlechtsneutraler rechtlicher Rahmenbedingungen für die unternehmerische Tätigkeit, Sicherung eines geschlechtergerechten Zugangs zu Finanzierungsmitteln und Ergänzung der Finanzierungsprogramme durch Hilfen wie z.B. Schulungen in finanzieller Allgemeinbildung oder Betriebswirtschaft, Mentoring und

Abbildung 2.14 **Unternehmerinnen verdienen häufig deutlich weniger als Unternehmer**
Einkommensgefälle zwischen selbstständig beschäftigten Männern und Frauen[1],
ausgewählte OECD-Länder, 2006 und 2011

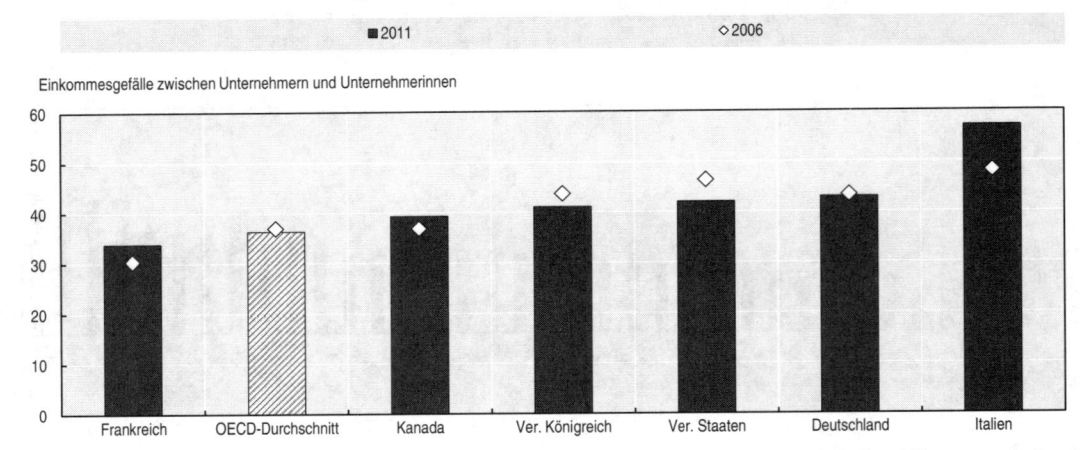

1. Das Einkommensgefälle zwischen Männern und Frauen ist unbereinigt und wird als Differenz zwischen dem durchschnittlichen Einkommen der Männer und dem durchschnittlichen Einkommen der Frauen aus selbstständiger Beschäftigung im Verhältnis zum durchschnittlichen Einkommen der Männer aus selbstständiger Beschäftigung berechnet.
Quelle: OECD Gender Data Portal, www.oecd.org/gender/data/.

mehr Zugang zu professioneller Finanz- und Rechtsberatung. Es ist auch wichtig, dass staatliche Stellen und Bildungseinrichtungen Frauen besser über die Abläufe und Vorteile einer unternehmerischen Tätigkeit informieren (OECD, 2014a).

4. Ungleiche Verteilung der unbezahlten Arbeit: Frauen übernehmen nach wie vor den Großteil der häuslichen Arbeit

In Deutschland nehmen Frauen seit 15 Jahren zwar zunehmend am Erwerbsleben teil, sie verbringen jedoch nach wie vor viel Zeit mit Hausarbeit und Kinderbetreuung. Bei der Verteilung der unbezahlten häuslichen Arbeit zwischen Männern und Frauen nimmt Deutschland im Vergleich zu anderen OECD-Ländern weiterhin nur einen mittleren Rang ein. Frauen verrichten nach wie vor den Großteil – etwa 65% – der unbezahlten häuslichen Arbeit, was die Kinderbetreuung einschließt.

Die Männer leisten in keinem OECD-Land mehr unbezahlte Arbeit als die Frauen. Zeitverwendungserhebungen aus mehreren OECD-Ländern verdeutlichen, wie sich Deutschland im Hinblick auf die Aufteilung der Hausarbeit zwischen Männern und Frauen positioniert (Abb. 2.15). Die nordischen Länder schneiden deutlich besser ab als die anderen Länder. In Norwegen wenden die Frauen beispielsweise rd. 210 Minuten pro Tag für unbezahlte Arbeit auf und die Männer 160 Minuten. Korea, Japan, Mexiko und die Türkei bilden die Schlussgruppe, wobei die Frauen in Korea z.B. etwa 230 Minuten pro Tag für unbezahlte Arbeit aufwenden, Männer dagegen nur 45 Minuten.

Der Zeitaufwand der Frauen für unbezahlte Arbeit ging in Deutschland zwischen 2001/2002 und 2012/2013 leicht zurück, was jedoch fast vollständig durch eine Zunahme des Zeitaufwands für Erwerbsarbeit ausgeglichen wurde (Abb. 2.16). In Deutschland, wie in vielen anderen Ländern, verbringen Mütter deutlich mehr Zeit als Väter mit Kinderbetreuung und Hausarbeit, selbst wenn beide Elternteile in Vollzeit arbeiten (in Kapitel 5 wird die Zeitaufteilung zwischen Mann und Frau eingehender behandelt).

2. PARTNERSCHAFT, FAMILIENSTRUKTUR UND ARBEITSTEILUNG: DEUTSCHLAND IM OECD-VERGLEICH

Abbildung 2.15 **Frauen leisten im OECD-Raum nach wie vor mehr unbezahlte Arbeit als Männer**

Geschlechtsspezifische Verteilung des Zeitaufwands für Kinderbetreuung und sonstige unbezahlte Arbeit, 15- bis 64-Jährige, letztes verfügbares Jahr

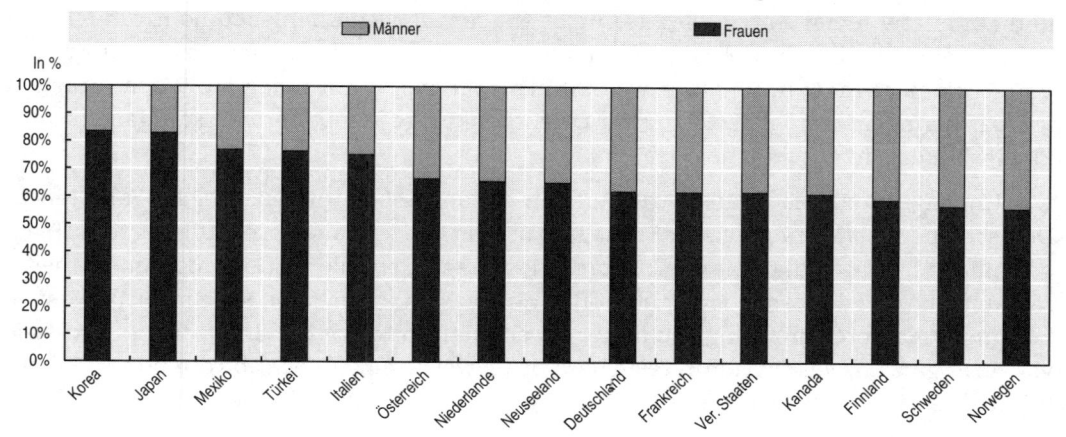

Anmerkung: Die Referenzjahre sind: Deutschland: 2001-2002, Finnland: 2009-2010, Frankreich: 2009, Italien: 2008-2009, Japan: 2011, Kanada: 2010, Korea: 2009, Mexiko: 2009, Neuseeland: 2009-2010, Niederlande: 2005-2006, Norwegen: 2010, Österreich: 2008-2009, Schweden: 2010, Türkei: 2006, Vereinigte Staaten: 2014.
Quelle: OECD Gender Data Portal, www.oecd.org/gender/data/.

Abbildung 2.16 **In Deutschland verbringen Frauen nach wie vor mehr Zeit mit Hausarbeit und Kinderbetreuung als Männer**

Durchschnittlicher Zeitaufwand von Männern und Frauen für bezahlte und unbezahlte Arbeit in Stunden pro Tag, 30- bis 44-Jährige, Deutschland, 2001/2002 und 2012/2013

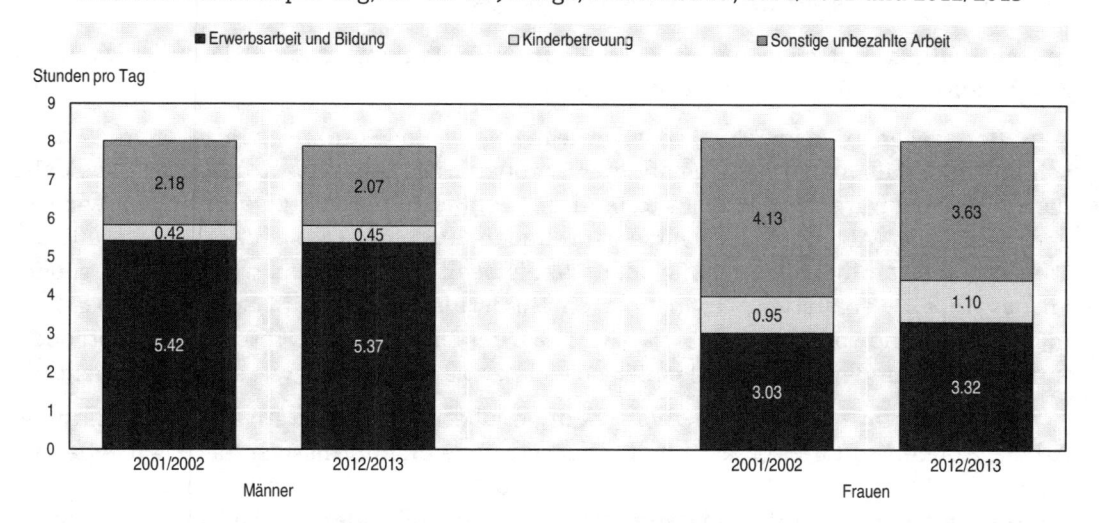

Anmerkung: „Erwerbsarbeit und Bildung" umfasst den Zeitaufwand für alle Aktivitäten in Zusammenhang mit Erwerbsarbeit (einschließlich Fahrtzeiten) und Bildung (sowohl in Bildungseinrichtungen als auch zu Hause, einschließlich Fahrtzeiten). „Kinderbetreuung" umfasst den Zeitaufwand für alle hauptsächlich auf Kinder ausgerichtete Aktivitäten wie Körperpflege, Hausaufgabenbetreuung und Anleitung, Vorlesen und Spielen sowie Begleitung von Kindern zur Wahrnehmung von Terminen. „Sonstige unbezahlte Arbeit" umfasst alle anderen unbezahlten Tätigkeiten im Haushalt (wie beispielsweise Kochen, Putzen, Einkaufen, Pflege von erwachsenen Haushaltsmitgliedern, Tier- und Haustierpflege, Gartenarbeit, Instandhaltung von Haus und Wohnung sowie Fahrzeugreparatur und -pflege). Der Zeitaufwand für außerhäusliches Ehrenamt und freiwilliges Engagement wird nicht erfasst. Der Zeitaufwand für Freizeitaktivitäten bleibt in allen drei Kategorien unberücksichtigt.
Quelle: Destatis (2015b).

5. In Deutschland kommt der Konflikt zwischen Familie und Beruf deutlich zum Ausdruck

Viele Menschen in Deutschland sehen sich im Konflikt zwischen Familie und Beruf, und ein relativ hoher Anteil der Eltern gibt an, dass ihr Familienleben häufig durch den Beruf beeinträchtigt wird. Aus Umfragen geht hervor, dass es den meisten Müttern und Vätern kleiner Kinder lieber wäre, wenn ihr Partner weniger Stunden pro Woche arbeiten würde, wenngleich die Einstellung der Öffentlichkeit gegenüber erwerbstätigen Müttern kleiner Kinder inzwischen positiver ist.

Umfragedaten gestatten es zwar nicht, genau zu bestimmen, welche Faktoren in Deutschland für die Präferenz für Teilzeitarbeit oder vollzeitnahe Beschäftigung ausschlaggebend sind, einige Faktoren wie kulturelle Prägungen, soziale Institutionen und Arbeitsmarktstrukturen dürften jedoch mit großer Wahrscheinlichkeit eine Rolle spielen. Was die kulturellen Faktoren anbelangt, so haftet erwerbstätigen Müttern in Deutschland nach wie vor ein Stigma an, was sich darin zeigt, dass sie teilweise immer noch abwertend als „Rabenmütter" bezeichnet werden, die sich nicht genug um ihre Kinder kümmern.

In einer Eurobarometer-Umfrage (2014), in der die Befragten drei Antworten auswählen konnten, wurde festgestellt, dass die Menschen in Deutschland Maßnahmen in den folgenden vier Bereichen für entscheidend halten, um die Zahl der erwerbstätigen Frauen zu erhöhen:

- sicherstellen, dass Frauen für die gleiche Arbeit genauso viel verdienen wie Männer (47%);
- mehr flexible Arbeitszeitregelungen (40%);
- Frauen die Vereinbarkeit von Beruf und Haushalts- und Betreuungsaufgaben erleichtern (40%);
- Verbesserung des Zugangs zu Kinderbetreuung (39%).

In Deutschland gibt mehr als ein Drittel der Befragten an, dass das Familienleben häufig durch den Beruf beeinträchtigt wird

Eltern geben in Deutschland ebenso wie in Belgien und Frankreich mit größerer Wahrscheinlichkeit als in den meisten anderen europäischen Ländern an, dass ihre Arbeit sie daran hindert, mit ihrem Partner bzw. ihrer Familie so viel Zeit zu verbringen, wie sie gerne möchten (Abb. 2.17). In Deutschland finden 30,8% der Eltern, dass ihre berufliche Tätigkeit das Familienleben häufig oder ständig beeinträchtigt, und weitere 35,5% geben an, dass ihre Erwerbstätigkeit manchmal ein Hindernis darstellt. Im Gegensatz dazu geben in Norwegen und Portugal nur 15,2% bzw. 11,8% der Eltern an, dass ihre Arbeit sie oft oder immer daran hindert, mit ihrer Familie so viel Zeit zu verbringen, wie sie gerne möchten.

Meinungsumfragen liefern zwar wichtige, über rein quantitative Messgrößen wie Arbeitsstundenzahl und Einkommen hinausgehende Erkenntnisse zu der Frage, wie die Menschen ihre persönliche Lebenssituation beurteilen, sie müssen jedoch mit Vorsicht interpretiert werden. Umfragedaten zu Einstellungen und anderen subjektiven Elementen (wie dem persönlichen Wohlergehen) können durch kulturelle Verzerrungen (Messfehler) und kulturelle Effekte (wenn der kulturelle Hintergrund einen starken Einfluss auf Beurteilung der persönlichen Lebenssituation hat) beeinflusst werden. Es ist auch möglich, dass Politikmaßnahmen wie z.B. eine Ausweitung des öffentlichen Kinderbetreuungsangebots dazu führen, dass die Erwartungen der Menschen im Hinblick auf die Vereinbarkeit von Familie und Beruf steigen. Die Auswirkungen des kulturellen Hintergrunds auf subjektive Messgrößen der Lebensqualität werden durch eine Vielzahl von Studien bestätigt (vgl. Exton et al., 2015, wegen eines Überblicks), und in einer neueren Studie wird festgestellt,

Abbildung 2.17 Eltern sehen in Deutschland mit größerer Wahrscheinlichkeit einen Konflikt zwischen Familie und Beruf als in anderen europäischen Ländern

Verteilung der Antworten auf die Frage „Wie häufig finden Sie, dass Ihre Arbeit Sie daran hindert, mit Ihrem Partner/Ihrer Partnerin oder Ihrer Familie so viel Zeit zu verbringen, wie Sie gerne möchten?", Personen mit mindestens einem Kind, 2010

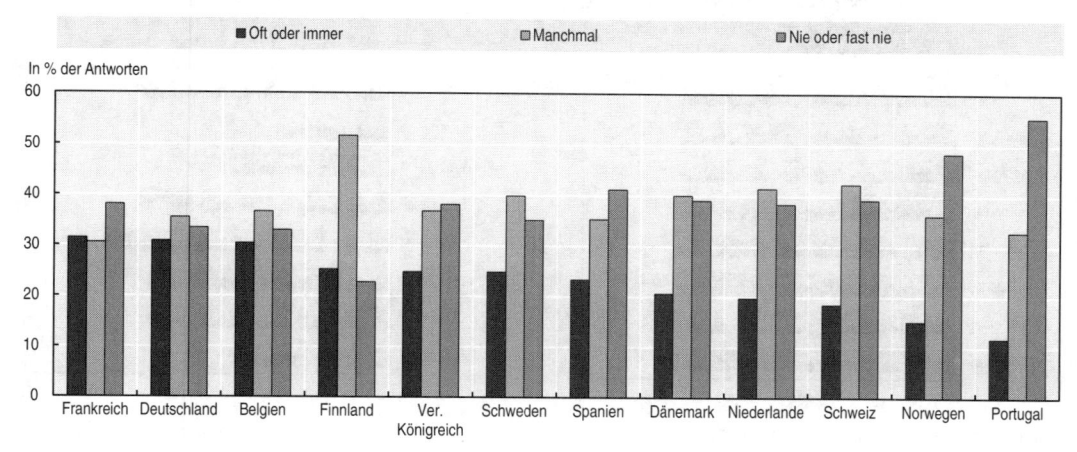

Quelle: OECD-Berechnungen auf der Grundlage des European Social Survey, Erhebungswelle 5 (2010), www.europeansocialsurvey.org/.

dass die unerklärte länderspezifische Varianz dieser Messgrößen möglicherweise zu 20% auf den kulturellen Hintergrund zurückzuführen ist (ebd.).

Eine detaillierte vergleichende Umfrage in Deutschland und Frankreich zeichnet ein nuancierteres – wenn auch teilweise widersprüchliches – Bild der öffentlichen Meinung in den beiden Ländern (Institut für Demoskopie Allensbach, 2015). Sie stellt fest, dass sich die Familienbilder in Deutschland in den letzten Jahren zwar zunehmend den französischen angeglichen haben, dass es jedoch nach wie vor Unterschiede gibt, hauptsächlich in Bezug auf die Vereinbarkeit von Familie und Beruf. 2013 gaben in Deutschland 48% der Eltern mit wenigstens einem Kind unter 14 Jahren an, dass sie oder ihr Partner in ihrer Bildungs- und/oder Berufslaufbahn Abstriche zugunsten ihrer Kinder machen mussten, verglichen mit nur 12% der Befragten in Frankreich. In Deutschland gaben Eltern auch häufiger als in Frankreich an, unter Stress zu leiden (48% gegenüber 26%). Und obwohl der Anteil der Befragten im Alter von 16-49 Jahren, die ihr Land für kinderfreundlich hielten, in Deutschland 2013 (33%) höher war als 2007 (25%), vertraten in Frankreich in beiden Jahren deutlich mehr Eltern – über 80% – diese Auffassung.

In anderen Bereichen haben sich die Einstellungen in Deutschland hingegen an die französischen Einstellungen angeglichen: In Deutschland stieg die ideale Kinderzahl der Befragten von durchschnittlich 1,8 im Jahr 2007 auf 2,2 im Jahr 2013, womit sie näher bei der idealen Kinderzahl der französischen Befragten – durchschnittlich 2,4 in beiden Jahren – lag. Bei der Angst vor finanziellen Belastungen durch die Elternschaft war eine ähnliche Entwicklung zu verzeichnen: Der Anteil der kinderlosen Personen im Alter von 16-49 Jahren, die dahingehende Befürchtungen haben, ist in Deutschland von 68% auf 53% zurückgegangen, während er in Frankreich von 46% auf 41% gesunken ist.

Eltern kleiner Kinder würden es in Deutschland generell vorziehen, wenn ihr Partner weniger Stunden pro Woche erwerbstätig wäre (Abb. 2.18). Väter arbeiten in Deutschland länger als in den meisten anderen europäischen Ländern, und ihren Partnerinnen wäre es lieber, wenn sie etwa fünf Stunden pro Woche weniger arbeiten würden. Außerdem würden sie selbst gerne ihre Arbeitszeiten reduzieren (BMFSFJ, 2015a). Den Männern in

2. PARTNERSCHAFT, FAMILIENSTRUKTUR UND ARBEITSTEILUNG: DEUTSCHLAND IM OECD-VERGLEICH

Abbildung 2.18 Vätern und Müttern kleiner Kinder wäre es lieber, wenn ihr Partner weniger Stunden arbeiten würde

Antworten auf Erhebungsfragen zum durchschnittlichen Arbeitszeitumfang des Partners/der Partnerin und dem für ihn/sie bevorzugten Arbeitszeitumfang, 2010

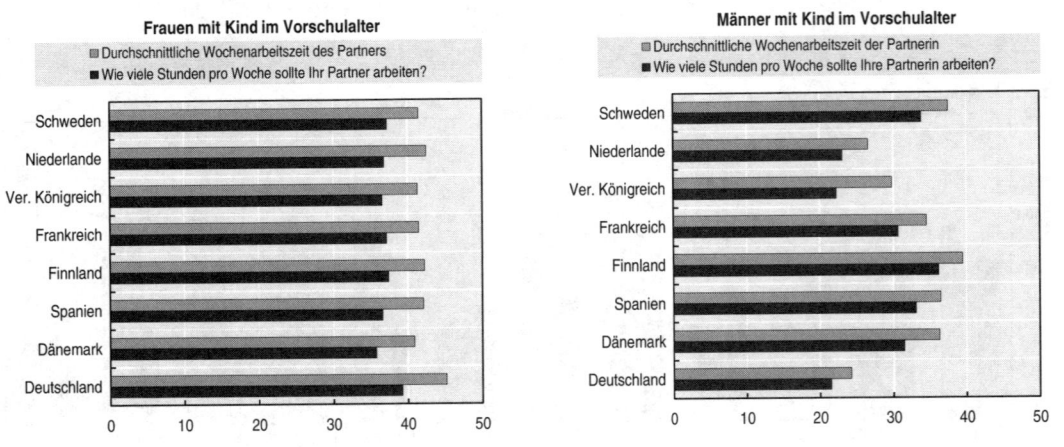

Quelle: OECD-Berechnungen auf der Grundlage des European Social Survey, Erhebungswelle 5 (2010), www.europeansocialsurvey.org/.

Deutschland wäre es ebenfalls lieber, wenn ihre Partnerinnen weniger arbeiten würden, obwohl diese im Durchschnitt nur 24,2 Stunden pro Woche erwerbstätig sind. (Vgl. Kapitel 4 wegen einer ausführlicheren Erörterung der relativ langen Arbeitszeiten von Vätern – und der relativ kurzen Arbeitszeiten von Müttern – in Deutschland.)

Das Verständnis der Elternrolle junger Menschen hat sich in Deutschland im Vergleich zu dem älterer Generationen gewandelt: 54% der männlichen Befragten im Alter von 18-34 Jahren können sich für sich ein Familienmodell vorstellen, in dem beide Elternteile in Vollzeit arbeiten und die Familienarbeit teilen, verglichen mit 41% der Befragten im Alter von 50-56 Jahren (BMFSFJ, 2015b). Dieser Einstellungswandel zeigt sich auch in den Wünschen junger Eltern in Bezug auf ihren Arbeitszeitumfang: Ein Drittel der Eltern mit Kindern unter drei Jahren würde sich wünschen, dass beide Partner etwa 30 Stunden pro Woche arbeiten und die familiären Aufgaben teilen (BMFSFJ, 2015a).

Die öffentliche Akzeptanz der Erwerbstätigkeit von Müttern kleiner Kinder nimmt zu

Trotz dieser Präferenz für kürzere Arbeitszeiten, solange die Kinder klein sind, stehen die Menschen in Deutschland erwerbstätigen Müttern zunehmend positiv gegenüber (Abb. 2.19). In den alten Bundesländern ist der Anteil der Bevölkerung, der der Ansicht ist, dass eine Mutter überhaupt nicht berufstätig sein sollte, wenn sie Kinder im Vorschulalter hat, von 46,6% im Jahr 2002 auf 21,8% im Jahr 2012 zurückgegangen, während der Anteil der Bevölkerung, der der Meinung ist, dass eine Mutter auch dann zu Hause bleiben sollte, wenn das jüngste Kind zur Schule geht, im gleichen Zeitraum von 14,3% auf 6,8% gesunken ist. In den meisten anderen Ländern ist die Einstellung gegenüber erwerbstätigen Müttern ebenfalls positiver geworden – nur in Japan und in Österreich überwiegen die traditionellen Einstellungen weiterhin.

Die Vollzeitbeschäftigung von Müttern wird jedoch immer noch kritisch betrachtet, zumindest in den alten Bundesländern. In den alten Bundesländern sind nur 4% der Bevölkerung der Ansicht, dass Mütter von Kindern im Vorschulalter in Vollzeit arbeiten sollten, ein leichter Anstieg gegenüber 2,9% im Jahr 2002 (Abb. 2.19, Teil A). Die Akzeptanz vollzeiterwerbstätiger Mütter nimmt leicht zu, sobald die Kinder zur Schule gehen (Teil B). In den

2. PARTNERSCHAFT, FAMILIENSTRUKTUR UND ARBEITSTEILUNG: DEUTSCHLAND IM OECD-VERGLEICH

Abbildung 2.19 **Die Einstellung zu erwerbstätigen Müttern ist im Lauf der Zeit etwas positiver geworden**

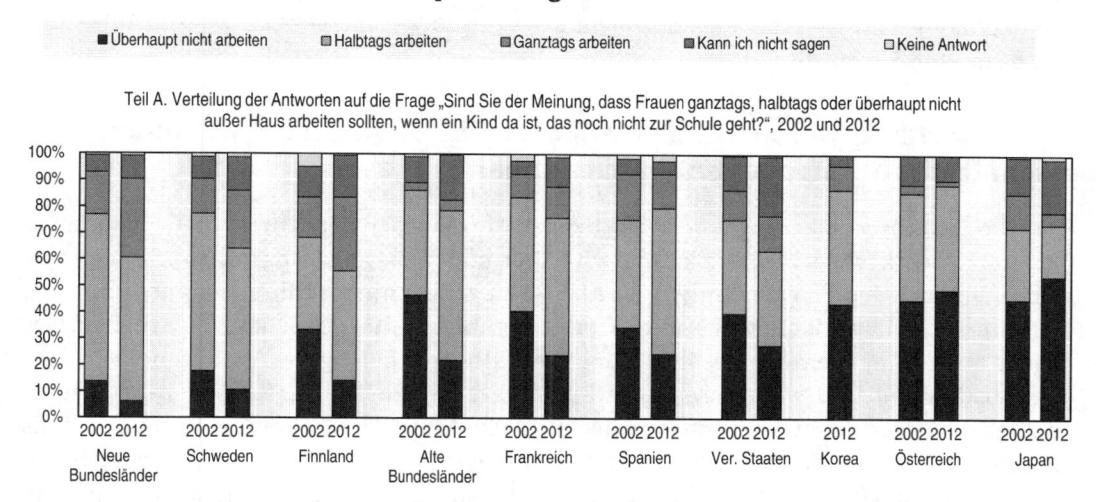

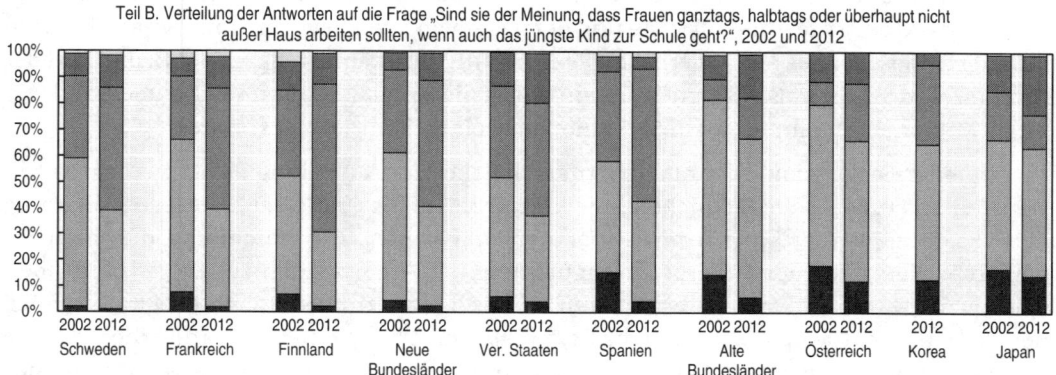

■ Überhaupt nicht arbeiten ■ Halbtags arbeiten ■ Ganztags arbeiten ■ Kann ich nicht sagen □ Keine Antwort

Teil A. Verteilung der Antworten auf die Frage „Sind Sie der Meinung, dass Frauen ganztags, halbtags oder überhaupt nicht außer Haus arbeiten sollten, wenn ein Kind da ist, das noch nicht zur Schule geht?", 2002 und 2012

Teil B. Verteilung der Antworten auf die Frage „Sind sie der Meinung, dass Frauen ganztags, halbtags oder überhaupt nicht außer Haus arbeiten sollten, wenn auch das jüngste Kind zur Schule geht?", 2002 und 2012

Quelle: OECD-Berechnungen auf der Basis des International Social Survey Programme (ISSP) 2002 und 2012, www.issp.org/index.php.

alten Bundesländern ist der Großteil der Bevölkerung jedoch nach wie vor der Auffassung, dass Mütter – wenn überhaupt – nur in Teilzeit arbeiten sollten.

In den neuen Bundesländern haben die Befragten mit deutlich größerer Wahrscheinlichkeit eine positive Einstellung zur Erwerbstätigkeit und insbesondere Vollzeiterwerbstätigkeit von Müttern (Abb. 2.19, Teil A). In den neuen Bundesländern sind 54,3% der Bevölkerung der Ansicht, dass Mütter kleiner Kinder in Teilzeit arbeiten sollten, während 29,8% die Auffassung vertreten, dass sie in Vollzeit arbeiten sollten – ein höherer Anteil als in Schweden.

Die Zeit vor und nach der Geburt eines Kindes ist eine kritische Phase für die Aufgabenteilung zwischen den beiden Elternteilen. In Deutschland ist die Öffentlichkeit allgemein der Ansicht, dass ein Anspruch auf eine bezahlte Elternzeit bestehen sollte. In der Tat sind nur 7,3% aller Befragten in Deutschland nicht für entsprechende Maßnahmen. Dies ist der zweitniedrigste Wert im Ländervergleich, nur in Schweden ist dieser Anteil mit 5,1% noch niedriger (ISSP, 2012)[4].

Außerdem sind in Deutschland die meisten Menschen, die eine bezahlte Elternzeit grundsätzlich befürworten, der Ansicht, dass beide Elternteile die Elternzeit in Anspruch nehmen sollten (vgl. Abb. 1.1), wobei etwa 40% die Meinung vertreten, dass Mutter und Vater die Elternzeit zu gleichen Teilen unter sich aufteilen sollten. 2012 waren 40,4% der Befragten in den neuen Bundesländern und 43,3% der Befragten in den alten Bundesländern, die eine bezahlte Elternzeit befürworten, der Ansicht, dass Mutter und Vater jeweils die Hälfte dieses Zeitraums nehmen sollten, wenn sie beide vor der Geburt des Kindes vollzeitbeschäftigt waren. Nur in Schweden sprachen sich mehr Befragte – 61% – für eine ausgewogene Aufteilung der bezahlten Elternzeit aus.

6. Ist die Entwicklung der Erwerbsbevölkerung in Deutschland mit einer partnerschaftlichen Aufgabenteilung vereinbar?

Die Erwerbsbevölkerung wird in Deutschland in den nächsten Jahrzehnten voraussichtlich stark zurückgehen. Die Bevölkerung wird älter, und die Bevölkerung im Erwerbsalter wird voraussichtlich deutlich abnehmen (vgl. Abb. 2.5). Darüber hinaus führen Veränderungen in der Altersverteilung der Bevölkerung im erwerbsfähigen Alter dazu, dass die Arbeitskräfte selbst auch älter werden. Da ältere Arbeitskräfte mit geringerer Wahrscheinlichkeit erwerbstätig sind und, wenn sie erwerbstätig sind, tendenziell kürzere Arbeitszeiten haben, dürften die Erwerbsquoten und der durchschnittliche Arbeitszeitumfang insgesamt ebenfalls zurückgehen. Die Dynamik dieser Veränderungen wird das Arbeitsangebot in Deutschland erheblich unter Druck setzen. OECD-Projektionen auf der Basis der aktuellen Zahlen über Arbeitsmarkteintritte und -austritte und der gegenwärtigen Bevölkerungsdynamik lassen darauf schließen, dass die Erwerbsbevölkerung in Vollzeitäquivalenten – d.h. die Zahl der Arbeitskräfte in der Volkwirtschaft bereinigt um die Arbeitsstunden – in Deutschland von rd. 38 Millionen im Jahr 2015 auf 32 Millionen im Jahr 2040 sinken könnte.

In jeder Diskussion über eine partnerschaftlichere Aufteilung der Erwerbsarbeit in Deutschland müssen die möglichen Auswirkungen auf die Größe der Erwerbsbevölkerung berücksichtigt werden. Eine Form der partnerschaftlichen Aufgabenteilung, die einen allgemeinen Rückgang der Erwerbsbeteiligung und der Arbeitszeiten zur Folge hätte – beispielsweise durch sinkende Arbeitszeiten bei den Männern und stabile Arbeitszeiten bei den Frauen –, würde den Druck auf die Erwerbsbevölkerung in Deutschland erhöhen. Eine Umverteilung der bezahlten und unbezahlten Arbeit, die zu einem allgemeinen Anstieg des Arbeitsangebots führt – indem sie beispielsweise eine Zunahme der Erwerbsarbeit von Frauen ermöglicht –, würde hingegen dazu beitragen, dem bevorstehenden Arbeitskräftemangel zu begegnen, und so die wirtschaftliche Leistungsfähigkeit Deutschlands stärken.

Länderübergreifende Daten geben ein Bild davon, welche Auswirkungen mehr Partnerschaftlichkeit in Familie und Beruf auf das Volumen und die Struktur der Erwerbsarbeit in Deutschland haben könnte. Aus Zeitverwendungsdaten der OECD geht beispielsweise hervor, dass die Geschlechterdifferenzen bei der Erwerbsarbeit und der unbezahlten Arbeit in Frankreich, Kanada, den nordischen Ländern und den Vereinigten Staaten am niedrigsten sind (Kapitel 4 und 5). Auch wenn sich die Erwerbsmuster in diesen Ländern unterscheiden, sind die Erwerbsquoten und die durchschnittlichen Arbeitszeiten der Frauen doch tendenziell höher bzw. länger als in Deutschland, während die Arbeitszeiten der Männer im Allgemeinen etwas kürzer sind (Abb. 2.20). In Dänemark und Norwegen beispielsweise sind die Erwerbsquoten der Frauen relativ hoch (rd. 84%) und ihre Arbeitszeiten relativ lang (rd. 34 Stunden pro Woche). Im Gegensatz dazu sind die durchschnittlichen Arbeitszeiten der Männer vergleichsweise kurz: 37-38 Stunden pro Woche (Abb. 2.20). In Finnland, Frankreich und den Vereinigten Staaten stellt sich die Situation dagegen etwas anders dar. Die durchschnittlichen Arbeitszeiten der Männer sind lang (mindestens 40 Stunden pro Woche), dies gilt jedoch auch für die Frauen, deren Arbeitszeit je nach Land 35-38 Wochenstunden beträgt. Schweden liegt im Mittelfeld: Die Erwerbsquoten und Arbeitszeiten der Frauen weisen mit 88% bzw. 36 Stunden pro Woche hohe Werte auf,

> **Kasten 2.4 Familienpolitik und persönliche Einstellungen: ein Henne-Ei-Problem**
>
> Die Einstellungen zur Erwerbstätigkeit von Müttern und zur Rollenverteilung in der Familie haben sich in den letzten Jahrzehnten erheblich verändert. Das Modell des männlichen Alleinverdieners verliert insbesondere unter jüngeren Erwachsenen an Zustimmung, während eine stärkere Erwerbsbeteiligung der Mütter befürwortet wird. Gleichzeitig vollzieht sich auch in der Familienpolitik ein Wandel, und viele Länder verstärken die Familienförderung insgesamt, beispielsweise durch eine Ausweitung der frühkindlichen Betreuung, Bildung und Erziehung (FBBE). Etwa ein Drittel der OECD-Länder hat Elternzeitregelungen eingeführt, die vorsehen, dass mindestens zwei Monate der bezahlten Elternzeit nur vom Vater in Anspruch genommen werden können (OECD, 2016a).
>
> Ferragina und Seeleib-Kaiser (2014) weisen darauf hin, dass sich die Antriebskräfte dieses politischen Wandels im Lauf der Zeit verändert haben. In den 1980er und 1990er Jahren waren sozialdemokratische Strömungen und Frauenorganisationen die wichtigsten treibenden Kräfte hinter familienpolitischen Reformen. Seit den 2000er Jahren steht die Öffentlichkeit einem „modernen" Familienbild mit erwerbstätigen Müttern zunehmend positiv gegenüber. Diese breitere Akzeptanz war entscheidend für die seitdem durchgeführten Reformen (vgl. auch Morgan, 2013).
>
> Gesellschaftliche Einstellungen und Sozialpolitik bedingen und beeinflussen sich gegenseitig. Pfau-Effinger (2004 und 2005), Kremer (2006), Morgan (2013), Ferragina und Seeleib-Kaiser (2014) sowie Mischke (2014) weisen darauf hin, dass die Einstellungen zu Familienmodellen und Geschlechterrollen im familiären Umfeld in einer gleichzeitigen Wechselbeziehung mit gesellschaftlichen Normen und Werten, sozioökonomischen Faktoren (z.B. Arbeitsmarktmerkmalen und niedrigen Geburtenraten) und der Ausrichtung der Familienpolitik selbst (z.B. Maßnahmen zugunsten des Alleinverdiener- oder des Doppelverdienermodells) stehen.
>
> Müller und Blome (2013) haben eine quantitative Analyse der Auswirkungen durchgeführt, die die Einstellungen zur Erwerbstätigkeit von Müttern im Zeitraum 1990-1999 auf die zwischen 1993 und 2007 durchgeführten familien- und arbeitspolitischen Reformen in elf europäischen Ländern hatten. Sie stellen eine positive Beziehung zwischen den Einstellungen zur Erwerbstätigkeit von Müttern und den umgesetzten Politikmaßnahmen fest. In Ländern mit einer positiveren Einstellung zur Erwerbstätigkeit von Müttern waren die ergriffenen Maßnahmen mit größerer Wahrscheinlichkeit auf die Förderung von Doppelverdienerfamilien ausgerichtet. Weckström (2014) stellte außerdem fest, dass in mehreren Ländern eine starke Korrelation zwischen den Einstellungen zur Erwerbstätigkeit von Müttern und dem Kinderbetreuungsangebot besteht. Es ist jedoch zu berücksichtigen, dass der jüngste Ausbau des FBBE-Angebots die Rahmenbedingungen für die Erwerbstätigkeit von Müttern zwar eindeutig verbessert hat, per se aber nicht zu einer ausgewogeneren Aufgabenteilung zwischen den Partnern beiträgt. Solche Maßnahmen haben hauptsächlich zur Folge, dass Frauen mehr Zeit für Erwerbsarbeit haben, ohne Anreize zu setzen, dass die Väter sich stärker an der Kinderbetreuung beteiligen (Daly, 2011; Ciccia und Bleijenbergh, 2014).

wohingegen die Arbeitszeiten der Männer mit knapp unter 40 Stunden pro Woche etwas kürzer sind als in Deutschland.

Abbildung 2.21 zeigt, wie sich die Erwerbsbevölkerung entwickeln könnte, wenn die Erwerbsmuster in Deutschland sich den Konstellationen in Ländern mit einer partnerschaftlicheren Arbeitsteilung zwischen Männern und Frauen annähern würden. Sie enthält Projektionen der Entwicklung der deutschen Erwerbsbevölkerung in Vollzeitäquivalenten (15- bis 74-Jährige) unter den derzeitigen Bedingungen (Basisszenario) sowie in alternativen Szenarien, in denen sich die Erwerbsquoten und der Arbeitszeitumfang erwerbs-

Abbildung 2.20 **In Ländern mit einer ausgewogeneren Verteilung der bezahlten und unbezahlten Arbeit als in Deutschland sind die Erwerbsquoten und Arbeitszeiten der Frauen tendenziell höher/länger und die Arbeitszeiten der Männer etwas kürzer**

Erwerbsquoten und durchschnittliche übliche Wochenarbeitszeiten[1], 25- bis 54-Jährige, nach Geschlecht, ausgewählte Länder, 2014

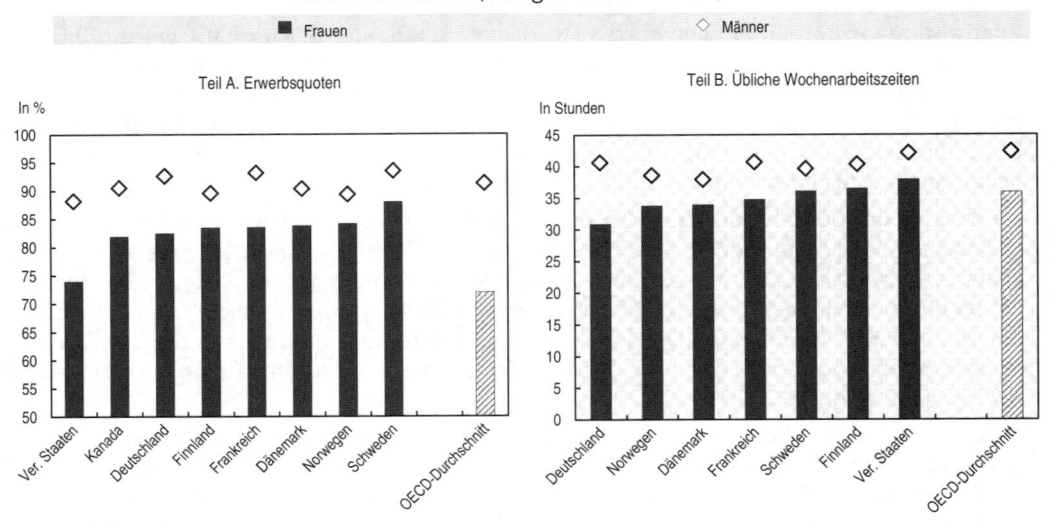

Teil A. Erwerbsquoten — *Teil B. Übliche Wochenarbeitszeiten*

1. Für die Vereinigten Staaten beziehen sich die Daten zu den durchschnittlichen üblichen Wochenarbeitszeiten nur auf abhängig Beschäftigte. Für Kanada liegen keine Daten vor.
Quelle: OECD Employment Database, *www.oecd.org/employment/emp/onlineoecdemploymentdatabase.htm*.

tätiger Männer und Frauen im „Haupterwerbsalter" (25- bis 54-Jährige) bis 2040 an das gegenwärtige Niveau der drei „geschlechtergerechteren" Länder – Frankreich, Norwegen und Schweden – angleichen (vgl. Anhang 2.A1 wegen technischer Einzelheiten):

- *Szenario der Konvergenz mit Frankreich.* Da die Erwerbsquoten und durchschnittlichen Arbeitszeiten der Männer in Frankreich sich nicht allzu sehr von denjenigen in Deutschland unterscheiden (Abb. 2.21), wäre keine erhebliche Anpassung der Erwerbsmuster der Männer erforderlich. Die Konvergenz mit Frankreich würde allerdings einen leichten Anstieg der Erwerbsquoten der Frauen und eine erhebliche Steigerung ihrer üblichen Wochenarbeitszeiten erfordern.

- *Szenario der Konvergenz mit Norwegen.* Da die Arbeitszeiten in Norwegen derzeit im Vergleich zu Deutschland bei den Frauen relativ lang und bei den Männern relativ kurz sind (Abb. 2.20), hätte dieses Szenario einen relativ starken Anstieg der üblichen Wochenarbeitszeiten der Frauen und eine leichte Senkung der Arbeitszeiten der Männer zur Folge. Außerdem würde es eine Senkung der Erwerbsbeteiligung der Männer und einen leichten Anstieg der Erwerbsbeteiligung der Frauen bedeuten.

- *Szenario der Konvergenz mit Schweden.* Dieses Szenario würde in Deutschland einen Rückgang der durchschnittlichen üblichen Wochenarbeitszeiten der Männer und einen starken Anstieg der Erwerbsquoten sowie der Wochenarbeitszeiten der Frauen erfordern (Abb. 2.20).

Um zu verdeutlichen, inwieweit das Arbeitskräfteangebot durch eine Anpassung der Erwerbsmuster ausgeweitet werden kann, enthält Abbildung 2.21 auch Schätzungen eines fünften Szenarios – Konvergenz mit den Erwerbsmustern der Männer –, in dem die Erwerbsmuster der Frauen sich in Deutschland denen der Männer annähern, bis sie schließlich identisch sind. Dieses Szenario geht davon aus, dass die Erwerbsquoten und üblichen Wochen-

Abbildung 2.21 **Eine Angleichung an die Erwerbsmuster von Ländern mit einer geschlechtergerechteren Aufteilung der bezahlten und unbezahlten Arbeit würde die Entwicklung der Erwerbsbevölkerung in Deutschland (schlimmstenfalls) nur geringfügig beeinträchtigen**

Projizierte Größe der Gesamterwerbsbevölkerung in Vollzeitäquivalenten (15- bis 74-Jährige) in verschiedenen Szenarien, 2012-2040

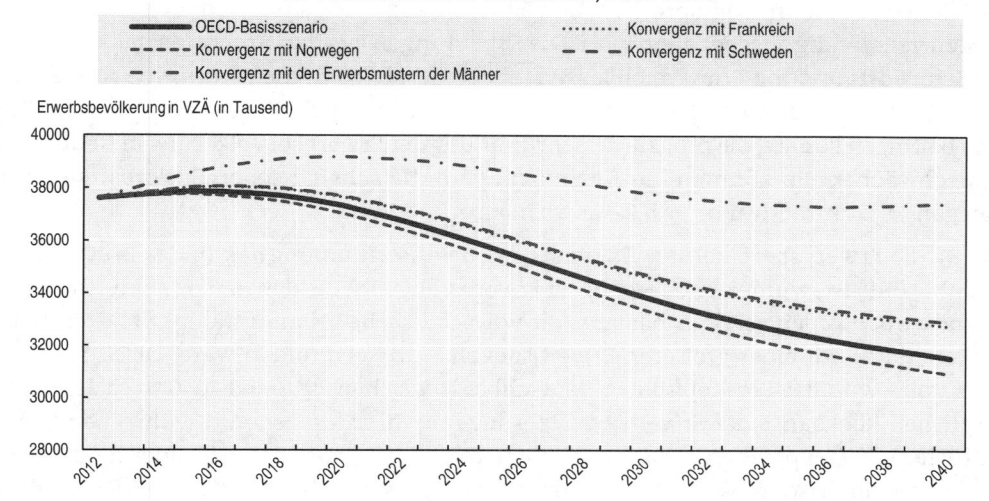

Quelle: OECD-Schätzungen auf der Basis von Bevölkerungsdaten der OECD, Bevölkerungsprojektionen von Destatis (2015c) und der OECD Employment Database, *www.oecd.org/employment/emp/onlineoecdemploymentdatabase.htm*.

arbeitszeiten der Männer auf dem Niveau des Basisszenarios verharren. Die Erwerbsquoten und Arbeitszeiten der Frauen nähern sich dagegen schrittweise den entsprechenden Werten der Männer an, bis 2040 die volle Konvergenz erreicht ist (vgl. Anhang 2.A1).

Die geschätzte Größe der Erwerbsbevölkerung (in Vollzeitäquivalenten) ist in den einzelnen Szenarien zwar unterschiedlich, sie liegt jedoch in keinem Szenario deutlich unter der Schätzung des Basisszenarios (Abb. 2.21). Am niedrigsten fällt sie im Szenario der Konvergenz mit Norwegen aus, in dem die geschätzte Größe der Erwerbsbevölkerung 2040 um rd. 2% unter dem Wert der Basisprojektionen liegt, was einem Rückgang um rd. 620 000 Erwerbstätige (in Vollzeitäquivalenten) entspricht. Die leichte Abnahme der Erwerbsbevölkerung ist zum großen Teil auf die Tatsache zurückzuführen, dass die Erwerbsbeteiligung und der Arbeitszeitumfang der Männer in Norwegen derzeit etwas niedriger sind als in Deutschland und dass die anderen Veränderungen – insbesondere der unterstellte Anstieg des Arbeitszeitumfangs der Frauen – nicht ausreichen, um den Verlust bei den männlichen Arbeitskräften vollständig auszugleichen.

Dagegen ist sowohl das Szenario der Konvergenz mit Frankreich als auch das der Konvergenz mit Schweden mit einer potenziellen leichten Zunahme der Erwerbsbevölkerung im Vergleich zur Basisprojektion verbunden. Die Angleichung an die französischen Erwerbsmuster bis 2040 hätte eine Zunahme der Erwerbsbevölkerung (in Vollzeitäquivalenten) um rd. 3,8% – rd. 1,2 Millionen Erwerbstätige (in Vollzeitäquivalenten) – zur Folge. Die Angleichung an die schwedischen Erwerbsmuster wäre mit einem etwas größeren Anstieg um rd. 4,43% – 1,4 Millionen Erwerbstätige (in Vollzeitäquivalenten) – verbunden. Im letztgenannten Szenario würde die Differenz zwischen der Erwerbsbeteiligung der Männer und der Frauen zudem um 30% verringert, was mehr ist als das auf dem G20-Gipfel in Brisbane 2014 festgelegte Ziel für die Reduzierung der Geschlechterdifferenz bei den Erwerbsquoten in den G20-Ländern um 25% bis 2025 (OECD, ILO, IWF und Weltbank, 2014).

In keinem dieser Szenarien würde die Zunahme ausreichen, um den projizierten Rückgang der Erwerbsbevölkerung in Deutschland vollständig auszugleichen – in beiden Fällen ist die projizierte Erwerbsbevölkerung im Jahr 2040 um wenigstens 4,5 Millionen Erwerbstätige (in Vollzeitäquivalenten) kleiner als 2012. Das Szenario der Konvergenz mit den Erwerbsmustern der Männer, in dem unterstellt wird, dass die Erwerbsmuster der Frauen 2040 denen der Männer entsprechen, ist das einzige Szenario, in dem der Gesamtrückgang nahezu vollständig ausgeglichen wird. Die Schätzungen aus den Szenarien der Konvergenz mit Schweden und mit Frankreich lassen jedoch darauf schließen, dass eine Angleichung an die Erwerbsmuster von Ländern mit mehr Partnerschaftlichkeit in Familie und Beruf dazu beitragen könnte, die projizierte Schrumpfung der Erwerbsbevölkerung in Deutschland abzuschwächen. So könnte eine Angleichung an die schwedischen Erwerbsmuster den Rückgang z.B. immerhin um rd. 22% verringern.

Da die Erwerbsbevölkerung ein entscheidender Bestimmungsfaktor des Bruttoinlandsprodukts (BIP) ist, würde ein Übergang zu Erwerbsmustern, die denen in Frankreich und insbesondere Schweden vergleichbar sind, die wirtschaftliche Leistungsfähigkeit Deutschlands stärken, da er mit einer größeren Erwerbsbevölkerung verbunden wäre. OECD-Schätzungen zufolge wird das Pro-Kopf-BIP in Deutschland zwischen 2012 und 2040 trotz des voraussichtlichen Rückgangs der Erwerbsbevölkerung im Jahresdurchschnitt wahrscheinlich um stattliche 1,38% expandieren (OECD, 2014b). Simulationen auf der Basis einer modifizierten Version der langfristigen Wachstumsmodelle der OECD (vgl. Anhang 2.A1) lassen jedoch darauf schließen, dass ein Übergang zu den in Frankreich oder Schweden üblichen Erwerbsmustern diese durchschnittliche jährliche Wachstumsrate um 0,10-0,11 Prozentpunkte erhöhen könnte, was einem Anstieg des Pro-Kopf-BIP um 1 300-1 500 US-$ bis 2040 entspräche.

7. Schlussbetrachtungen

Die Familienstrukturen haben sich in Deutschland in den letzten Jahrzehnten verändert. Paarfamilien sind nach wie vor weit verbreitet, immer mehr Kinder wachsen heute jedoch bei unverheiratet zusammenlebenden Eltern auf. Frauen bekommen heute auch mehr Kinder als vor zwanzig Jahren, die Geburtenraten verharren jedoch weiterhin deutlich unter dem OECD-Durchschnitt und dem Bestandserhaltungsniveau.

Die Aufteilung der Erwerbsarbeit hat sich in den Familien in Deutschland ebenfalls verändert. Die Akzeptanz der Bevölkerung gegenüber der Erwerbstätigkeit von Müttern ist gestiegen, insbesondere sobald die Kinder zur Schule gehen, aber auch – in geringerem Umfang – wenn die Kinder noch ganz klein sind. Dieser Einstellungswandel ging in Deutschland mit einem starken Anstieg des Anteils der erwerbstätigen Mütter einher. Die Erwerbstätigenquote der Mütter ist heute in Deutschland höher als im Durchschnitt der OECD-Länder, und die Erwerbstätigenquote der Frauen ist die höchste im OECD-Raum mit Ausnahme der nordischen Länder und der Schweiz.

Vieles kann jedoch noch verbessert werden. Die positive Einstellung gegenüber der Erwerbstätigkeit von Müttern gilt häufig nur für Teilzeitarbeit, und trotz der Zunahme der Erwerbsbeteiligung der Frauen ist das „Modell des männlichen Allein- bzw. Hauptverdieners" in Deutschland weiterhin vorherrschend, wenn auch in abgewandelter Form: Die Männer gehen einer Vollzeittätigkeit mit hoher Stundenzahl nach, während die Frauen (und insbesondere die Mütter) häufig in Teilzeit mit geringer Stundenzahl arbeiten. Die Verteilung der unbezahlten Arbeit zwischen Männern und Frauen ist ebenfalls weiterhin unausgewogen, wobei in den letzten zehn Jahren nur begrenzt Veränderungen zu beobachten waren. Frauen übernehmen in Deutschland, wie in den meisten OECD-Ländern, nach wie vor den Großteil der Hausarbeit und Kinderbetreuung.

Weitere Verbesserungen auf der Basis der bereits erzielten Fortschritte und eine ausgewogenere Verteilung der bezahlten und unbezahlten Arbeit in den Familien würden sowohl den Familien als auch der deutschen Gesellschaft insgesamt zugutekommen. In Deutschland sind viele Menschen nach wie vor mit ihrer Work-Life-Balance unzufrieden, und Eltern geben in Deutschland mit größerer Wahrscheinlichkeit als in den meisten anderen europäischen Ländern an, dass für sie ein Konflikt zwischen Beruf und Familie besteht. Eine bessere Vereinbarkeit von Beruf und Familie für beide Elternteile ist von entscheidender Bedeutung, um dem bevorstehenden Rückgang der Erwerbsbevölkerung in Deutschland entgegenzuwirken. Das nächste Kapitel untersucht die deutsche Familienpolitik aus einer internationalen Perspektive und prüft, wie Deutschland auf den jüngsten Politikreformen aufbauen kann, um die Partnerschaftlichkeit in Familie und Beruf weiter zu fördern.

Anmerkungen

1. Die Begriffe „Elternteil", „Mutter" und „Vater" beziehen sich auf Mütter und Väter, die (als Ehepaar oder in einer nichtehelichen Lebensgemeinschaft) mit wenigstens einem Kind unter 18 Jahren, als dessen Eltern sie identifiziert werden, in einem Haushalt zusammenleben.
2. Die zusammengefasste Geburtenziffer wird definiert als die Zahl der Kinder, die eine durchschnittliche Frau bis zum Ende des gebärfähigen Alters zur Welt bringen würde. Bei Berücksichtigung der Säuglings- und Kindersterblichkeit und bei konstantem Wanderungssaldo bleibt der Bevölkerungsbestand bei einer zusammengefassten Geburtenziffer von rd. 2,1 Kindern je Frau erhalten.
3. Sofern nicht anders angegeben, beruht die in diesem Abschnitt verwendete Unterscheidung zwischen Teilzeit- und Vollzeitbeschäftigung auf einer gängigen Definition der Teilzeitarbeit (übliche Wochenarbeitszeit von unter 30 Stunden am Hauptarbeitsplatz). Die genauen Zahlen zu Teilzeit- und Vollzeitbeschäftigung können sich von den später in Kapitel 4 vorgestellten Zahlen unterscheiden, weil die Unterscheidung zwischen Teilzeit- und Vollzeitbeschäftigung dort auf Eigenangaben von Erhebungsteilnehmern basiert.
4. In den Ländern, in denen keine oder nur eine kurze Elternzeit vorgesehen ist, beispielsweise in den Vereinigten Staaten, ist der Anteil der Befragten, die nicht für solche Maßnahmen sind, höher.

Literaturverzeichnis

Ariga, A. und A. Lleras (2011), "Brief and Rare Mental 'Breaks' Keep You Focused: Deactivation and Reactivation of Task Goals Pre-empt Vigilance Decrements", *Cognition*, Vol. 118, No. 3, S. 439-443.

Barger, L. et al. (2005), "Extended Work Shifts and the Risk of Motor Vehicle Crashes Among Interns", *New England Journal of Medicine*, Vol. 352, No. 2, S. 125-134.

Becker, G. (1985), "Human Capital, Effort, and the Sexual Division of Labor", *Journal of Labor Economics*, University of Chicago Press, Vol. 3, No. 1, S. S33-S58.

Becker, G. (1981), *A Treatise on the Family*, Harvard University Press, Cambridge.

Bianchi, S.M. et al. (2000), "Is Anyone Doing the Housework? Trends in the Gender Division of Household Labor", *Social forces*, Vol. 79, No. 1, S. 191-228.

BMFSFJ (Bundesministerium für Familie, Senioren, Frauen und Jugend) (2015a), "Familienreport 2014 – Leistungen, Wirkungen, Trends", Bundesministerium für Familie, Senioren, Frauen und Jugend, Berlin.

BMFSFJ (2015b), "Dossier Väter und Familie – erste Bilanz einer neuen Dynamik", Bundesministerium für Familie, Senioren, Frauen und Jugend, Berlin.

Business Roundtable (1980), "Scheduled Overtime Effect on Construction Projects: A Construction Industry Cost-effectiveness Project Report", Monographie, Business Roundtable, New York.

Coltrane, S. (2000), "Research on Household Labor: Modeling and Measuring the Social Embeddedness of Routine Family Work", *Journal of Marriage and Family*, Vol. 62, No. 4, S. 1208-1233.

Destatis (Statistisches Bundesamt) (2016), "Scheidungen – Maßzahlen zu Ehescheidungen 2000 bis 2014", Wiesbaden, *www.destatis.de/DE/ZahlenFakten/GesellschaftStaat/Bevoelkerung/Ehescheidungen/Tabellen/MasszahlenEhescheidungen.html*.

Destatis (2015a), "Bevölkerung und Erwerbstätigkeit: Haushalte und Familien. Ergebnisse des Mikrozensus, 2014", Statistisches Bundesamt, Wiesbaden.

Destatis (2015b), "Zeitverwendungserhebung: Aktivitäten in Stunden und Minuten für ausgewählte Personengruppen", Statistisches Bundesamt, Wiesbaden.

Destatis (2015c), "Bevölkerung Deutschlands bis 2060: 13. koordinierte Bevölkerungsvorausberechnung", Statistisches Bundesamt, Wiesbaden.

Elsbach, K. und D. Cable (2012), "Why Showing your Face at the Office Matters", *MIT Sloan Management Review: Research Highlight*, Sommer.

Eurobarometer (2014), "Gender Equality Module", Europäische Kommission.

Exton, C., C. Smith und D. Vandendriessche (2015), "Comparing Happiness across the World : Does Culture Matter?", *OECD Statistics Working Papers*, No. 2015/04, OECD Publishing, Paris, *http://dx.doi.org/10.1787/5jrqppzd9bs2-en*.

Faber, N., J. Hausser und N. Kerr (2015), "Sleep Deprivation Impairs and Caffeine Enhances my Performance, But Not Always our Performance: How Acting in a Group Can Change the Effects of Impairments and Enhancements", *Personality and Social Psychology Review*, *http://dx.doi.org/10.1177/1088868315609487*.

Flinn, F. und C. Armstrong (2011), "Junior doctors' extended work hours and the effects on their performance: the Irish case", *International Journal for Quality in Health Care*, Vol. 23, No. 2, S. 210-217.

Helm, E. van der, N. Gujar und M. Walker (2010), "Sleep Deprivation Impairs the Accurate Recognition of Human Emotions", *Sleep*, Vol. 33, No. 3, S. 335-342.

Institut für Demoskopie Allensbach (2015), "Familienbilder in Deutschland und Frankreich – Vergleich der Ergebnisse von Repräsentativbefragungen der Bevölkerung im Alter von 16 bis 49 Jahren in beiden Ländern", Untersuchung im Auftrag des Bundesministeriums für Familie, Senioren, Frauen und Jugend, Allensbach.

ISSP (International Social Survey Programme) (2012), "Family and Changing Gender Roles IV", ZA No. 5900, -Online-Tabellen-Tool, *http://zacat.gesis.org/webview/index.jsp?object=http://zacat.gesis.org/obj/fStudy/ZA5900*.

Johansson, Å. et al. (2013), "Long-Term Growth Scenarios", *OECD Economics Department Working Papers*, No. 1000, OECD Publishing, Paris, *http://dx.doi.org/10.1787/5k4ddxpr2fmr-en*.

Killgore, W. et al. (2008), "Sleep Deprivation Reduces Perceived Emotional Intelligence and Constructive Thinking Skills", *Sleep Medicine*, Vol. 9, No. 5, S. 517-526.

Lachance-Grzela, M. und G. Bouchard (2010), "Why Do Women Do the Lion's Share of Housework? A Decade of Research", *Sex Roles*, Vol. 63, No. 11-12, S. 767-780.

Li, J. et al. (2014), "Parents' Non-standard Work Schedules and Child Well-being: A Critical Review of the Literature", *Journal of Primary Prevention*, Vol. 35, No. 10, S. 53-73.

Lück, D. (2015), "Vaterleitbilder: Ernährer und Erzieher?", in N. F. Schneider, S. Diabaté und K. Ruckdeschel (Hrsg.), *Familienleitbilder in Deutschland*, Beiträge zur Bevölkerungswissenschaft, Bd. 48, Bundesinstitut für Bevölkerungsforschung, Verlag Barbara Budrich, S. 227-245.

Lundberg, S. und R. Pollak (1996), "Bargaining and Distribution in Marriage", *Journal of Economic Perspectives*, Vol. 10, No. 4, S. 139-158.

OECD (2016a), *The OECD Family Database*, OECD Publishing, Paris, *www.oecd.org/els/family/database.htm*.

OECD (2016b), "OECD Gender Data Portal", OECD Publishing, Paris, *www.oecd.org/gender/data/*.

OECD (2015a), *In It Together: Why Less Inequality Benefits All*, OECD Publishing, Paris, *http://dx.doi.org/10.1787/9789264235120-en*.

OECD (2015b), *The ABC of Gender Equality in Education: Aptitude, Behaviour, and Confidence*, PISA, OECD Publishing, Paris, *http://dx.doi.org/10.1787/9789264229945-en*.

OECD (2014a), *Enhancing Women's Economic Empowerment, through Entrepreneurship and Business leadership in OECD Countries*, OECD, Paris, www.oecd.org/gender/Enhancing%20Women%20Economic%20 Empowerment_Fin_1_Oct_2014.pdf.

OECD (2014b), *OECD-Wirtschaftsausblick, Ausgabe 2014/1*, OECD Publishing, Paris, http://dx.doi.org/10.1787/eco_outlook-v2014-1-de.

OECD (2013), *Gleichstellung der Geschlechter: Zeit zu handeln*, OECD Publishing, Paris, http://dx.doi.org/10.1787/9789264190344-de.

OECD, ILO, IWF und Weltbank (2014), "Achieving Stronger Growth by Promoting a More Gender-balanced Economy", Bericht für das Treffen der Arbeits- und Beschäftigungsminister der G20 in Melbourne, Australien, 10.-11. September, www.oecd.org/g20/topics/employment-and-social-policy/ILO-IMF-OECD-WBG-Achieving-stronger-growth-by-promoting-a-more-gender-balanced-economy-G20.pdf.

Pencavel, J. (2014), "The Productivity of Working Hours", *IZA Discussion Paper*, No. 8129, Bonn.

Robinson, E. (2005), "Why Crunch Mode Doesn't Work: Six Lessons", International Game Developers Association.

Rogers, A. et al. (2004), "The Working Hours of Hospital Staff Nurses and Patient Safety", *Health Affairs*, Vol. 23, No. 4, S. 202-212.

Sharone, O. (2004), "Engineering Overwork: Bell-curve Management at a High-tech Firm", in C.F. Epstein and A.L. Kalleberg (Hrsg.), *Fighting for Time: Shifting Boundaries of Work and Social Life*, Russell Sage Foundation, New York.

Sullivan, O. (2000), "The Division of Domestic Labour: Twenty Years of Change?", *Sociology*, Vol. 34, No. 3, S. 437-456.

Thomas, R. und K. Raynar (1997), "Scheduled Overtime and Labor Productivity: Quantitative Analysis", *Journal of Construction and Engineering Management*, Vol. 123, No. 2, S. 181-88.

US Presidential Commission on the Space Shuttle Challenger Accident (1986), "Report to the President".

ANHANG 2.A1

Schätzung der Auswirkungen von Veränderungen der Erwerbsmuster von Männern und Frauen auf die Erwerbsbevölkerung und das Pro-Kopf-BIP in Deutschland

Um die möglichen Auswirkungen einer partnerschaftlichen Aufgabenteilung in Familie und Beruf sowie von Veränderungen der Erwerbsmuster auf das Arbeitsangebot und die wirtschaftliche Leistungsfähigkeit Deutschlands zu veranschaulichen, enthält dieser Bericht Schätzungen der Größe der Erwerbsbevölkerung in Vollzeitäquivalenten (15- bis 74-Jährige) und des Bruttoinlandsprodukts (BIP) pro Kopf in Deutschland auf der Basis von Projektionen aus fünf hypothetischen Arbeitsmarktszenarien. In jedem Szenario wird für den Zeitraum 2012-2040 eine andere Entwicklung der Erwerbsquoten und der üblichen Wochenarbeitszeiten von Männern und Frauen unterstellt. (Tabelle 2.A1.1 zeigt die Werte, die sich in den verschiedenen Szenarien für die Erwerbsquoten und die durchschnittlichen üblichen Wochenarbeitszeiten – aufgeschlüsselt nach Männern, Frauen und Gesamtwert – im Jahr 2040 ergeben). Es handelt sich um folgende Szenarien:

- *Basisszenario.* Die Erwerbsquoten der Männer und Frauen aller Altersgruppen in Deutschland werden unter Verwendung des dynamischen Alterskohortenmodells der OECD geschätzt. Die Projektion der Erwerbsquoten (nach Geschlecht und Fünfjahresaltersgruppen) basiert auf den aktuellen Zahlen (d.h. 2003-2012) über Arbeitsmarkteintritte und -austritte. Die durchschnittlichen üblichen Wochenarbeitszeiten werden für beide Geschlechter und alle Fünfjahresaltersgruppen konstant auf ihrem Niveau von 2012 gehalten.

  Im Basisszenario gehen die Gesamterwerbsquoten der Männer und Frauen (15- bis 74-Jährige) den Projektionen zufolge bis 2040 um rd. 2,3 Prozentpunkte bzw. 0,7 Prozentpunkte zurück. Der Gesamtdurchschnitt der üblichen Wochenarbeitszeiten (15- bis 74-Jährige) geht ebenfalls leicht zurück – für Männer und Frauen jeweils um rd. 0,3 Stunden pro Woche –, was vollständig auf Veränderungen in der Altersverteilung der Erwerbsbevölkerung zurückzuführen ist.

- *Szenario der Konvergenz mit Frankreich.* In diesem Szenario wird unterstellt, dass die Erwerbsquoten und üblichen Wochenarbeitszeiten der Männer und Frauen im Alter von 25-54 Jahren in Deutschland bis 2040 in allen Fünfjahresaltersgruppen linear gegen die in Frankreich 2012 verzeichneten Erwerbsquoten und Arbeitszeiten konvergieren. Um durch Unterschiede im Bildungs- und Rentensystem bedingte Probleme zu umgehen, werden die Erwerbsquoten und üblichen Wochenarbeitszeiten der 15- bis 24-Jährigen und der über 55-Jährigen konstant auf dem Niveau der Basisprojektionen gehalten.

  Im Vergleich zum Basisszenario würde eine Konvergenz mit den Erwerbsquoten und Arbeitszeiten in Frankreich bis 2040 zu einem Rückgang der Gesamterwerbsquote (15- bis 74-Jährige) um rd. 0,4 Prozentpunkte und zu einem Anstieg des Gesamtdurchschnitts der üblichen Wochenarbeitszeiten (15- bis 74-Jährige) um 1,6 Wochenstunden führen.

- *Szenario der Konvergenz mit Norwegen.* In diesem Szenario wird unterstellt, dass die Erwerbsquoten und üblichen Wochenarbeitszeiten der Männer und Frauen im Alter von 25-54 Jahren in Deutschland bis 2040 in allen Fünfjahresaltersgruppen linear gegen die in Norwegen 2012 verzeichneten Erwerbsquoten und Arbeitszeiten konvergieren. Um durch Unterschiede im Bildungs- und Rentensystem bedingte Probleme zu umgehen, werden die Erwerbsquoten und üblichen Wochenarbeitszeiten der 15- bis 24-Jährigen und der über 55-Jährigen wiederum konstant auf dem Niveau der Basisprojektionen gehalten.

  Im Vergleich zum Basisszenario würde eine Angleichung an die Erwerbsquoten und Arbeitszeiten in Norwegen bis 2040 zu einem Rückgang der Gesamterwerbsquote (15- bis 74-Jährige) in Deutschland um rd. 1,2 Prozentpunkte führen, während der Gesamtdurchschnitt der üblichen Wochenarbeitszeiten (15- bis 74-Jährige) unter dem Strich unverändert bliebe.

- *Szenario der Konvergenz mit Schweden.* In diesem Szenario wird unterstellt, dass die Erwerbsquoten und üblichen Wochenarbeitszeiten der Männer und Frauen im Alter von 25-54 Jahren in Deutschland bis 2040 in allen Fünfjahresaltersgruppen linear gegen die in Schweden 2012 verzeichneten Erwerbsquoten und Arbeitszeiten konvergieren. Die Erwerbsquoten und üblichen Wochenarbeitszeiten der 15- bis 24-Jährigen und der über 55-Jährigen werden wiederum auf dem Niveau des Basisszenarios gehalten.

  Im Vergleich zum Basisszenario könnte eine Angleichung an die Erwerbstätigenquoten und Arbeitszeiten in Schweden die Gesamterwerbsquote in Deutschland (15- bis 74-Jährige) geringfügig um rd. 0,6 Prozentpunkte steigern und den Gesamtdurchschnitt der üblichen Wochenarbeitszeiten (15- bis 74-Jährige) um 1,2 Stunden pro Woche erhöhen.

- *Szenario der Konvergenz mit den Erwerbsmustern der Männer in Deutschland.* In diesem Szenario werden die Basisprojektionen für die Erwerbsquoten und die üblichen Wochenarbeitszeiten der Männer aller Altersgruppen in Deutschland beibehalten. Demgegenüber wird unterstellt, dass die Erwerbsquoten und die üblichen Wochenarbeitszeiten der Frauen in Deutschland bis 2040 in allen Fünfjahresaltersgruppen gegen die Erwerbsquoten bzw. Arbeitszeiten der Männer konvergieren. Das heißt in anderen Worten, dass die Erwerbsmuster der Frauen 2040 in allen Fünfjahresaltersgruppen mit denen der Männer in den Basisprojektionen übereinstimmen werden.

  Im Vergleich zum Basisszenario würde eine Angleichung der Erwerbsmuster der Frauen in Deutschland an die entsprechenden Werte der Männer bis 2040 die Gesamterwerbsquote (15- bis 74-Jährige) deutlich um rd. 3,8 Prozentpunkte steigen lassen und den Gesamtdurchschnitt der üblichen Wochenarbeitszeiten (15- bis 74-Jährige) sehr stark um 4,3 Stunden pro Woche erhöhen.

Die Schätzungen der Größe der Erwerbsbevölkerung in Vollzeitäquivalenten in Deutschland (15- bis 74-Jährige) beruhen in allen Szenarien auf dem OECD-Modell zur Projektion der Erwerbsbevölkerung, wobei die projizierte Größe der Erwerbsbevölkerung in den einzelnen Szenarien entsprechend den jeweiligen Annahmen in Bezug auf die Erwerbsquoten und die üblichen Wochenarbeitszeiten angepasst wurde. Die Zahl der Erwerbspersonen (nach Geschlecht und Fünfjahresaltersgruppen) wurde jeweils berechnet, indem der Wert, der sich aus den Bevölkerungsprojektionen von Destatis (2015c) und den unterstellten Erwerbsquoten ergibt, unter Verwendung der unterstellten Werte für die durchschnittlichen üblichen Wochenarbeitszeiten (nach Geschlecht und Fünfjahresaltersgruppen) in Vollzeitäquivalente umgerechnet wurde. Da sich „Vollzeit" hier auf eine übliche Wochenarbeitszeit von 40 Stunden bezieht, wurde die Erwerbsbevölkerung in Vollzeitäquivalenten berechnet, indem die Zahl der Erwerbspersonen mit der üblichen Wochenarbeitszeit der relevanten Gruppe, dividiert durch 40, multipliziert wurde.

Tabelle 2.A1.1 Zusammenfassung der Auswirkungen der unterstellten Veränderungen der Erwerbsmuster von Männern und Frauen auf die Gesamterwerbsquoten und den Gesamtdurchschnitt der üblichen Wochenarbeitszeiten in Deutschland

Gesamterwerbsquoten (15- bis 74-Jährige) und Gesamtdurchschnitt der üblichen Wochenarbeitszeiten (15- bis 74-Jährige) im Jahr 2012 (beobachtet) und im Jahr 2040 (projiziert) in den einzelnen hypothetischen Szenarien, Deutschland

Jahr	Szenario	Gesamterwerbsquoten (in %) (15- bis 74-Jährige)			Gesamtdurchschnitt der üblichen Wochenarbeitszeiten (15- bis 74-Jährige)		
		Insgesamt	Männer	Frauen	Insgesamt	Männer	Frauen
2012	-	67.07	72.52	61.63	35.60	39.90	30.55
2040	Basisszenario	65.17	69.26	60.95	35.30	39.61	30.25
	Konvergenz mit Frankreich	64.81	69.46	60.01	36.86	39.95	33.16
	Konvergenz mit Norwegen	63.92	67.42	60.30	35.28	37.92	32.24
	Konvergenz mit Schweden	65.80	69.43	62.05	36.46	38.77	33.80
	Konvergenz mit den Erwerbsmustern der Männer in Deutschland	69.02	69.26	68.77	39.59	39.61	39.56

Quelle: OECD-Schätzungen auf der Basis von Bevölkerungsdaten der OECD, Bevölkerungsprojektionen von Destatis (2015c) und der OECD Employment Database, *www.oecd.org/employment/emp/onlineoecdemploymentdatabase.htm*.

Die Schätzungen des deutschen Pro-Kopf-BIP basieren in den einzelnen Szenarien auf einer modifizierten Version der im *OECD-Wirtschaftsausblick 95* beschriebenen langfristigen Wachstumsmodelle der OECD (vgl. Johansson et al., 2013, wegen technischer Einzelheiten). In diesen Wachstumsmodellen wird das BIP auf der Basis einer herkömmlichen Cobb-Douglas-Produktionsfunktion unter Heranziehung der üblichen langfristigen Wachstumsfaktoren – d.h. Sachkapital, Humankapital, Beschäftigungspotenzial und Arbeitseffizienz – geschätzt. Die Schätzung der Entwicklung des potenziellen BIP im Verlauf des Projektionszeitraums (hier 2012-2040) erfolgt durch eine Projektion der Trends und Veränderungen der verschiedenen Inputkomponenten, wobei die projizierten Werte der eigentlichen Komponenten sowohl auf der langfristigen Dynamik innerhalb des jeweiligen Landes als auch auf den Konvergenzmustern zwischen den einzelnen Ländern basieren (vgl. OECD, 2014b, und Johansson et al., 2013, wegen Einzelheiten zu den bei der Projektion der einzelnen Komponenten verwendeten Messgrößen, Daten und Annahmen).

Die Schätzung der Veränderungen und des Potenzialwachstums des deutschen Pro-Kopf-BIP erfolgte in den einzelnen Szenarien durch eine Anpassung der Projektionen aus diesen langfristigen Wachstumsmodellen entsprechend der unterstellten Veränderung der Gesamterwerbsquote (im Verhältnis zum Basisszenario) – die als Bestimmungsfaktor des Wachstums als Teilkomponente des Beschäftigungspotenzials in das Modell einfließt – und der unterstellten Veränderung des Gesamtdurchschnitts der üblichen Wochenarbeitszeiten (im Verhältnis zum Basisszenario) – der in der Wachstumsrechnung als Teil der Arbeitseffizienz in das Modell einfließt. Da im Basisszenario keine Veränderung unterstellt wird, sind die Schätzungen des Pro-Kopf-BIP in diesem Szenario mit den Schätzungen im *OECD-Wirtschaftsausblick 95* identisch. Die Veränderungen und Entwicklungen aller anderen Produktionsfaktoren – namentlich Sachkapital und Humankapital sowie die übrigen Teilkomponenten des Beschäftigungspotenzials und der Arbeitseffizienz – wurden jeweils konstant auf dem Niveau des Basisszenarios gehalten.

Es ist darauf hinzuweisen, dass die in diesen Szenarien verwendeten Projektionen rein mechanischer Art sind. Sie unterstellen, dass Veränderungen der Erwerbsquoten oder Wochenarbeitszeiten nicht mit anderen Arbeitsinputs oder anderen Produktionsfaktoren wie Sach- oder Humankapital interagieren und diese auch nicht indirekt beeinflussen. Es ist beispielsweise möglich, dass Veränderungen der Erwerbsquoten oder Wochenarbeitszeiten der Frauen im „Haupterwerbsalter" (25- bis 54-Jährige) zu Veränderungen der Erwerbsbeteiligung und/oder des Arbeitszeitumfangs älterer Arbeitskräfte führen, wenn beispielsweise Großeltern oder ältere Freunde und Verwandte die Kinderbetreuung übernehmen. Wenn es zu solchen indirekten Effekten kommt, können die Auswirkungen der Veränderungen der Erwerbsmuster auf das Gesamtarbeitsangebot von den hier aufgeführten Schätzungen abweichen. Es ist auch darauf hinzuweisen, dass mögliche Auswirkungen von Veränderungen der Erwerbsmuster auf die Haushaltsproduktion bei der Schätzung des Pro-Kopf-BIP in den einzelnen Szenarien nicht berücksichtigt werden. Falls Veränderungen des Arbeitsangebots von Männern oder Frauen zu Veränderungen der Haushaltsproduktion oder Verschiebungen zwischen der statistisch erfassten und der statistisch nicht erfassten Wirtschaftsaktivität führen, werden die Auswirkungen einer Veränderung der Erwerbsmuster auf die gesamtwirtschaftliche Produktion in den hier aufgeführten Schätzungen möglicherweise nicht vollständig erfasst. In Anbetracht dieser Einschränkungen sollten die in Abbildung 2.21 und Tabelle 2.A1.2 aufgeführten Projektionen nur als Schätzungen oder Approximationen der Auswirkungen von Veränderungen der Erwerbsmuster auf das Gesamtarbeitsangebot oder das Pro-Kopf-BIP verstanden werden. Sie geben aber dennoch Aufschluss über die Auswirkungen, die sich aus Veränderungen der Aufteilung der Erwerbsarbeit zwischen Männern und Frauen ergeben können.

Tabelle 2.A1.2 zeigt die entsprechenden Schätzungen des deutschen Pro-Kopf-BIP für das Jahr 2040 und die durchschnittliche jährliche Wachstumsrate des deutschen Pro-Kopf-BIP im Zeitraum 2012-2040 in den einzelnen hypothetischen Szenarien. Sie veranschaulicht folgende Ergebnisse:

- In keinem Szenario liegt die projizierte durchschnittliche jährliche Wachstumsrate des Pro-Kopf-BIP deutlich unter der durchschnittlichen Wachstumsrate des Basisszenarios. Die niedrigste Schätzung der durchschnittlichen Wachstumsrate ergibt sich im Szenario der Konvergenz mit Norwegen, in dem für den Zeitraum 2013-2040 eine durchschnittliche jährliche Wachstumsrate des Pro-Kopf-BIP von 1,34% projiziert wird, etwas niedriger als im Basisszenario (1,38%).

- Sowohl das Szenario der Konvergenz mit Frankreich als auch das Szenario der Konvergenz mit Schweden projizieren eine durchschnittliche jährliche Wachstumsrate des Pro-Kopf-BIP, die höher ist als im Basisszenario, was auf den relativen Anstieg der Erwerbsbevölkerung in den beiden Szenarien zurückzuführen ist. Im Szenario der Konvergenz mit Frankreich liegt die durchschnittliche jährliche Wachstumsrate des Pro-Kopf-BIP bei 1,48%, rd. 0,10 Prozentpunkte höher als im Basisszenario. Im Szenario der Konvergenz mit Schweden ist das geschätzte jährliche Wachstum des Pro-Kopf-BIP mit einem Wert von durchschnittlich 1,49% pro Jahr noch etwas höher. Diese gesteigerten Wachstumsraten könnten sich bis zum Jahr 2040 im Vergleich zum Basisszenario in einem Anstieg des jährlichen Pro-Kopf-BIP um rd. 1 300 US-$ bzw. 1 500 US-$ (in KKP von 2005) niederschlagen.

- Im Szenario der Konvergenz mit den Erwerbsmustern der Männer in Deutschland ist die geschätzte durchschnittliche jährliche Wachstumsrate des Pro-Kopf-BIP deutlich höher als im Basisszenario. In diesem Szenario liegt die durchschnittliche jährliche Wachstumsrate des Pro-Kopf-BIP bei rd. 1,80%, rd. 0,4 Prozentpunkte höher als im Basisszenario. Diese Wachstumsrate würde sich bis 2040 im Vergleich zum Basisszenario in einer Erhöhung des jährlichen Pro-Kopf-BIP um rd. 6 300 US-$ (in KKP von 2005) niederschlagen. Wie Tabelle 2.A1.2 zeigt, erfordert das Szenario jedoch einen erheblichen Anstieg der Erwerbsbeteiligung der Frauen und einen noch stärkeren Anstieg ihrer durchschnittlichen üblichen Wochenarbeitszeiten.

Tabelle 2.A1.2 **Zusammenfassung der möglichen Auswirkungen der unterstellten Veränderungen der Erwerbsmuster von Männern und Frauen auf das Pro-Kopf-BIP und das Wachstum des Pro-Kopf-BIP in Deutschland**

Projiziertes Pro-Kopf-BIP (US-$, in KKP von 2005) im Jahr 2040 und durchschnittliches jährliches Wachstum (in %) des Pro-Kopf-BIP im Zeitraum 2013-2040 in den verschiedenen hypothetischen Szenarien, Deutschland[1]

Szenario	Projiziertes Pro-Kopf-BIP (US-$, in KKP von 2005), 2040	Projiziertes durchschnittliches jährliches Wachstum (in %) des Pro-Kopf-BIP, 2013-2040
Basisszenario	51 489.94	1.38%
Konvergenz mit Frankreich	52 798.07	1.48%
Konvergenz mit Norwegen	50 811.20	1.34%
Konvergenz mit Schweden	52 950.84	1.49%
Konvergenz mit den Erwerbsmustern der Männer in Deutschland	57 740.19	1.80%

1. Das deutsche Pro-Kopf-BIP (US-$, in KKP von 2005) belief sich 2012 auf 35 039,33 US-$.

Quelle: OECD-Schätzungen auf der Basis von OECD (2014), *OECD-Wirtschaftsausblick 95 (Ausgabe 2014/1)* und *OECD Economic Outlook: Statistics and Projections Databases*; OECD-Schätzungen auf der Basis von Bevölkerungsdaten der OECD, Bevölkerungsprojektionen von Destatis (2015c) und der OECD Employment Database, *www.oecd.org/employment/emp/onlineoecdemploymentdatabase.htm*.

Kapitel 3

Politikmaßnahmen zur Förderung der Partnerschaftlichkeit in Deutschland

Dieses Kapitel befasst sich damit, wie die Partnerschaftlichkeit in Familie und Beruf in Deutschland weiter gefördert werden könnte. Zu Beginn des Kapitels werden zunächst die entscheidenden Fragen und zentralen Erkenntnisse vorgestellt. Im darauffolgenden Abschnitt wird untersucht, welche Politikmaßnahmen OECD-Länder zur Förderung einer partnerschaftlichen Aufgabenteilung in Familie und Beruf einsetzen, und erörtert, inwiefern sich diese hinsichtlich ihres Ansatzes und ihres Instrumentariums unterscheiden. In Abschnitt 3 wird untersucht, wie in den Steuer- und Transfersystemen verankerte finanzielle Anreizstrukturen eine Erwerbstätigkeit beider Elternteile fördern können. Das Elterngeld ist ein entscheidender Bestandteil von Politikmaßnahmen für eine bessere Vereinbarkeit von Familie und Beruf und bildet das zentrale Thema des nächsten Abschnitts, der sich damit auseinandersetzt, wie die Reformen in Deutschland die Inanspruchnahme von Elternzeit durch Väter und Mütter verändert haben. Abschnitt 5 analysiert die Auswirkungen eines möglichen Familienarbeitszeitmodells. Eine Familienarbeitszeit könnte die Gleichstellung der Geschlechter fördern, eine stärkere Beteiligung von Vätern an der Kindererziehung und Hausarbeit bewirken und Müttern eine Vollzeittätigkeit oder eine Teilzeittätigkeit mit höherer Stundenzahl ermöglichen. Der nächste Abschnitt beschäftigt sich mit dem Angebot an frühkindlicher Betreuung, Bildung und Erziehung (FBBE) sowie außerschulischer Betreuung. Am Ende des Kapitels wird untersucht, wie die beteiligten Akteure durch flexible Arbeitszeitregelungen dazu beitragen können, die Vereinbarkeit von Erwerbs- und Familienarbeit zu verbessern.

Die statistischen Daten für Israel wurden von den zuständigen israelischen Stellen bereitgestellt, die für sie verantwortlich zeichnen. Die Verwendung dieser Daten durch die OECD erfolgt unbeschadet des Status der Golanhöhen, von Ost-Jerusalem und der israelischen Siedlungen im Westjordanland gemäß internationalem Recht.

1. Einleitung und wichtigste Erkenntnisse

Im gesamten OECD-Raum wird versucht, dem Wunsch von Eltern nach einer besseren Vereinbarkeit von Familie und Beruf durch entsprechende Politikmaßnahmen gerecht zu werden. Dafür gibt es zahlreiche Gründe, die vielfach miteinander zusammenhängen. Dazu zählen die Bekämpfung von Kinderarmut, die Sicherung des Wohlergehens von Familien, die Förderung wirtschaftlicher Eigenständigkeit, die Steigerung der Erwerbsbeteiligung von Eltern sowie generell die Förderung von Geschlechtergleichstellung und inklusivem Wachstum. Bei der Umsetzung dieser Bestrebungen werden jedoch von Land zu Land und im Zeitverlauf unterschiedliche Schwerpunkte gesetzt, was zu den Unterschieden bei der Ausgestaltung der Unterstützungssysteme in den einzelnen OECD-Ländern beiträgt. Dieses Kapitel untersucht die jüngsten familienpolitischen Entwicklungen in Deutschland und analysiert, wie sich diese in Zukunft auf die Geschlechtergleichstellung und das Wirtschaftswachstum in Deutschland auswirken könnten.

Abschnitt 2 bietet einen internationalen Überblick über Politikmaßnahmen, die sich auf die partnerschaftliche Aufgabenteilung in Familien auswirken, und vergleicht die Nutzung und Ausgestaltung der Politikinstrumente in einzelnen Ländern. Abschnitt 3 untersucht, welche finanziellen Erwerbsanreize die Steuer- und Transfersysteme für Eltern bieten. Abschnitt 4 analysiert Elternzeitregelungen und erörtert die Möglichkeiten für Väter in Deutschland, sich von Anfang an stärker an der Erziehungsarbeit zu beteiligen. Abschnitt 5 beschäftigt sich damit, wie ein Modell einer Familienarbeitszeit Eltern unter bestimmten Voraussetzungen zu einer partnerschaftlicheren Aufgabenteilung nach dem Elterngeld ermutigen könnte und wie dies zu einer Verbesserung makroökonomischer Ergebnisse – z.B. einem höheren Arbeitsangebot und Wirtschaftswachstum in Deutschland – beitragen könnte. Abschnitt 6 analysiert den Ausbau der frühkindlichen Betreuung, Bildung und Erziehung (FBBE) und der außerschulischen Betreuung in Deutschland. In Abschnitt 7 schließlich wird untersucht, wie flexible Arbeitszeitregelungen Eltern dabei unterstützen können, Erwerbstätigkeit und unbezahlte Arbeit im Haushalt besser miteinander zu vereinbaren. Die Befunde in diesem Kapitel sollen dazu beitragen, Deutschland in seinem Engagement für eine partnerschaftlichere Vereinbarkeit von Familie und Beruf für Mütter und Väter zu bestärken.

Wichtigste Erkenntnisse

Kohärente Politik und durchgängige Unterstützung helfen Eltern, berufliche und familiäre Verpflichtungen miteinander zu vereinbaren:

- Die Reformen Mitte der 2000er Jahre leiteten eine Neuausrichtung der deutschen Familienpolitik ein, mit der eine stärkere Fokussierung auf öffentliche Investitionen zugunsten von Familien mit Kindern in den ersten Lebensjahren einherging. Die Gesamtausgaben pro Kind in den ersten Lebensjahren haben sich dem schwedischen Niveau angenähert.
- In rund einem Drittel der OECD-Länder fördert die Steuer- und Transferpolitik eine ausgewogene Aufteilung der Erwerbstätigkeit auf beide Elternteile. In vielen Ländern werden Paare, in denen beide Partner gleichermaßen erwerbstätig sind, von den Steuer- und Transfersystemen weitgehend neutral behandelt.

- Das deutsche Steuer- und Transfersystem hingegen entmutigt Ehepaare, die Erwerbsarbeit untereinander gleich aufzuteilen. Die steuerliche Zusammenveranlagung, die beitragsfreie Mitversicherung von Ehepartnern bzw. Ehepartnerinnen sowie die Deckelung der Sozialversicherungsbeiträge sorgen dafür, dass sich in Deutschland die Steuer- und Abgabenbelastung der Erwerbseinkommen deutlich erhöht, wenn in einem Haushalt eine zweite Person eine Beschäftigung aufnimmt (es sei denn, es handelt sich dabei um einen steuerfreien Minijob mit einem Einkommen von maximal 450 Euro pro Monat).

- Die finanziellen Erwerbsanreize für Zweitverdienende in Paarfamilien könnten auf verschiedene Weise verbessert werden, z.B. durch einen gesonderten Steuerfreibetrag für Zweitverdienende, oder durch die Festsetzung der Krankenversicherungsbeiträge auf Basis der Anzahl der versicherten Erwachsenen, mit einem entsprechenden finanziellen Ausgleich für einkommensschwache Familien. Andere Lohnergänzungsleistungen könnten ebenfalls darauf hinwirken, dass Zweitverdienende in einkommensschwachen Familien mehr zum Haushaltseinkommen beitragen.

- Das Elterngeld ist für Kinder ebenso wichtig wie für ihre Väter und Mütter. Wenn ein Teil des Elterngelds ausschließlich Vätern gewährt wird und durch die Elternzeitregelungen generell eine ausgewogenere Aufteilung der familiären Erziehungs- und Betreuungsaufgaben gefördert wird, sind bessere Voraussetzungen dafür gegeben, dass junge Paare auch als Eltern eine partnerschaftliche Aufgabenteilung beibehalten und ein Rückfall in die traditionellen Geschlechterrollen vermieden werden kann. Die stärkere Beteiligung der Väter an der Erziehung hilft nicht nur Müttern bei der Rückkehr in den Beruf, sondern trägt auch zu einer engeren Bindung zwischen Vätern und Kindern bei.

- Die Einführung des Elterngelds in Deutschland im Jahr 2007 stand im Einklang mit international bewährten Praktiken und stellte einen bedeutenden Schritt in Richtung einer ausgewogeneren Aufteilung von Erwerbsarbeit und unbezahlter Arbeit zwischen Männern und Frauen dar. Die Reform sorgte dafür, dass sich die Wahrscheinlichkeit einer früheren Rückkehr in den Beruf bei Müttern deutlich erhöhte und wesentlich mehr Väter Elterngeld und Elternzeit in Anspruch nahmen.

- Mit dem 2015 eingeführten ElterngeldPlus wurde das Elterngeld weiterentwickelt. Durch das ElterngeldPlus soll es beiden Elternteilen erleichtert werden, Teilzeitarbeit und Elterngeldbezug miteinander zu kombinieren. Es bietet finanzielle Anreize für Paarfamilien, in denen beide Partner mindestens vier Monate lang zeitgleich eine Teilzeittätigkeit von 25-30 Wochenstunden ausüben. Die Auswirkungen der Reform sollten genau geprüft werden, um festzustellen, ob sie tatsächlich dazu beiträgt, dass mehr Väter für längere Zeiträume Elterngeld in Anspruch nehmen.

- Das Recht auf eine Verringerung der Arbeitszeit aus familiären Gründen ist in Deutschland gesetzlich verankert. Darüber hinaus sollte ein Rechtsanspruch für Beschäftigte eingeführt werden, der ihnen innerhalb eines festgelegten Zeitrahmens die Rückkehr zur Vollzeitarbeit oder zu einem anderen Arbeitszeitumfang, der mit den Veränderungen der familiären Gegebenheiten vereinbar ist, ermöglicht.

- Das Modell einer Familienarbeitszeit erweitert das Konzept des ElterngeldPlus. Es ist ein möglicher Weg nach vorne für die deutsche Familienpolitik, um die Vereinbarkeit von Familie und Beruf für Familien mit (sehr) jungen Kindern zu erzielen. Ein derzeit diskutiertes Modell einer Familienarbeitszeit sieht vor, Eltern in Paarfamilien einen Zuschuss anzubieten, wenn beide Elternteile sich für eine vollzeitnahe Erwerbstätigkeit entscheiden, d.h. mit reduzierter Vollzeitstundenzahl arbeiten, solange die Kinder klein sind. Da der erwartete Arbeitszeitanstieg der Frauen die erwartete Arbeitszeitverringerung der Männer nahezu vollständig ausgleichen würde, hätte eine derartige vollzeitnahe Beschäftigung keine oder nur geringfügige negative Effekte auf das voraussichtliche Arbeitsangebot in Deutschland. Da es einfacher ist, von einer 30-Stunden-Woche auf eine Vollzeittätigkeit aufzustocken als von einem Teilzeitarbeitsplatz mit kurzen Arbeitszeiten, könnte eine vollzeitnahe Erwerbstätigkeit den Müttern langfristig auch eine Erhöhung ihrer Arbeitszeiten erleichtern, wenn die Kinder größer werden. Wenn sich Mütter die Arbeit ausgewogener mit ihren Partnern teilen und ihren Arbeitsumfang erhöhen, wirkt sich dies sowohl auf ihre Karriereentwicklung als auch auf ihr Einkommen positiv aus.

- Erschwingliche frühkindliche Betreuung, Bildung und Erziehung (FBBE) sowie eine bedarfsgerechte außerschulische Betreuung sind für berufstätige Eltern von großer Bedeutung. Der in den letzten Jahren in Deutschland vorangetriebene Ausbau der Betreuungsangebote für Kinder unter 3 Jahren und flexible außerschulische Betreuungsangebote sind Politikmaßnahmen, die in entscheidender Weise dazu beitragen, dass Mütter bei der Erwerbstätigkeit mit Vätern gleichziehen können. Die Erhöhung der öffentlichen Investitionen in Kinderbetreuung in den letzten Jahren stellt dabei einen Schritt in die richtige Richtung dar. Deutschland muss jedoch stärkere Anstrengungen unternehmen, wenn das Betreuungsangebot für Kleinkinder ein dem Angebot in Ländern wie Dänemark oder Schweden vergleichbares Niveau erreichen soll.

- Verglichen mit den Investitionen in frühkindliche Betreuung, Bildung und Erziehung hat Deutschland bei der außerschulischen Betreuung noch Nachholbedarf: Sowohl die Investitionen in außerschulische Betreuung für Kinder im Grundschulalter als auch der Zugang dazu müssen ausgeweitet werden. Da der Betreuungsbedarf nicht mit der Einschulung der Kinder endet, müssen Vollzeitbeschäftigte in Deutschland eine Betreuung für ihre Kinder vor und/oder nach der Schule organisieren. In Deutschland sollte von öffentlicher Seite mehr in außerschulische Betreuungsangebote investiert werden, die Eltern schulpflichtiger Kinder – auch während der Schulferien – helfen, Vollzeiterwerbstätigkeit und Familienleben miteinander zu vereinbaren.

- Flexible Arbeitszeitregelungen finden zunehmend Verbreitung und sind sowohl für Arbeitgeber als auch für Arbeitnehmer attraktiv. Rund 90% der Unternehmen in Deutschland geben an, ihren Beschäftigten flexible Arbeitszeitmodelle anzubieten, und da die Beschäftigten die Verteilung ihrer Arbeitszeit in gewissem Umfang beeinflussen können, helfen ihnen flexible Arbeitszeiten, Beruf und Familie miteinander zu vereinbaren.

- Die zuständigen Stellen in Deutschland sollten die Zusammenarbeit mit den Sozialpartnern und anderen beteiligten Akteuren weiter ausbauen, um das Berufsleben familienfreundlicher zu gestalten. Die Förderung einer Reihe von familienfreundlichen Arbeitsplatzmaßnahmen, wie z.B. im Rahmen des „Memorandum Familie und Arbeitswelt – Die NEUE Vereinbarkeit", sollte fortgesetzt werden. Dazu zählt u.a., die Zahl der Arbeitsstunden eines regulären Vollzeitarbeitstags zu verringern, Väter zur Inanspruchnahme von Elternzeit zu ermutigen, Telearbeit zu erleichtern und flexible Arbeitszeiten zuzulassen.

- Die zuständigen Stellen in Deutschland sind aufgerufen, sich durch öffentliche Aufklärungskampagnen, Werbung mit Vorbildern, öffentlichkeitswirksame Veranstaltungen und andere Kommunikationsmittel weiter dafür einzusetzen, die Vorteile einer partnerschaftlichen Aufgabenteilung in Familie und Beruf im Bewusstsein zu verankern. Initiativen zur Förderung und Verbreitung empfehlenswerter Praktiken auf lokaler Ebene, wie z.B. die „Lokalen Bündnisse für Familie", die länderspezifische Besonderheiten und die Rolle der Kommunen berücksichtigen, sollten weiter unterstützt werden.

2. Familien profitieren von geschlechtergerechter Familienpolitik

Es existiert ein breites Spektrum an sozialpolitischen Maßnahmen, die darauf ausgerichtet sind, Familien zu unterstützen und zugleich eine partnerschaftliche Aufgabenteilung, eine stärkere Beteiligung der Väter an Erziehungsaufgaben und die wirtschaftliche Eigenständigkeit von Müttern zu fördern. Dieser Abschnitt bietet eine Bestandsaufnahme verschiedener Politikoptionen in OECD-Ländern, wägt die Stärken und Schwächen unterschiedlicher Familienleistungen ab und vergleicht den Umfang der öffentlichen Ausgaben in verschiedenen Kindheitsphasen, mit einem besonderen Schwerpunkt auf Deutschland.

Die Unterstützung von Familien und die Förderung einer partnerschaftlichen Aufgabenteilung sind Ziel diverser sozialpolitischer Maßnahmen

Familien bilden in vielerlei Hinsicht den Grundstein der sozialen Sicherung. Familienangehörige sorgen füreinander, bieten einander Absicherung gegen wirtschaftliche Schwierigkeiten und Notlagen und spielen eine Schlüsselrolle für die Erziehung und Entwicklung von Kindern. Die Bedeutung von Familien, Kindern, Männern und Frauen für die Gesellschaft wird von der staatlichen Politik weltweit gewürdigt, doch die familienpolitischen Ansätze unterscheiden sich von Land zu Land und im Zeitverlauf erheblich. Diese Unterschiede können auf diverse Faktoren zurückzuführen sein, wie z.B. die in den einzelnen Ländern unterschiedlichen Politikziele, geschichtlichen Hintergründe, politischen Institutionen sowie das Ausmaß der Ungleichheit, die Wirtschaftsentwicklung und die Arbeitsmarktstrukturen in dem jeweiligen Land.

Im Allgemeinen ist die Familienpolitik im gesamten OECD-Raum darauf ausgerichtet, „Eltern dabei zu unterstützen, mehr Wahlfreiheit bei ihren beruflichen und familiären Entscheidungen ausüben zu können" (Adema, 2011). Maßnahmen, die diese Wahlfreiheit erleichtern, können eine Vielzahl von familienfreundlichen Politikzielen umfassen:

- Förderung der Erwerbsbeteiligung von Eltern, einschließlich Eltern von Kleinstkindern;
- Förderung von Rahmenbedingungen, unter denen Erwachsene ihre Vorstellungen in Bezug auf die gewünschte Zahl der Kinder und den Zeitpunkt der Elternschaft realisieren können;
- Bekämpfung von Kinderarmut;
- Förderung des Wohlergehens und der Entwicklung von Kindern in der frühen Kindheit;
- Verbesserung der Geschlechtergleichstellung im Privat- und Berufsleben.

Die Familienpolitik befasst sich im Allgemeinen nicht mit der Beziehungsform der Elternpaare (sei es nichteheliche Lebensgemeinschaft oder Ehe). Da jedoch die Beziehung der Eltern eine wichtige Rolle für die Kindesentwicklung spielt, fördern einige Länder Ehe- und Erziehungsberatungsangebote. In anderen Ländern, wie z.B. Japan und Korea, besteht ein enger Zusammenhang zwischen Heirats- und Geburtenraten; folglich umfassen Politikinitiativen zur Erhöhung der Geburtenraten oft auch Maßnahmen zur Förderung der Eheschließung. Ein Beispiel für eine derartige Initiative ist der Dritte Plan für die Alterung der Gesellschaft und Bevölkerung in Korea, der den Zeitraum 2016-2020 umfasst (Regierung der Republik Korea, 2015).

Familienpolitische Zielsetzungen sind vielfach miteinander verflochten. Beispielsweise erfordert die Unterstützung von Eltern bei der Vereinbarkeit von Familie und Beruf offenkundig die Förderung der Erwerbsbeteiligung von Eltern, insbesondere Müttern, die in geringerem Maße in der Erwerbsbevölkerung repräsentiert sind als Väter und kinderlose Frauen. Politikmaßnahmen zur Förderung der Vereinbarkeit von Familie und Beruf erleichtern es Eltern auch, sich trotz ihrer beruflichen Verpflichtungen für Kinder zu entscheiden. Eine Steigerung der elterlichen Erwerbstätigkeit hat für die gesamte Familie positive Auswirkungen (Kapitel 2):

- sie sorgt für ein höheres Einkommen (Warren und Tyagi, 2003; OECD, 2014a, 2015a), was dem Wohlergehen und der Entwicklung der Kinder zugutekommt (Lundberg und Pollak, 1996);
- berufstätige Mütter sind Vorbilder für ihre Kinder (McGinn, et al., 2015);
- die Arbeitsmarktteilnahme von Müttern schützt sie vor Armut im Fall einer Scheidung bzw. bei Tod oder Arbeitsplatzverlust des Partners.

Eine Familienpolitik, die die Vereinbarkeit von Familie und Beruf fördert, ist für Väter ebenso wichtig wie für Mütter, da sowohl die Kinder als auch die Väter davon profitieren, mehr Zeit miteinander zu verbringen (Kapitel 5).

Familienpolitische Zielsetzungen dienen auch der Verwirklichung allgemeiner sozioökonomischer Ziele. Eine Steigerung der Zahl berufstätiger Eltern kann dazu beitragen,

---

Kasten 3.1 **Gender Budgeting**

Ziel des Gender Budgeting ist die Berücksichtigung von Gleichstellungsfragen in allen Aspekten des Haushaltskreislaufs. Gender Budgeting dient dazu,

- Gleichstellungsbelange zu identifizieren und zu prüfen, wie Ressourcen auf Frauen und Männer verteilt werden;
- die Möglichkeiten zur Verbesserung der Geschlechtergleichstellung durch Politikmaßnahmen zu analysieren.

Da Gender Budgeting versucht, den Nutzen bestimmter Politikmaßnahmen für Frauen und Männer sowie die damit verbundenen Kosten zu ermitteln, kann es ein nützliches Instrument für die Umsetzung von Politikmaßnahmen sein, die Partnerschaftlichkeit zu fördern. Staatliche Kinderbetreuungsangebote beispielsweise können mit erheblichen öffentlichen Investitionen verbunden sein. Gender Budgeting versucht den Nutzen dieser Leistungen zu schätzen – nicht nur für Familien, sondern auch für die Volkswirtschaft als Ganzes, da sie es Müttern ermöglichen, eine Erwerbstätigkeit aufzunehmen bzw. den Umfang ihrer Erwerbstätigkeit auszuweiten und wirtschaftlich unabhängiger zu werden.

Mehrere OECD- und Nicht-OECD-Länder haben im Verlauf des vergangenen Jahrzehnts eine Form von Gender Budgeting eingeführt (OECD, 2010 und 2011a). Einige, wie z.B. Belgien, Korea, Mexiko, Österreich und Spanien, haben hierfür eine Rechtsgrundlage geschaffen. Andere haben sich für einen flexibleren Ansatz entschieden. In Norwegen beispielsweise wurden den Ministerien Leitlinien für die geschlechtersensible Analyse ihrer Budgets an die Hand gegeben.

In vielen OECD-Ländern steckt Gender Budgeting noch in den Kinderschuhen. In ungefähr der Hälfte der OECD-Länder wird Gender Budgeting „stets" auf allen Verwaltungsebenen verlangt. In anderen Ländern ist es in einigen Fällen vorgeschrieben – in 47% auf Ebene der Zentralregierung (z.B. in Belgien, Finnland, Frankreich, Israel, Korea, Mexiko, Norwegen und Spanien), in 42% auf regionaler Ebene (wie etwa in Deutschland, Frankreich, Korea, Mexiko, der Schweiz und Spanien) und in 52% der Länder auf kommunaler Ebene (so z.B. in Deutschland, Finnland, Israel, Korea, Mexiko, der Schweiz, Spanien und der Tschechischen Republik, vgl. OECD, 2011b).

In Deutschland gab die Bundesregierung 2007 eine Machbarkeitsstudie für Gender Budgeting auf Bundesebene in Auftrag (BMFSFJ, 2007), hat jedoch bislang auf Bundesebene weder Gender Budgeting noch Elemente des Gender Budgeting umgesetzt. Berlin ist eines der wenigen Bundesländer, die Gender Budgeting eingeführt haben (2003/2004), während sich auf kommunaler Ebene beispielsweise die Städte Freiburg und München der schrittweisen Umsetzung von Gender Budgeting verschrieben haben (die in Freiburg 2015 abgeschlossen wurde).

das Wirtschaftswachstum anzukurbeln, die Steuereinnahmen zur Finanzierung der sozialen Sicherungssysteme zu erhöhen (Krebs und Scheffel, 2016) und die Auswirkungen des demografischen Wandels und des Rückgangs der Bevölkerung im Erwerbsalter abzufedern (Kapitel 6).

Die Verbesserung der Geschlechtergleichstellung stellt im gesamten OECD-Raum ein wichtiges Politikziel dar, und die Einbeziehung der Geschlechtergleichstellung in die Haushaltsverfahren und -aufstellung kann dazu beitragen, ihre Rolle bei der Politikgestaltung zu festigen (Kasten 3.1). Die Regierungen werden sich zunehmend bewusst, dass bedeutende ökonomische Argumente für eine Gleichstellung der Geschlechter sprechen (OECD, 2013b). Ein Großteil ihrer Gleichstellungsmaßnahmen richtet sich auf die Gleichberechtigung von Männern und Frauen bei Beschäftigung und Erwerbsarbeit, und die geschlechtsspezifischen Beschäftigungs- und Einkommenslücken (Kapitel 2) zählen zu den gebräuchlichsten Indikatoren der Geschlechtergleichstellung. Die beschäftigungs- und verdienstbezogene Geschlechtergleichstellung ist, zusammen mit anderen Ergebnissen, eng mit der Sozialpolitik verknüpft, da den Regierungen eine Schlüsselrolle dabei zukommt, Frauen und Familien mehr Wahlmöglichkeiten in ihrem Berufs- und Familienleben zu bieten.

Bei den politischen Entscheidungsträgern setzt sich zunehmend die Erkenntnis durch, dass Geschlechtergleichstellung auch bei unbezahlter Arbeit wichtig ist. In allen OECD-Ländern verbringen Frauen mehr Zeit mit unbezahlter Kinderbetreuung und Hausarbeit als ihre männlichen Partner (vgl. auch Bittman et al., 2003, und Bertrand et al., 2015, zum Verhältnis von Erwerbseinkommen zu unbezahlter Arbeit bei Paaren). Dadurch kann ihnen die Aufnahme einer Erwerbstätigkeit bzw. das berufliche Fortkommen erschwert werden. Umgekehrt können Väter durch lange Arbeitszeiten daran gehindert werden, Zeit mit der Familie zu verbringen, obwohl die Beziehungen zu ihren Kindern und Partnerinnen gestärkt werden, wenn sie sich mehr an der Kindererziehung beteiligen.

Neuere familienpolitische Entwicklungen in Deutschland zielen auf eine partnerschaftliche Aufgabenteilung in Familie und Beruf ab

Seit Mitte der 2000er Jahre hat in der deutschen Politik eine Neuausrichtung auf die vorstehend erwähnten familienfreundlichen Politikziele stattgefunden. Die Reform der deutschen Familienpolitik ist auf die Verbesserung der Work-Life-Balance von Familien ausgerichtet. Sie soll gleichzeitig das Wohlergehen der Kinder steigern und den Eltern mehr Möglichkeiten bieten, ihre beruflichen Ambitionen ebenso wie ihre Vorstellungen in Bezug auf die gewünschte Kinderzahl und den Zeitpunkt der Elternschaft zu verwirklichen. Eine Politik, die für eine bessere Vereinbarkeit von Familie und Beruf sorgt, stärkt auch die wirtschaftliche Lage von Familien sowie die finanzielle Unabhängigkeit der einzelnen Familienmitglieder im Ruhestand oder im Fall einer Scheidung/Trennung. Familienfreundliche Politikziele werden aktiv durch Maßnahmen gefördert, die Familien Unterstützung in Form von „Geldleistungen, Sachleistungen und Zeit" bieten (BMFSFJ, 2006), wie die Reform der Elternzeit und die verstärkten öffentlichen Investitionen in frühkindliche Betreuung, Bildung und Erziehung zeigen. Diese Reformen sind Ausdruck einer veränderten Einstellung der deutschen Bevölkerung zur Gestaltung des Berufs- und Familienlebens (Kapitel 2) und einer evidenzbasierten Ausrichtung, die sich auf eine Reihe von Politikevaluationen stützt (ZEW und FFP, 2013; Prognos, 2014; Bechara et al., 2015).

Die Zielsetzungen der deutschen Familienpolitik wurden kürzlich neu justiert, um Eltern und Kindern mehr Zeit miteinander zu ermöglichen, u.a. durch die Förderung von mehr Partnerschaftlichkeit, d.h. einer ausgewogeneren Aufteilung der Erwerbs- und Familienarbeit (BMFSFJ, 2015a). In diesem Zusammenhang wurde eine Reihe von Maßnahmen und Initiativen entwickelt, die eine partnerschaftliche Aufgabenteilung im Familien- und Berufsleben fördern. Dazu zählte beispielsweise die Einführung des ElterngeldPlus im Jahr 2015, das es beiden Elternteilen erleichtert, Elterngeld und Teilzeitarbeit miteinander zu kombinieren, und einen Partnerschaftsbonus vorsieht, wenn beide Eltern mindestens vier Monate lang parallel zwischen 25 und 30 Wochenstunden arbeiten. Diese Reform ist Teil einer allgemeineren Politik, um die Arbeitsbedingungen in den Unternehmen in Zusammenarbeit mit Arbeitgebern, Gewerkschaften und anderen Akteuren familienfreundlicher zu gestalten. Die Politik setzt sich zudem für die weitere Verbesserung der Kapazitäten für die frühkindliche Betreuung, Bildung und Erziehung ein, es bestehen jedoch nach wie vor erhebliche Politikherausforderungen, beispielsweise im Hinblick auf die außerschulische Betreuung und die Sicherstellung gleich starker Anreize durch das Steuer- und Transfersystem für beide Elternteile, (mehr) zu arbeiten.

Die Ausgaben für familienbezogene Leistungen unterscheiden sich von Land zu Land erheblich

In OECD-Ländern werden Familien zwar durch familienbezogene Leistungen unterstützt, die Ausgaben für diese Leistungen weichen jedoch in den einzelnen Ländern stark voneinander ab. 2013 beliefen sich die Ausgaben im OECD-Durchschnitt auf 2,5% des BIP – dabei reichte die Bandbreite von knapp über 1,1% des BIP in den Vereinigten Staaten bis hin zu rd. 4% in Dänemark, Frankreich, Irland und dem Vereinigten Königreich (Abb. 3.1). In Deutschland waren die Ausgaben mit 3,2% des BIP etwas höher als der 2001 erreichte Wert von 3%.

Das Land mit den höchsten öffentlichen Ausgaben für Familienleistungen war Frankreich, doch im Zuge der Finanzkrise der Jahre 2007-2008 nahm der Anteil der Familienleistungen am BIP auch in Irland, Island und dem Vereinigten Königreich stark zu. Dieser Anstieg war bedingt durch:

- ein zunächst sinkendes, später dann schwaches Wachstum des BIP (das bei internationalen Vergleichen der Ausgaben für Familienleistungen den Nenner bildet);
- einen gleichzeitigen Anstieg der realen (d.h. inflationsbereinigten) öffentlichen Ausgaben für Familienleistungen, da diese Leistungen in vielen Ländern einkommensabhängig sind (OECD, 2012).

Im Vereinigten Königreich beispielsweise nahmen aufgrund der gestiegenen Zahl an einkommensschwachen Familien sowohl die Inanspruchnahme von Leistungen (Steuergutschriften für Familien mit Kindern und Geringverdiener) als auch die Zahl der Antragsteller mit Anspruch auf den maximalen Leistungsumfang zu. Zudem ist es seit der Krise für Alleinerziehende schwieriger geworden, Arbeit zu finden, was längerfristige öffentliche Ausgaben für Lohnersatzleistungen erforderlich macht.

Große Unterschiede bestehen zwischen den einzelnen Ländern auch darin, in welchem Umfang verschiedene Formen der Familienförderung, wie Geldleistungen, familienbezogene Dienstleistungen und Steuererleichterungen, eingesetzt werden (Adema et al., 2014). Geldleistungen – wie z.B. Familienzuschläge, Kindergeld, Beihilfen für berufstätige Eltern, Mutterschaftsgeld sowie Lohnersatzleistungen während der Elternzeit (vgl. Anmerkungen zu Abb. 3.1) – machen den Großteil der Familienleistungen aus. 2013 beliefen sie sich im OECD-Durchschnitt auf rd. 1,25% des BIP. Australien und Österreich fördern Familien mit Geldleistungen in Höhe von rd. 2% des BIP, in Großbritannien und Irland liegen die entsprechenden Ausgaben bei 2,5-3% des BIP. In Korea und in den Vereinigten Staaten hingegen sind die öffentlichen Ausgaben für familienbezogene Barleistungen deutlich geringer.

3. POLITIKMASSNAHMEN ZUR FÖRDERUNG DER PARTNERSCHAFTLICHKEIT IN DEUTSCHLAND

Abbildung 3.1 **Öffentliche Ausgaben für Familienleistungen in Form von Geldleistungen, Sachleistungen und steuerlichen Maßnahmen in ausgewählten OECD-Ländern**

Öffentliche Ausgaben für Geldleistungen für Familien, Dienst- und Sachleistungen für Familien sowie Steuererleichterungen für Familien[1], in Prozent des BIP, 2011 und 2013[2]

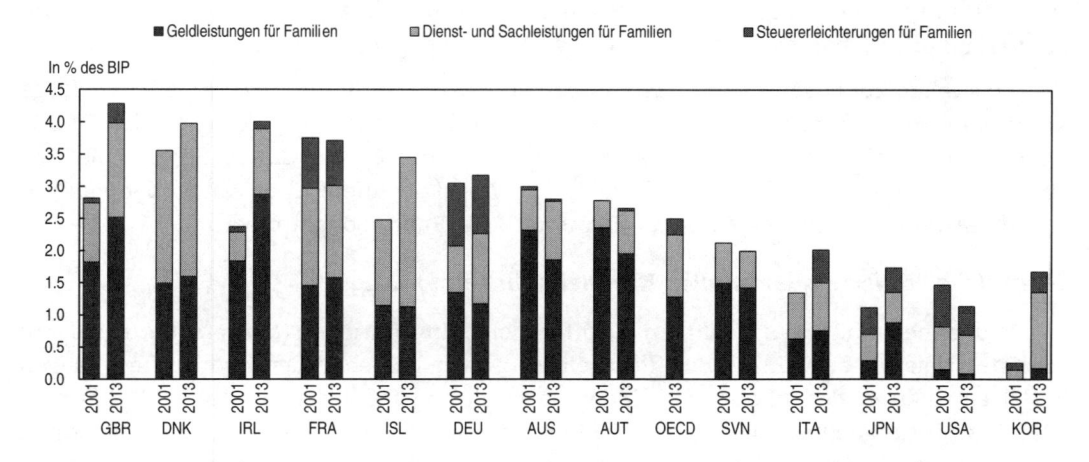

■ Geldleistungen für Familien   ■ Dienst- und Sachleistungen für Familien   ■ Steuererleichterungen für Familien

[Säulendiagramm: In % des BIP, Skala 0,0 bis 4,5; Länder (jeweils 2001 und 2013): GBR, DNK, IRL, FRA, ISL, DEU, AUS, AUT, OECD, SVN, ITA, JPN, USA, KOR]

1. Familienleistungen umfassen Geldleistungen wie Familienzuschläge und Kindergeld, Lohnersatzleistungen während Mutterschutz, Väterzeit und Elternzeit, Betreuungsgeld, Lohnersatzleistungen für Alleinerziehende sowie sonstige Geldleistungen wie z.B. Mutterschaftsgeld oder Beihilfen für berufstätige Eltern. Zu den Sachleistungen (bzw. Dienstleistungen) zählen die Kindertagesbetreuung, Haushaltshilfen und andere Realleistungen. Steuerliche Maßnahmen umfassen Steuergutschriften für Kinder, Steuervorteile bei Inanspruchnahme formaler Kinderbetreuungsleistungen sowie andere Steuererleichterungen, die der finanziellen Unterstützung von Familien mit Kindern dienen. In diesen Daten sind lediglich öffentliche Unterstützungsinstrumente berücksichtigt, die ausschließlich Familien zugutekommen (z.B. Kindergeld und Kinderzuschläge, Elterngeld und Kinderbetreuungsleistungen). Ausgaben in anderen sozialpolitischen Bereichen, wie z.B. im Gesundheitswesen und bei der Wohnraumförderung, kommen zwar auch – aber nicht ausschließlich – Familien zugute und werden dementsprechend nicht berücksichtigt. Die Ausgaben für familienbezogene Dienstleistungen (einschließlich Kinderbetreuung) sind u.U. nicht vollumfänglich einbezogen, da diese Dienstleistungen oft von Kommunen angeboten und/oder kofinanziert werden und möglicherweise nicht alle relevanten Daten verfügbar sind.
2. Die Daten beziehen sich auf vorläufige Schätzungen. Die Daten für europäische Länder wurden auf Basis der Trends der verfügbaren ESSOSS-Daten von Eurostat geschätzt. Die Daten für nichteuropäische Länder wurden auf Basis aggregierter Daten zur Entwicklung der Sozialausgaben geschätzt. Die Steuererleichterungen für Familien wurden auf Basis ihres Anteils im Vorjahr geschätzt.

Quelle: OECD Social Expenditure Database, *www.oecd.org/els/social/expenditure*.

Steuererleichterungen für Familien können als Bestandteil des regulären Steuersystems oder über Steuerfreibeträge bzw. Steuergutschriften in Abhängigkeit von der Zahl der Kinder gewährt werden. Das Instrumentarium der Familienleistungen kann auch Steuervergünstigungen zur Förderung der Inanspruchnahme von Kinderbetreuungsleistungen umfassen, während Steuererleichterungen zur Unterstützung von Familien besonders in Frankreich und Deutschland eingesetzt werden, wo sie 0,7% bzw. 0,9% des BIP ausmachen.

Die unterschiedlichen Schwerpunkte der zugrunde liegenden nationalen Politikziele erklären, warum die Regierungen der einzelnen Staaten in unterschiedlichem Umfang auf finanzielle Unterstützung für Familien (d.h. Geldleistungen und/oder Steuererleichterungen) oder auf Familienförderung durch Sachleistungen setzen. Anstelle von finanzieller Unterstützung – die oft die finanziellen Arbeitsanreize schwächen und eine zahlen- und/oder stundenmäßige Verringerung der Frauenerwerbstätigkeit bewirken kann – haben sich Länder wie Dänemark und Schweden beispielsweise für die Entwicklung von Systemen entschieden, die universell verfügbare Kinderbetreuung und außerschulische Betreuung anbieten (vgl. „Ausbau des FBBE-Angebots in anderen OECD-Ländern" in Abschnitt 6). Dadurch wurde die Vollzeiterwerbstätigkeit von Frauen gesteigert. In Dänemark, Island,

Schweden und Frankreich betrugen im Jahr 2013 die öffentlichen Ausgaben für familienbezogene Dienstleistungen (wie z.B. Kinderbetreuung, Tagesbetreuungseinrichtungen und eine Reihe von familienbezogenen Sozialdienstleistungen) über 2% des BIP und waren damit doppelt so hoch wie im OECD-Durchschnitt (Abb. 3.1). Abbildung 3.1 zeigt auch, dass sich in Deutschland der Anteil der Ausgaben für familienbezogene Dienstleistungen im Zeitverlauf erhöht hat, worauf nachstehend näher eingegangen wird.

Zusätzlich zu diesen Familienleistungen stellen die Bildungsausgaben eine wichtige Komponente der familienbezogenen öffentlichen Ausgaben dar. Sie liegen im OECD-Durchschnitt bei 5,3% und in Deutschland bei 4,3% des BIP (OECD, 2015b). Der Besuch einer Grundschule und Sekundarschule – in der Regel ab einem Alter von 5 oder 6 Jahren bis zum Alter von 16 Jahren – ist im gesamten OECD-Raum obligatorisch.

Öffentliche Förderung ist in allen Kindheitsphasen wichtig

In den meisten Ländern nehmen die öffentlichen Investitionen (Mutterschaftsgeld und Lohnersatzleistungen während der Elternzeit) kurz nach der Geburt der Kinder ab und steigen im Allgemeinen wieder an, wenn die Kinder 3 Jahre alt sind und in den meisten OECD-Ländern FBBE-Einrichtungen besuchen (Abb. 3.2). In Schweden sind die öffentlichen Investitionen in Kinder seit jeher relativ hoch, was zum Teil daran liegt, dass die Müttererwerbstätigkeit als gesellschaftliche Norm gilt (Kapitel 2); zudem gehen die Ausgaben in Schweden nach dem ersten Lebensjahr des Kindes nicht so stark zurück. In Schweden ist die Politik darauf ausgerichtet, Eltern kleiner Kinder durchgängige Unterstützung zu bieten, damit sie berufliche und familiäre Verpflichtungen miteinander vereinbaren können. Die öffentlichen Ausgaben für Kinder sind in Schweden zu Beginn der Grundschulzeit am höchsten, da viele Kinder in diesem Alter auch öffentliche außerschulische Betreuungseinrichtungen besuchen (siehe unten). Die Ausgaben bleiben jedoch generell bis zum Ende der Sekundarschulzeit auf einem hohen Niveau[1].

Seit mit der Einführung des Elterngelds im Jahr 2007 eine familienpolitische Neuausrichtung eingeleitet wurde (wie in Abschnitt 4 und 6 näher erörtert), hat sich in Deutschland der Anteil der öffentlichen Ausgaben, der auf Lohnersatzleistungen während des ersten Lebensjahres verwendet wird, weiter erhöht (Abb. 3.2). Die Gesamtausgaben pro Kind in den ersten Lebensjahren sind gestiegen und haben sich dem schwedischen Niveau angenähert.

Wie die altersbezogenen Ausgabenprofile zeigen, liegen die öffentlichen Investitionen in Kinder in Deutschland und Schweden im frühen Kindesalter durchweg über dem OECD-Durchschnitt und konzentrieren sich, abgesehen von der Phase unmittelbar nach der Geburt in Deutschland, überwiegend auf die Pflichtschulzeit, insbesondere die Teenagerjahre. Das altersbedingte Ausgabenprofil für die Vereinigten Staaten ist wegen mangelnder Investitionen in den ersten Lebensjahren noch deutlicher ausgeprägt: Die Vereinigten Staaten sind das einzige OECD-Land ohne eine landesweite bezahlte Elternzeit, wobei allerdings in einigen Bundesstaaten, wie z.B. Kalifornien, eine bezahlte Freistellung vom Beruf vor und nach der Geburt für Väter und Mütter vorgesehen ist (Adema et al., 2015).

Die mangelnde Unterstützung für Kinder und ihre Familien in der frühen Kindheit ist aus finanzieller Sicht ineffizient. Investitionen in Kinder sollten frühzeitig einsetzen, da die Ausgaben in früheren Jahren die höchsten Erträge erzielen, insbesondere wenn sie während der gesamten Kindheit beibehalten werden. Investitionen in der frühen Kindheitsphase sind anerkanntermaßen mit hohen sozialen Erträgen verbunden und tragen dazu bei, kostspieligere Interventionen in späteren Lebensphasen zu verhindern (OECD, 2009 und 2011c; Heckman und Masterov, 2007; Heckman et al., 2010).

Abbildung 3.2 **Öffentliche Investitionen in Kinder gehen nach einem guten Start oft zurück**

Öffentliche Ausgaben nach Alter des Kindes in Deutschland, Schweden, den Vereinigten Staaten und im OECD-Durchschnitt, KKP pro Kopf (US-$)[1]

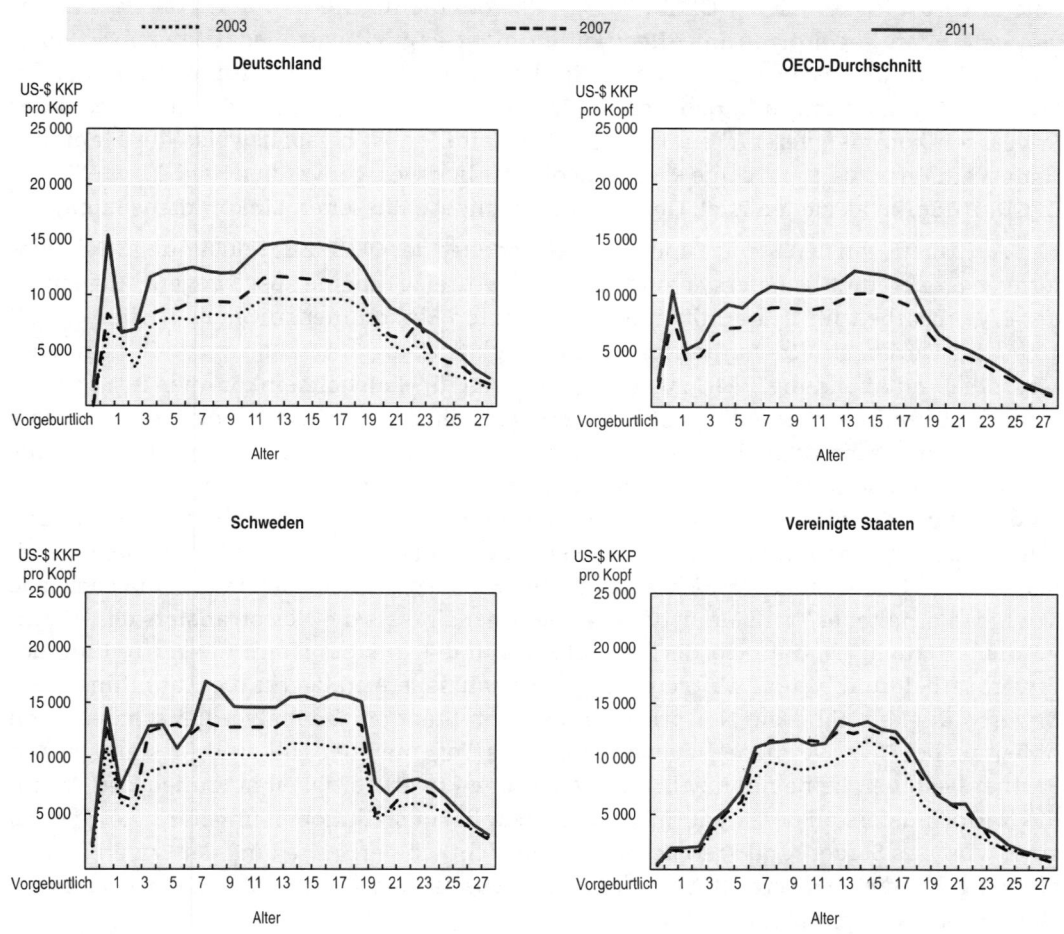

1. Der Indikator wird anhand der Methode für altersbezogene Ausgabenprofile berechnet, die in OECD (2011c), Doing Better for Families, verwendet wird.

Quelle: OECD Family Database, www.oecd.org/els/family/database.htm.

Früh ansetzende Ausgaben zur Förderung von Kindern tragen auch zur sozialen Gerechtigkeit bei. Das familiäre Umfeld spielt für viele Ergebnisse der kindlichen Entwicklung eine entscheidende Rolle; dementsprechend wichtig ist es, durch öffentliche Dienstleistungen zu versuchen, ein „Marktversagen" (z.B. zu geringe Investitionen der Eltern in ihre Kinder) auszugleichen. Eine OECD-Studie (2015a) hat gezeigt, dass eine hohe Einkommensungleichheit die Möglichkeiten der ärmsten 40% der Bevölkerung reduziert, in Kompetenzen und Bildung zu investieren – sowohl für sich selbst als auch für ihre Kinder. Frühzeitige Investitionen in Kinder tragen dazu bei, die Ungleichheit einzudämmen, was positive kurz- und langfristige Effekte mit sich bringt.

3. Finanzielle Anreize für eine Erwerbstätigkeit beider Elternteile

Ein entscheidendes Element der Familienpolitik ist die Frage, inwiefern die Ausgestaltung des Steuer- und Transfersystems beiden Elternteilen gleich starke finanzielle Anreize für eine Erwerbstätigkeit bietet (OECD, 2013a). Obwohl die für Steuern und Transferleistungen geltenden Regelungen im Allgemeinen nicht explizit geschlechtsspezifisch sind, können bestimmte Aspekte von Steuer- und Transfersystemen u.U. für Männer oder für Frauen relevanter sein und dadurch die Ungleichverteilung der Erwerbsarbeit und der Erwerbseinkommen verstärken. In vielen Paarfamilien ist beispielsweise der Mann der Hauptverdiener, während seine Partnerin oft deutlich weniger verdient (vgl. Kapitel 2 und OECD, 2015c, zu aktuellen nach Geschlechtern aufgeschlüsselten Einkommensdaten).

Aufbauend auf den Steuer- und Transfermodellen der OECD zeigt Abbildung 3.3, inwiefern die Steuer- und Transfersysteme finanzielle Anreize für eine ausgewogene Aufteilung der Erwerbsarbeit für Paare mit einem bestimmten Einkommensniveau – in diesem Fall 133% des Durchschnittsverdiensts – bieten (vgl. Anhang 3.A1 zur zugrunde liegenden Methodik und Abbildung 3.A1.1 zu den Ergebnissen für Haushaltseinkommen in Höhe von 200% des Durchschnittsverdiensts)[2]. Abbildung 3.3 zeigt einen Vergleich der Nettotransfers an den Staat, die ein Doppelverdienerpaar mit zwei Kindern, bei dem beide Partner jeweils 67% des Durchschnittsverdiensts beziehen, zu entrichten hat, mit den Nettotransfers an den Staat, die für ein Alleinverdienerpaar mit zwei Kindern und einem gleich hohen Haushaltsverdienst anfallen. Wenn die Nettotransfers des Doppelverdienerhaushalts an den Staat (d.h. die von dem Paar entrichteten Steuern und Sozialversicherungsbeiträge abzüglich erhaltener Transferleistungen) niedriger sind als die Nettotransfers des Alleinverdienerhaushalts, dann fördert das Steuer- und Transfersystem die Aufteilung der Erwerbsarbeit und bietet Zweitverdienenden finanzielle Anreize für die Aufnahme einer Erwerbstätigkeit. Sind die Nettotransfers an den Staat bei Doppelverdienerhaushalten höher als bei Alleinverdienerhaushalten, ist das Gegenteil der Fall, und für den zweiten Partner bestehen keine finanziellen Anreize, eine Erwerbstätigkeit aufzunehmen. Wenn die Nettotransfers an den Staat für beide Haushaltskonstellationen ungefähr gleich hoch sind, wird das Steuer- und Transfersystem hinsichtlich der Aufteilung der Erwerbsarbeit als weitgehend neutral erachtet (in diesem Fall überlappen sich die blauen Rauten und die weißen Dreiecke in Abbildung 3.3).

In ungefähr zwei Dritteln der OECD-Länder zahlt es sich für eine Paarfamilie aus, wenn beide Partner erwerbstätig sind. Im OECD-Durchschnitt belaufen sich die Nettotransfers dieser Familien an den Staat auf rd. 17,6%, während Alleinverdiener-Paarfamilien bei einem Bruttoeinkommen in Höhe von 133% des Durchschnittsverdiensts 21,5% an den Staat abführen. Ein Haushalt, in dem beide Partner in gleichem Umfang zum Haushaltseinkommen beitragen, verfügt im OECD-Durchschnitt über 5,4% mehr Nettoeinkommen als eine Alleinverdienerfamilie (vgl. Indikator zum proportionalen Nettoeinkommensgewinn bzw. -verlust unter Abbildung 3.3).

In einem Drittel der OECD-Länder werden die Nettotransfers an den Staat bei Haushalten, die 133% des Durchschnittsverdiensts beziehen, kaum davon beeinflusst, ob beide Partner oder nur einer zum Haushaltseinkommen beitragen. In Frankreich und Deutschland hingegen zahlen Alleinverdienerpaare weniger Steuern als Doppelverdienerpaare. Der Gesamteffekt der Steuer- und Transfersysteme auf die finanziellen Anreize für die Aufteilung der Erwerbsarbeit ist von der Höhe des Einkommens und dem damit verbundenen Steuerniveau abhängig. Die in Abbildung 3.3 dargestellten Ergebnisse haben jedoch in Deutschland und den meisten anderen OECD-Ländern auch dann Bestand, wenn das Haushaltseinkommen das Doppelte des Durchschnittsverdiensts beträgt (wie aus Abbildung 3.A1.1

Abbildung 3.3 **In den meisten OECD-Ländern sind Doppelverdienerhaushalte besser gestellt als Alleinverdienerhaushalte**

Nettotransfers[1] an den Staat in Prozent des Bruttohaushaltseinkommen sowie proportionale Differenz zwischen dem Haushaltsnettoeinkommen einer Doppelverdienerfamilie mit zwei Kindern im Alter von 4 und 6 Jahren, in der jeder der beiden Partner 67% des Durchschnittsverdienst[2] bezieht, und einer entsprechenden Alleinverdienerfamilie mit 133% des Durchschnittsverdiensts

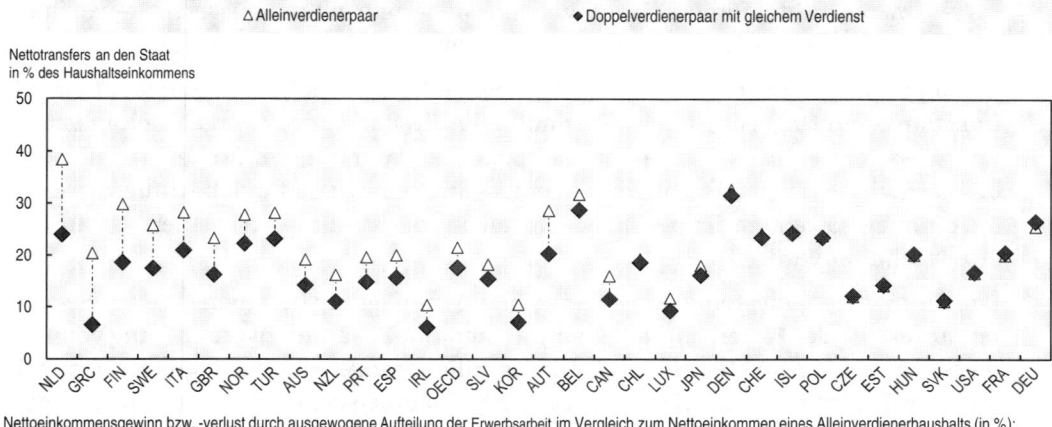

Anmerkung: Die Länder sind in aufsteigender Reihenfolge nach der Differenz zwischen dem Nettoeinkommen von Doppelverdienerhaushalten und Alleinverdienerhaushalten in Prozent des Nettoeinkommens von Alleinverdienerhaushalten (vgl. unter der Abbildung aufgeführte Werte) angeordnet.

1. „Nettotransfers" bezieht sich auf die Summe der von den Haushalten an den Staat abgeführten Steuern und Sozialversicherungsbeiträge abzüglich der von ihnen erhaltenen Transferleistungen. Das weiße Dreieck steht für einen Haushalt, in dem der Hauptverdiener ein Erwerbseinkommen von 133% des Durchschnittsverdiensts bezieht. Die blaue Raute steht für einen Haushalt, in dem jeder der beiden Partner 67% des Durchschnittsverdiensts bezieht und das Haushaltseinkommen dementsprechend 134% des Durchschnittsverdiensts beträgt.
2. Vgl. OECD (2016a) wegen einer Definition des Durchschnittsverdiensts.

Quelle: OECD, "Tax and Benefit Systems: OECD Indicators", *www.oecd.org/els/soc/benefits-and-wages.htm*.

zu ersehen ist). Dementsprechend lässt sich für Frankreich und Deutschland nicht feststellen, dass das Steuer- und Transfersystem Paarfamilien finanzielle Anreize für eine ausgewogene Aufteilung der Erwerbsarbeit bietet (bei Nichtberücksichtigung anderer Hemmnisse für eine partnerschaftliche Aufteilung, die in den beiden Ländern unterschiedlich ausgeprägt sein könnten).

Wie können Steuer- und Transfersysteme eine partnerschaftliche Aufgabenteilung fördern?

Inwieweit die Steuer- und Transfersysteme eine ausgewogene Aufteilung der Erwerbsarbeit fördern, hängt vor allem von der Ausgestaltung der folgenden drei Elemente der Steuer- und Transferpolitik ab (OECD, 2015d; OECD, 2015e; OECD, 2016a; Rastrigina und Verashchagina, 2015; Immervoll et al., 2009):

1. Einkommensteuer

   In Einkommensteuersystemen mit Individualbesteuerung, wie z.B. in Finnland und Schweden, werden beide Partner auf Basis ihres individuellen Bruttoverdiensts veranlagt. In progressiven Steuersystemen werden höhere Einkommen mit höheren Steuersätzen besteuert als niedrigere Einkommen. In einem System der Individualbesteuerung wirkt sich die Progressivität folgendermaßen aus:

- Wenn der Höchst- bzw. Hauptverdiener einer Familie zusätzliches Einkommen erwirtschaftet, wird dieses Einkommen mit einem höheren Steuersatz besteuert, als wenn sich das Einkommen des Zweitverdieners um denselben Betrag erhöht.
- Sofern einer der beiden Partner mehr verdient als der andere, steigert eine ausgewogenere Aufteilung der Erwerbsarbeit zwischen Haupt- und Zweitverdiener das verfügbare Haushaltseinkommen[3].

Insgesamt betrachtet fördert die Individualbesteuerung mit progressiven Steuersätzen eine ausgewogene Aufteilung der Erwerbsarbeit.

Bei Einkommensteuersystemen mit weitgehend einheitlichem Steuersatz (wie z.B. in Estland und Ungarn) ist der Effekt auf die Aufteilung der Erwerbsarbeit in Paaren überwiegend neutral. Da für höhere Einkommen kein höherer Steuersatz gilt, wird das verfügbare Haushaltseinkommen einer Familie nicht dadurch beeinflusst, ob das Einkommen von einem der beiden Partner alleine oder von beiden Partnern zusammen erwirtschaftet wird.

Einkommensteuersysteme mit gemeinsamer Veranlagung hemmen eine ausgewogene Aufteilung der Erwerbsarbeit. Bei Systemen mit Zusammenveranlagung von Ehepartnern, wie z.B. in Deutschland, oder familienbezogener Veranlagung, wie z.B. in Frankreich mit dem *quotient familial*, wird das Einkommen der Partner zusammengerechnet und mit demselben Grenzsteuersatz veranlagt. Da der Steuersatz auf dem gemeinsamen Einkommen der Partner beruht, ist es irrelevant, wie viel beide jeweils dazu beitragen. Bei einem System mit gemeinsamer Veranlagung und progressivem Steuertarif werden Zweitverdienende effektiv mit höheren Grenzsteuersätzen besteuert als bei getrennter Veranlagung, weil die niedrigeren Einkommensbereiche (für die niedrigere Steuersätze gelten) bereits mit dem Einkommen des Hauptverdieners überschritten werden. Je höher das Einkommen des Hauptverdieners ist, desto höher ist auch der Steuersatz für das Einkommen des Zweitverdieners – umso geringer sind folglich die finanziellen Anreize für den Zweitverdiener, zum Familieneinkommen beizutragen. Wenn zudem der Kinderfreibetrag vom Zweitverdiener auf den Hauptverdiener übertragen werden kann (und selbst dann geltend gemacht werden kann, wenn der Zweitverdiener

---

Kasten 3.2 Grundgesetz und Ehegattensplitting in Deutschland

Die Gestaltung der Familienbesteuerung in Deutschland beruht auf zwei verfassungsrechtlichen Vorgaben:

- Artikel 6 des Grundgesetzes stellt die Ehe und Familie unter besonderen Schutz, was im Allgemeinen so ausgelegt wird, dass die steuerliche Belastung für verheiratete Steuerpflichtige geringer bzw. nicht höher als für unverheiratete Steuerpflichtige mit vergleichbarem Einkommen zu sein hat (Bach et al., 2011).
- Der Gesetzgeber muss nach Maßgabe des in Artikel 20 und 28 des Grundgesetzes verankerten Sozialstaatsprinzips bei der Gestaltung und Umsetzung von Gesetzen soziale Erwägungen berücksichtigen. Das Einkommensteuergesetz gesteht daher jedem Erwachsenen einen Grundfreibetrag in Höhe des Existenzminimums zu, der für 2016 bei 8 652 Euro liegt.

Das Grundgesetz bezieht sich jedoch nicht explizit auf das System der gemeinsamen Steuerveranlagung in seiner gegenwärtigen Form, d.h. das Ehegattensplitting. Andere Steuersysteme können ebenfalls verfassungsgemäß sein (vgl. Spangenberg, 2005; Prognos, 2014; Bach et al., 2011, zu verschiedenen Reformszenarien), sofern sie die Vorgaben hinsichtlich des Grundfreibetrags erfüllen und Verheiratete nicht benachteiligen.

nicht zum Familieneinkommen beiträgt), bestehen für Zweitverdienende (in der Regel Mütter) noch weniger finanzielle Anreize, ihren Erwerbsumfang über die Entgeltgrenze für eine steuerfreie Beschäftigung hinaus auszuweiten und sich nicht auf eine geringfügige Beschäftigung, z.B. in einem Minijob, zu beschränken.

2. Sozialversicherungssysteme

Sozialversicherungssysteme, deren Beitragssätze proportional zum individuellen Bruttoverdienst erhoben werden, bedingen eine neutrale Behandlung ausgewogen aufgeteilter Erwerbsarbeit – dies ist beispielsweise in Finnland, Griechenland, Italien, Norwegen und Schweden der Fall. Progressive Beitragssätze – wie in Frankreich für die meisten Verdienstniveaus – fördern entweder eine ausgewogene Aufteilung der Erwerbsarbeit in Paaren (wobei der Zweitverdiener, d.h. der niedriger verdienende Partner, niedrigere Beiträge zahlt als der höher verdienende Partner) oder behandeln die relativen Verdienstniveaus der Partner neutral.

Niedrigere Beitragssätze bei einem niedrigen Einkommensniveau bieten nichterwerbstätigen Partnern in Paarfamilien finanzielle Anreize, eine Erwerbstätigkeit aufzunehmen und/oder ihren Erwerbsumfang und ihr Erwerbseinkommen zu steigern (wie in Belgien, Israel und Deutschland). Andererseits haben Zweitverdienende bei bestehenden Beitragsbefreiungen und/oder im niedrigen Einkommensbereich graduell steigenden Beitragssätzen starke finanzielle Anreize, ihren Erwerbsumfang und somit ihren Verdienst zu begrenzen, um nicht den vollen Beitragssatz entrichten zu müssen. In Deutschland beispielsweise steigen die Beitragssätze für Erwerbseinkommen aus sogenannten Midijobs – Beschäftigungsverhältnissen mit einem Einkommen über 450 Euro bis maximal 850 Euro pro Monat – linear bis zum vollen Beitragssatz an (Kasten 3.3).

Eine Deckelung der Sozialversicherungsbeiträge für höhere Einkommensniveaus (wie in Österreich und Deutschland) hingegen wirkt einer Aufteilung der Erwerbsarbeit entgegen, wenn einer der Partner mit seinem Verdienst die Beitragsbemessungsgrenze überschreitet (die 2016 in Deutschland bei 6 200 Euro pro Monat für die alten Bundesländer und 5 400 Euro pro Monat für die neuen Bundesländer liegt). In diesem Fall müsste der höher verdienende Partner bei einer Steigerung seines Verdiensts keine zusätzlichen Sozialversicherungsbeiträge entrichten. Steigt jedoch der Bruttoverdienst des unter der Beitragsbemessungsgrenze verdienenden Partners, dann erhöht sich die Steuer- und Abgabenbelastung des Haushalts, bei der auch die Sozialversicherungsbeiträge berücksichtigt werden.

3. Transferleistungen

Ebenso wie universelles Kindergeld oder einkommensbezogene Transferleistungen (wie z.B. Lohnersatzleistungen während der Elternzeit) können auch andere Sozialleistungen einer Bedürftigkeitsprüfung auf individueller und/oder Haushaltsebene unterliegen. Wenn ein nichterwerbstätiger oder geringfügig beschäftigter Partner in einem einkommensschwachen Haushalt eine Erwerbstätigkeit aufnimmt oder seinen Erwerbsumfang steigert, kann der Haushalt dadurch möglicherweise seinen Anspruch auf bestimmte Transferleistungen teilweise oder ganz einbüßen. Folglich bestehen für Zweitverdienende in einkommensschwachen Haushalten u.U. keine starken finanziellen Anreize, ihren Erwerbsumfang zu erhöhen. Dies hängt jedoch letztlich von der Transferentzugsrate ab.

Bei einem niedrigen Einkommensniveau können Lohnergänzungsleistungen einen Anreiz für Frauen darstellen, eine Erwerbstätigkeit aufzunehmen oder ihren Erwerbsumfang zu erhöhen (OECD, 2015d). In Finnland und den Niederlanden beispielsweise, wo die Lohnergänzungsleistungen auf dem individuellen Einkommen beruhen, besteht für Zweitverdienende im untersten Einkommensdezil ein finanzieller Anreiz, in Teilzeit zu arbeiten. Andere Lohnergänzungsleistungen werden lediglich ab einem bestimmten Erwerbsumfang gewährt, so dass für die Frauen ein Anreiz besteht, mehr als eine Teilzeittätigkeit mit geringer Stundenzahl auszuüben – in Irland beispielsweise liegt dieser Mindestumfang bei 38 Stunden pro 2-Wochen-Zeitraum.

Wenn für Lohnergänzungsleistungen das Haushaltseinkommen zugrunde gelegt und bei der Einkommensprüfung dementsprechend das Einkommen des Partners einbezogen wird, bieten diese Leistungen wenig oder keinen Anreiz für die Partner von Vollzeitverdienern, eine Erwerbstätigkeit aufzunehmen bzw. – im Fall einer Teilzeiterwerbstätigkeit – ihre Arbeitsstunden zu erhöhen. In den Vereinigten Staaten beispielsweise beruht der Earned Income Tax Credit (EITC), eine Steuergutschrift für Geringverdiener, auf dem Haushaltseinkommen. Wenn sich 2014 in einer Familie mit zwei Kindern der Verdienst des Zweitverdieners so stark erhöhte, dass das jährliche Haushaltseinkommen über 49 186 US-$ stieg, verlor die Familie dadurch ihren Anspruch auf die Steuergutschrift.

Frankreich hat ebenso wie Deutschland ein Steuersystem mit Zusammenveranlagung und progressivem Steuertarif. Allerdings beinhaltet das deutsche Transfersystem Elemente, die die negativen Anreizeffekte des Ehegattensplittings noch verstärken (OECD, 2016b):

- Die Ausgestaltung der sogenannten Minijobs und Midijobs[4] (Kasten 3.3) hält Zweitverdienende ebenfalls davon ab, ihren Erwerbsumfang zu erhöhen. Minijobs werden überwiegend von Frauen ausgeübt: 2014 entfielen 77,1% aller Minijobs auf Frauen, und 11,6% der Frauen waren in Minijobs tätig (Destatis, 2016a).

- Die beitragsfreie Mitversicherung für Ehepartner in der gesetzlichen Krankenversicherung stellt ein weiteres Hemmnis für die Erwerbstätigkeit von Müttern und eine ausgewogenere Aufteilung der Erwerbsarbeit dar (OECD, 2016a).

- Bei Ehepaaren, bei denen einer der beiden Ehepartner (in der Regel der Mann) mit seinem Verdienst über der Beitragsbemessungsgrenze liegt und dementsprechend für das über diesen Grenzbetrag hinausgehende Einkommen keine Sozialversicherungsbeiträge zu entrichten hat, besteht für den anderen Ehepartner (in der Regel die Frau) ein geringerer Anreiz, (mehr) zu arbeiten – außer in Minijobs, die weitgehend von der Sozialversicherungspflicht befreit sind.

Die finanziellen Anreize für Zweitverdienende in Paarfamilien, (mehr) zu arbeiten und zum Haushaltseinkommen beizutragen, könnten in Deutschland in verschiedener Hinsicht verbessert werden (Kasten 3.3 und OECD, 2016b). Beispielsweise würden sich durch einen gesonderten (nicht übertragbaren) Steuerfreibetrag für Zweitverdiener die Steuern auf das zusätzliche Einkommen verringern. Die Krankenversicherungsbeiträge könnten basierend auf der Familiengröße erhoben werden; einkommensschwache Haushalte könnten zur Deckung der Beiträge, für die sie nicht oder nur zum Teil selbst aufkommen können, staatliche Transferzahlungen erhalten (OECD, 2016b). In der Schweiz beispielsweise entrichten Erwachsene eine obligatorische Einheitsprämie für die gesetzliche Krankenversicherung und erhalten einkommensschwache Haushalte eine einkommensabhängige staatliche Ausgleichszahlung (Prämienverbilligung), durch die die Krankenversicherungsprämien ganz oder teilweise gedeckt werden.

2015 wurde in Deutschland ein flächendeckender Mindestlohn eingeführt, der letztlich für in einer Partnerschaft lebende Mütter die finanziellen Anreize zur Aufnahme einer

Kasten 3.3 **Fördert das deutsche Steuer- und Transfersystem eine partnerschaftliche Aufgabenteilung? Befunde einer umfassenden Evaluierung**

2009 gaben das Bundesministerium für Familie, Senioren, Frauen und Jugend und das Bundesministerium der Finanzen eine umfassende Evaluierung familienbezogener Leistungen und Maßnahmen in Deutschland in Auftrag. Dazu wurde ein breites Spektrum von Maßnahmen analysiert, wie z.B. Kindergeld und Kinderfreibeträge, Elterngeld, Ehegattensplitting, der steuerliche Entlastungsbetrag für Alleinerziehende, die staatliche Förderung der Kinderbetreuung, das erhöhte Leistungsniveau beim Arbeitslosengeld I für Antragsteller mit Familie sowie der ermäßigte Beitragssatz für Familien in der Sozialen Pflegeversicherung. Alle Maßnahmen wurden nach ihrer Wirkung auf folgende Zielgrößen beurteilt:

- Vereinbarkeit von Familie und Beruf;
- Wohlergehen von Kindern;
- wirtschaftliche Stabilität von Familien und Effekt einzelner Maßnahmen auf unterschiedliche Familientypen;
- Realisierung von Kinderwünschen.

Ein Teil der Analyse bestand darin, die Effekte des Steuer- und Transfersystems mittels eines bevölkerungsbasierten Mikrosimulationsmodells unter Anwendung des Leistungsrechts des Jahres 2010 auf Daten aus dem Sozio-oekonomischen Panel zu evaluieren (ZEW und FFP, 2013). Neben der Modellierung der Interaktionen im Steuer- und Transfersystem untersuchte die Analyse auch die Effekte einzelner Leistungen und Maßnahmen auf die Erwerbsbeteiligung und die Staatsfinanzen, indem die hypothetische Abschaffung einer konkreten Leistung oder Maßnahme simuliert wurde und die Ergebnisse mit dem Status quo verglichen wurden. Darüber hinaus wurde die Wirkung von Politikmaßnahmen anderer Länder auf das deutsche Steuer- und Transfersystem simuliert.

Bei der Evaluierung wurde festgestellt, dass zwei Komponenten des deutschen Steuer- und Transfersystems besonders hinderlich für eine ausgewogene Aufteilung der Erwerbsarbeit sind:

- Das Ehegattensplitting ist einer ausgewogeneren Aufgabenteilung und größeren wirtschaftlichen Unabhängigkeit der Zweitverdienenden (häufig sind dies die Frauen) nicht zuträglich. Die Einführung einer familienbezogenen Steuerveranlagung nach dem Vorbild des französischen *quotient familial* würde – unter ansonsten gleichen Voraussetzungen – das Arbeitsangebot in Deutschland kaum erhöhen, selbst wenn zugleich andere Elemente des französischen Kindergeldsystems übernommen würden. Die Einführung einer Individualbesteuerung, wie in Schweden, würde einen deutlichen Anstieg der Erwerbsbeteiligung von Müttern, einen leichten Rückgang der Erwerbsbeteiligung von Vätern und somit eine ausgewogenere Aufteilung der Erwerbsarbeit bewirken. Dieses Ergebnis wurde von Eichhorst et al. (2012) in einer Mikrosimulationsstudie bestätigt, in der auch die Arbeitsnachfrage berücksichtigt wurde. Die Studie kam zu dem Ergebnis, dass die Individualbesteuerung zu einer ausgewogeneren Aufteilung der Erwerbsarbeit zwischen beiden Partnern – insbesondere bei Partnern mit mittlerem bis hohem Bildungsniveau – führen würde.
- Die beitragsfreie Mitversicherung in der gesetzlichen Krankenversicherung für den Ehepartner des Hauptverdieners sowie andere Befreiungen von Sozialversicherungsbeiträgen können Zweitverdienenden den Weg aus der geringfügigen Beschäftigung oder Nichtbeschäftigung erschweren. In Deutschland sind Minijobber (mit einem Einkommen bis 450 Euro pro Monat) von der Sozialversicherungspflicht (und auf Antrag des Beschäftigten auch von der Rentenversicherungspflicht) befreit. Arbeitnehmer mit Midijobs (d.h. einem Einkommen von mehr als 450 bis höchstens 850 Euro pro Monat) zahlen reduzierte Sozialversicherungsbeiträge, die mit dem Verdienst ansteigen. Für Einkommen über 850 Euro im Monat ist der reguläre Beitragssatz zu entrichten.

Obwohl Minijobs und Midijobs Bestandteil des Steuer- und Transfersystems sind, wurden sie bei der Evaluierung nicht berücksichtigt, da es sich nicht um ausdrücklich familienbezogene Maßnahmen handelt. Allerdings hat mehr als die Hälfte aller Minijobber (oft Frauen) einen vollzeitbeschäftigten Partner. Eichhorst et al. stellten auch fest, dass die Abschaffung von Minijobs und Midijobs im bestehenden System mit Ehegattensplitting und beitragsfreier Mitversicherung für den Ehepartner des Hauptverdieners in der gesetzlichen Krankenversicherung keinen wesentlichen Effekt auf das Arbeitsangebot hätte. Demnach würden viele in einer Partnerschaft lebende Frauen ihre Erwerbstätigkeit aufgeben, während andere ihren

(Fortsetzung nächste Seite)

> *(Fortsetzung)*
> Arbeitsumfang erhöhen würden, insbesondere in Haushalten, in denen die Zweitverdienenden lediglich über einen Bildungsabschluss des Sekundarbereichs verfügen, da Hochschulabsolventen selten in Mini- oder Midijobs tätig sind. Allerdings zeigen Eichhorst et al., dass sich das Arbeitsangebot von Müttern deutlich erhöhen würde, wenn die Abschaffung von Minijobs und Midijobs mit einer Einführung der Individualbesteuerung einhergehen würde.

Erwerbstätigkeit verändern und ihr Arbeitsmarktverhalten beeinflussen könnte. Vor der Einführung des Mindestlohns rechneten die meisten Studien mit erheblichen Auswirkungen des Mindestlohns auf die Beschäftigung und das Einkommen geringfügig Beschäftigter, wie z.B. Minijobber, bei denen es sich überwiegend um in einer Partnerschaft lebende Frauen handelt. Bislang liegen allerdings wenig kausale Befunde zum Effekt des Mindestlohns auf die Beschäftigung und das Einkommen in verschiedenen Beschäftigungsformen und bei Gruppen wie z.B. berufstätigen Müttern vor (BMWi, 2015; Bossler und Gerner, 2016; IAB, 2016). Die ersten deskriptiven Befunde zeigen jedoch, dass seit 2015 weniger Personen (hauptsächlich Studierende und Rentner) geringfügig hauptbeschäftigt sind (IAB, 2016; IAQ, 2016a) und dass ein Teil der geringfügig Beschäftigten in reguläre Beschäftigungsverhältnisse gewechselt ist (IAB, 2016a). Dagegen ist die Zahl der geringfügig Nebenbeschäftigten seit 2015 nicht zurückgegangen (IAQ, 2016b).

4. Elterngeldregelungen können Veränderungen der Väterbeteiligung an der Kinderbetreuung bewirken und Müttern eine schnellere Rückkehr in den Beruf erleichtern

Die Länder im OECD-Raum verfügen über Regelungen, die Eltern Anspruch auf eine (bezahlte) berufliche Freistellung vor und nach der Geburt eines Kindes in Form von Mutterschutz, Väterzeit und/oder Elternzeit gewähren. Während Mutterschaftsleistungen im gesamten OECD-Raum seit langem üblich sind, stellt die bezahlte berufliche Freistellung von Vätern eine neuere Entwicklung dar. In den 1970er Jahren war eine bezahlte Väterzeit in OECD-Ländern nicht vorgesehen; die einzigen Länder, die Vätern überhaupt eine bezahlte berufliche Freistellung gewährten, waren Spanien, Luxemburg und Belgien mit einem, zwei bzw. drei Tagen. Seit aber 1990 in Dänemark und Schweden eine vergütete Väterzeit eingeführt wurde, sind 17 weitere Länder diesem Beispiel gefolgt. (Für einen Überblick über die Elternzeitregelungen in OECD-Ländern vgl. Adema et al., 2015; die in Deutschland in den letzten Jahren umgesetzten Reformen werden nachstehend beschrieben.)

2014 war in allen OECD-Ländern mit Ausnahme der Vereinigten Staaten landesweit ein bezahlter Mutterschutz von mindestens 12 Wochen vorgesehen. In zwei Dritteln der OECD-Länder nehmen Mütter häufig auch bezahlte Elternzeit in Anspruch. Rechnet man den bezahlten Mutterschutz und die bezahlte Elternzeit zusammen, beläuft sich der von Müttern nutzbare Anspruch auf bezahlte berufliche Freistellung im OECD-Durchschnitt auf knapp über ein Jahr (Abb. 3.4, Teil A).

Um die Inanspruchnahme der beruflichen Freistellung durch Väter zu steigern und eine partnerschaftlichere Aufteilung der Familienarbeit zu fördern (Kapitel 5), haben viele OECD-Länder väterspezifische vergütete Freistellungszeiten eingeführt. Dazu zählen beispielsweise eine Väterzeit mit Kündigungsschutz, ausschließlich für Väter reservierte Elternzeit („Väterquoten") oder aufteilbare Elternzeit, die faktisch für Väter „reserviert" ist, weil sie vom Partner des hauptsächlich für die Kindererziehung freigestellten Elternteils

3. POLITIKMASSNAHMEN ZUR FÖRDERUNG DER PARTNERSCHAFTLICHKEIT IN DEUTSCHLAND

(d.h. in der Regel dem Vater) genommen werden muss, um der Familie einen Anspruch auf Bonuswochen zu sichern. (Abb. 3.4, Teil B berücksichtigt ausschließlich nicht übertragbare Leistungsansprüche für Väter.)

Der Anspruch auf bezahlte Elternzeit ist im OECD-Raum familienbasiert, es bleibt also in Paarfamilien den beiden Elternteilen überlassen, wie sie die Elternzeit untereinander aufteilen wollen. Häufig verdienen die Mütter weniger als die Väter und sie verdienen

Abbildung 3.4 Für Väter ist der Anspruch auf bezahlte Freistellung vom Beruf in den letzten 15 Jahren gestiegen, während er für Mütter weitgehend gleich geblieben ist

Teil A. Dauer der für Mütter verfügbaren bezahlten Mutterschutz- und Elternzeit in Wochen, 2000 und 2014

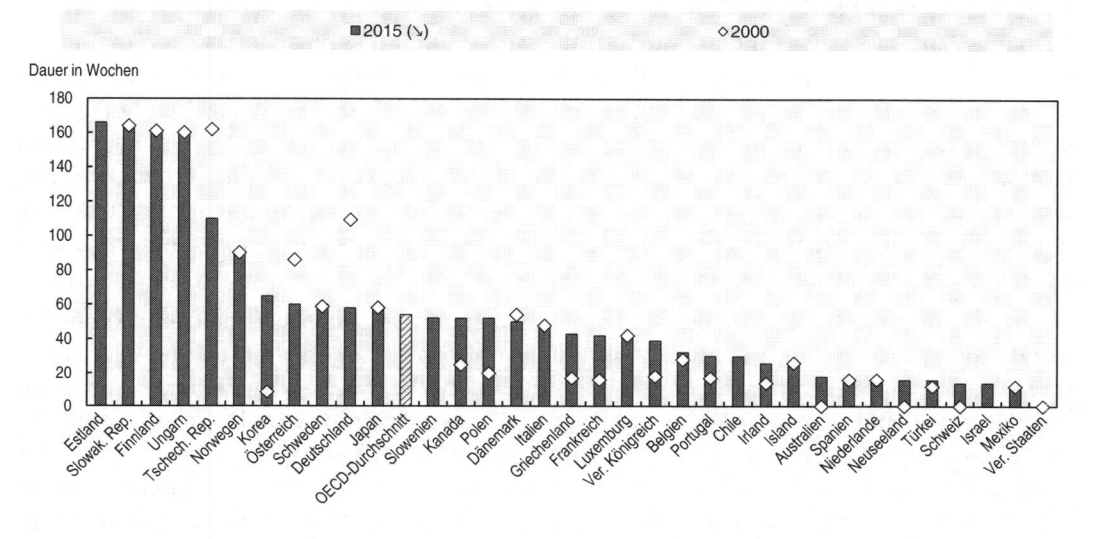

Teil B. Dauer der für Väter reservierten bezahlten Väter- und Elternzeit in Wochen, 2000 und 2014

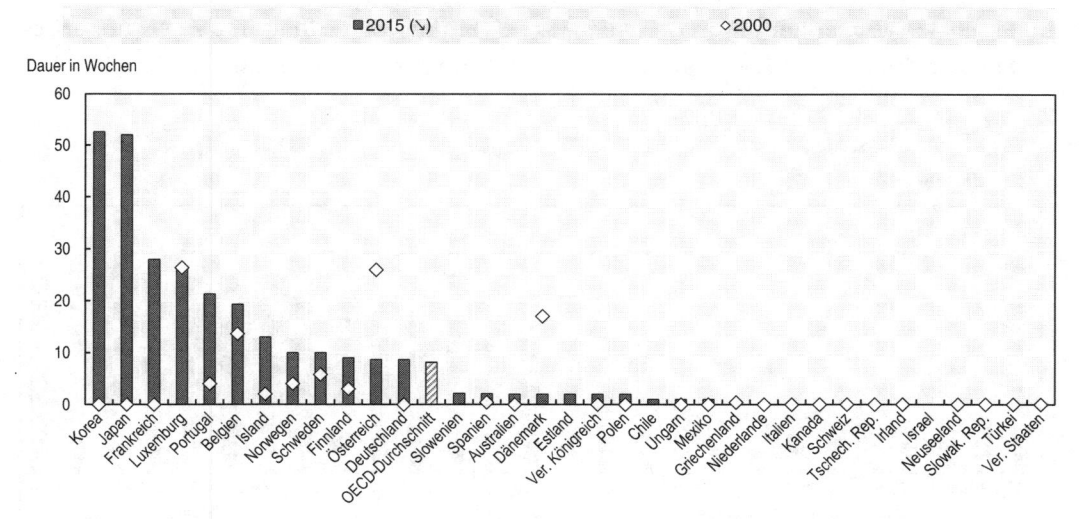

Teil A: Die Angaben beziehen sich auf die in Wochen gemessenen Ansprüche auf bezahlten Mutterschutz sowie die für Mütter verfügbare bezahlte Elternzeit und Betreuungszeit.
Teil B: Die Angaben beziehen sich auf die in Wochen gemessenen Ansprüche auf Väterzeit, „Väterquoten" oder Elternzeit, die nur vom Vater genutzt und nicht auf die Mutter übertragen werden können, sowie etwaige Anteile einer aufteilbaren Elternzeit, die vom Vater genommen werden müssen, um der Familie einen Anspruch auf Bonuswochen beim Elterngeldbezug zu sichern.
Quelle: OECD Family Database, *www.oecd.org/els/family/database.htm*.

umso weniger, je mehr Kinder sie haben, da sich Babypausen negativ auf ihren Verdienst auswirken. Dadurch sind die Kosten für die privaten Haushalte auf kurze Sicht geringer, wenn die verfügbare Elternzeit von den Müttern in Anspruch genommen wird.

Die Gestaltung der Elternzeitregelungen kann erheblichen Einfluss darauf haben, ob Mütter wieder in den Beruf zurückkehren und wie viele Stunden sie arbeiten. Vergleicht man den Anteil der berufstätigen Mütter in Deutschland vor und nach der Einführung des Elterngelds 2007, so zeigt sich, dass der – zuvor schon niedrige – Anteil der Berufstätigen unter den Müttern von Kleinstkindern zwischen 2006 und 2014 noch weiter zurückgegangen ist (Abb. 3.5). Allerdings war 2014 bei den Müttern, deren jüngstes Kind 1 oder 2 Jahre alt war, die Erwerbstätigenquote höher, und ein größerer Anteil der Mütter arbeitete mindestens 15 Stunden pro Woche. Kluve und Schmitz (2014) bestätigen die deskriptiven Befunde und zeigen, dass sich durch das 2007 eingeführte Elterngeld die Wahrscheinlichkeit erhöht hat, dass Mütter – insbesondere Mütter mit hohem Bildungsniveau – innerhalb von fünf Jahren nach der Geburt in den Beruf zurückkehren und mehr Stunden arbeiten. Da die 2007 eingeführte Leistung großzügiger ausgestaltet war als das vorher geltende System, verursachte sie zunächst höhere Kosten. Da aber die Eltern (überwiegend Frauen) früher und in größerer Zahl in den Beruf zurückkehren, dürfte Schätzungen zufolge ein erheblicher Teil der zusätzlichen Kosten – bis zu 25% – durch Steuermehreinnahmen und einen Rückgang der durch Nichterwerbstätigkeit bedingten staatlichen Ausgaben in den ersten fünf Jahren nach der Geburt aufgewogen werden (Bechara et al., 2015).

In den meisten OECD-Ländern sind die väterspezifischen Anspruchszeiträume deutlich kürzer als Mutterschutz und Elternzeit. Im Durchschnitt stehen Vätern im OECD-Raum neun Wochen bezahlte Freistellung zu; in neun Ländern besteht jedoch keinerlei Anspruch auf Väterzeit, und in zehn Ländern beträgt die Freistellung maximal zwei Wochen, die im Allgemeinen voll vergütet werden (Abb. 3.4, Teil B). Allerdings nimmt die Zahl der Länder zu, in denen eine längere Väterzeit gewährt wird. In neun Ländern können Väter mindestens drei Monate lang eine berufliche Auszeit für die Kindererziehung nehmen. In

Abbildung 3.5 **Mütter kehren in Deutschland seit einiger Zeit früher in den Beruf zurück**
Erwerbstätigkeit und Erwerbsvolumen von Müttern nach Alter des jüngsten Kindes, in Prozent[1]

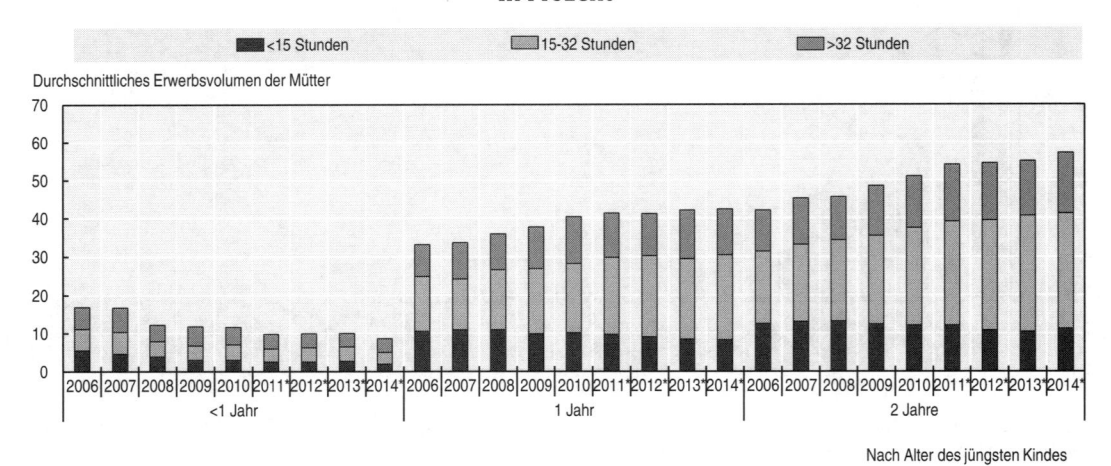

1. Bei dem Erwerbsvolumen sind die normalerweise in einer Woche geleisteten Stunden einschließlich regelmäßig geleisteter Überstunden berücksichtigt.
* Hochgerechnet auf Grundlage der Bevölkerungsfortschreibung Zensus 2011.
Quelle: BMFSFJ (2014).

Nordamerika hat die kanadische Provinz Québec fünf Wochen der Elternzeit ausschließlich für Väter reserviert. In den beiden ostasiatischen OECD-Ländern – Japan und Korea – sehen die unlängst reformierten Regelungen nun einen individuellen Anspruch auf eine bezahlte berufliche Freistellung von bis zu 12 Monaten vor. In Japan erhalten Väter während dieser Zeit rd. 58% des Durchschnittsverdiensts, was einer Freistellung für 30,4 Wochen bei voller Vergütung entspricht und die mit Abstand großzügigste väterspezifische Leistung im OECD-Raum darstellt (OECD, 2015f). Allerdings nutzen weniger als 5% der Väter in Japan und Korea ihren Anspruch auf bezahlte Freistellung – möglicherweise, weil nur wenige Väter in diesen Ländern von diesen Ansprüchen wissen. Es besteht jedoch auch die Wahrscheinlichkeit, dass sie aus Sorge um ihre beruflichen Perspektiven davor zurückschrecken, mehrere Monate Elternzeit in Anspruch zu nehmen.

Es gibt verschiedene Gründe dafür, Väter zur Nutzung von Elternzeit zu bewegen – sei es, um eine Änderung der Geschlechterstereotypen zu bewirken, einer partnerschaftlicheren Aufteilung der Familienarbeit Vorschub zu leisten, oder um Kindern die Möglichkeit zu geben, Zeit mit beiden Elternteilen zu verbringen (Kapitel 5). Die berufliche Freistellung von Vätern wirkt sich auch positiv auf die Erwerbstätigkeit von Frauen aus: Wenn die Wahrscheinlichkeit bei Männern und Frauen gleich groß ist, dass sie eine berufliche Auszeit in Anspruch nehmen, dürfte die Diskriminierung von Frauen im gebärfähigen Alter bei Einstellungsentscheidungen abnehmen. Schweden führte 1974 als erstes OECD-Land eine bezahlte Elternzeit ein. Dabei handelte es sich um einen Zeitraum von sechs Monaten, der zwischen beiden Elternteilen aufgeteilt werden konnte (Chronholm, 2007). 1995 führte Schweden eine einmonatige Freistellung ausschließlich für Väter ein, die in der Folge zunächst auf zwei, später dann auf drei Monate verlängert wurde. Im Lauf der Jahre ist der Anteil der von Vätern in Anspruch genommenen Elternzeittage nach und nach gestiegen – von 5% im Jahr 1980 auf 10% 1995 und 24% 2012.

Finanzielle Anreize haben auch in anderen Ländern das Verhalten der Väter beeinflusst. In Island beispielsweise wurden nur 3% der verfügbaren Elternzeittage von Vätern in Anspruch genommen, bis 2001 eine dreimonatige bezahlte Freistellung ausschließlich für Väter eingeführt wurde. Seither hat sich die Inanspruchnahme verzehnfacht (Eydal und Gíslason, 2014), wobei jedoch in jüngerer Zeit wieder ein Rückgang zu beobachten war: 2013 nahmen 28,5% der Väter ihre Väterzeit in Anspruch, während es 2005 noch 32,7% waren (NOSOSCO, 2015). Auch die Dauer der von den anspruchsberechtigten Vätern genommenen Väterzeit hat sich von durchschnittlich 101 Tagen im Jahr 2007 auf 73 Tage 2014 verringert (Arbeitsministerium Island, 2015). Der Rückgang hängt wahrscheinlich mit den Leistungskürzungen der letzten Jahre zusammen. Infolge der Wirtschaftskrise von 2007/2008 senkte Island die Obergrenze, bei der das einkommensabhängige Elterngeld gedeckelt war, das den entgangenen Verdienst im Prinzip zu 80% ersetzen sollte. Dadurch sank der Einkommensanteil, der einem Durchschnittsverdiener tatsächlich ersetzt wurde, von 80% im Jahr 2008 auf den 2012 erreichten Tiefststand von nur noch knapp unter 60% .

Politikreformen zur Förderung eines partnerschaftlicheren Elterngeldbezugs in Deutschland

Auch in Deutschland hat die Elterngeld- und Elternzeitreform dazu beigetragen, dass der Anteil der Väter, die Elterngeld beziehen, gestiegen ist (auf knapp über 34% bei Vätern von 2014 geborenen Kindern (Destatis, 2016b)). Eltern in Deutschland teilen den Zeitraum des Elterngeldbezugs zunehmend untereinander auf, was die Bindungen zwischen Vätern und Kindern stärken (Kapitel 5) und die Erwerbsbeteiligung von Frauen fördern dürfte. Vgl. Dustmann und Schönberg, 2012; Geyer et al., 2015; sowie Kluve und Schmitz, 2014; zu den Effekten der Einführung des Elterngelds 2007.

1986 wurde in der Bundesrepublik Deutschland das Erziehungsgeld eingeführt, das im Anschluss an die 14-wöchige Mutterschutzfrist für einen Zeitraum von acht Monaten bezahlt wurde. Das Erziehungsgeld betrug in den ersten sechs Monaten pauschal 600 DM, während es sich in den letzten beiden Monaten um eine bedürftigkeitsgeprüfte Leistung handelte. Zwischen 1986 und 2007 wurden die Bezugsdauer des Erziehungsgelds und der Zeitraum des Kündigungsschutzes ausgeweitet – 1990 wurde das Erziehungsgeld auf 16 Monate verlängert, und 1992 erhielten Eltern die Möglichkeit, bis zu drei Jahre nach der Geburt ihres Kindes Elternzeit mit Kündigungsschutz in Anspruch zu nehmen (Dustmann und Schönberg, 2012; Kamerman und Kahn, 1991; Merz, 2004).

2007 wurde im Zuge einer radikalen Reform das pauschale bedürftigkeitsgeprüfte Erziehungsgeld durch das verdienstabhängige Elterngeld mit Mindest- und Höchstsätzen abgelöst. Die Höhe der Leistung wurde mit 67% des durchschnittlichen Nettoverdiensts des betreffenden Elternteils in den 12 Monaten vor der Geburt angesetzt, höchstens jedoch 1 800 Euro und mindestens 300 Euro pro Monat. Das Elterngeld wurde für die ersten 12 Monate der beruflichen Freistellung gezahlt. Dieser Zeitraum verlängerte sich um weitere zwei Monate auf insgesamt 14 Monate, wenn der andere Partner (in der Regel der Vater) mindestens zwei Monate Elterngeld bezog. Dabei bestand die Möglichkeit, die Bezugsdauer des Elterngelds auf bis zu 24+4 Monate zu strecken (wenn jeder Elternteil mindestens vier Monate in Anspruch nahm); in diesem Fall verringerte sich der monatliche Leistungssatz proportional. Eine unbezahlte berufliche Freistellung mit Kündigungsschutz war für maximal 36 Monate möglich (Moss und Korintus, 2008).

Um eine partnerschaftliche Aufgabenteilung zu fördern, bot das 2007 eingeführte Elterngeld dem zweiten Partner – in der Praxis handelt es sich dabei zumeist um den Vater – finanzielle Anreize, ebenfalls eine berufliche Freistellung in Anspruch zu nehmen. Der Anteil der Kinder, deren Vater Elterngeld bezieht, hat sich kontinuierlich von 20,8% im Jahr 2008 auf 34,2% im Jahr 2014 erhöht (Abb. 3.6). Für die Jahre vor der Einführung des Elterngelds 2007 liegen zwar keine vollständig vergleichbaren Daten vor, die verfügbaren Daten zeigen jedoch, dass 2006 nur 3,5% der Väter Erziehungsgeld bezogen (Destatis, 2012).

Allerdings war die 2007 eingeführte Regelung ungünstig für Paare, in denen beide Partner in Teilzeit (bis zu 30 Stunden pro Woche) arbeiteten. Sie erhielten lediglich ein Teilelterngeld, zugleich wurde aber jeder Monat, in dem sie erwerbstätig waren, für ihren Elterngeldanspruch so gezählt, als hätten sie gar nicht gearbeitet und einen vollen Monatsanspruch verbraucht (vgl. Beispiel 1 in Tabelle 3.1). Somit reduzierte sich durch eine Teilzeittätigkeit der verfügbare Anspruchszeitraum um 50% (sog. doppelter Anspruchsverbrauch), und diejenigen Elternpaare, in denen beide Partner nach der Geburt ihres Kindes gleichzeitig in Teilzeit arbeiteten, erhielten weniger Leistungen als Paare, in denen ein Partner komplett auf eine Erwerbstätigkeit verzichtete.

Durch die 2015 erfolgte Fortentwicklung des Elterngelds mit dem ElterngeldPlus wurde dieser Teilzeitnachteil beseitigt. Das ElterngeldPlus bietet finanzielle Anreize für eine ausgewogene Aufteilung der Erwerbsarbeit auf beide Elternteile, indem die Bezugsdauer für Eltern, die in Teilzeit arbeiten, verdoppelt wurde (vgl. Beispiele 2a und 2b in Tabelle 3.1). Analog zum Elterngeld ersetzt das ElterngeldPlus entgangenes Einkommen von Eltern, die in Teilzeit arbeiten. Wenn beide Elternteile während oder nach dem Bezug von Elterngeld oder ElterngeldPlus mindestens vier Monate lang parallel zwischen 25 und 30 Wochenstunden arbeiten, erhalten sie zudem einen Partnerschaftsbonus, d.h. sie können vier weitere Monate ElterngeldPlus beziehen. Darüber hinaus sind die 2015 eingeführten Regelungen sehr flexibel im Hinblick darauf, wie und wann Eltern ihren Leistungsanspruch und die dreijährige Elternzeit mit Kündigungsschutz nutzen können.

Abbildung 3.6 **Die Inanspruchnahme von Elterngeld durch Väter ist in Deutschland gestiegen**

Anteil der in den Jahren 2008-2014 geborenen Kinder, deren Vater Elterngeld bezogen hat, in Prozent

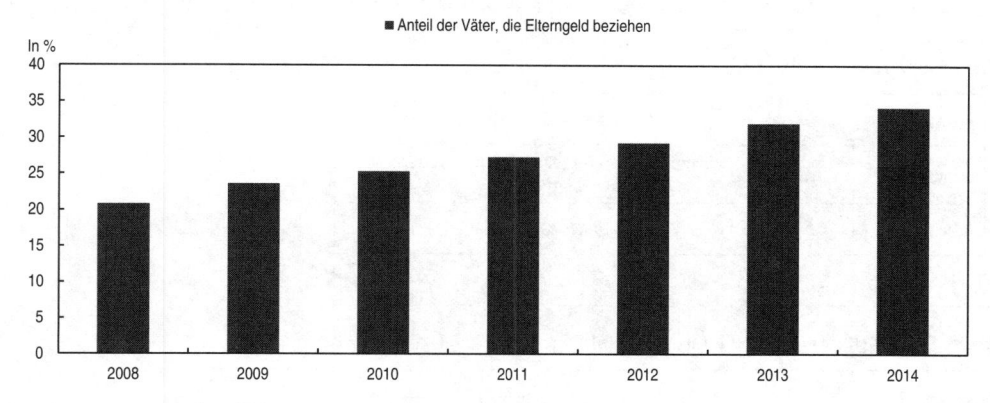

■ Anteil der Väter, die Elterngeld beziehen

Quelle: Destatis (2016), „Öffentliche Sozialleistungen – Statistik zum Elterngeld, Beendete Leistungsbezüge für in den Jahren 2008 bis 2012 geborene Kinder", *www.destatis.de/DE/ZahlenFakten/GesellschaftStaat/Soziales/Soziales.html*.

Das schwedische Elterngeldmodell, das auf eine geschlechtergerechtere Aufteilung der Elternzeit abzielt, hat viele andere Länder dazu bewogen, in ihren Elterngeldregelungen spezielle Anreize für Väter vorzusehen (wie z.B. die sogenannten „Vätermonate"). Das schwedische System bietet Eltern auch einen Gleichstellungsbonus (*Jämställdhetsbonus*) für eine partnerschaftliche Aufteilung ihrer beruflichen Auszeit: Pro Tag ausgewogen aufgeteilter Elternzeit erhalten die Eltern einen steuerfreien Bonus von ungefähr 5 Euro, bis zu einem Höchstbetrag von rd. 1 485 Euro (Duvander et al., 2014). Allerdings war der schwedische Gleichstellungsbonus kein durchschlagender Erfolg – er wurde mangels Bekanntheit in der Bevölkerung nur in begrenztem Umfang genutzt und soll 2017 abgeschafft werden (Regeringskansliet, 2016). Der schwedische *Jämställdhetsbonus* ist zwar kaum mit dem ElterngeldPlus zu vergleichen, er zeigt jedoch, wie wichtig es ist, diese Leistungen einer kontinuierlichen Erfolgskontrolle und Evaluierung zu unterziehen und die Eltern umfassend über die Regelungen zu informieren.

Im August 2013 wurde ein Betreuungsgeld von 100 Euro pro Monat eingeführt, das im August 2014 auf 150 Euro erhöht wurde. Das Betreuungsgeld wurde an Eltern gezahlt, die nach Ablauf des Elterngeldbezugs keine öffentlich geförderte Kinderbetreuung für ihr 2- oder 3-jähriges Kind nutzten. Kritiker befürchteten, dass Eltern mit schwächerem sozioökonomischem Hintergrund das Betreuungsgeld in Anspruch nehmen würden, wodurch ihre Kinder nicht von FBBE profitieren würden und die Mütter weniger Anreize hätten, in den Beruf zurückzukehren. Eine erste Untersuchung zu den Absichten von Eltern, das Betreuungsgeld in Anspruch zu nehmen, untermauerte diese Sorge: Eltern, die über ein geringeres Bildungsniveau verfügten und/oder deren Erstsprache nicht Deutsch war, neigten stärker als deutschsprachige Eltern oder Eltern mit höherem Bildungsniveau dazu, für ihre Kinder „aufgrund" des Betreuungsgelds kein FBBE-Angebot zu nutzen (Fuchs-Rechlin et al., 2014). Im Juli 2015 entschied das Bundesverfassungsgericht, dass das Betreuungsgeld nicht in der Gesetzgebungszuständigkeit des Bundes liegt. Folglich wurde das bundesweite Betreuungsgeld abgeschafft, und es blieb den Ländern überlassen, gegebenenfalls eigene Regelungen zu entwickeln.

Tabelle 3.1 **Die neuen Elterngeldregelungen in Deutschland fördern eine partnerschaftliche Aufgabenteilung**

Beispiele für eine mögliche Aufteilung des Elterngeldbezugs nach dem alten und neuen System

Lebensmonat des Kindes	1	2	3	4	5	6	7	8	9	10	11	12	13	14	15	16	17	18	19	20	21	22

Beispiel 1: Altes System (Elterngeld)

Elternteil 1:	Arbeitszeit:	0	0	0	0	0	0	0	0	0	0	0	0	Teilzeit (<30 Stunden)									
	Leistung:	EG	EG	EG	EG	EG	EG	EG	EG	EG	EG	EG	EG	Aufstockung des Teilzeitverdiensts bis zu einer Obergrenze									
Elternteil 2:	Arbeitszeit:	0	0											Teilzeit (<30 Stunden)									
	Leistung:	EG (PM)	EG (PM)											Keine									

Beispiel 2a: Neues System (Elterngeld und ElterngeldPlus)

Elternteil 1:	Arbeitszeit:	0	0	0	0	0	0	0	0	0	0	0	0	Teilzeit (<30 Stunden)						Teilzeit (25-30 Stunden)			
	Leistung:	EG	EG	EG	EG	EG	EG	EG	EG	EG	EG	EG	EG	EGPlus						EGPlus (Bonus)			
Elternteil 2:	Arbeitszeit:	0	0											Teilzeit (<30 Stunden)						Teilzeit (25-30 Stunden)			
	Leistung:	EG (PM)	EG (PM)											EGPlus						EGPlus (Bonus)			

Beispiel 2b: Neues System (Elterngeld und ElterngeldPlus)

Elternteil 1:	Arbeitszeit:	0	0	0	0	0	0	0	0	0	0	0	0	Teilzeit (<30 Stunden)							Teilzeit (25-30 Stunden)		
	Leistung:	EG	EG	EG	EG	EG	EG	EG	EG	EG	EG	EG	EG	EGPlus							EGPlus (Bonus)		
Elternteil 2:	Arbeitszeit:	0	0											Vollzeit							Teilzeit (25-30 Stunden)		
	Leistung:	EG (PM)	EG (PM)											Keine							EGPlus (Bonus)		

Anmerkung: „EG" steht für das 2007 eingeführte Elterngeld. „PM (= Partnermonate)" sind die zwei zusätzlichen Monate, für die Paare Elterngeld erhalten, wenn beide Elternteile Elterngeld in Anspruch nehmen. „EGPlus" bezieht sich auf das neu eingeführte ElterngeldPlus mit möglichem Partnerschaftsbonus. „Bonus" steht für den Partnerschaftsbonus, d.h. die zusätzlichen ElterngeldPlus-Monate, die Eltern erhalten, wenn beide gleichzeitig zwischen 25 und 30 Wochenstunden arbeiten.
Quelle: Basierend auf www.familien-wegweiser.de/ElterngeldrechnerPlaner/rechner.xhtml?cid=1.

5. Weiterentwicklung in Richtung einer flexiblen „Familienarbeitszeit"

Elterngeldregelungen, die Eltern eine ausgewogenere Aufteilung der Erwerbsarbeit und der Kinderbetreuung ermöglichen, können die Weichen dafür stellen, dass Eltern Familie und Beruf auch später, wenn die Kinder größer sind, besser miteinander vereinbaren können. Das 2015 eingeführte ElterngeldPlus erleichtert es Eltern, ihren Erwerbsumfang parallel für einen bestimmten Zeitraum zu reduzieren, damit sich beide Elternteile um die Kinder kümmern und beruflich vorankommen können.

Wenn Eltern junger Kinder in Deutschland ihre Aufgaben partnerschaftlicher teilen sollen, müssen die Väter mehr unbezahlte Arbeit (einschließlich Kinderbetreuung) übernehmen und die Mütter ihren Erwerbsumfang erhöhen (vgl. Kapitel 4 und 5 wegen einer ausführlichen Erörterung). Wenn es zur Norm würde, dass beide Eltern – zumindest solange die Kinder klein sind – ihre Arbeitszeit reduzieren, könnten Mütter u.U. mehr arbeiten und Väter könnten sich mehr um die Kinder kümmern. Wenn darüber hinaus bei Vätern eine Teilzeittätigkeit genauso üblich wäre wie bei Müttern, würden Arbeitgeber möglicherweise davon ausgehen, dass Väter mit ebenso großer Wahrscheinlichkeit wie Mütter ihre Arbeitszeit verringern, solange ihre Kinder klein sind. Eine Teilzeittätigkeit von Männern würde dadurch entstigmatisiert und wäre mit weniger Nachteilen für die betreffenden Männer verbunden (OECD, 2015a).

Ein in jüngster Zeit in Deutschland diskutierter Vorschlag, der die Idee einer partnerschaftlich aufgeteilten Teilzeitarbeit aufgreift, ist die Familienarbeitszeit. Das Konzept sieht einen Zuschuss zum Einkommen für Paare mit Kindern vor, in denen beide Partner vollzeitnah arbeiten, um so eine ausgewogenere Aufteilung der Erwerbs- und Familienarbeit zu fördern (BMFSFJ, 2014). Diese Leistung wäre steuerfinanziert und würde auch an Alleinerziehende gezahlt.

Müller et al. (2013, 2015) entwickeln und simulieren unterschiedliche Szenarien einer Familienarbeitszeit, die sich darin unterscheiden,

- wie die Höhe der Leistung bestimmt wird, d.h. ob es sich um eine Lohnersatzleistung in Abhängigkeit vom Nettoeinkommen oder um einen Pauschalbetrag handelt;
- wie viele Wochenstunden beide Elternteile arbeiten müssten, um die Anspruchsvoraussetzungen für den Leistungsbezug zu erfüllen – exakt 32 Stunden oder zwischen 28 und 32 Stunden pro Woche.

Die einkommensabhängige Leistung sieht eine Nettoersatzrate von 65% für mittlere und höhere Einkommen vor und ist für niedrigere Einkommen proportional höher, da sie bei 360 Euro pro Monat gedeckelt ist. Die Pauschalleistung dagegen beträgt 250 Euro pro Elternteil. Die Autoren gehen von der Annahme aus, dass Eltern die Leistung für Kinder im Alter zwischen 1 und 3 Jahren nach Ablauf des Elterngeldbezugs in Anspruch nehmen.

Zwischen 2010 und 2012 arbeiteten in weniger als 1% der Paare beide Elternteile gleichzeitig zwischen 30 und 35 Wochenstunden und in weniger als 2% der Paare zwischen 25 und 35 Wochenstunden (vgl. auch Kapitel 4). Wenn die Leistungen im Rahmen der Familienarbeitszeit nur von Paaren in Anspruch genommen werden könnten, in denen beide Partner 32 Stunden pro Woche arbeiten, würden sich den Simulationen von Müller et al. zufolge sowohl bei einer einkommensabhängigen Leistung als auch bei einer Pauschalleistung 2,5% der Paare für eine entsprechende Anpassung ihrer Arbeitszeit entscheiden. Die geschätzten fiskalischen Nettokosten, die sich für die simulierten Szenarien ergeben, liegen zwischen 220 Mio. Euro pro Jahr (für die Variante mit Pauschalbetrag und einer Wochenarbeitszeit von 32 Stunden) und 350 Mio. Euro (für die Variante mit einkommensabhängiger Leistung und flexibleren Arbeitszeiten). In den Simulationen bleiben potenzielle Verhaltensänderungen, die langfristig zu einer höheren Inanspruchnahme durch berufstätige Mütter und Väter führen könnten, unberücksichtigt. Die Zahl der anspruchsberechtigten Familien und die Inanspruchnahme wären höher, wenn

- keine oder weniger Restriktionen hinsichtlich der Kinderbetreuung bestehen würden;
- das Steuersystem eine partnerschaftliche Aufgabenteilung stärker begünstigen würde;
- Paare ihre Arbeitszeiten flexibler wählen könnten.

Eine flexible Arbeitszeitregelung, bei der die Beschäftigten ihre Arbeitszeit innerhalb eines Korridors von etwa 32-40 Stunden pro Woche jeweils für einige Jahre reduzieren könnten (wie der gegenwärtig in Deutschland diskutierte Vorschlag eines Wahlarbeitszeitgesetzes; FES, 2015), würde Eltern mehr Wahlfreiheit bieten – wenn sie die Möglichkeit hätten, ihre Stundenzahl nach einem bestimmten Zeitraum mit verringerter Arbeitszeit auch wieder zu erhöhen (vgl. „Das Recht auf Anpassung der Arbeitszeiten" in Abschnitt 7).

Wie würde sich die Familienarbeitszeit auf die Erwerbsbevölkerung in Deutschland auswirken?

In Kapitel 2 wurde der erwartete Rückgang der Erwerbsbevölkerung in Deutschland in den nächsten Jahrzehnten erörtert, der sich bis 2040 auf bis zu 6 Millionen Erwerbstätige (in Vollzeitäquivalenten) belaufen könnte. Ein Familienarbeitszeitmodell auf Basis der vorstehend erläuterten Annahmen könnte zahlreiche Beschäftigte in Deutschland dazu bewegen, ihren Erwerbsumfang zu erhöhen (vgl. Abb. 3.A2.1 im Anhang).

OECD-Schätzungen auf der Grundlage von Daten der Europäischen Arbeitskräfteerhebung von 2012 und den von Müller et al. vorgeschlagenen Anspruchskriterien lassen darauf schließen, dass in Deutschland beim Stand von 2012 ungefähr 1,7 Millionen Beschäftigte (d.h. rd. 4,3% aller Beschäftigten) Anspruch auf Leistungen im Rahmen der Familienarbeitszeit hätten, wenn sie – und gegebenenfalls ihr Partner – ihre Arbeitszeit entsprechend anpassen würden (Anhang 3.A2). 815 000 dieser potenziell Anspruchsberechtigten sind Männer, von denen knapp unter 800 000 in einem Doppelverdienerhaushalt leben und rd. 15 000 alleinerziehend sind. Die Zahl der potenziell anspruchsberechtigten Frauen beliefe sich auf 910 000, von denen 800 000 einem Doppelverdienerhaushalt angehören und 105 000 alleinerziehend sind. Die durchschnittliche regelmäßige Arbeitszeit dieser potenziell anspruchsberechtigten Beschäftigten liegt mit 32,9 Stunden pro Woche nicht allzu weit von dem Korridor von 28-32 Stunden entfernt, der in einigen Szenarien für eine Familienarbeitszeit vorgeschlagen wird. Dahinter verbirgt sich jedoch eine starke geschlechtsspezifische Diskrepanz: Die potenziell anspruchsberechtigten Männer arbeiten im Durchschnitt knapp unter 41,7 Stunden pro Woche, die Frauen hingegen nur 24,9 Stunden.

Obwohl sich der Arbeitszeitumfang von Männern und Frauen bei Inanspruchnahme der Familienarbeitszeit deutlich verändern würden, wäre der Effekt, den die Einführung eines Familienarbeitszeitmodells gemäß den Annahmen von Müller et al. auf die projizierte Entwicklung der Erwerbsbevölkerung in Deutschland hätte, nahezu unerheblich[5]. Dies ist darauf zurückzuführen, dass ein durch die Familienarbeitszeit bedingter Rückgang des Arbeitsangebots von Männern fast vollständig durch eine gleichzeitige Erhöhung des Arbeitsangebots von Frauen ausgeglichen würde (Anhang 3.A2). Anders ausgedrückt: Da der erwartete Anstieg des Erwerbsumfangs der Frauen die erwartete Arbeitszeitverringerung der Männer nahezu vollständig kompensieren würde, hätte die Einführung eines Familienarbeitszeitmodells keine oder nur geringfügig negative Effekte auf das voraussichtliche Arbeitsangebot in Deutschland. Falls aber beide Eltern ihre Arbeitszeiten auf eine Vollzeitbeschäftigung aufstocken, wenn ihr jüngstes Kind das Kindergartenalter erreicht, würde dadurch das Arbeitsangebot erheblich gesteigert (Kapitel 2).

6. Eine umfassende Politik im Bereich der frühkindlichen Betreuung, Bildung und Erziehung konzipieren und Eltern unterstützen, wenn die Kinder größer werden

Die Kindererziehungsphase ist eine Zeit, in der es von entscheidender Bedeutung ist, dass sich Paare die Erwerbs- und die unbezahlte Arbeit teilen und dass ein angemessenes, erschwingliches Angebot an frühkindlicher Betreuung, Bildung und Erziehung ihnen ermöglicht, Beruf und Familie miteinander zu vereinbaren. Im Zeitraum 2000-2011 stiegen die FBBE-Ausgaben im OECD-Raum im Durchschnitt von 0,5% auf 0,7% des BIP (Abb. 3.7). Tatsächlich stiegen sie außer in Slowenien und den Vereinigten Staaten in allen Ländern. Die meisten nordischen Länder erhöhten ihre (bereits hohen) Ausgaben für die frühkindliche Betreuung, Bildung und Erziehung zwischen 2000 und 2011, während die

Abbildung 3.7 **Deutschland investiert mehr in die frühkindliche Bildung**

Staatsausgaben für die frühkindliche Betreuung, Bildung und Erziehung in Prozent des BIP, 2000, 2011 und 2013, sofern verfügbar

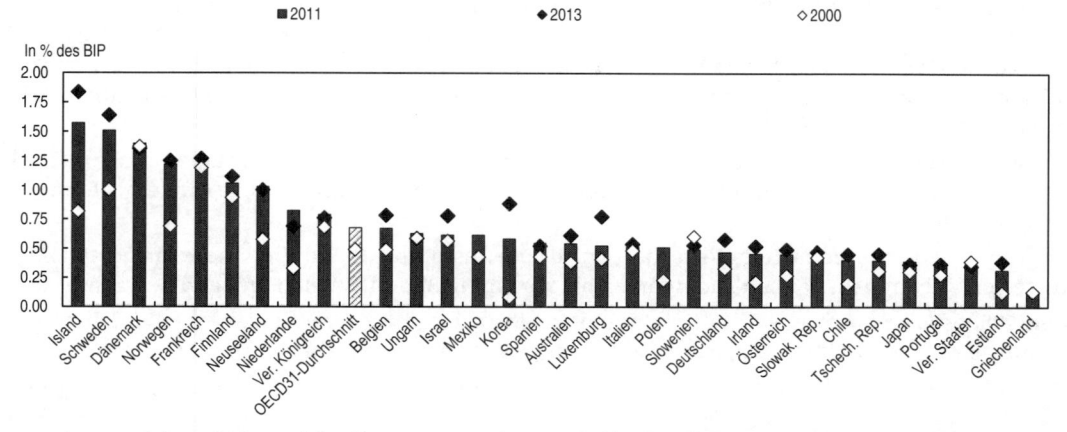

Anmerkung: In einigen Ländern spielen die Kommunen eine entscheidende Rolle bei der Finanzierung und beim Angebot von Kinderbetreuungsleistungen. Solche Ausgaben werden in den nordischen Ländern umfassend aufgezeichnet, in einigen anderen (oftmals föderal organisierten) Ländern werden sie möglicherweise jedoch nicht vollständig in den OECD-Daten über die Sozialausgaben erfasst.
Die Daten für 2013 sind vorläufig und könnten noch Änderungen unterliegen.
Quelle: OECD Social Expenditure Database, *www.oecd.org/social/expenditure.htm*.

relativ hohen FBBE-Ausgaben Frankreichs zwischen 2000 und 2013 in etwa mit der BIP-Wachstumsrate Schritt hielten.

Die Aufwendungen Deutschlands für die frühkindliche Betreuung, Bildung und Erziehung lagen im Jahr 2000 mit 0,3% des BIP unter dem OECD-Durchschnitt; bis 2011 hatten sich die Ausgaben beträchtlich erhöht, und vorläufige Daten für 2013 deuten auf einen weiteren Anstieg hin (Abb. 3.7). Traditionell begann die frühkindliche Betreuung, Bildung und Erziehung in den alten Bundesländern mit dem Kindergarten ab dem vollendeten dritten Lebensjahr (OECD, 2015f, und Kasten 3.4). Mit der Ausweitung des Angebots an frühkindlicher Betreuung, Bildung und Erziehung gewann die Kinderbetreuungsquote der unter 3-Jährigen von dem niedrigen Niveau im Jahr 2006 (13,6% gegenüber 28,1% im OECD-Durchschnitt) ausgehend bis 2013 gegenüber dem OECD-Durchschnitt deutlich an Boden – 29,3% gegenüber 32,9%. Die jüngsten Daten für das erste Quartal 2015 zeigen einen weiteren Anstieg der Kinderbetreuungsquote in Deutschland auf 32,5% (Destatis, 2015a).

Die Ausweitung der frühkindlichen Betreuung, Bildung und Erziehung in Deutschland

In den Vorjahren der Reform der frühkindlichen Betreuung, Bildung und Erziehung und der Einführung des Elterngelds im Jahr 2007 hatten die Erwerbstätigkeit von Müttern und die Betreuung von Kleinstkindern in FBBE-Einrichtungen in Deutschland zunehmend an gesellschaftlichem Ansehen gewonnen (Kapitel 2 und Blome, 2012). Der sich verändernde familienpolitische Diskurs war nicht nur auf den Meinungswandel zurückzuführen, sondern auch auf die anhaltend niedrigen Geburtenraten und das Anliegen, hochqualifizierte Frauen in der Erwerbsbevölkerung zu halten. Die traditionell höhere Erwerbsbeteiligung der Frauen in den neuen Bundesländern, die der frühkindlichen Betreuung, Bildung und Erziehung zu verdanken war, stellte zudem die traditioneller ausgerichtete Familienpolitik der alten Bundesländer in Frage (Morgan, 2013; Blome, 2012; Seeleib-Kaiser und Toivonen, 2011; Ahrens, 2010; Rüling, 2010; Henninger et al., 2008; Korthouwer, 2008).

> **Kasten 3.4 Pfadabhängigkeit der Arbeits- und Betreuungspolitik in verschiedenen Ländern**
>
> Im Rahmen einer breiten Analyse historischer und institutioneller Entwicklungen untersucht Saxonberg (2014) den Pfad der Familienpolitik in vier postkommunistischen ost- und mitteleuropäischen Ländern, die einst Teil des Kaiserreichs Österreich-Ungarn waren, nämlich der Tschechischen Republik, Ungarn, Polen und der Slowakischen Republik. Saxonberg zeigt vier entscheidende Momente auf, die die Institutionen dieser Länder geprägt haben, ebenso wie die Einstellungen im Hinblick auf die Frage, wann (und ob) Frauen wieder eine Erwerbstätigkeit aufnehmen sollten:
>
> - Im Kaiserreich Österreich-Ungarn wurde per Erlass von 1872 ein zweigliedriges Modell der frühkindlichen Betreuung, Bildung und Erziehung mit Krippen für unter 3-jährige Kinder und Kindergärten für ältere Kinder errichtet.
> - Zu Beginn der kommunistischen Herrschaft wurde die Zuständigkeit für die Kindergärten den Bildungsministerien übertragen, da die Kindergärten als vorrangig Bildungszielen dienend betrachtet wurden.
> - In den 1950er Jahren erhielten die Gesundheitsministerien die Zuständigkeit für die Krippen, da die Erziehung der unter 3-Jährigen als Gesundheitsangelegenheit angesehen wurde.
> - Unter der kommunistischen Herrschaft weiteten die Staaten die berufliche Freistellung der Mütter später bis zum dritten Geburtstag des Kindes aus, um kostspielige Investitionen in das problembehaftete Krippensystem zu vermeiden, dem ein schlechter Ruf anhaftete. Zu jener Zeit waren die Krippen überfüllt, was der Verbreitung von Krankheiten unter Kindern im Krippenalter Vorschub leistete. Sie widmeten sich ausschließlich der physischen Pflege, ließen die psychologischen Erfordernisse bzw. den Lernbedarf der Kinder jedoch außer Acht.
>
> Diese Entwicklungen führten laut Saxonberg zu einer „Dreiernorm": Mütter blieben während der ersten drei Lebensjahre des Kindes zu Hause. Sie nahmen ihre Erwerbstätigkeit wieder auf, wenn ihr Kind begann, den Kindergarten zu besuchen, was zu hohen Betreuungsquoten in den Kindergärten, aber sehr niedrigen in den Krippen führte. Interessanterweise hat sich am grundlegenden familienpolitischen System in der jüngsten Vergangenheit selbst nach dem Zusammenbruch des Kommunismus wenig geändert. Tatsächlich haben die Länder die Möglichkeit der beruflichen Freistellung der Väter hauptsächlich aufgrund des Drucks der Europäischen Union eingeführt, und mit Ausnahme Ungarns schaffen die Kürzungen im Bereich der Krippenförderung weiterhin Hindernisse für die Wiederaufnahme einer Erwerbstätigkeit durch Mütter von Kindern unter drei Jahren.
>
> Saxonberg stellt die Erfahrungen der postkommunistischen Länder den in Deutschland, Schweden und dem Vereinigten Königreich gemachten Erfahrungen gegenüber. Schweden fördert seit langem die Erwerbstätigkeit von Frauen und konnte sich auf ein traditionell einheitliches, hochangesehenes Kinderbetreuungssystem mit Krippen stützen, in denen kein Mindestalter vorgeschrieben ist. Der Einfluss von Frauen in Nichtregierungsgruppen und Politik war entscheidend für die Verabschiedung eines Gesetzes, mit dem eine berufliche Freistellung aus familiären Gründen ausschließlich für Väter eingeführt wurde. Das Vereinigte Königreich hingegen hat eine schwächere institutionelle Tradition kinderbetreuungspolitischer Maßnahmen und stützt sich hauptsächlich auf marktbasierte Lösungen. Daher hat sich kein klares einheitliches Kinderbetreuungsmodell herausgebildet, und es gibt kein bestimmtes Kindesalter, ab dem die Rückkehr der Mütter ins Erwerbsleben als passend erachtet wird.
>
> Die Erfahrungen in Deutschland wurden durch zweierlei unterschiedliche institutionelle Gegebenheiten geprägt: den traditionell konservativen Wohlfahrtsstaat in den alten und die durch die kommunistische Herrschaft geprägte Familienpolitik in den neuen Bundesländern. In den alten Bundesländern begann der Kindergarten im Alter von drei Jahren, was als Norm deutlich weniger fest etabliert war als in Osteuropa. In der alten Bundesrepublik beschränkte sich die bezahlte Elternzeit nicht ausschließlich auf die ersten drei Lebensjahre des Kindes. In der Folge war die Frauenerwerbsquote niedrig. In der DDR hingegen erhielten Frauen während der beruflichen Freistellung ein Jahr lang eine Einkommensersatzleistung, während zugleich die Krippen ausgebaut wurden und die Infrastruktur für die Kinderbetreuung verbessert wurde. Diese Familienpolitik führte zu einer deutlich höheren Frauenerwerbsquote. Nach der Wiedervereinigung sahen sich die Politikverantwortlichen in den alten Bundesländern Druck gegenüber, die FBBE-Infrastruktur der neuen Bundesländer zu bewahren und die dort traditionell höhere Frauenerwerbsbeteiligung zu fördern, was dazu beitrug, den Weg zu der radikalen Reform von 2007 zu ebnen, in deren Zuge das Erziehungsgeld durch das Elterngeld ersetzt wurde.

2007 – im selben Jahr, in dem das neue Elterngeld eingeführt wurde – wurde auf Bundes-, Landes- und Kommunalebene beschlossen, dass bis 2013 35% der unter 3-Jährigen einen staatlichen Betreuungsplatz erhalten sollten, um die Rückkehr der Eltern ins Erwerbsleben nach dem Auslaufen des Elterngelds zu unterstützen (vgl. auch weiter unten wegen der Erfahrungen Schwedens, Frankreichs und Koreas). Seit August 2013 haben Kinder ab einem Jahr einen Rechtsanspruch auf einen Betreuungsplatz. Die Zahl der Stunden, die der Rechtsanspruch umfasst, variiert erheblich von einem Bundesland zum anderen, wobei er z.B. in Berlin vier Stunden täglich und in Sachsen-Anhalt zehn Stunden täglich beträgt (Bertelsmann Stiftung, 2015a). Bund, Länder und Kommunen sehen eine weitere Expansion der frühkindlichen Betreuung, Bildung und Erziehung vor und zielen darauf ab, bis 2018 810 000 FBBE-Plätze für unter 3-Jährige bereitzustellen, verglichen mit 662 701 Plätzen im Jahr 2014 und 286 905 Plätzen im Jahr 2006 (Destatis, 2015a).

In Deutschland sind vorrangig die Länder und Kommunen für den Betrieb und den Ausbau der FBBE-Infrastruktur für Kinder unter drei Jahren zuständig. Die Bundesregierung fördert den Ausbau der frühkindlichen Betreuung, Bildung und Erziehung mit Finanzhilfen zur Kofinanzierung von FBBE-Projekten der Länder und Kommunen (BMFSFJ, 2015a). 2015 lag der Schwerpunkt der staatlichen Förderung aus Bundesmitteln auf der qualitativ hochwertigen Ganztagsbetreuung (z.B. mit dem Bundesprogramm „KitaPlus"). Der Großteil der Kosten für die frühkindliche Betreuung, Bildung und Erziehung entfällt indessen nach wie vor auf die Kommunen, die 2010 über zwei Drittel aller Ausgaben trugen, wohingegen die Länder den Großteil des Rests übernahmen (Eurostat, 2010).

Angebot und Nachfrage im Bereich der frühkindlichen Betreuung, Bildung und Erziehung haben sich in den vergangenen Jahren erhöht, wobei die hier bestehende Lücke für über 1-jährige Kinder im Zeitraum 2012-2014 sogar geschrumpft ist. Die Kinderbetreuungskosten deutscher Eltern liegen unter dem OECD-Durchschnitt (vgl. die Ausführungen über die Kinderbetreuungskosten im internationalen Vergleich weiter unten), wohingegen das Angebot in allen Altersgruppen weiterhin geringer als die Nachfrage ist – 2014 erhielten 32,3% der unter 3-Jährigen einen Platz, wohingegen 41,5% der Eltern einen beantragten (BMFSFJ, 2015a). Eltern nehmen darüber hinaus zunehmend längere Kinderbetreuungszeiten in Anspruch: 2006 wurde nur ein Viertel der Kinder der Altersgruppe 3-6 Jahre ganztägig (mindestens sieben Stunden durchgängig pro Tag) betreut, während dieser Anteil 2013 bereits bei 42% lag (DIPF, 2014, S. 55). Somit ist die umfangreiche Ausweitung der frühkindlichen Betreuung, Bildung und Erziehung in den vergangenen Jahren den Eltern in Deutschland eindeutig zugutegekommen. Gleichzeitig lässt die steigende Nachfrage nach frühkindlicher Betreuung, Bildung und Erziehung sowie flexibleren FBBE-Angeboten darauf schließen, dass beide Elternteile arbeiten möchten und weitere Fortschritte erforderlich sind.

Die Ausweitung der frühkindlichen Betreuung, Bildung und Erziehung in anderen OECD-Ländern: Schweden, Frankreich und Korea

Eine Reihe von OECD-Ländern hat im Lauf der Jahre umfassende FBBE-Systeme entwickelt, auch wenn Unterschiede im Hinblick auf Zeitpunkt, Tempo und Methodik bestehen. Drei Länder – Schweden, Frankreich und Korea – sind Beispiele für umfassende Systeme, die zu unterschiedlichen Zeitpunkten und auf unterschiedliche Art und Weise entwickelt wurden. Schweden war eines der ersten Länder im OECD-Raum, das ein umfassendes System der frühkindlichen Betreuung, Bildung und Erziehung eingeführt hat. Auch Frankreich verfügt über eine lange Tradition der frühkindlichen Betreuung, Bildung und Erziehung für etwas ältere Kinder (3-5 Jahre) für die breite Masse und hat in jüngerer Zeit die Betreuungsmöglichkeiten für Kleinstkinder ausgeweitet. In Korea wiederum gab es früher keine frühkindliche Betreuung, Bildung und Erziehung, dort wurde jedoch Anfang der 2000er Jahre mit dem raschen Ausbau der institutionellen Kinderbetreuung begonnen.

Schweden

1965 besuchten in Schweden nur rd. 3% der Kinder im Alter bis 6 Jahre eine öffentliche Kinderbetreuungseinrichtung oder Vorschule. Durch die rasche Ausweitung im Lauf der 1970er Jahre und Anfang der 1980er Jahre erhöhte sich die Betreuungsquote bereits im Jahr 1985 auf etwa 50% (Abb. 3.8, Teil A). Dank der nachhaltigen öffentlichen Investitionen steigen die Betreuungsquoten seitdem weiter stetig, wobei nahezu jedes Jahr eine Zunahme verzeichnet wird. 2013 nahmen rd. 76% aller Kinder in Schweden unter sieben Jahren öffentliche FBBE-Angebote in Anspruch, und dieser Anteil steigt auf etwa 87%, wenn die unter 1-Jährigen herausgerechnet werden, die meist zu Hause von den für diese Zwecke beruflich freigestellten Eltern betreut werden.

Die Ausweitung der frühkindlichen Betreuung, Bildung und Erziehung in Schweden stützt sich insbesondere auf öffentlich geförderte und größtenteils staatlich betriebene institutionelle Kinderbetreuungseinrichtungen und Kollektivbetreuungseinrichtungen. Es gibt auch Möglichkeiten der häuslichen Kindertagespflege, deren Nutzung jedoch seit Mitte der 1980er Jahre abgenommen hat – 2013 wurden nur etwa 2% der Kinder im Alter von 0-5 Jahren entsprechend betreut (OECD, 2005; 2015g). Stattdessen besucht die große Mehrheit der Kleinkinder Kindertagesstätten, in denen Kinder in Gruppen mit einer Durchschnittsgröße von ca. 17 Kindern betreut werden (SCB, 2015; Skolverket, 2015; OECD, 2015g). Selbst bei sehr kleinen Kindern stehen die kindliche Entwicklung und frühe Lernergebnisse stark im Zentrum der Kindertagesstätten – tatsächlich ist die frühkindliche Betreuung, Bildung und Erziehung in Schweden inzwischen zu einem integralen Bestandteil des Bildungssystems mit eigenem Lehrplan und eigenen Bildungszielen geworden, obwohl sie ursprünglich mit dem ausdrücklichen Ziel konzipiert wurde, die Erwerbstätigkeit der Eltern zu erleichtern (Kamerman und Moss, 2009). Schwedens umfassendes öffentliches System der institutionellen Kinderbetreuung ist jedoch relativ kostspielig (OECD, 2005). 2013 beliefen sich die öffentlichen Ausgaben für FBBE-Angebote in Schweden auf 1,64% des BIP, was nach Island die zweithöchsten Ausgaben für die frühkindliche Betreuung, Bildung und Erziehung im OECD-Raum sind (vgl. Abb. 3.7 und OECD, 2015h).

Frankreich

Frankreich weist eine ähnlich lange Tradition des umfassenden Angebots an frühkindlicher Betreuung, Bildung und Erziehung auf, insbesondere für etwas ältere Kinder. Für Kinder im Alter von 3-5 Jahren dominiert seit langem das umfassende System der École *maternelle* (Vorschule) – hierbei handelt es sich um öffentliche Einrichtungen, die wie die schwedischen Vorschulen als Kernbestandteil des nationalen Bildungssystems betrachtet werden. Bereits 1960-1961 besuchten rd. 63,3% der Kinder der Altersgruppe 3-5 Jahre eine École *maternelle*, und der Anteil der Kinder, die eine entsprechende Einrichtung besuchen, stieg im Zuge der beträchtlichen Expansion der 1960er und 1970er Jahre bis 1980-1981 auf etwa 97% (Bouysse et al., 2011). Seit 1989 haben alle Kinder zwischen 3 und 5 Jahren Anspruch auf einen Platz in ihrer örtlichen École *maternelle*, wobei die Besuchsquote seitdem konstant (bzw. effektiv) 100% beträgt (ebd.).

Die frühkindliche Betreuung, Bildung und Erziehung von Kleinstkindern ist indessen fragmentierter und dezentraler, wobei ein Großteil der jüngsten Expansion des Angebots für die unter 3-Jährigen auf individuellen bzw. privaten Betreuungsleistungen beruht, wie sie etwa von den *Assistantes maternelles* (zugelassenen Tagespflegepersonen) oder *Gardes d'enfants à domicile* (Tagespflegepersonen, die in der Wohnung des Kindes tätig sind) angeboten werden. Insbesondere seit den 1990er Jahren liegt das Augenmerk der französischen FBBE-Politik im Hinblick auf Kinder unter 3 Jahren weniger auf dem unmittelbaren Angebot entsprechender Dienstleistungen und mehr auf Flexibilität und Wahlmöglichkeiten der Eltern – vorrangig durch verschiedene Fördermöglichkeiten auf der Nachfrageseite und Maßnahmen, um die Eltern bei der Deckung der Kosten privater Lösungen zu unterstützen. Seit 2004 haben Eltern, die ihre Kinder von einer Tagespflegeperson betreuen lassen, beispielsweise Anspruch auf finanzielle Förderung in Form der Leistung für die Betreuung von Kleinkindern (PAJE), einer ergänzenden Leistung, die selbst auf früheren Formen von Unterstützungsleistungen für Eltern aufbaut[6].

In der Folge hat sich das Angebot an individuellen bzw. privaten Kinderbetreuungsmöglichkeiten für Kleinstkinder deutlich ausgeweitet: Zwischen 1995 und 2010 hat sich beispielsweise die Zahl der Kinder, die von *Assistantes maternelles* betreut werden, mehr als verdoppelt. Tatsächlich hat die Zunahme der individuellen oder privaten frühkindlichen Betreuung, Bildung und Erziehung trotz der Rückgänge in anderen Bereichen des FBBE-Angebots, einschließlich der Vorschulplätze für 2-Jährige, zum beträchtlichen Anstieg des Gesamtangebots beigetragen (Abb. 3.8, Teil B).

Von staatlicher Seite soll die Zahl der Betreuungsplätze in der frühkindlichen Betreuung, Bildung und Erziehung im Zeitraum 2013-2017 um 275 000 erhöht werden. In der Praxis ist die Ausweitung des Angebots jedoch deutlich darunter geblieben: Nur 31% der für 2013 geplanten und 7% der für 2014 geplanten Plätze wurden eingerichtet. Wahrscheinlich trugen die Kürzungen bei den Familienleistungen im Zeitraum 2013-2014 zur Verringerung der Nachfrage nach Betreuungsplätzen bei (Haut Conseil de la Famille, 2015).

Korea

Das Angebot an frühkindlicher Betreuung, Bildung und Erziehung in Korea ist zum großen Teil eine relativ junge Entwicklung. Noch 2002 besuchten lediglich rd. 30% der Kinder in Korea im Alter von 0-6 Jahren eine Betreuungseinrichtung für Kinder oder eine Vorschule. Im Zuge der raschen Ausweitung in den 2000er und Anfang der 2010er Jahre stieg dieser Anteil jedoch drastisch an (Abb. 3.8, Teil A). Zwischen 2002 und 2012 stiegen die Teilnahmequoten der 0- bis 6-Jährigen an der frühkindlichen Betreuung, Bildung und Erziehung im Durchschnitt um 3,5 Prozentpunkte pro Jahr, wobei sich der Anteil der Kinder, die eine Betreuungseinrichtung oder eine Vorschule besuchten, im selben Zeitraum mehr als verdoppelte. Auch wenn sich das Wachstum in den vergangenen Jahren etwas verlangsamt hat, besuchten 2014 über 66% der Kinder unter 6 Jahren eine Betreuungseinrichtung für Kinder oder eine Vorschule.

Wie in Schweden stützte sich die rasche Ausweitung des Angebots an frühkindlicher Betreuung, Bildung und Erziehung in Korea nahezu ausschließlich auf die institutionelle Kollektivbetreuung. Sie wurde zum großen Teil vom Umfang der staatlichen finanziellen Förderung getragen, die Eltern erhalten, die ihre Kinder in Gemeinschaftseinrichtungen betreuen lassen. Tatsächlich subventioniert Korea seit langem die entsprechenden Kosten für Kinder aus sehr einkommensschwachen Haushalten. Seit 2004 wurden jedoch die Einkommenskriterien für die Förderung gelockert und der Fördersatz für die institutionelle frühkindliche Betreuung, Bildung und Erziehung selbst angehoben. 2013 wurde die Bedürftigkeitsprüfung vollständig abgeschafft, so dass effektiv eine universelle öffentliche Förderung der institutionellen Kinderbetreuung geschaffen wurde, unabhängig vom Einkommensniveau.

Abbildung 3.8 **Mehrere OECD-Länder haben umfassende Systeme der frühkindlichen Betreuung, Bildung und Erziehung aufgebaut, wenn auch zu unterschiedlichen Zeitpunkten und auf unterschiedliche Art und Weise**

Trends bei der Teilnahme von Kindern der Altersgruppe 0-6 Jahre an formaler Kinderbetreuung oder Vorschulbildung in Korea und Schweden und Verfügbarkeit formaler Kinderbetreuungsplätze für Kinder zwischen 0 und 2 Jahren in Frankreich[1]

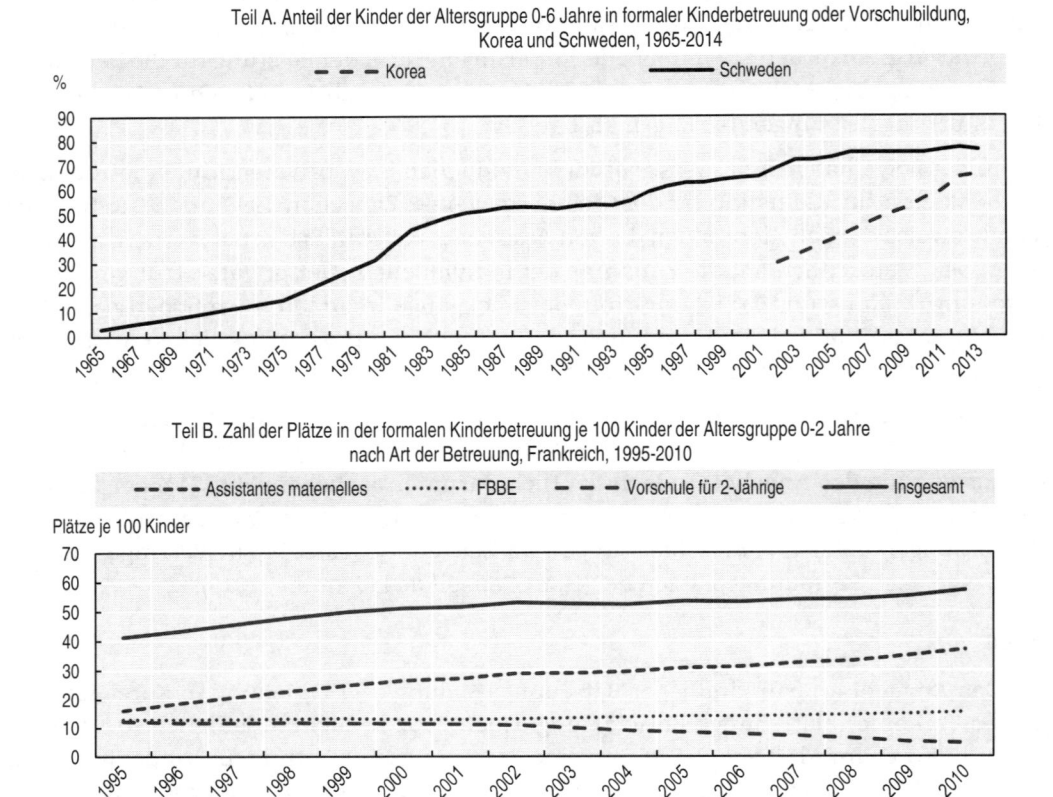

Teil A. Anteil der Kinder der Altersgruppe 0-6 Jahre in formaler Kinderbetreuung oder Vorschulbildung, Korea und Schweden, 1965-2014

Teil B. Zahl der Plätze in der formalen Kinderbetreuung je 100 Kinder der Altersgruppe 0-2 Jahre nach Art der Betreuung, Frankreich, 1995-2010

1. Für Korea beruhen die Daten auf dem Alterssystem des koreanischen Kalenderjahrs. In den in der Abbildung dargestellten Daten sind alle Kinder der Altersgruppe 0-5 Jahre zum 1. Januar des angegebenen Jahres erfasst (wobei null Jahre die noch Ungeborenen mit einschließt), so dass alle Kinder der Altersgruppe 0-5 Jahre zuzüglich der Kinder, die bis zum Zeitpunkt der Erhebung das sechste Lebensjahr vollendet haben, berücksichtigt sind. Für Schweden beziehen sich die Daten auf alle Kinder, die in Kindertagesstätten und in der kommunalen Kindertagespflege betreut werden. Die Daten für die Jahre 1966-1969, 1971-1974, 1976-1978 und 1981 fehlen und wurden durch lineare Interpolation geschätzt. In den Daten für Frankreich ist die Zahl der Plätze in der formalen Kinderbetreuung erfasst, die durch die *Assistantes maternelles* (zugelassene zu Hause tätige Tagespflegepersonen), EAJEs (teilsubventionierte Vorschuleinrichtungen) und die Früheinschulung in die *École maternelle* (scolarisation précoce) angeboten werden (vgl. Vanovermeir, 2012, wegen Einzelheiten). Mit Ausnahme der *Scolarisation précoce* können einige Betreuungsplätze gelegentlich von einem Kind über 3 Jahre in Anspruch genommen werden.

Quelle: Für Korea das koreanische Ministerium für Gesundheit und Wohlfahrt sowie das Bildungsministerium; für Frankreich S. Vanovermeir (2012) und die Abteilung für Forschung, Studien, Evaluierungen und Statistiken (DREES), *http://drees.social-sante.gouv.fr/etudes-et-statistiques/*; für Schweden die schwedischen Behörden für 1965, 1970, 1975, 1980 und 1982-2002, ab 2003 Nordic Social Statistical Committee (NOSOSCO), *http://nowbase.org/*.

Wie in Schweden sind auch andere Formen der öffentlich geförderten Kinderbetreuung verfügbar. 2007 führte die Regierung beispielsweise eine Förderung der „persönlichen Kinderbetreuung" ein, die Eltern die Option der individuellen häuslichen Kinderbetreuung bietet. Bei der persönlichen Kinderbetreuung handelt es sich in der Regel um ein Teilzeitangebot, für Kinder im Alter von 0-2 Jahren steht jedoch auch eine Vollzeitbetreuung zur Verfügung. Diese Möglichkeit nutzen jedoch nur wenige Kinder – 2014 belief sich ihr Anteil auf unter 1%.

Kinderbetreuungskosten im internationalen Vergleich

Eltern von Kleinkindern haben oftmals Schwierigkeiten, nicht nur einen Betreuungsplatz für ihre Kinder zu finden, sondern diesen auch zu bezahlen. Die Steuer- und Transfermodelle der OECD berücksichtigen Kinderbetreuungskosten. Sie können beispielsweise die Nettobetreuungskosten einer Ganztagsbetreuung für zwei Kinder im Alter von zwei und drei Jahren in einer üblichen Betreuungseinrichtung berechnen. Die Eigenbeiträge bzw. Nettokosten, die den Eltern entstehen, errechnen sich aus den Gebühren für die Kinderbetreuung abzüglich Geldleistungen, Vergünstigungen und Steuererleichterungen sowie anderen einschlägigen Leistungen.

Abbildung 3.9 zeigt die Kinderbetreuungskosten, die einem verheirateten Paar entstehen, wenn beide Partner Vollzeit arbeiten und ein Partner den vollen Durchschnittsverdienst und der andere Partner 50% des Durchschnittsverdiensts erhält. Für solche Doppelverdienerhaushalte belaufen sich die durchschnittlichen Betreuungskosten für zwei ganztagsbetreute Kinder im OECD-Raum auf rd. 17% des Durchschnittsverdiensts. Die institutionelle formale Betreuung ist in den englischsprachigen Ländern (außer Australien) indessen am teuersten; dort belaufen sie sich auf über 40% des Durchschnittsverdiensts. In Deutschland liegen die Nettokosten für die Kinderbetreuung für eine entsprechende Doppelverdienerfamilie bei 11,2% des Durchschnittsverdiensts und damit deutlich unter dem OECD-Durchschnitt[7]. Die Kinderbetreuungskosten stellen für Eltern in Deutschland zwar einen Aspekt dar, den größten Fehlanreiz für Zweitverdienende bietet jedoch nach wie vor die steuerliche Zusammenveranlagung (OECD, 2007b, 2015e, 2016a; Rastrigina und Verashchagina, 2015).

Schröder et al. (2015) nutzen Erhebungsdaten, um zu zeigen, dass ärmere Familien im gesamten Bundesgebiet für Kinder aller Altersgruppen, insbesondere für kleinere Kinder, einen höheren Eigenbeitrag zu den Kinderbetreuungskosten leisten müssen als wohlhabendere Familien. Gleichzeitig sind wohlhabendere Eltern oftmals bereit, mehr für die Kinderbetreuung zu bezahlen (Camehl et al., 2015), was die Frage aufwirft, wie Vergünstigungen für die Kinderbetreuung so gestaltet werden können, dass sie einkommensschwachen Familien stärker zugutekommen.

Unterstützung erwerbstätiger Eltern von Kindern im Schulalter: Betreuung nach der Schule und Ganztagsschulen

Natürlich hört der Betreuungsbedarf mit der Einschulung der Kinder nicht auf. Tatsächlich kann er zu einer größeren Einschränkung werden, wenn die Eltern Vollzeit arbeiten und/oder unregelmäßige Arbeitszeiten haben und eine Betreuung vor und/oder nach der Schule und während der Schulferien organisieren müssen. Der Staat kann diesen Eltern dabei helfen, eine Vollzeiterwerbstätigkeit mit der Betreuung schulpflichtiger Kinder zu vereinbaren, indem er außerschulische Betreuungsmöglichkeiten und Ganztagsschulen anbietet.

Dänemark und Schweden verfügen über die umfangreichsten Systeme der außerschulischen Betreuung im OECD-Raum (Abb. 3.10), wobei die Kinder vor und nach der Schule oftmals gleich auf dem Schulgelände betreut werden. In Deutschland variiert das Angebot an außerschulischer Betreuung von einer Kommune zur anderen, was Spiele, Hausaufgaben, Bildungs- und Sportaktivitäten usw. betrifft. Die Kommunen entscheiden, in welchem Umfang sie sich an der Finanzierung beteiligen und wie viel die Familien zahlen. In den vergangenen Jahren hat sich der Anteil der Kinder erhöht, die außerschulisch betreut werden (DIPF, 2014, S. 79)[8], und die Zusammenarbeit zwischen den verschiedenen beteiligten Akteuren hat sich vertieft (vgl. auch die Beispiele weiter unten).

3. POLITIKMASSNAHMEN ZUR FÖRDERUNG DER PARTNERSCHAFTLICHKEIT IN DEUTSCHLAND

Abbildung 3.9 **Die Kosten der institutionellen Kinderbetreuung in Deutschland liegen unter dem OECD-Durchschnitt**

Nettokosten für einen Ganztagsbetreuungsplatz für eine Doppelverdienerfamilie mit einem Vollzeitverdienst von 150% des Durchschnittsverdiensts, 2012

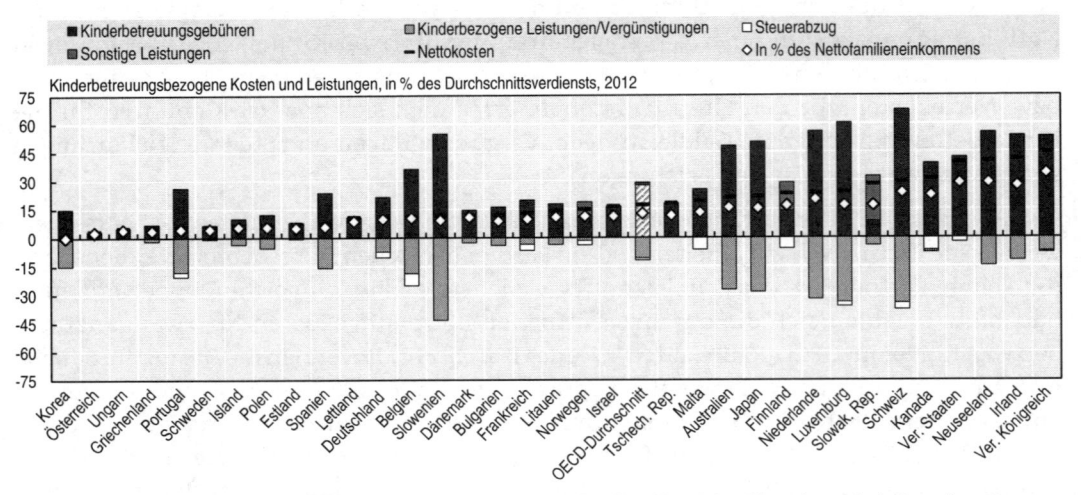

Anmerkung: Die Daten beziehen sich auf die Situation einer Doppelverdienerfamilie mit zwei Kindern (im Alter von 2 und 3 Jahren), in der beide Partner Vollzeit arbeiten und der erste Partner 100% des nationalen Durchschnittsverdiensts und der zweite Partner 50% des nationalen Durchschnittsverdiensts erhält (d.h. das Haushaltseinkommen beträgt 150% des nationalen Durchschnittsverdiensts). In Deutschland (Hamburg) entspricht die einer solchen Familie berechnete Gebühr für einen Ganztagsbetreuungsplatz brutto 21,5% des nationalen Durchschnittsverdiensts (blaue Säulen). Sie hat Anspruch auf kinderbezogene Leistungen/Vergünstigungen (einschließlich Gebührenermäßigungen) in Höhe von 7,2% des nationalen Durchschnittsverdiensts (hellgraue Säulen) und einen Steuerabzug in Höhe von 3,2% des nationalen Durchschnittsverdiensts (hellblaue Säulen). Somit belaufen sich die selbst zu tragenden Nettokosten für einen Ganztagsbetreuungsplatz auf 11,2% des nationalen Durchschnittsverdiensts (schwarze Linie) bzw. 9,7% des verfügbaren Gesamteinkommens der Familie (weiße Raute).
Vgl. OECD (2016a) wegen Informationen zum Durchschnittsverdienst.
In einer Reihe von Ländern beziehen sich die verfügbaren Daten zu den Kinderbetreuungskosten auf eine bestimmte Region bzw. Kommune – z.B. in Kanada (Ontario), Deutschland (Hamburg), Japan (Tokyo), dem Vereinigten Königreich (England) und den Vereinigten Staaten (Michigan).
In den Ergebnissen für die Nettokinderbetreuungskosten in Prozent des verfügbaren Familieneinkommens sind Steuervergünstigungen, kinderbezogene Leistungen und „sonstige Leistungen" berücksichtigt. Auch wenn sie sich nicht vorrangig auf die Kinderbetreuung beziehen (z.B. Familienleistungen oder Wohngeld), wirken sie sich auf die Nettoeinkommensposition der privaten Haushalte aus.
Vgl. OECD, "Tax and Benefit Systems: OECD Indicators" (*www.oecd.org/els/soc/benefits-and-wages.htm*) wegen weiterer Einzelheiten zu den bei der Berechnung der Nettokosten für die Ganztagskinderbetreuung berücksichtigten Politikmaßnahmen und Annahmen.
Quelle: OECD, "Tax and Benefit Systems: OECD Indicators", *www.oecd.org/els/soc/benefits-and-wages.htm*.

In Deutschland sind die außerschulischen Betreuungsmöglichkeiten zwar vergleichsweise gering, das Angebot wird jedoch ausgeweitet, und mehr Ganztagsschulen werden eingerichtet. Das Angebot unterscheidet sich erheblich zwischen den einzelnen Bundesländern, die für die Bildung zuständig sind, und den Kommunen, denen die außerschulische Betreuung obliegt. Jede Schule, die an mindestens drei Tagen pro Woche mindestens sieben Stunden am Stück Unterricht und Betreuung, einschließlich Mittagessen, anbietet, wird als Ganztagsschule betrachtet (Bertelsmann Stiftung, 2015a). Stundenzahl, Personalausstattung und die Qualität des Lernumfelds der Ganztagsschulen unterscheiden sich erheblich von einem Bundesland zum anderen (Klemm und Zorn, 2016). Zwischen 2005 und 2013 stieg die Zahl der Kinder, die eine Ganztagsgrundschule besuchen, um nahezu 170% (Bertelsmann Stiftung, 2015b). Während 2005 lediglich 7,9% der Kinder eine Ganztagsgrundschule besuchten, traf dies 2013 auf 24,2% der Kinder im Grundschulalter zu. Im Sekundarschulbereich sind Ganztagsschulen stärker verbreitet, und 2011 besuchten

Abbildung 3.10 **Dänemark ist im OECD-Raum bei der außerschulischen Betreuung führend, wohingegen in Deutschland Spielraum für Verbesserungen besteht**

Prozentsatz der Kinder der Altersgruppe 6-11 Jahre, die ein Angebot der außerschulischen Betreuung wahrnehmen, 2014 (oder letztes verfügbares Jahr)[1]

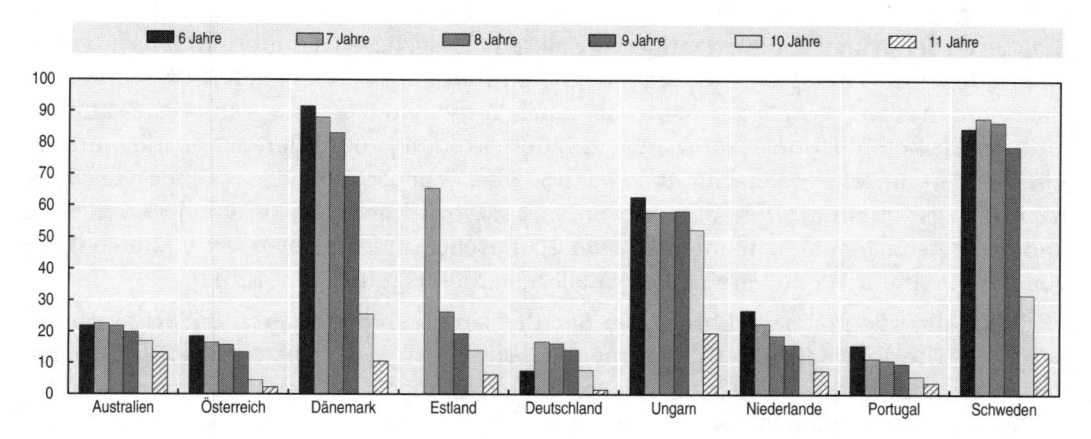

1. Die Daten beziehen sich für Deutschland auf 2014, für Australien, Österreich, Portugal und Schweden auf 2011, für Dänemark, Ungarn und die Niederlande auf 2009, für Estland auf 2007.
Quelle: OECD Family Database, *www.oecd.org/els/family/database.htm*; OECD-Berechnungen für Deutschland auf der Grundlage von Daten des Statistischen Bundesamts.

30,6% der Schülerinnen und Schüler in Deutschland eine Ganztagsschule (Klemm, 2013). Allerdings gibt es noch viel mehr Eltern – 70% –, die ihre Kinder gerne auf eine Ganztagsschule schicken würden (ebd.). Zudem sind 61% der Eltern (von Kindern unter 18 Jahren) der Auffassung, dass Ganztagsschulen der kindlichen Entwicklung zugutekommen (Institut für Demoskopie Allensbach, 2013).

Die Öffnungszeiten der Ganztagsschulen stellen erwerbstätige Eltern allerdings immer noch vor Herausforderungen. 2013-2014 boten die meisten Ganztagsgrundschulen sieben oder acht Stunden Unterricht und Betreuung täglich an, wobei die Eltern ihre Kinder um 16 Uhr abholen mussten, wofür sie möglicherweise vorzeitig ihren Arbeitsplatz verlassen mussten. Darüber hinaus bieten viele Ganztagsschulen nicht jeden Wochentag eine Vollzeitbetreuung an – oftmals gibt es einen Nachmittag pro Woche kein entsprechendes Angebot, in der Regel am Freitag –, und die Schulen schließen in der Regel während der Schulferien (Bertelsmann Stiftung, 2015a). Die außerschulische Betreuung ist im Allgemeinen flexibler und bietet längere Öffnungszeiten als Ganztagsschulen. Eltern können ihre Kinder vor Schulbeginn in einer Einrichtung der außerschulischen Betreuung abgeben und sie ab 16 oder 17 Uhr abholen. Im Durchschnitt werden Kinder unter elf Jahren, die in einer Einrichtung der außerschulischen Betreuung angemeldet sind, in Deutschland fünf Stunden täglich außerschulisch betreut (ebd.). Zusammen mit dem normalen Schultag bietet die außerschulische Betreuung Grundschulkindern in der Regel mehr Unterrichts- und Betreuungsstunden als die meisten Ganztagsgrundschulen (ebd.).

Im Durchschnitt sind Eltern in Frankreich mehr Stunden erwerbstätig als Eltern in Deutschland (Kapitel 2) und machen daher in hohem Maße von außerschulischen Betreuungsmöglichkeiten, Tagespflegepersonen, Verwandten bzw. einer Kombination von diesen Gebrauch. Vor- und Grundschule beginnen im Allgemeinen um 8:30 Uhr und enden um 16:30 Uhr, außer mittwochs, wenn mittags Schulschluss ist. Nach Schulschluss steht den Kindern die von den Kommunen angebotene außerschulische Betreuung zur Verfügung, wobei sich die Angebote zwischen den einzelnen Kommunen erheblich unterscheiden. 2010 gingen zwei Drittel der Vorschulkinder unmittelbar nach der Schule nach Hause, 16% wurden von einer Tagespflegeperson oder einem Verwandten abgeholt und 18% blieben in der Schule, um die dort angebotene außerschulische Betreuung zu nutzen (ONPE, 2012). Ein etwas höherer Anteil (70%) der Grundschulkinder geht nach der Schule unmittelbar nach Hause, wohingegen 14% von einer Person abgeholt werden, die weder die Mutter noch der Vater ist. Ein Viertel der Grundschulkinder nutzt die außerschulische Betreuung, um Hausaufgaben zu erledigen und zu spielen (Sport inbegriffen), und die verbleibenden 6% werden zu Hause durch eine Tagespflegeperson oder einen Verwandten betreut. Zahlreiche Familien nutzen eine Kombination aus häuslicher Kinderbetreuung und anderen Dienstleistungen, insbesondere am Mittwochnachmittag, wenn 59% der Grundschulkinder zumindest teilweise nachmittags von ihren Eltern betreut werden, 11% von ihren Großeltern und 3% von einer anderen Person. Indessen nehmen 40% der Grundschulkinder auch an Aktivitäten teil, die von den Kommunen und Vereinen organisiert werden (Sautory et al., 2011).

Überall haben Eltern während der Schulferien einen besonderen Bedarf an Unterstützung. Die schwedischen Kommunen lassen ihre *fritidshem* bzw. außerschulischen Betreuungseinrichtungen geöffnet, wobei viele von ihnen die Dienstleistungen externer Anbieter in Anspruch nehmen, die Musik- und Sportangebote machen. Im Oktober 2014 (und damit während des Schuljahrs und nicht während der Schulferien) besuchten 83,2% der Kinder im Alter von 6-9 Jahren und 20,7% der 10- bis 12-Jährigen solche Einrichtungen (Skolverket, 2016). Wenn während der Schulferien keine ausreichende Nachfrage besteht, um die Einrichtung vor Ort geöffnet zu lassen, wird den Eltern ein Platz in einer anderen nahe gelegenen Einrichtung angeboten. Die Gebühren sind einkommensabhängig und erschwinglich: In Stockholm beispielsweise lag der Höchstsatz im Jahr 2015 bei 858 SEK (rd. 92 Euro) pro Monat (Stockholms stad, 2016).

In Deutschland stellt die Betreuung von Schulkindern während der Schulferien ein besonderes Anliegen der Eltern dar, wobei 54% sich ein besseres Angebot wünschen (BMFSFJ, 2014). Das Angebot unterscheidet sich zwischen den einzelnen Kommunen erheblich. Während viele Doppelverdienerfamilien ihre eigenen (möglicherweise kostspieligen) Lösungen finden müssen, hat es in den vergangenen Jahren einige innovative lokale Initiativen gegeben. Die „Lokalen Bündnisse für Familie" sind Zusammenschlüsse beteiligter Akteure vor Ort, die als Informationsplattform für empfehlenswerte Praktiken dienen (vgl. den Abschnitt „Die jüngsten Politikinitiativen in Deutschland bringen verschiedene Akteure an einen Tisch" weiter unten). In Dienheim (Rheinland-Pfalz) etwa bietet das Lokale Bündnis für Familie während der Schulferien von 8-16 Uhr ein Ferienprogramm an. Im Rahmen einer anderen Initiative finanzieren Unternehmen in Hanau Ferienprogramme, die den Kindern von Beschäftigten der teilnehmenden Unternehmen eine breite Palette von Aktivitäten bieten.

7. Zeit für die Arbeit und für die Familie: Politikmaßnahmen und Vereinbarungen zwischen den beteiligten Akteuren zur Förderung flexibler Arbeitszeiten

Das Recht auf Anpassung der Arbeitszeiten

Fragen der Arbeitsorganisation werden in der Regel durch Verhandlungen zwischen Arbeitgebern und Arbeitnehmern geklärt, die Politik hat jedoch in den vergangenen Jahren Schritte unternommen, mit denen sie versucht, erwerbstätige Eltern durch flexible Arbeitszeitregelungen zu unterstützen. Arbeitnehmer haben nunmehr Anspruch darauf, ihre Arbeitszeiten anzupassen bzw. ihren Arbeitgeber hierum zu bitten. Arbeitgeber können Anträge aus dringenden betrieblichen Gründen ablehnen, müssen Ablehnungen jedoch begründen. In Tabelle 3.2 ist der Rechtsanspruch auf flexible Arbeitszeitregelungen aus familiären Gründen in ausgewählten OECD-Ländern dargestellt.

Tabelle 3.2 **Gesetzlicher Anspruch auf flexible Arbeitszeitregelungen aus familiären Gründen, ausgewählte Länder**

	Arbeitszeitregelungen vor und nach der Geburt		Anspruch auf Beantragung kürzerer Arbeitszeiten oder Teilzeitarbeit (annehmbare Gründe für die Ablehnung von Anträgen: K = keiner, DB = dringende betriebliche Gründe, AG = alle Gründe				
	Arbeitsänderung aus medizinischen Gründen während der Schwangerschaft und nach der Geburt	Arbeitszeitregelung für Pflege und Stillen	Teilzeitarbeit oder Änderung der Arbeitszeiten aus familiären Gründen:		Automatische Rückkehr zu den vorherigen Zeiten	Teilzeitbeschäftigte in % aller Beschäftigten (2014)[1]	Weibliche Teilzeitbeschäftigte in % aller weiblichen Beschäftigten (2014)[1]
			Um ein Kind zu erziehen	Um einen Erwachsenen zu pflegen			
Australien	Ja	-	DB	DB	Nein	24.5	37.1
Belgien	Ja	Ja	K[2,3]	K[3]	Ja	19.1	31.6
Dänemark	Ja	-	AG[2]	-	Ja	20.2	25.7
Deutschland	Ja	Ja	DB[2]	K[5]	Ja	22.6	37.6
Finnland	-	-	DB[2]	AG	Ja	12.2	15.8
Frankreich	Ja	Ja	K[2,6]	DB[6]	Ja	14.3	22.3
Kanada	Ja[4]	-	-	-	-	18.4	25.5
Neuseeland	Ja	Ja	DB[6]	DB[6]	Nein[7]	20.6	30.8
Niederlande	Ja	Ja	K[2,6]	DB[6]	Ja	39.7	61.7
Norwegen	-	-	DB[2]	DB	Ja	19	27.8
Österreich	Ja	Ja	K	K	Ja	20.4	34.7
Schweden	Ja	Ja	K[2]	-	Ja	13.5	17.5
Ver. Königreich	Ja	-	DB[6]	DB[6]	Nein[7]	23.4	36.4
Ver. Staaten	-	Ja	AG	K	Ja	13	17.9

1. Allgemeine Definition der Teilzeitbeschäftigung (30 Wochenstunden im Hauptberuf). Für die Vereinigten Staaten beziehen sich die Daten nur auf abhängig Beschäftigte.
2. Anspruch auf (Beantragung der) Arbeitszeitverkürzung oder Teilzeitarbeit für die Kindererziehung ist in den Rechtsanspruch auf Elternzeit integriert. In manchen Ländern (z.B. Finnland, Norwegen, Schweden) können Eltern aus anderen als den im Rechtsanspruch aufgeführten Gründen Teilzeitarbeit beantragen, um ein Kind zu betreuen, und/oder nach Auslaufen der Elternzeit Teilzeit beantragen. In anderen Ländern (z.B. Belgien, Frankreich, den Niederlanden) haben Beschäftigte zusätzlich zur Arbeitszeitverkürzung allgemeinere Rechtsansprüche.
3. Im Rahmen des Zeitguthabensystems müssen die Unternehmen die Anträge bewilligen, es sei denn, sie haben weniger als zehn Beschäftigte oder über 5% aller Beschäftigten nutzen bereits das Zeitguthabensystem.
4. Nur die bundesabhängigen Territorien und die Provinzen Québec und Manitoba verfügen über spezifische Bestimmungen.
5. Im Rahmen der Familienpflegezeit haben Arbeitnehmer in Unternehmen mit mehr als 25 Beschäftigten einen Rechtsanspruch darauf, bis zu 24 Monate lang (im Umfang von mindestens 15 Wochenstunden) Teilzeit zu arbeiten und/oder sich für bis zu sechs Monate vollständig beruflich freistellen zu lassen, um einen pflegebedürftigen Angehörigen zu pflegen. Arbeitnehmer in Unternehmen mit 16-25 Beschäftigten haben einen Rechtsanspruch auf Teilzeitarbeit bzw. vollständige Freistellung für bis zu 6 Monate. Unternehmen mit weniger Beschäftigten können Anträge ohne Begründung ablehnen.
6. In Frankreich, den Niederlanden, Neuseeland und dem Vereinigten Königreich haben Arbeitnehmer einen allgemeinen Rechtsanspruch auf Beantragung einer Arbeitszeitverkürzung oder einer Teilzeitarbeit, den sie u.a. für die Pflege eines Kindes oder eines Erwachsenen nutzen können. In Frankreich können Arbeitnehmer den Wechsel von Vollzeit auf Teilzeit und umgekehrt beantragen, den der Arbeitgeber aus dringenden betrieblichen Gründen oder wenn keine geeignete Position verfügbar ist ablehnen kann. In den Niederlanden haben Arbeitnehmer einen allgemeinen Rechtsanspruch auf Beantragung längerer oder kürzerer Arbeitszeiten, die der Arbeitgeber nur aus dringenden betrieblichen Gründen ablehnen kann. Arbeitnehmer dürfen einen entsprechenden Antrag nur stellen, wenn sie in einem Unternehmen mit mindestens zehn Beschäftigten arbeiten und seit mindestens zwölf Monaten im Unternehmen beschäftigt sind. In Neuseeland können alle Arbeitnehmer eine vorübergehende oder dauerhafte Änderung ihrer Arbeitszeiten, ihrer Arbeitstage oder ihres Arbeitsorts beantragen. Die Arbeitgeber müssen den Antrag prüfen, können diesen jedoch aus betrieblichen Gründen oder wenn er mit einem Tarifvertrag im Konflikt steht ablehnen. Im Vereinigten Königreich haben die Beschäftigten Anspruch auf Beantragung einer Änderung ihrer Arbeitszeiten, ihrer Arbeitstage oder ihres Arbeitsorts. Der Arbeitgeber muss den Antrag prüfen und kann diesen nur aus dringenden betrieblichen Gründen ablehnen (beschränkt auf Beschäftigte, die seit mindestens 26 Wochen für denselben Arbeitgeber arbeiten).
7. In Neuseeland und dem Vereinigten Königreich führen Änderungen der Arbeitszeiten und/oder anderer Arbeitsbedingungen, die im Rahmen des Anspruchs auf Beantragung flexibler Arbeitsbedingungen vereinbart werden, zu einer dauerhaften Vertragsänderung, es sei denn, dass sich Arbeitnehmer und Arbeitgeber zum Zeitpunkt der Vereinbarung darüber verständigen, dass die Änderung für einen bestimmten festgelegten Zeitraum gelten soll.
8. In vielen Ländern müssen die Beschäftigten zusätzliche Kriterien erfüllen, um Teilzeitarbeit oder eine Änderung der Arbeitszeit zu beantragen (z.B. in Bezug auf die Dauer der Betriebszugehörigkeit oder die Unternehmensgröße), vgl. OECD (2015f).

Quelle: OECD Family Database, www.oecd.org/els/family/database.htm; ILO Working Conditions Laws Database, www.ilo.org/dyn/travail/travmain.home; Moss (2015).

Arbeitszeitflexibilität sollte in beide Richtungen gelten. Eltern sollten nicht nur ihre Arbeitszeit verkürzen können, sondern auch wissen, dass sie wieder Vollzeit arbeiten können, wenn ihre Kinder größer sind. Einige Länder haben das Recht auf Teilzeitarbeit durch den Anspruch auf Wiederaufstockung auf Vollzeit und/oder automatische Rückkehr zur vorherigen Arbeitszeit nach einem bestimmten festgelegten Zeitraum ergänzt (Tabelle 3.2). Solche gesetzlichen Vorschriften sind zwar ein wichtiger erster Schritt, sie gelten jedoch oftmals nur für einige Jahre. In Deutschland beispielsweise haben Eltern lange Zeit das Recht gehabt, während der ersten drei Lebensjahre des Kindes Teilzeit zu arbeiten. Seit der Einführung des ElterngeldPlus im Jahr 2015 können Eltern in Deutschland dieses Recht flexibler einsetzen und sich dafür entscheiden, ein drittes Jahr zwischen dem dritten und achten Lebensjahr des Kindes zu nehmen.

Manche Länder haben einen allgemeinen Anspruch auf längere bzw. kürzere Arbeitszeiten eingeführt, so dass Eltern ihre Erwerbsstundenzahl leichter anpassen können, wenn ihre Kinder größer werden. In den Niederlanden beispielsweise haben Arbeitnehmer in einem Unternehmen mit zehn oder mehr Beschäftigten, die mindestens ein Jahr für das betreffende Unternehmen gearbeitet haben, das Recht, die Verlängerung bzw. Verkürzung ihrer Arbeitszeit zu beantragen (Eurofund, 2015a). Arbeitnehmer müssen die Arbeitszeitänderung mindestens vier Monate im Voraus beantragen. Der Arbeitgeber kann den Antrag nur aus dringenden betrieblichen Gründen ablehnen, wenn er z.B. nicht in der Lage ist, eine Vertretung zu finden (wenn eine Arbeitszeitverkürzung beantragt wird), oder nicht genügend Arbeit vorhanden ist (wenn eine Arbeitszeitverlängerung beantragt wird). Im Vereinigten Königreich können alle Arbeitnehmer (unabhängig von der Unternehmensgröße) nach einer Beschäftigungsdauer von 26 Wochen flexible Arbeitszeiten beantragen (Eurofund, 2015b). Der Antrag kann lediglich aus dringenden betrieblichen Gründen abgelehnt werden.

Die jüngsten Politikinitiativen in Deutschland bringen verschiedene Akteure an einen Tisch

Da Arbeitgeber und Arbeitnehmer jedoch die entscheidenden Akteure im Hinblick auf die Arbeitsbeziehungen sind, geht die Gesetzgebung im Allgemeinen weiter, als lediglich die Standardgrundsätze zu formalisieren, und versucht, eine Veränderung der Arbeitsbedingungen herbeizuführen. In Deutschland werden die zahlreichen Hindernisse auf dem Weg zu einer partnerschaftlicheren Aufgabenteilung für berufstätige Eltern in jüngster Zeit durch ein breites Spektrum von Politikmaßnahmen angegangen. Diese ergänzen die Politik der vergangenen Jahre, in deren Rahmen der Ausbau der Kinderbetreuung und die Einführung und Fortentwicklung des Elterngelds erfolgten.

2011 unterzeichneten die Bundesregierung, der Deutsche Gewerkschaftsbund (DGB), der Deutsche Industrie- und Handelskammertag (DIHK) und der Zentralverband des Deutschen Handwerks (ZDH) die „Charta für familienbewusste Arbeitszeiten", in der alle Akteure dazu aufgerufen werden, „die Chancen familienbewusster Arbeitszeiten und innovative Arbeitszeitmodelle im Interesse des Wirtschaftsstandorts Deutschland aktiv zu nutzen". Die Unterzeichner und die Bundesvereinigung der Deutschen Arbeitgeberverbände (BDA) gingen 2015 mit dem „Memorandum Familie und Arbeitswelt: Die NEUE Vereinbarkeit", in denen Wege zur Vereinbarkeit von Beruf und Familie ausgelotet werden, über die Charta hinaus. Mit dem Memorandum wurde darauf abgezielt,

- festzustellen, in welchen Bereichen es Fortschritte bei der Vereinbarkeit von Familie und Beruf gegeben hatte – z.B. die Stärkung der Bedeutung des Themas, die Verbesserung der Kinderbetreuungsinfrastruktur, die Stärkung des Bewusstseins für flexible Arbeitszeiten in den Unternehmen und die Zunahme der Müttererwerbstätigkeit;

> **Kasten 3.5 Initiativen zur Schaffung familienfreundlicher Arbeitsplätze in Deutschland**
>
> Das „Memorandum Familie und Arbeitswelt: Die NEUE Vereinbarkeit" wurde im Rahmen des vom Europäischen Sozialfonds kofinanzierten Unternehmensnetzwerks „Erfolgsfaktor Familie" erarbeitet. Das Netzwerk stellt Informationen und empfehlenswerte Beispiele für familienfreundliche Unternehmen und andere Akteure bereit und hält Wettbewerbe und Veranstaltungen ab, um für Fragen der Familienfreundlichkeit am Arbeitsplatz zu sensibilisieren. In dem Netzwerk haben sich über 1 200 Unternehmen zusammengeschlossen (*www.erfolgsfaktor-familie.de/*).
>
> Darüber hinaus bestehen etwa 650 Netzwerke vor Ort, die „Lokalen Bündnisse für Familie". Sie bringen die beteiligten Akteure (Arbeitgeber, Gewerkschaften, Kommunalbehörden, Stiftungen, Kirchen, Arbeitsagenturen, Hochschulen, Kinderbetreuungsanbieter usw.) zusammen, die Informationen zu familienbezogenen Dienstleistungen wie das Betreuungsangebot vor Ort oder die Ausbildung von Arbeitnehmern in der Pflege von Familienangehörigen austauschen.
>
> Seit 1999 können Unternehmen in Deutschland die Zertifizierung als familienfreundlicher Arbeitgeber (audit berufundfamilie) beantragen, die einer Initiative in Österreich ähnelt (OECD, 2002). Die unabhängige Hertie-Stiftung auditiert Unternehmen, wobei sie ihre Abläufe prüft, ihre Zielsetzung definiert und bei Bedarf Handlungsansätze zur Arbeitsplatzoptimierung aufzeigt, und zertifiziert diese dann als „familienfreundlich", wenn sie die Kriterien erfüllen. Großunternehmen machen den größten Gebrauch von solchen Audits – 42% der Unternehmen mit mehr als 1 000 Beschäftigten sind zertifiziert. Der Prozess wird von den meisten Kleinunternehmen mit weniger als zwanzig Beschäftigten jedoch als zu zeitaufwendig betrachtet, von denen lediglich 8% zertifiziert sind (DIHK, 2012).
>
> Was den gegenwärtigen Ausbau der Kinderbetreuung betrifft, so fördert die Bundesregierung auch betriebliche Betreuungsangebote im Rahmen des Programms „Betriebliche Kinderbetreuung". Die beteiligten Unternehmen erhalten Fördermittel für die Betriebskosten neu geschaffener Kinderbetreuungseinrichtungen. Verbundlösungen von kleinen und mittleren Unternehmen und die Zusammenarbeit mit gemeinnützigen und privaten Anbietern können ebenfalls gefördert werden. Die Förderung wird bis zu zwei Jahre lang als Anschubfinanzierung gewährt, anschließend werden die Kosten jedoch von den Arbeitgebern und eventuell von den Arbeitnehmern, die die Kinderbetreuung in Anspruch nehmen, getragen.

- Herausforderungen zu identifizieren – z.B. Stärkung des Familienbewusstseins in den Unternehmen, Pflege erwachsener Angehöriger, Ermutigung der Väter zur Verrichtung unbezahlter Tätigkeiten, Unterstützung der Wiederaufnahme einer Erwerbstätigkeit der Mütter nach der Geburt und Ermutigung der Mütter zur Erhöhung ihrer Arbeitszeit;
- Leitsätze zu erarbeiten, um Arbeitnehmern und Arbeitgebern bei der erfolgreichen Vereinbarung von Beruf und Familie während des gesamten Lebenszyklus zu helfen.

In dem Memorandum wird dazu aufgerufen, die partnerschaftliche Arbeitsteilung für junge Männer und Frauen zum gängigen Modell für Beruf und Familie zu machen. In den darin enthaltenen Leitsätzen werden die Arbeitgeber dazu aufgefordert, im Rahmen des Programms „Arbeitgeberattraktivität 2020" flexible Arbeitszeitmodelle anzubieten und die vollzeitnahe Beschäftigung (nach allgemeiner Definition ca. 28-30 Stunden) zu fördern. Zudem wird darin betont, dass die partnerschaftliche Arbeitsteilung Väter ebenso wie Mütter betrifft, und die Forderung nach einer erschwinglichen, qualitativ hochwertigen Kinderbetreuung erhoben.

Flexible Arbeitszeitregelungen in den Unternehmen

Um Arbeitnehmer im Allgemeinen und erwerbstätige Eltern im Besonderen dabei zu unterstützen, Beruf und Familie besser miteinander zu vereinbaren, haben die beteiligten Akteure in vielen Ländern eine Reihe von Maßnahmen eingeführt, um das Angebot an flexiblen Arbeitszeitregelungen auszuweiten. Flexible Arbeitszeitregelungen können unterschiedliche Formen annehmen, typische Beispiele sind jedoch:

- Arbeitszeitverkürzung bzw. Teilzeitarbeit;
- Gleitzeit;
- Zeitkontensysteme, z.B. Mehrarbeit, die einen Freizeitanspruch begründet[9].

Flexible Arbeitszeitregelungen finden zunehmend Verbreitung und sind sowohl für Arbeitgeber als auch für Arbeitnehmer attraktiv. Für Arbeitnehmer liegen die Gründe auf der Hand: Die Möglichkeit, eine gewisse Kontrolle über ihre Arbeitszeiten auszuüben, hilft ihnen dabei, ihre Arbeitszeiten besser mit der Familienzeit zu vereinbaren. Es hat sich gezeigt, dass Gleitzeitregelungen stressmindernd wirken und Konflikte zwischen Familie und Beruf verringern, z.B. verpasste Fristen aufgrund familiärer Pflichten (Halpern, 2005).

Für Arbeitgeber wird über die Vorteile flexibler Arbeitszeitregelungen nach wie vor diskutiert, und die Verfügbarkeit von Gleitzeitregelungen hängt von der Größe und dem Sektor des jeweiligen Unternehmens ab. Forschungsarbeiten haben ergeben, dass flexible Arbeitszeitregelungen für die Anwerbung von Fachkräften von Vorteil sind (Bloom et al., 2009) und ein familienfreundliches Image in der Öffentlichkeit begünstigen (den Dulk et al., 2013). Eine größere Freiheit für Arbeitnehmer im Hinblick auf die Arbeitseinteilung ist auch mit einer stärkeren Arbeitszufriedenheit, einer höheren Loyalität und Motivation und niedrigeren Fehlzeiten assoziiert (Baltes et al., 1999). Gleitzeitregelungen wirken sich auch positiv auf die Erhöhung der Frauenerwerbstätigkeit aus, da sie es ermöglichen, die Kinder gut zu versorgen und zugleich einer bezahlten Beschäftigung nachzugehen. Und die Beschäftigung weiblicher Führungskräfte erhöht wiederum die Wahrscheinlichkeit, dass Arbeitgeber flexible Arbeitszeitregelungen anbieten (Bloom et al., 2009).

Auch im privaten Sektor zahlen sich flexible Arbeitszeitregelungen unterm Strich aus. Es hat sich gezeigt, dass Unternehmen mit familienfreundlichen Regelungen insgesamt bessere Managementpraktiken aufweisen (ebd.) und nach der Ankündigung von Maßnahmen zur Verbesserung der Vereinbarkeit von Familie und Beruf höhere Börsenbewertungen erhalten (Arthur und Cook, 2004). Großunternehmen bieten mit größerer Wahrscheinlichkeit flexible Arbeitszeitregelungen an als kleine und mittlere Unternehmen, da es für kleinere Unternehmen mit höheren Kosten verbunden sein kann, die Aufgabenverteilung der Arbeitskräfte neu zu regeln. Dies stellt in Ländern wie Deutschland, die über eine große Zahl kleiner und mittlerer Unternehmen verfügen, natürlich eine Herausforderung dar (Goodstein, 1994; Ingram und Simons, 1995). In den europäischen Ländern bieten 80% der Großunternehmen Gleitzeitregelungen an, verglichen mit 71% der mittleren und 64% der kleinen Unternehmen (Eurofound, 2015c).

Die Nutzung flexibler Arbeitszeitregelungen hat im OECD-Raum im Lauf der Zeit zugenommen[10], zwischen den einzelnen Ländern bestehen jedoch nach wie vor große Unterschiede. Trotz der großen Zahl kleiner bzw. mittlerer Unternehmen schneiden deutsche Unternehmen beim Angebot flexibler Arbeitszeiten ziemlich gut ab (Abb. 3.11). Über 90% der Unternehmen in Dänemark, Deutschland, Finnland, Österreich und Schweden geben an, dass sie Gleitzeit und/oder Arbeitszeitkonten anbieten. Hingegen ist dies lediglich bei 60% der Unternehmen in Griechenland der Fall. Der Anteil der Arbeitnehmer, die Anspruch auf flexible Arbeitszeitregelungen haben, variiert ebenfalls von einem Land zum

3. POLITIKMASSNAHMEN ZUR FÖRDERUNG DER PARTNERSCHAFTLICHKEIT IN DEUTSCHLAND

Abbildung 3.11 **Deutschland zählt zu den fünf Ländern, in denen die meisten Unternehmen flexible Arbeitszeitregelungen anbieten**

Teil A. Anteil der Unternehmen, die Gleitzeit und/oder Arbeitszeitkonten anbieten, ausgewählte europäische Länder, 2013

- Möglichkeit, Beginn und Ende der täglichen Arbeitszeit flexibel zu gestalten, aber keine Erfassung von Mehrarbeit mit Freizeitausgleich
- Möglichkeit der Mehrarbeit mit Freizeitausgleich (halbe oder ganze Tage), aber nicht der flexiblen Gestaltung von Beginn und Ende der täglichen Arbeitszeit
- Möglichkeit der Mehrarbeit mit Freizeitausgleich (halbe oder ganze Tage) und der flexiblen Gestaltung von Beginn und Ende der täglichen Arbeitszeit

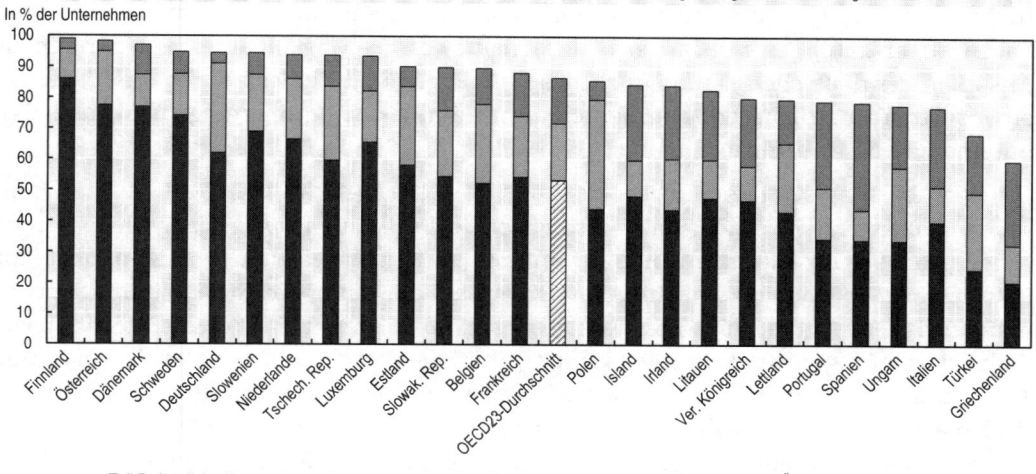

Teil B. Anteil der Unternehmen, die angeben, dass alle oder ein Teil der Beschäftigten Anspruch auf Überstundenausgleich durch arbeitsfreie Tage haben, ausgewählte europäische Länder, 2013

- Ja, möglich für alle Beschäftigten
- Ja, möglich für einen Teil der Beschäftigten

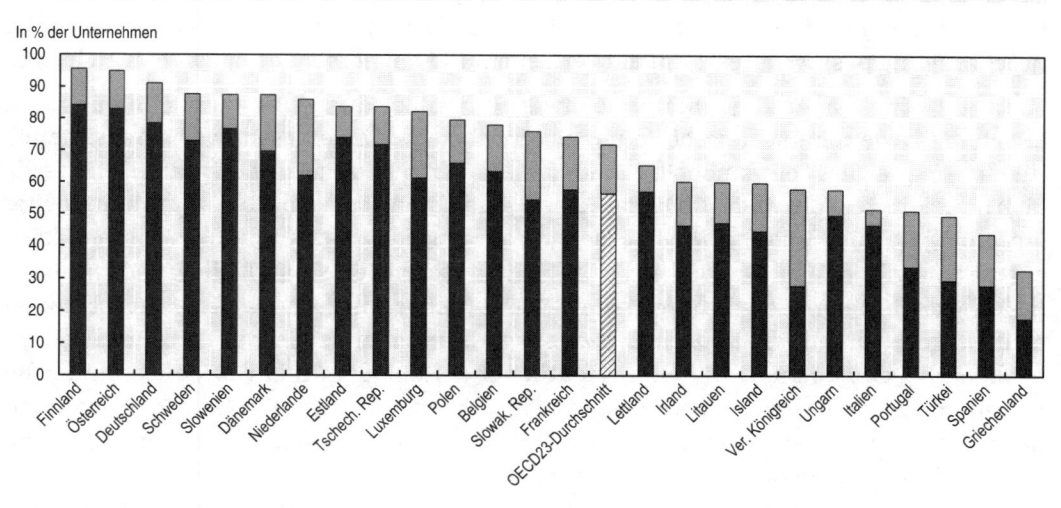

Quelle: OECD-Berechnungen auf der Grundlage des European Company Survey von 2013.

anderen, und nicht alle Unternehmen bieten ihren Beschäftigten flexible Arbeitszeiten an. Auch hier schneidet Deutschland gut ab: 78% der deutschen Unternehmen gestatten allen Beschäftigten, Überstunden anzusammeln, um dafür Gleittage zu nehmen, ein größerer Anteil als in den meisten europäischen Unternehmen, die an der Erhebung teilgenommen haben.

8. Schlussbetrachtungen

Deutschland hat große Fortschritte bei der Reform von Maßnahmen zur Unterstützung erwerbstätiger Eltern und zur Förderung einer partnerschaftlichen Aufgabenteilung zwischen in einer Partnerschaft lebenden Eltern erzielt. In der Vergangenheit wirkten Arbeitsmarktbestimmungen, Politik und soziale Normen vor allem in den alten Bundesländern zugunsten traditioneller Geschlechterrollen, die sozialpolitischen Reformen der letzten zehn Jahre haben jedoch dafür gesorgt, dass sich Eltern heute bessere Möglichkeiten bieten. Der neue Ansatz in der deutschen Familienpolitik soll es Eltern und Kindern durch die Förderung einer partnerschaftlicheren Aufgabenteilung in Familie und Beruf ermöglichen, mehr Zeit miteinander zu verbringen.

Die Ablösung des Erziehungsgelds durch das Elterngeld im Jahr 2007 hat die Wahrscheinlichkeit deutlich erhöht, dass Mütter nach dem Auslaufen der Leistung wieder an den Arbeitsplatz zurückkehren. Im Einklang mit international bewährten Praktiken führte die Reform von 2007 zudem zu einem Anstieg der Zahl der Väter, die Elternzeit in Anspruch nehmen. Die Fortentwicklung des Elterngelds im Jahr 2015 erleichtert die Kombination von Teilzeitbeschäftigung und Elterngeldbezug („ElterngeldPlus"). Zudem bietet sie den Paaren Anreize, die Elternzeit untereinander aufzuteilen. Auf der Grundlage dieser Erfahrungen kann die deutsche Politik weitere familienpolitische Förderinstrumente entwickeln, darunter die Möglichkeit für Eltern junger Kinder, während eines bestimmten Zeitraums vollzeitnah erwerbstätig zu sein, wie dies in Deutschland derzeit im Rahmen des Konzepts der „Familienarbeitszeit" diskutiert wird. Eine solche Politik könnte es vielen Vätern ermöglichen, sich mehr Zeit für ihre Kinder zu nehmen. Im Gegensatz zu einer langfristigen Teilzeitbeschäftigung mit geringem Stundenumfang dürfte eine vorübergehende vollzeitnahe Beschäftigung positive Effekte auf die Verdienst- und Karrierechancen von Frauen haben.

Erschwingliche und qualitativ hochwertige frühkindliche Betreuung, Bildung und Erziehung sowie außerschulische Betreuungsangebote sind eine wesentliche Voraussetzung für ein erfolgreiches Politikmodell, das auf die Vereinbarkeit von Beruf und Familie für beide Eltern abzielt. Seit Mitte der 2000er Jahre hat Deutschland sein Angebot an frühkindlicher Betreuung, Bildung und Erziehung erheblich ausgeweitet, was Kindern und ihren Eltern zugutekommt. Die Teilnahmequoten an der frühkindlichen Betreuung, Bildung und Erziehung liegen jedoch nach wie vor unter dem OECD-Durchschnitt, und weitere Investitionen sind erforderlich, um die Kapazitäten zu steigern und den Bedarf der Eltern flexibler zu decken. In Deutschland sollte von öffentlicher Seite zudem mehr in außerschulische Betreuungsangebote investiert werden, die Eltern schulpflichtiger Kinder sowohl während des Schuljahres als auch während der Schulferien helfen, Vollzeiterwerbstätigkeit und Familienleben miteinander zu vereinbaren.

Schließlich sind Arbeitsmarktinstitutionen, kulturelle Gepflogenheiten in den Unternehmen und Zugang zu flexiblen Arbeitszeitregelungen von entscheidender Bedeutung, um die Arbeitsbedingungen familienfreundlicher zu gestalten. Es ist wichtig, die Zusammenarbeit mit den Sozialpartnern und anderen Akteuren auszubauen, um das Berufsleben familienfreundlicher zu gestalten und familienfreundliche Arbeitsplatzmaßnahmen zu fördern, wie sie z.B. im „Memorandum Familie und Arbeitswelt – Die NEUE Vereinbarkeit" dargelegt sind. Dazu zählt u.a., Väter zur Inanspruchnahme von Elternzeit zu ermutigen, Telearbeit zu erleichtern und flexible Arbeitszeiten zuzulassen. Im folgenden Kapitel wird die Bedeutung solcher Politikmaßnahmen im Hinblick auf die gegenwärtig unausgewogene Verteilung der Erwerbsarbeit zwischen in einer Partnerschaft lebenden Eltern veranschaulicht.

Anmerkungen

1. Zwischen den einzelnen nordischen Ländern bestehen durchaus Unterschiede bei der Familienpolitik, beispielsweise hinsichtlich der Dauer der bezahlten Eltern- und Betreuungszeit, die von rd. 1 Jahr in Dänemark und Island bis hin zu 3 Jahren in Finnland und Norwegen reicht. Unabhängig von der Dauer der familienbedingten beruflichen Freistellung aber ist die Familienpolitik in den nordischen Ländern darauf ausgerichtet, zwischen dem Ende der Elternzeit und dem Beginn der formalen Kinderbetreuung (bzw. Vorschule) keine Lücke in der Unterstützung auftreten zu lassen.
2. Die Steuer- und Transfermodelle der OECD berechnen Steuer- und Abgabenbelastungen, Transferleistungsansprüche und Nettoeinkommen für eine Reihe unterschiedlicher Arbeitsmarkt- und Haushaltskonstellationen, die jeweils die Regelungen der einzelnen Länder und das Zusammenspiel der verschiedenen Elemente ihrer Steuer- und Transfersysteme berücksichtigen (vgl. Anhang 3.A1). Der Gesamteffekt der Steuer- und Transfersysteme auf die finanziellen Anreize für die Aufteilung der Erwerbsarbeit ist von der Höhe des Einkommens und dem damit verbundenen Steuerniveau abhängig. Wie Abbildung 3.A1.1 zeigt, gelten die dargestellten Ergebnisse jedoch in den meisten Ländern auch für Haushaltseinkommen, die das Doppelte des Durchschnittsverdiensts betragen (vgl. *els/family/database.htm* wegen weiterer Informationen und Daten).
3. In mehreren Ländern (z.B. in Dänemark, Island und den Niederlanden) umfasst das System der Individualbesteuerung auch „gemeinsame Elemente", wie etwa Steuererleichterungen und Steuergutschriften, die von einem Partner auf den anderen übertragen werden können.
4. Minijobs sind geringfügig entlohnte, steuerbefreite Beschäftigungen bis zu einer Entgeltgrenze von 450 Euro im Monat. Midijobs sind Beschäftigungsverhältnisse mit einem Monatsverdienst über 450 bis höchstens 850 Euro, für die Arbeitnehmerbeiträge zur Sozialversicherung zu entrichten sind, die mit dem Verdienst ansteigen.
5. Anhang 3.A2 enthält eine Variantenrechnung zur voraussichtlichen Entwicklung der in Vollzeitäquivalenten gemessenen Erwerbsbevölkerung (15- bis 74-Jährige). In diesem Szenario optieren bis 2025 alle Beschäftigten, die potenziell einen Anspruch auf Leistungen im Rahmen der Familienarbeitszeit haben, für eine regelmäßige Wochenarbeitszeit von 32 Stunden, die Obergrenze des im flexiblen Familienarbeitszeitmodell vorgesehenen Korridors von 28-32 Stunden. Die projizierte Größe der in Vollzeitäquivalenten gemessenen Erwerbsbevölkerung ist in diesem Familienarbeitszeitszenario etwas geringer als im Basisszenario. Doch selbst 2025 – dem Jahr, in dem den Annahmen zufolge die durchschnittliche regelmäßige Arbeitszeit der anspruchsberechtigten Beschäftigten 32 Stunden pro Woche erreicht – beläuft sich die daraus resultierende Verringerung der Erwerbsbevölkerung nur auf 37 000 Vollzeitäquivalente, was einem Rückgang um lediglich 0,1% entspricht.
6. Die Leistung für die Betreuung von Kleinkindern (PAJE) ist eine ergänzende Leistung, die selbst auf früheren Formen von Unterstützungsleistungen für Eltern aufbaut, die eine individuelle Kinderbetreuung vereinbaren, beispielsweise der *Aide à la Famille pour l'Emploi d'une Assistante Maternelle Agréée* (Familienleistung für die Beschäftigung einer zugelassenen Tagespflegeperson – AFEAMA) und der *Allocation de Garde d'Enfant à Domicile* (Beihilfe für die häusliche Kinderbetreuung – AGED).
7. Wegen länderspezifischer Daten zu den Steuer- und Transfersystemen und den Kinderbetreuungskosten vgl. die OECD-Website „Benefits and Wages: Country specific information" unter *www.oecd.org/els/soc/benefits-and-wages-country-specific-information.htm*.
8. Da sich die außerschulische Betreuung anhand der Daten nicht klar von der Ganztagsbeschulung trennen lässt, kann es zu einer gewissen Doppelerfassung kommen.
9. Telearbeit ist ebenfalls eine flexible Arbeitsmöglichkeit, in den hier zugrunde gelegten Erhebungen sind jedoch keine entsprechenden Daten berücksichtigt.
10. Die Unternehmen geben zunehmend an, dass sie die Bedeutung der Vereinbarkeit von Beruf und Familie anerkennen. Eine unter deutschen Unternehmen durchgeführte Umfrage ergab, dass der Anteil derjenigen, die Eltern in der Erziehungszeit unterstützen oder unterstützen wollen, zwischen 2007 und 2012 von 25% auf 50% gestiegen ist. Zudem erachteten 80,7% der deutschen Unternehmen Familienfreundlichkeit im Jahr 2013 als wichtig, gegenüber 46,5% im Jahr 2003 (DIHK, 2012).

Literaturverzeichnis

Adema, W. (2012), "Setting the Scene: The Mix of Family Policy Objectives and Packages Across the OECD", *Children and Youth Services Review*, Vol. 34, Elsevier, S. 487-498.

Adema, W., C. Clarke und V. Frey (2015), "Paid Parental Leave: Lessons from OECD Countries and Selected U.S. States", *OECD Social, Employment and Migration Working Papers*, No. 172, OECD Publishing, Paris, http://dx.doi.org/10.1787/5jrqgvqqb4vb-en.

Adema, W., P. Fron und M. Ladaique (2014), "How Much Do OECD Countries Spend on Social Protection and How Redistributive Are their Tax/benefit Systems?", *International Social Security Review*, Vol. 67, No. 1/2014, S. 1-25.

Adema, W., P. Fron und M. Ladaique (2011), "Is the European Welfare State Really More Expensive", *OECD Social, Employment and Migration Working Papers*, No. 124, OECD Publishing, Paris, http://dx.doi.org/10.1787/5kg2d2d4pbf0-en.

Ahrens, R. (2010), "Sustainability in German Family Policy and Politics", *GPS*, Vol. 6, No. 3, S. 195-229.

Arbeitsministerium Island (2015), "Von der Ständigen Vertretung Islands bei der OECD übermittelte Daten".

Bach, S. et al. (2011), "Reform des Ehegattensplittings: Nur eine reine Individualbesteuerung erhöht die Erwerbsanreize deutlich", *DIW Wochenbericht*, Nr. 41.

Baltes, B. et al. (1999), "Flexible and Compressed Workweek Schedules: A Meta-Analysis of their Effects on Work-Related Criteria", *Journal of Applied Psychology*, Vol. 84, No. 4, S. 496-513.

Bechara, P., J. Kluve und M. Tamm (2015), "Fiskalische Refinanzierungseffekte des Elterngeldes", Projektbericht zum Forschungsvorhaben des Bundesministeriums für Familie, Senioren, Frauen und Jugend, Rheinisch-Westfälisches Institut für Wirtschaftsforschung, Essen.

Bergman, S. (2004), "Collective Organizing and Claim Making on Child Care in Norden: Blurring the Boundaries between the Inside and the Outside", *Social Politics*, Vol. 11, No. 2, S. 217-246.

Bertelsmann Stiftung (2015a), "Trends der FBBE in Deutschland – zentrale Ergebnisse des Länderreports 2015".

Bertelsmann Stiftung (2015b), "Tabellen zum Ländermonitor – Stand August 2015", www.laendermonitor.de/typo3conf/ext/jp_downloadslm/pi1/download.php?datei=fileadmin/contents/downloads/2015/tabellen_laendermonitor_2015.pdf&ftype=pdf.

Bertrand, M., E. Kamenica und J. Pan (2015), "Gender Identity and Relative Income within Households", *Quarterly Journal of Economics*, Oxford University Press, Vol. 130, No. 2, S. 571-614.

BiB (2015), "Familienleitbilder – Muss alles perfekt sein? Leitbilder zur Elternschaft in Deutschland", Bundesinstitut für Bevölkerungsforschung, Wiesbaden.

Bittman, M. et al. (2003), "When Does Gender Trump Money? Bargaining and Time in Household Work", *American Journal of Sociology*, Vol. 109, No. 1, S. 186-214.

Blome, A. (2012), "Why (Not) Now? The Politics of Work/care Policy Reforms in Germany and Italy at the Turn of the Century", Dissertation, Humboldt-Universität zu Berlin.

Blome, A. und K. Müller (2013), "Beliefs and Policy Change: Do Politics Respond to People's Attitudes? The case of work/care policies", Mimeo.

Bloom, N., T. Kretschmer und J. Van Reenen (2009), "Determinants and Consequences of Family-friendly Workplace Practices – An International Study", LSE/Stanford mimeo.

BMFSFJ (Bundesministerium für Familie, Senioren, Frauen und Jugend) (2015a), "Fünfter Bericht zur Evaluation des Kinderförderungsgesetzes", Bundesministerium für Familie, Senioren, Frauen und Jugend, Berlin.

BMFSFJ (2015b), "Dossier Väter und Familie – erste Bilanz einer neuen Dynamik", Bundesministerium für Familie, Senioren, Frauen und Jugend, Berlin.

BMFSFJ (2014), "Familienreport 2014 – Leistungen, Wirkungen, Trends", Bundesministerium für Familie, Senioren, Frauen und Jugend, Berlin.

BMFSFJ (2010), *Europäischer Unternehmensmonitor Familienfreundlichkeit – Abschlussbericht*, Bundesministerium für Familie, Senioren, Frauen und Jugend, Berlin.

BMFSFJ (2007), "Machbarkeitsstudie Gender Budgeting auf Bundesebene", Bundesministerium für Familie, Senioren, Frauen und Jugend, Berlin.

BMFSFJ (2006), "Familie zwischen Flexibilität und Verlässlichkeit – Perspektiven für eine lebenslaufbezogene Familienpolitik. Siebter Familienbericht", Bundesministerium für Familie, Senioren, Frauen und Jugend, Berlin.

BMWi (2015), "Mindestlohn: Bisher keine Nebenwirkungen!", *Monatsbericht Dezember*, Bundesministerium für Wirtschaft und Energie, S. 13-18.

Bossler, M. und H. Gerner (2016), "Employment Effects of the New German Minimum Wage – Evidence from Establishment-level Micro Data", *IAB-Discussion Paper*, No. 10/2016, Nürnberg.

Bouysse, V., P. Claus und C. Szymankiewicz (2011), *L'école maternelle : Rapport à monsieur le ministre de l'Éducation nationale, de la Jeunesse et de la Vie associative,* Inspection générale de l'administration de l'éducation nationale, Rapport N° 2011-108, *http://media.education.gouv.fr/file/2011/54/5/2011-108-IGEN-IGAENR_215545.pdf.*

Camehl, G. et al. (2015), "Höhere Qualität und geringere Kosten von Kindertageseinrichtungen – zufriedenere Eltern? ", *DIW Wochenbericht*, No. 46, S. 1105-1113.

Ciccia, R. und I. Bleijenbergh (2014), "After the Male Breadwinner Model? Childcare Services and the Division of Labor in European Countries", *Social Politics*, Vol. 21, No. 1.

Daly, M. (2011), "What Adult Worker Model? A Critical Look at Recent Social Policy Reform in Europe from a Gender and Family Perspective", *Social Politics*, Vol. 18, No. 1.

Destatis (Statistisches Bundesamt)(2016a), "Atypische Beschäftigung – Erwerbstätige in unterschiedlichen Erwerbsformen nach soziodemografischen Merkmalen und Wirtschaftsabschnitten 2014 in 1 000", Wiesbaden, *www.destatis.de/DE/ZahlenFakten/GesamtwirtschaftUmwelt/Arbeitsmarkt/Erwerbstaetigkeit/TabellenArbeitskraefteerhebung/AtypischeBeschaeftigung.html.*

Destatis (2016b), "Öffentliche Sozialleistungen – Statistik zum Elterngeld, Beendete Leistungsbezüge für in den Jahren 2008 bis 2012 geborene Kinder", Zugriff unter: *www.destatis.de/DE/ZahlenFakten/GesellschaftStaat/Soziales/Soziales.html.*

Destatis (2015a), "Kinder und tätige Personen in Tageseinrichtungen und in öffentlich geförderter Kindertagespflege am 01.03.2015", Wiesbaden.

Destatis (2015b), "Bevölkerung Deutschlands bis 2060: 13. koordinierte Bevölkerungsvorausberechnung", Statistisches Bundesamt, Wiesbaden.

Destatis (2012), "Elterngeld – wer, wie lange und wie viel?", Statement von Präsident R. Egeler, Pressekonferenz am 27. Juni 2012, Wiesbaden, *www.destatis.de/DE/PresseService/Presse/Pressekonferenzen/2012/Elterngeld/statement_egeler_elterngeld_PDF.pdf?__blob=publicationFile.*

DIHK (Deutsche Industrie- und Handelskammer) (2012), "Vereinbarkeit von Familie und Beruf: Vom 'Gedöns' zum Schlüssel gegen den Fachkräftemangel – Ergebnisse des IHK-Unternehmensbarometers 2012", Deutsche Industrie- und Handelskammer.

DIPF (Deutsches Institutsfür Internationale Pädagogische Forschung) (2014), *Bildung in Deutschland 2014*, Bildungsbericht der Autorengruppe Bildungsberichterstattung (Hrsg.) unter Federführung des Deutschen Instituts für Internationale Pädagogische Forschung, gefördert mit Mitteln der Ständigen Konferenz der Kultusminister der Länder und des Bundesministeriums für Bildung und Forschung.

Dulk, L. den et al. (2013), "National Context in Work-life Research: A Multi-level Cross-national Analysis of the Adoption of Workplace Work-life Arrangements in Europe", *European Management Journal*, Vol. 31, No. 5, S. 478-494.

Dustmann, C. und U. Schönberg (2012), "Expansions in Maternity Leave Coverage and Children's Long-Term Outcomes", *American Economic Journal – Applied Economics*, Vol. 4, No. 3, S. 190-224.

Duvander, A., L. Haas und C. Hwang (2014), "Country Note – Sweden" ,in P. Moss (Hrsg.), 10th *International Review of Leave Policies and Related Research 2014*, London, S. 291-300, *www.leavenetwork.org/fileadmin/Leavenetwork/Annual_reviews/2014_annual_review_korr.pdf.*

Eichhorst, W. et al. (2012), *Geringfügige Beschäftigung: Situation und Gestaltungsoptionen*, Bertelsmann Stiftung, Gütersloh.

Enes, R. et al. (2014), *Kommunale Bedarfserhebungen – Der regionalspezifische Betreuungsbedarf U3 und seine Bedingungsfaktoren*, Gefördert durch das Bundesministerium für Familie, Senioren, Frauen und Jugend, Dortmund.

Eurofund (2015a), "Working Life Country Profiles – The Netherlands", EurWORK European Observatory of Working Life, Dublin, *www.eurofound.europa.eu/observatories/eurwork/comparative-information/ national-contributions/netherlands/netherlands-working-life-country-profile*.

Eurofund (2015b), "Working Life Country Profiles – United Kingdom", EurWORK European Observatory of Working Life, Dublin, *www.eurofound.europa.eu/observatories/eurwork/comparative-information/ national-contributions/united-kingdom/united-kingdom-working-life-country-profile*.

Eurofound (2015c), *Third European Company Survey – Overview report: Workplace practices – Patterns, performance and well-being*, Amt für Veröffentlichungen der Europäischen Union, Luxemburg.

Eurostat (2010), "Europäisches System integrierter Sozialschutzstatistiken (ESSOSS)".

Evertsson, M. (2014), "Gender Ideology and the Sharing of Housework and Child Care in Sweden", *Journal of Family Issues*, Vol. 35, S. 927-949.

Ferragina, E. und M. Seeleib-Kaiser (2014), "Determinants of a Silent (R)evolution: Understanding the Expansion of Family Policy in Rich OECD Countries", *Social Politics*, Vol. 22, No. 1.

Förster, M.F. und G. Verbist (2012), "Money or Kindergarten? Distributive Effects of Cash Versus In-Kind Family Transfers for Young Children", *OECD Social, Employment and Migration Working Papers*, No. 135, OECD Publishing, Paris, http://dx.doi.org/10.1787/5k92vxbgpmnt-en.

Friedrich-Ebert-Stiftung (FES) (2015), *Arbeit – Leben – Fortschritt: Progressive Ideen für die Arbeitswelt von morgen*, Bonn.

Geyer, J., P. Haan und K. Wrohlich (2015), "The Effects of Family Policy on Maternal Labor Supply: Combining Evidence from a Structural Model and a Quasi-experimental Approach", *Labour Economics*, Vol. 36, S. 84-98.

Goodstein, J.D. (1994), "Institutional Pressure and Strategic Responsiveness: Employer Involvement in Work-family Issues", *Academy of Management Journal*, Vol. 37, S. 350-382.

Grunow, D. und N. Baur (2014), "The Association between Norms and Actions – The Case of Men's Participation in Housework", *Comparative Population Studies*, Vol. 39, No. 3, S. 521-558.

Halpern, D (2005). "How Time-flexible Work Policies Can Reduce Stress, Improve Health, and Save Money", *Stress and Health*, Vol. 21, S. 157-168.

Häusermann, S. (2006), "Changing Coalitions in Social Policy Reforms: The Politics of New Social Needs and Demands", *Journal of European Social Policy*, Vol. 16, No. 1, S. 5-21.

Haut Conseil de la Famille (2015), "Point sur l'évolution de l'accueil des jeunes enfants", *Notes et avis*, www.hcf-famille.fr/spip.php?rubrique11.

Heckman, J. und D. Masterov (2007), "The Productivity Argument for Investing in Young Children", *NBER Working Paper*, No. 13016, Cambridge, United States.

Heckman J. et al. (2010), "A New Cost-benefit and Rate of Return Analysis for the Perry Preschool Program: A Summary", *IZA Discussion Paper*, No. 17, Bonn.

Henninger, A. und A. von Wahl (2010), "Das Umspielen von Veto-Spielern. Wie eine konservative Familienministerin den Familialismus des deutschen Wohlfahrtsstaates unterminiert", in C. Egle und R. Zohlnhöfer (Hrsg.), *Die zweite Große Koalition. Eine Bilanz der Regierung Merkel 2005-2009*, VS Verlag, Wiesbaden, S. 361-379.

Henninger, A., C. Wimbauer und R. Dombrowski (2008), "Demography as a Push toward Gender Equality? Current Reforms of German Family Policy", *Social Politics*, Vol. 15, No. 3, S. 287-314.

Holst, E., A. Busch-Heizmann und A. Wieber (2015), "Führungskräfte-Monitor 2015: Update 2001 – 2013", *Politikberatung kompakt*, Nr. 100, DIW Berlin.

IAB (Institut für Arbeitsmarkt- und Berufsforschung) (2016), *Arbeitsmarktspiegel: Entwicklungen nach Einführung des Mindestlohns (Ausgabe 1)*, IAB-Forschungsbericht, Nr. 1/2016, Institut für Arbeitsmarkt- und Berufsforschung (IAB), Nürnberg.

IAQ (Institut Arbeit und Qualifikation) (2016a), *Geringfügig Hauptbeschäftigte, 2003-2015 – Absolut und Altersstruktur in %*, Institut Arbeit und Qualifikation der Universität Duisburg-Essen, www.sozialpolitik-aktuell.de/tl_files/sozialpolitik-aktuell/_Politikfelder/Arbeitsmarkt/Datensammlung/PDF-Dateien/abbIV67a.pdf.

IAQ (2016b), *Trotz Mindestlohn: Ungebrochener Anstieg der geringfügigen Nebenbeschäftigung*, Institut Arbeit und Qualifikation der Universität Duisburg-Essen, www.sozialpolitik-aktuell.de/tl_files/sozialpolitik-aktuell/_Politikfelder/Arbeitsmarkt/Datensammlung/PDF-Dateien/abbIV67b_Grafik_Monat_04_2016.pdf.

Immervoll, H. et al. (2009), "An Evaluation of the Tax-Transfer Treatment of Married Couples in European Countries", *OECD Social, Employment and Migration Working Papers*, No. 76, OECD Publishing, Paris, http://dx.doi.org/10.1787/227200406151.

Institut für Demoskopie Allensbach (2015), *Weichenstellungen für die Aufgabenteilung in Familie und Beruf*, Untersuchungsbericht zu einer repräsentativen Befragung von Elternpaaren im Auftrag des Bundesministeriums für Familie, Senioren, Frauen und Jugend, Allensbach.

Institut für Demoskopie Allensbach (2013), *Monitor Familienleben 2013 – Einstellungen der Bevölkerung zur Familienpolitik und zur Familie*, Allensbach.

Ingram, P. und T. Simons (1995), "Institutional and Resource Dependence Determinants of Responsiveness to Work-family Issues", *Academy of Management Journal*, Vol. 38, S. 1466-1482.

Kamerman, S. und A. Kahn (1991), *Child Care, Parental Leave and the Under 3s: Policy Innovation in Europe*, Auburn House, New York.

Kamerman, S.B. und P. Moss (Hrsg.) (2009), *The Politics of Parental Leave Policy: Children, Parenting, Gender and the Labour Market*, The Policy Press, Bristol.

Kearney, A.T. (2015), "Vereinbarkeit wagen! Ergebnisse der dritten 361°A.T. Kearney-Familienstudie".

Klemm, K. (2013), *Ganztagsschulen in Deutschland – eine bildungsstatistische Analyse*, im Auftrag der Bertelsmann Stiftung erstellter Bericht.

Klemm, K. und D. Zorn (2016), *Die landesseitige Ausstattung gebundener Ganztagsschulen mit personellen Ressourcen – Ein Bundesländervergleich*, Bertelsmann Stiftung.

Kluve, J. und S. Schmitz (2014), "Mittelfristige Effekte der Elterngeldreform in Ost- und Westdeutschland", *Vierteljahrshefte zur Wirtschaftsforschung*, 83. Jg., Nr. 1/2014, S. 163-181, DIW Berlin.

Korthouwer, G. (2010), "Party Politics as We Knew It? Failure to Dominate Government, Intraparty Dynamics and Welfare Reforms in Continental Europe", Dissertation, Amsterdam Institute for Social Science Research (AISSR).

Krebs, T. und M. Scheffel (2016), "Structural Reform in Germany", *IMF Working Paper*, No. 16/96.

Kremer, M. (2006), "The Politics of Ideals of Care: Danish and Flemish Child Care Policy Compared", *Social Politics*, Vol. 13, No. 2, S. 261-285.

Leitner, S. (2010), "Germany Outpaces Austria in Childcare Policy: The Historical Contingencies of 'Conservative' Childcare Policy", *Journal of European Social Policy*, Vol. 20, No. 5, S. 456-467.

Lundberg, S. und R. Pollak (1996), "Bargaining and Distribution in Marriage", *Journal of Economic Perspectives*, Vol. 10, No. 4, S. 139-158.

McGinn, K., M. Ruiz Castro und E. Long Lingo (2015), "Mum's the Word! Cross-national Effects of Maternal Employment on Gender Inequalities at Work and at Home", *Harvard Business School Working Paper*, No. 15-094.

Merz, M. (2004), "Women's Hours of Market Work in Germany: The Role of Parental Leave", *IZA Discussion Paper*, No. 1288, Bonn.

Mischke, M. (2014), *Public Attitudes toward Family Policies in Europe. Linking Institutional Context and Public Opinion*, Springer VS, Wiesbaden.

Morgan, K. (2013), "Path Shifting of the Welfare State: Electoral Competition and the Expansion of Work-Family Policies in Western Europe", *World Politics*, Vol. 65, No. 1, S. 73-115.

Moss, P. (2015), *International Leave Policies and Related Research 2015*, www.leavenetwork.org/lp_and_r_reports.

Moss, P. und M. Korintus (Hrsg.) (2008), "International Review of Leave Policies and Related Research", Department for Business Enterprise and Regulatory Reform, *Employment Relations Research Series*, No. 100.

Müller, K., M. Neumann und K. Wrohlich (2015a), "Familienarbeitszeit Reloaded: Vereinfachung durch pauschalierte Leistung und Flexibilisierung durch Arbeitszeitkorridor", *Politikberatung kompakt*, No. 105, DIW Berlin.

Müller, K., M. Neumann und K. Wrohlich (2015b), "Labor Supply Under Participation and Hours Constraints", Mimeo, DIW Berlin (erscheint demnächst).

Müller, K., M. Neumann und K. Wrohlich (2013), "Familienarbeitszeit – Wirkungen und Kosten einer Lohnersatzleistung bei reduzierter Vollzeitbeschäftigung", Friedrich-Ebert-Stiftung, Forum Politik und Gesellschaft, Berlin.

NOSOSCO (Nordic Social Statistical Committee) (2015), *Social Protection in Nordic Countries 2012/2013*, Nordic Social Statistical Committee, Dänemark.

OECD (2016a), *Taxing Wages 2016*, OECD Publishing, Paris, http://dx.doi.org/10.1787/tax_wages-2016-en.

OECD (2016b), *OECD-Wirtschaftsberichte: Deutschland 2016*, OECD Publishing, Paris, http://dx.doi.org/10.1787/eco_surveys-deu-2016-de.

OECD (2015a), *In It Together: Why Less Inequality Benefits All*, OECD Publishing, Paris, http://dx.doi.org/10.1787/9789264235120-en.

OECD (2015b), *Bildung auf einen Blick 2015: OECD-Indikatoren*, W. Bertelsmann Verlag, Bielefeld, http://dx.doi.org/ 10.1787/eag-2015-de.

OECD (2015c), *OECD Employment Outlook 2015*, OECD Publishing, Paris, http://dx.doi.org/10.1787/empl_outlook-2015-en.

OECD (2015d), "Gender Wage Gaps and Work Incentives", im Auftrag der Europäischen Union erstellter Bericht.

OECD (2015e), "Can Mothers Afford to Work", im Auftrag der Europäischen Union erstellter Bericht, Mimeo.

OECD (2015f), *OECD Family Database*, OECD, Paris, www.oecd.org/social/family/database.htm.

OECD (2015g), *Starting Strong IV: Monitoring Quality in Early Childhood Education and Care*, OECD Publishing, Paris, http://dx.doi.org/10.1787/9789264233515-en.

OECD (2015h), *OECD Social Expenditure Database (SOCX)*, OECD, Paris, www.oecd.org/social/expenditure.htm.

OECD (2014a), *Society at a Glance 2014: OECD Social Indicators*, OECD Publishing, Paris, http://dx.doi.org/10.1787/soc_glance-2014-en.

OECD (2014b), *PISA 2012 Ergebnisse: Exzellenz durch Chancengerechtigkeit: Allen Schülerinnen und Schülern die Voraussetzungen zum Erfolg sichern*, W. Bertelsmann Verlag, Bielefeld, http://dx.doi.org/10.1787/9789264207486-de.

OECD (2013a), "Recommendation of the Council on Gender Equality in Education, Employment, and Entrepreneurship", angenommen auf der Tagung des Rats der OECD auf Ministerebene, 29. Mai 2013, www.oecd.org/gender/C-MIN(2013)5-ENG.pdf.

OECD (2013b), *Gleichstellung der Geschlechter: Zeit zu handeln*, OECD Publishing, Paris, http://dx.doi.org/10.1787/9789264190344-de.

OECD (2012), "Social Spending during the Crisis – Social Expenditure (SOCX) Data Update 2012", www.oecd.org/els/soc/OECD2012SocialSpendingDuringTheCrisis8pages.pdf.

OECD (2011a), "Findings from the Gender Equality Module of the 2011 Paris Declaration Monitoring Survey", OECD Publishing, Paris, verfügbar unter: www.oecd.org/dac/gender.

OECD (2011b), "Survey on National Gender Frameworks, Gender Public Policies and Leadership", entwickelt vom MENA-OECD Governance Programme, OECD Publishing, Paris.

OECD (2011c), *Doing Better for Families*, OECD Publishing, Paris, http://dx.doi.org/10.1787/9789264098732-en.

OECD (2011d), *Help Wanted? Providing and Paying for Long-Term Care*, OECD Health Policy Studies, OECD Publishing, Paris, www.oecd-ilibrary.org/social-issues-migration-health/help-wanted_9789264097759-en.

OECD (2010), *Progress in Public Management in the Middle East and North Africa. Case Studies on Policy Reform*, OECD Publishing, Paris, http://dx.doi.org/10.1787/9789264082076-en.

OECD (2009), *Doing Better for Children*, OECD Publishing, Paris, http://dx.doi.org/10.1787/9789264059344-en.

OECD (2007a), *Babies and Bosses – Reconciling Work and Family Life: A Synthesis of Findings for OECD Countries*, OECD Publishing, Paris, http://dx.doi.org/10.1787/9789264032477-en.

OECD (2007b), "Can Parents Afford to Work? Childcare Costs, Tax-Benefit Policies and Work Incentives", Kapitel 4 in *Benefits and Wages: OECD Indicators*, OECD Publishing, Paris, http://dx.doi.org/10.1787/ben_wages-2007-en.

OECD (2005), *Babies and Bosses – Reconciling Work and Family Life (Vol. 4): Canada, Finland, Sweden and the United Kingdom*, OECD Publishing, Paris, http://dx.doi.org/10.1787/9789264009295-en.

OECD (2002), *Babies and Bosses – Reconciling Work and Family Life (Vol. 2), Austria, Ireland and Japan*, OECD Publishing, Paris, http://dx.doi.org/10.1787/9789264104204-en.

Oliver, R. und M. Mätzke (2014), "Childcare Expansion in Conservative Welfare States: Policy Legacies and the Politics of Decentralized Implementation in Germany and Italy", *Social Politics*, Vol. 21, No. 2.

ONPE (Observatoire National de la Petite Enfance) (2012), *L'accueil du jeune enfant en 2012*, France.

Pfau-Effinger, B. (2004), *Development of Culture, Welfare State and Women's Employment in Europe*, Ashgate Publishing, Aldershot.

Poortman, A. und T. Van der Lippe (2009), "Attitudes toward Housework and Child Care and the Gendered Division of Labor", *Journal of Marriage and Family*, Vol. 71, No. 3, S. 526-541.

Prognos (2014), *Gesamtevaluation der ehe- und familienbezogenen Maßnahmen und Leistungen in Deutschland – Endbericht*, erstellt im Auftrag des Bundesministeriums der Finanzen und des Bundesministeriums für Familie, Senioren, Frauen und Jugend, Berlin.

Rastrigina, O. und A. Verashchagina (2015), "Secondary Earners and Fiscal Policies in Europe", Bericht für die Europäische Kommission, Generaldirektion Justiz und Verbraucher.

Regeringskansliet (2016), *Slopad jämställdhetsbonus*, Socialdepartementet, Stockholm.

Regierung der Republik Korea (2015), "2016-2020 Plan for Ageing Society and Population", Korea.

Rüling, A. (2010), "Re-framing of Childcare in Germany and England: From a Private Responsibility to an Economic Necessity", *German Policy Studies*, Vol. 6, No. 2, S. 153-186.

Sautory O., V. Biausque und J. Vidalenc (2011), "Le temps périscolaire et les contraintes professionnelles des parents", *INSEE Première*, No. 1370, Paris.

Saxonberg, S. (2014), *Gendering Family Policies in Post-Communist Europe – A Historical-Institutional Analysis*, Palgrave Macmillan.

SCB (Statistics Sweden) (2014), "Statistisk årsbok för Sverige 2014", SCB, Stockholm.

Schober, P. (2011), "The Parenthood Effect on Gender Inequality. Explaining the Change in Paid and Domestic Work When British Couples Become Parents", *European Sociological Review*, Vol. 29, No. 1, S. 74-85.

Schröder, C., K. Spieß und J. Storck (2015), "Private Bildungsausgaben für Kinder: Einkommensschwache Familien sind relativ stärker belastet?", *DIW Wochenbericht*, No. 8, S. 158-169.

Seeleib-Kaiser, M. und T. Toivonen (2011), "Between Reforms and Birth Rates: Germany, Japan, and Family Policy Discourse", *Social Politics: International Studies in Gender, State & Society*, Vol. 18, No. 3, S. 331-360.

Skolverket (2016), *Elever och grupper i fritidshem 14 oktober 2014*, Schwedisches Amt für Bildung, Stockholm, www.skolverket.se/statistik-och-utvardering/statistik-i-tabeller/fritidshem/elever-och-grupper.

Skolverket (2015), *Statistik om förskolan*, Schwedisches Amt für Bildung, Stockholm, www.skolverket.se/statistik-och-utvardering/statistik-i-tabeller/forskola.

Spangenberg, U. (2005), "Neuorientierung der Ehebesteuerung: Ehegattensplitting und Lohnsteuerverfahren", Gutachten, gefördert durch die Hans-Böckler-Stiftung, *Arbeitspapiere*, Nr. 106.

Stadt Freiburg (2008), "Gender Budgeting", Geschäftsstelle Gleichstellung der Stadt Freiburg.

Stockholms stad (2016), *Avgifter*, Stockholm, www.stockholm.se/ForskolaSkola/FritidshemFritidsklubb/Avgifter-for-fritidsverksamhet/.

Weckström, S. (2014), "Defamilialisation Policies and Attitudes and Behaviour among Mothers in Twelve European Countries. Do Results for Denmark, Finland and Sweden Differ from the Others?", *Finnish Yearbook of Population Research*, XLIX, S. 5-29.

ZEW (Zentrum für Europäische Wirtschaftsforschung) und FFP (Forschungszentrum Familienbewusste Personalpolitik) (2013), *Evaluation zentraler ehe- und familienbezogener Leistungen in Deutschland*, Gutachten für die Prognos AG, Mannheim.

ANHANG 3.A1

Steuer- und Transfermodelle: Methodik und Einschränkungen

Die Steuer- und Transfermodelle der OECD berechnen Steuer- und Abgabenbelastungen, Transferleistungsansprüche und Nettoeinkommen für eine Reihe unterschiedlicher Arbeitsmarkt- und Haushaltskonstellationen. Sie simulieren die Steuerschuld und Transferleistungsansprüche unterschiedlicher Familien mittels einer detaillierten Abbildung maßgeblicher Bestimmungen und Parameter (darunter Steuersätze, Anspruchskriterien für Transferleistungen sowie Regelungen zu den Wechselbeziehungen zwischen verschiedenen Politikbereichen, wie z.B. hinsichtlich der Frage, ob bestimmte Transferleistungen steuerpflichtig sind). Auf der Steuerseite umfassen die simulierten Zahlungen Einkommensteuern und Pflichtbeiträge zu staatlichen oder privaten Sozialversicherungsträgern. Auf der Transferseite berücksichtigen die Berechnungen alle Geldleistungen, die im Allgemeinen für Erwerbsfähige und ihre Familien zur Verfügung stehen: Arbeitslosengeld, Sozialhilfe, Wohngeld, sonstige Leistungen zur Mindesteinkommenssicherung, Familienleistungen sowie Lohnergänzungsleistungen.

Die Steuer- und Transfermodelle werden regelmäßig verwendet, um eine Reihe von Indikatoren für das Monitoring und die Analyse von Politikmaßnahmen zu generieren. Dazu zählen Messgrößen der Erwerbsanreize (z.B. effektive Grenzsteuersätze) sowie Indikatoren zur Angemessenheit des Einkommens (z.B. Nettoeinkommen von Transferempfängern oder Geringverdienern in Relation zu den gebräuchlichen Armutsgrenzen). Weitere Informationen zu den Steuer- und Transfermodellen der OECD sind unter *www.oecd.org/els/soc/benefits-and-wages.htm* zu finden.

Für die vorliegende Analyse wurden bestimmte methodische Entscheidungen getroffen, wobei vor allem folgende Punkte von Bedeutung sind:

- Die Nettoeinkommen wurden für den Referenzzeitraum (d.h. 2013) berechnet. Sie berücksichtigen daher keine längerfristigen Einkommensgewinne, die sich beispielsweise durch bessere zukünftige Karrierechancen oder den Erwerb höherer Rentenansprüche ergeben können. Derartige längerfristige Erwägungen können ebenso wie die intrinsischen und nichtmonetären Vorteile einer Erwerbstätigkeit bewirken, dass sich Arbeitskräfte selbst dann für eine Erwerbstätigkeit entscheiden, wenn sie auf kurze Sicht kaum oder keine wirtschaftlichen Vorteile bringt.

- Zugleich werden erwerbsbezogene Kosten, wie z.B. Fahrtkosten, oder die Opportunitätskosten der mit Arbeit verbrachten Zeit (anstatt sie beispielsweise für die Kinderbetreuung zu Hause oder Freizeit zu verwenden) in die hier verwendeten Berechnungen nicht einbezogen.

- Die Verfügbarkeit von Kinderbetreuung sowie deren Kosten werden hier nicht berücksichtigt.

- In der vorliegenden Analyse wird der Einfachheit halber von Ehepaaren gesprochen, obwohl in vielen Ländern eingetragene Lebenspartnerschaften für Steuer- und Transferleistungszwecke wie Ehepaare behandelt werden.

Ob die modellbasierten auf den aktuellen Zeitraum bezogenen Gewinne aus einer Erwerbstätigkeit die Wahrnehmung dieser Gewinne durch die Familien selbst über- oder unterzeichnen, hängt von Haushaltsattributen und individuellen Präferenzen ab.

Abbildung 3.A1.1 **Nettotransfers an den Staat bei verschiedenen Einkommenskonstellationen von Paarfamilien mit 200% des Durchschnittsverdiensts**

Nettotransfers an den Staat in Prozent des Bruttohaushaltseinkommens sowie proportionale Differenz zwischen dem Haushaltsnettoeinkommen einer Doppelverdienerfamilie mit zwei Kindern im Alter von 4 und 6 Jahren, in der jeder der beiden Partner 100% des Durchschnittsverdiensts bezieht, und einer entsprechenden Alleinverdienerfamilie mit 200% des Durchschnittsverdiensts

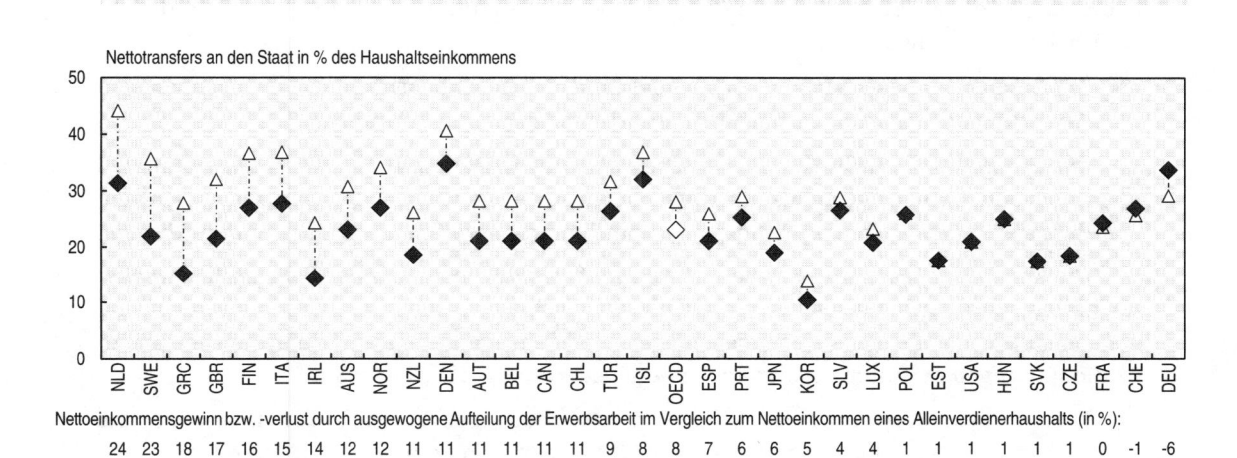

△ Alleinverdienerpaar ◆ Doppelverdienerpaar mit gleichem Verdienst

Nettoeinkommensgewinn bzw. -verlust durch ausgewogene Aufteilung der Erwerbsarbeit im Vergleich zum Nettoeinkommen eines Alleinverdienerhaushalts (in %):

NLD	SWE	GRC	GBR	FIN	ITA	IRL	AUS	NOR	NZL	DEN	AUT	BEL	CAN	CHL	TUR	ISL	OECD	ESP	PRT	JPN	KOR	SLV	LUX	POL	EST	USA	HUN	SVK	CZE	FRA	CHE	DEU
24	23	18	17	16	15	14	12	12	11	11	11	11	11	11	9	8	8	7	6	6	5	4	4	1	1	1	1	1	1	0	-1	-6

Anmerkung: Die Länder sind in aufsteigender Reihenfolge nach der Differenz zwischen dem Nettoeinkommen von Doppelverdienerhaushalten und Alleinverdienerhaushalten in Prozent des Nettoeinkommens von Alleinverdienerhaushalten (vgl. unter der Abbildung aufgeführte Werte) angeordnet.
„Nettotransfers" bezieht sich auf die Summe der von den Haushalten an den Staat abgeführten Steuern und Sozialversicherungsbeiträge abzüglich der von ihnen erhaltenen Transferleistungen. Das weiße Dreieck steht für einen Haushalt, in dem der Hauptverdiener ein Erwerbseinkommen von 200% des Durchschnittsverdiensts bezieht. Die blaue Raute steht für einen Haushalt, in dem jeder der beiden Partner 100% des Durchschnittsverdiensts bezieht und das Haushaltseinkommen dementsprechend 200% des Durchschnittsverdiensts beträgt.
Vgl. OECD (2016a) wegen einer Definition des Durchschnittsverdiensts.
Quelle: OECD, "Tax and Benefit Systems: OECD Indicators", *www.oecd.org/els/soc/benefits-and-wages.htm*.

ANHANG 3.A2

Schätzung der Effekte eines hypothetischen Familienarbeitszeitmodells auf die Entwicklung der Erwerbsbevölkerung in Deutschland

Um den potenziellen Effekt eines hypothetischen Familienarbeitszeitmodells auf das Arbeitsangebot in Deutschland zu untersuchen, schätzten die für diesen Bericht durchgeführten Forschungsarbeiten

- die Anzahl der Beschäftigten in Deutschland, die unter bestimmten Voraussetzungen Anspruch auf Leistungen bei Familienarbeitszeit haben könnten;
- den Effekt auf die Größe der Erwerbsbevölkerung in Deutschland, wenn alle potenziell anspruchsberechtigten Beschäftigten ihren Arbeitszeitumfang so anpassen würden, dass sie die Leistungen im Rahmen der Familienarbeitszeit in Anspruch nehmen können.

Die Anzahl der Beschäftigten, die Anspruch auf Leistungen im Rahmen der Familienarbeitszeit hätten, wurde anhand von Daten aus der Europäischen Arbeitskräfteerhebung von 2012 und der von Müller et al. (2013, 2015) vorgeschlagenen Politikparameter und Annahmen geschätzt. Die Schätzungen beruhten auf den folgenden beiden Anspruchskriterien:

- Die Leistung kann ausschließlich von erwerbstätigen Eltern bezogen werden, die entweder einem Doppelverdienerhaushalt angehören oder alleinerziehend sind.
- Die Bezugsdauer der Leistung beträgt maximal drei Jahre pro Kind.

Der Einfachheit halber wurden außerdem die folgenden beiden Annahmen zugrunde gelegt:

- Alle potenziell anspruchsberechtigten Beschäftigten sowie gegebenenfalls ihre Partner passen ihren Arbeitszeitumfang so an, dass sie zum Leistungsbezug berechtigt sind.
- Alle potenziell anspruchsberechtigten Beschäftigten entscheiden sich für die Inanspruchnahme ihres gesamten dreijährigen Leistungsanspruchs unmittelbar nach Ablauf des Elterngeldbezugs. Das heißt, sie nutzen den gesamten Leistungsanspruch, wenn das betreffende Kind 1-3 Jahre alt ist. Unterstellt man zudem, dass die Betreffenden nicht mehrere Kinder im Alter von 1-3 Jahren gleichzeitig haben, schränkt dies effektiv den Kreis der Anspruchsberechtigten weiter auf Beschäftigte mit einem Kind im Alter von 1-3 Jahren ein.

Da die Europäische Arbeitskräfteerhebung eine Befragung auf Haushaltsbasis ist, beruhte die Ermittlung der Beschäftigten, die alle Anspruchskriterien erfüllen, ausschließlich auf dem Alter der Kinder und dem Erwerbsstatus der Partner, die als im selben Haushalt lebend erfasst wurden. Die geschätzte Zahl der Anspruchsberechtigten ergab sich aus der Anzahl der Personen, die

a) erwerbstätig waren;

b) einem Haushalt mit einem jüngsten Kind im Alter von 1-3 Jahren angehörten;

c) entweder im selben Haushalt wie ein erwerbstätiger Partner lebten (d.h. Teil eines Doppelverdienerpaars waren) oder keinen im selben Haushalt lebenden Partner hatten (d.h. als alleinerziehend betrachtet wurden).

Tabelle 3.A2.1 zeigt die daraus resultierende Schätzung der potenziell anspruchsberechtigten Beschäftigten nach Geschlecht und Altersgruppe sowie deren durchschnittliche übliche Wochenarbeitszeit. Auf Basis der zugrunde gelegten Annahmen wurde die Anzahl der potenziell zur Inanspruchnahme der Familienarbeitszeit Berechtigten auf insgesamt knapp über 1 722 000 Beschäftigte geschätzt – 814 000 Männer und knapp unter 908 000 Frauen. Fast alle potenziell Anspruchsberechtigten waren zwischen 25 und 54 Jahre alt; lediglich 48 000 gehörten der Altersgruppe der 15- bis 24-Jährigen und weniger als 4 000 der Altersgruppe der 55- bis 64-Jährigen an. Die tatsächliche übliche Arbeitszeit der potenziell anspruchsberechtigten Beschäftigten betrug bei den Männern 41,7 Stunden und bei den Frauen 24,9 Stunden pro Woche.

Der potenzielle Effekt, der sich für die projizierte Größe der in Vollzeitäquivalenten gemessenen Erwerbsbevölkerung (15- bis 74-Jährige) in Deutschland ergäbe, wenn diese Beschäftigten ihren Arbeitszeitumfang gemäß dem Familienarbeitszeitmodell anpassen würden, wurde anhand des OECD-Modells zur Projektion der Erwerbsbevölkerung geschätzt. Dabei handelt es sich um ein dynamisches Modell, das die Größe der Erwerbsbevölkerung (nach Geschlecht und Fünfjahresaltersgruppen) für einen gegebenen Zeitraum auf Basis

Tabelle 3.A2.1 **Überblick über die Anzahl der Beschäftigten in Deutschland mit potenziellem Anspruch auf Leistungen bei Familienarbeitszeit sowie durchschnittliche Wochenarbeitszeiten dieser potenziell Anspruchsberechtigten**

Geschätzte Zahl der Beschäftigten (15- bis 64-Jahre) mit potenziellem Anspruch auf Transferleistungen im Rahmen der Familienarbeitszeit gemäß den Vorschlägen von Müller et al. (2015) sowie durchschnittliche übliche Wochenarbeitszeiten dieser potenziell Anspruchsberechtigten, nach Geschlecht und Altersgruppe, 2012

Altersgruppe	Männer		Frauen	
	Potenziell anspruchsberechtigte Beschäftigte	Durchschnittliche übliche Wochenarbeitszeit	Potenziell anspruchsberechtigte Beschäftigte	Durchschnittliche übliche Wochenarbeitszeit
15-24 Jahre	9 227	39.6	38 796	27.0
25-54 Jahre	801 563	41.7	868 877	24.8
55-64 Jahre	3 138	41.3	512	26.6
Insgesamt	813 928	41.7	908 185	24.9

Anmerkung: Als Anspruchsvoraussetzungen für die vorgeschlagene Leistung bei Familienarbeitszeit werden die von Müller et al. (2013, 2015) formulierten Kriterien zugrunde gelegt – d.h. die Leistung kann nur von erwerbstätigen Eltern, die entweder einem Doppelverdienerhaushalt angehören oder alleinerziehend sind, für drei Jahre pro Kind in Anspruch genommen werden, und es wird ein Leistungsbezug zwischen dem 12. und 48. Lebensmonat des Kindes unterstellt. Die in der Tabelle aufgeführten Zahlen stellen die Anzahl der Personen dar, die a) erwerbstätig sind, b) einem Haushalt mit einem jüngsten Kind im Alter von 1-3 Jahren angehören und c) entweder im selben Haushalt wie ein erwerbstätiger Partner leben (d.h. Teil eines Doppelverdienerpaars sind) oder keinen im selben Haushalt lebenden Partner haben (d.h. als alleinerziehend betrachtet werden).
Quelle: OECD-Schätzungen auf Basis der Europäischen Arbeitskräfteerhebung von 2012.

bestimmter Annahmen zu Trends und Veränderungen der Erwerbsquoten und des Arbeitszeitumfangs projiziert. Die Entwicklung der Erwerbsbevölkerung wurde für zwei unterschiedliche Szenarien geschätzt:

- *Basisszenario.* Die Erwerbsquoten von Männern und Frauen aller Altersgruppen in Deutschland wurden anhand eines dynamischen Alterskohortenmodells geschätzt, das die Erwerbsbeteiligung nach Geschlecht und Fünfjahresaltersgruppen auf Basis aktueller Zahlen (2003-2012) über Arbeitsmarkteintritte und -austritte projiziert. Die durchschnittlichen üblichen Wochenarbeitszeiten wurden für beide Geschlechter und alle Fünfjahresaltersgruppen konstant auf ihrem Niveau von 2012 gehalten.

- *Basisszenario mit Familienarbeitszeit.* Ebenso wie im Basisszenario wurden die Erwerbsquoten von Männern und Frauen aller Altersgruppen anhand eines dynamischen Alterskohortenmodells geschätzt, das die Erwerbsbeteiligung nach Geschlecht und Fünfjahresaltersgruppen auf Basis aktueller Zahlen (2003-2012) über Arbeitsmarkteintritte und -austritte projiziert. Die durchschnittlichen üblichen Wochenarbeitszeiten wurden jedoch nach Geschlecht und Fünfjahresaltersgruppen gemäß der Annahme angepasst, dass bis 2025 und unter linear verlaufender Anpassung alle Beschäftigten mit potenziellen Ansprüchen auf Leistungen bei Familienarbeitszeit ihre üblichen Wochenarbeitszeiten auf 32 Stunden pro Woche, die Obergrenze des von Müller et al. (2015) vorgeschlagenen Korridors für die Familienarbeitszeit, verringern bzw. steigern. Da keine Schätzwerte für die Anzahl der Arbeitskräfte verfügbar waren, die in zukünftigen Jahren zur Inanspruchnahme von Leistungen bei Familienarbeitszeit berechtigt sein dürften, wurde unterstellt, dass der Anteil der potenziell anspruchsberechtigten Beschäftigten (pro Geschlecht und Fünfjahresaltersgruppe) während des gesamten Projektionszeitraums konstant auf dem Niveau von 2012 verharrt.

Für beide Szenarien wurde zunächst die Zahl der Erwerbspersonen basierend auf Bevölkerungsprojektionen von Destatis (2015b) und den unterstellten Erwerbsquoten (in beiden Szenarien identisch) berechnet. Anschließend wurde diese Zahl unter Verwendung der unterstellten Werte für die durchschnittlichen üblichen Wochenarbeitszeiten (nach Geschlecht und Fünfjahresaltersgruppen) in Vollzeitäquivalente umgerechnet. Da sich „Vollzeit" hier auf eine regelmäßige Wochenarbeitszeit von 40 Stunden bezieht, wurde die Erwerbsbevölkerung in Vollzeitäquivalenten berechnet, indem die Zahl der Erwerbspersonen mit der üblichen Wochenarbeitszeit der jeweiligen Gruppe, dividiert durch 40, multipliziert wurde. Abbildung 3.A2.1 zeigt die daraus resultierenden Schätzungen der projizierten Größe der in Vollzeitäquivalenten gemessenen Erwerbsbevölkerung (15- bis 74-Jährige) in Deutschland.

Die Schätzungen für die Entwicklung der Erwerbsbevölkerung im Basisszenario mit Familienarbeitszeit stellen insofern lediglich mechanische Anpassungen dar, als sie unterstellen, dass Veränderungen der Wochenarbeitszeiten aufgrund der Familienarbeitszeit weder indirekte Effekte auf die Erwerbsquoten oder den Arbeitszeitumfang der nicht Anspruchsberechtigten haben noch mit diesen interagieren. Es ist möglich, dass eine Familienarbeitszeit Effekte haben könnte, die über die Arbeitszeiten der unmittelbar Anspruchsberechtigten hinausreichen; so könnte sie beispielsweise bewirken, dass frühere Leistungsbezieher, die nicht mehr anspruchsberechtigt sind, ihre Arbeitszeiten ändern. Würde oder könnte eine Familienarbeitszeit solche indirekten Effekte mit sich bringen, so könnten die tatsächlichen Auswirkungen der Familienarbeitszeit auf das Arbeitsangebot in Deutschland von den im Basisszenario mit Familienarbeitszeit geschätzten Effekten abweichen.

Abbildung 3.A2.1 **Unter bestimmten Voraussetzungen hätte eine Familienarbeitszeit keine oder nur geringfügig negative Effekte auf die Entwicklung der Erwerbsbevölkerung in Deutschland**

Projizierte Größe der Gesamterwerbsbevölkerung in Vollzeitäquivalenten (15- bis 74-Jährige) für verschiedene Szenarien, 2012-2040[1]

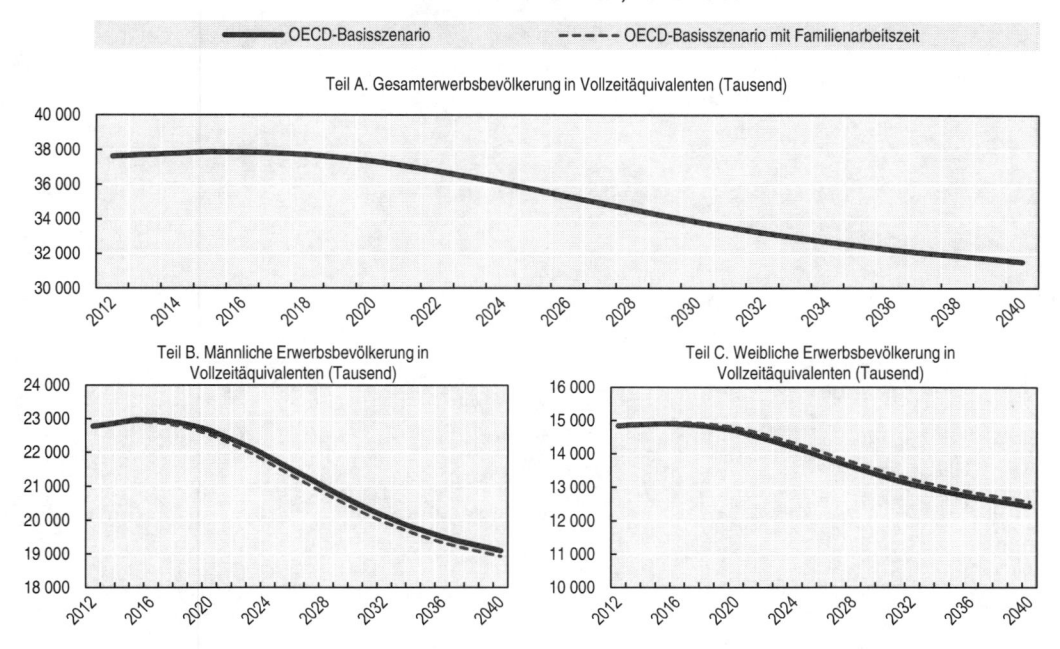

― OECD-Basisszenario   ----- OECD-Basisszenario mit Familienarbeitszeit

Teil A. Gesamterwerbsbevölkerung in Vollzeitäquivalenten (Tausend)

Teil B. Männliche Erwerbsbevölkerung in Vollzeitäquivalenten (Tausend)

Teil C. Weibliche Erwerbsbevölkerung in Vollzeitäquivalenten (Tausend)

1. Es sind keine Projektionen für die Anzahl der Arbeitskräfte verfügbar, die in zukünftigen Jahren zur Inanspruchnahme von Leistungen bei Familienarbeitszeit berechtigt sein dürften. In der hier abgebildeten Projektion wird unterstellt, dass der Anteil der potenziell Anspruchsberechtigten während des gesamten Projektionszeitraums konstant auf dem Niveau von 2012 verharrt. Ferner wird unterstellt, dass die Arbeitszeitanpassungen im Rahmen der Familienarbeitszeit keine indirekten Effekte auf die Erwerbsquoten oder Arbeitszeiten von Nichtanspruchsberechtigten haben.

Quelle: OECD-Schätzungen auf der Basis von Bevölkerungsdaten der OECD, Bevölkerungsprojektionen von Destatis (2015c), der *OECD Employment Database, www.oecd.org/employment/emp/onlineoecdemploymentdatabase.htm*, und der Europäischen Arbeitskräfteerhebung von 2012.

Kapitel 4

Verteilung von Erwerbsarbeit und Erwerbseinkommen in Paaren mit Kindern

Dieses Kapitel befasst sich mit Geschlechterdifferenzen bei der Erwerbsarbeit. Zunächst beschäftigt sich das Kapitel mit den wöchentlichen Arbeitszeiten von Männern und Frauen unterschiedlichen Alters in den einzelnen OECD-Ländern. Im Anschluss daran werden die Erwerbskonstellationen von Eltern in Deutschland untersucht, wobei festgestellt wird, dass Frauen in Deutschland mit größerer Wahrscheinlichkeit einer Teilzeitarbeit mit geringerem Stundenumfang nachgehen als in anderen OECD-Ländern. Und wenn sie Vollzeit arbeiten, sind ihre Arbeitszeiten – und die ihrer männlichen Partner – recht lang. In der Regel arbeiten berufstätige Mütter in Deutschland aber in geringer Teilzeit, während die Väter eine Vollzeittätigkeit mit hoher Stundenzahl ausüben. Im Durchschnitt ist die Erwerbsarbeit zwischen Müttern und Vätern in Deutschland ungleich verteilt. Daraus resultiert, dass Mütter weniger zum Haushaltseinkommen beitragen als Väter. Die großen Einkommens- und Arbeitszeitunterschiede sind daher das zentrale Thema des nächsten Abschnitts. Im letzten Abschnitt wird analysiert, warum manche Mütter in Teilzeit und andere in Vollzeit erwerbstätig sind. Dabei werden der Bildungsabschluss der Mütter, die Anzahl ihrer Kinder, deren Alter sowie der Verdienst und die Arbeitszeiten ihrer Partner berücksichtigt. Das Kapitel fordert Politikmaßnahmen, die die Vereinbarkeit von Familie und Beruf verbessern und die Geburtenraten, die Frauenerwerbstätigkeit und die gerechtere Aufteilung von Erwerbsarbeit fördern.

Die statistischen Daten für Israel wurden von den zuständigen israelischen Stellen bereitgestellt, die für sie verantwortlich zeichnen. Die Verwendung dieser Daten durch die OECD erfolgt unbeschadet des Status der Golanhöhen, von Ost-Jerusalem und der israelischen Siedlungen im Westjordanland gemäß internationalem Recht.

1. Einleitung und wichtigste Erkenntnisse

Gleiche Möglichkeiten für Väter und Mütter in Bezug auf Erwerbsarbeit, Arbeitszeiten und Erwerbseinkommen sind von zentraler Bedeutung, um die Partnerschaftlichkeit in Familie und Beruf zu fördern. Wenngleich sowohl erwerbstätige Väter als auch Mütter gute Vorbilder für Jungen und Mädchen sind (Kapitel 2), fällt es Eltern, bei denen die Erwerbsarbeit gerechter aufgeteilt ist, leichter, zu Hause eine ausgewogenere Aufgabenteilung zu praktizieren und mehr Zeit füreinander und die Kinder zu finden. Eine gerechtere Aufteilung von Erwerbsarbeit ermöglicht es zudem beiden Partnern, ihre beruflichen Vorstellungen zu verwirklichen und somit ihre wirtschaftliche Eigenständigkeit zu verbessern und im Fall einer Scheidung oder im Alter, wenn der Partner verstirbt, das Armutsrisiko zu verringern. Ein gleicher Zugang zu Erwerbsarbeit fördert darüber hinaus eine fairere Entscheidungsfindung in den Paaren und trägt zum allgemeinen Wohlergehen der Familie bei.

OECD-weit fällt es Müttern jedoch schwer, in gleicher Weise zum Haushaltseinkommen beizutragen. In Deutschland wie in anderen OECD-Ländern ist die Erwerbsarbeit nur selten zwischen den Elternteilen[1] gleich verteilt, und Vollzeitbeschäftigte, egal ob männlich oder weiblich, arbeiten häufig mehr als 40 Stunden pro Woche[2]. Solche langen Arbeitszeiten erschweren die Bemühungen von Müttern, eine Vollzeittätigkeit mit der Kindererziehung zu vereinbaren – ein Problem, das in Deutschland durch die vergleichsweise kurzen Schultage in der Vorschulbildung sowie im Primar- und Sekundarbereich verschärft wird (Kapitel 3). Zum Teil aus diesem Grund haben Mütter in Deutschland, die in Teilzeit beschäftigt sind, kürzere Arbeitszeiten als Mütter in anderen Ländern, und sehen sich Schwierigkeiten gegenüber, zu einer Vollzeitbeschäftigung zurückzukehren, wenn ihre Kinder älter werden. Was ihre männlichen Partner anbelangt, verringern deren langen Arbeitszeiten die Zeit, die sie mit ihrer Familie verbringen, ebenso wie die Menge der unbezahlten Arbeit, die sie zu Hause verrichten. All diese Faktoren tragen in Deutschland zu relativ großen geschlechtsspezifischen Arbeitszeit- und Einkommensunterschieden in Paaren mit Kindern bei. Institutionelle Änderungen beim Betreuungsangebot für Klein- und Schulkinder, kulturelle Änderungen und Veränderungen auf dem Arbeitsmarkt sind notwendig, wenn Frauen in Deutschland die Möglichkeit haben sollen, ihre Arbeitszeiten zu erhöhen bzw. eine Vollzeittätigkeit auszuüben.

Das Kapitel beginnt mit einer Beschreibung der Erwerbsmuster von Männern und Frauen in den einzelnen OECD-Ländern. Es wird festgestellt, dass Frauen in Deutschland mit höherer Wahrscheinlichkeit einer Teilzeitarbeit nachgehen als Frauen in den meisten anderen OECD-Ländern und dass in Deutschland große Arbeitszeit- und Einkommensunterschiede zwischen den Partnern bestehen. Im letzten Abschnitt wird unter Verwendung einer Regressionsanalyse der Hauptfaktoren und unter Berücksichtigung des Bildungsabschlusses der Mütter, der Anzahl und des Alters ihrer Kinder sowie des Verdiensts und der Arbeitszeiten ihrer Partner untersucht, warum manche Mütter in Vollzeit und andere in Teilzeit erwerbstätig sind.

Wichtigste Erkenntnisse

- Der durchschnittliche geschlechtsspezifische Unterschied bei Arbeitszeitdauer und Einkommen aus (abhängiger und selbstständiger) Beschäftigung zwischen Partnern mit mindestens einem Kind ist in Deutschland im Vergleich zu allen anderen europäischen Ländern und den Vereinigten Staaten hoch. In Deutschland steigt das Arbeitszeit- und Einkommensgefälle, sobald eine Frau Mutter wird, wo sie dann häufig ihre Arbeitszeit reduziert oder ganz aus dem Beruf ausscheidet.

- In den OECD-Ländern ist die Erwerbsarbeit nur selten gleich zwischen beiden Elternteilen aufgeteilt. Erwerbsarrangements, bei denen beide Partner vollzeitnah arbeiten (hier definiert als zwischen 30 und 39 Wochenstunden), sind in Dänemark, Norwegen, Frankreich und Finnland am gängigsten. In Deutschland ist das Hauptverdienermodell, bei dem der Mann in Vollzeit und die Frau in Teilzeit (1-29 Stunden pro Woche) arbeitet, die üblichste Erwerbskonstellation von Paaren mit Kindern. Die am häufigsten anzutreffende Konstellation von Paaren mit Kindern in den meisten osteuropäischen Ländern ist die Vollzeiterwerbstätigkeit beider Elternteile.

- Für eine in einer Partnerschaft lebende Mutter in Deutschland, aber auch in Österreich und der Schweiz, bedeutet Teilzeitbeschäftigung, dass sie weniger Zeit mit Erwerbsarbeit verbringt als Mütter in anderen Ländern. Eine teilzeiterwerbstätige in einer Partnerschaft lebende Mutter arbeitet in Deutschland im Durchschnitt rd. 20 Stunden pro Woche, wohingegen eine mit einem Partner zusammenlebende Mutter in den nordischen Ländern oder in Frankreich durchschnittlich auf 30 Wochenstunden kommt. Die Hauptgründe, warum teilzeitbeschäftigte in einer Partnerschaft lebende Mütter in Deutschland nicht Vollzeit arbeiten, sind Hausarbeit, Kindererziehung oder Pflegeaufgaben.

- Für vollzeiterwerbstätige Mütter (mindestens 40 Stunden pro Woche) ist die Wochenarbeitszeit in Österreich, der Schweiz und Deutschland am längsten, während sie in Frankreich und den nordischen Ländern relativ kurz ist. Die Mehrheit der in einer Partnerschaft lebenden Mütter arbeitet in Dänemark, Finnland, Frankreich und Norwegen zwischen 35 und 39 Stunden. In Island und Schweden sowie in den Vereinigten Staaten leisten die meisten in einer Partnerschaft lebenden Mütter zwischen 40 und 44 Wochenstunden.

- In Deutschland weisen in einer Partnerschaft lebende Väter ebenfalls eine verhältnismäßig lange Wochenarbeitszeit auf, gegenüber den Vergleichspersonen in anderen OECD-Ländern. In den meisten nordischen Ländern haben Väter dagegen eine relativ kurze Wochenarbeitszeit.

- In einigen europäischen Ländern – vor allem dort, wo viele Frauen langfristig teilzeitbeschäftigt sind – ist die Wahrscheinlichkeit geringer, dass Mütter in Vollzeit arbeiten, wenn ihr Partner ein relativ hohes Erwerbseinkommen bezieht. In diesen Ländern reduzieren viele Mütter offenbar ihre Arbeitszeit, sobald es sich die Familie finanziell leisten kann.

- Eine ungleiche Aufteilung der Erwerbsarbeit hat langfristige Auswirkungen auf die Karriereentwicklung und die wirtschaftliche Eigenständigkeit und trägt im OECD-Raum zu einem erheblichen Lohngefälle zwischen Männern und Frauen und auf lange Sicht zu einem geschlechtsspezifischen Rentengefälle bei.

2. Die Arbeitszeitmuster der Eltern unterscheiden sich zwischen den einzelnen OECD-Ländern

Im OECD-Raum sind Frauen mit geringerer Wahrscheinlichkeit erwerbstätig als Männer, und die Erwerbstätigenquoten der Frauen sind im Durchschnitt 12 Prozentpunkte niedriger als die der Männer (Abb. 4.1). Im Vergleich zu Frauen in anderen OECD-Ländern haben Frauen in Deutschland in den letzten zehn Jahren erhebliche Fortschritte beim Eintritt in den Arbeitsmarkt erzielt, und Deutschland weist nun nach den nordischen Ländern und der Schweiz die höchste Frauenerwerbstätigenquote im OECD-Raum auf (Kapitel 2). Zwischen 2000 und 2014 sind die Erwerbstätigenquoten der 15- bis 64-jährigen Frauen in Deutschland um über 11 Prozentpunkte, von 58,1% auf 69,5%, gestiegen. Deutschland kann in diesem Zeitraum direkt hinter Chile den zweithöchsten Anstieg der Frauenerwerbstätigkeit im OECD-Raum vorweisen.

Bei der Untersuchung der Arbeitszeiten zeigen sich jedoch größere Unterschiede zwischen Männern und Frauen. Im OECD-Durchschnitt betrug die geschlechtsspezifische Differenz bei den Vollzeitquoten 2013 22,4 Prozentpunkte, wobei sie in Deutschland mit 24,6 Prozentpunkten etwas größer ausfiel (Abb. 4.1). In der Folge bedeutet dies, dass Frauen in Deutschland – mehr als in anderen OECD-Ländern –, kurze Wochenarbeitszeiten haben.

Im Einklang mit dem generellen Trend, der sich im OECD-Raum abzeichnet (Kapitel 2), sind Doppelverdienerhaushalte in Deutschland allgemein üblich: Sie machen 64% der deutschen Familien mit Kindern unter 14 Jahren aus. Angesichts des hohen Anteils von Teilzeitarbeit unter Frauen in Deutschland handelt es sich bei den meisten Doppelverdienerfamilien in Wirklichkeit aber um „Eineinhalb-" oder „Einvierteilverdienerhaushalte",

Abbildung 4.1 Das Geschlechtergefälle bei der Beschäftigung ist in Deutschland geringer als im OECD-Durchschnitt, allerdings nicht, wenn der Arbeitszeitumfang berücksichtigt wird

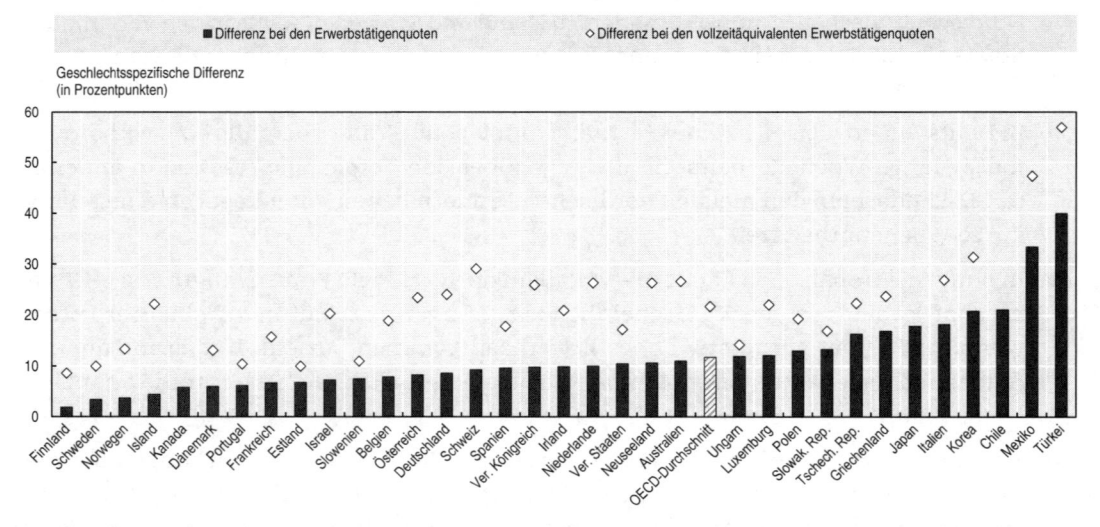

Differenz bei den Erwerbstätigenquoten und den vollzeitäquivalenten Erwerbstätigenquoten[1], 15- bis 64-Jährige, 2014

1. Die vollzeitäquivalente Erwerbstätigenquote wird berechnet, indem die Erwerbstätigenquote der 15- bis 64-Jährigen mit der durchschnittlichen Zahl der üblichen wöchentlichen Arbeitsstunden je Beschäftigten (sowohl abhängige als auch selbstständige Beschäftigung) multipliziert und durch 40 geteilt wird. Für die Vereinigten Staaten wird bei der Ermittlung des Vollzeitäquivalents nur die übliche Arbeitszeit der abhängig Beschäftigten berücksichtigt. Für Korea geben die Daten die tatsächliche und nicht die übliche Wochenarbeitszeit wieder.

Quelle: OECD Employment Database, www.oecd.org/employment/emp/onlineoecdemploymentdatabase.htm.

wobei die Männer eine Vollzeittätigkeit mit einer hohen Stundenzahl ausüben, während ihre Partnerinnen teilzeitbeschäftigt sind und kurze Arbeitszeiten haben und daher relativ wenig zum Haushaltseinkommen beitragen.

Frauen gehen in Deutschland mit größerer Wahrscheinlichkeit einer Teilzeitarbeit nach als Frauen in anderen Ländern

In Deutschland ist eine verkürzte Wochenarbeitszeit unter Frauen verbreitet, unabhängig von ihrem Alter. Die meisten Männer in Deutschland arbeiten in Vollzeit. Einige andere europäische Länder weisen ähnliche Arbeitszeitmuster auf, aber in den meisten davon ist der Arbeitszeitunterschied zwischen Männern und Frauen wesentlich geringer. In allen europäischen Ländern – außer bis zu einem gewissen Grad in den Niederlanden (vgl. Kasten 5.3 in Kapitel 5) – und den Vereinigten Staaten ist Vollzeiterwerbstätigkeit unter Männern aller Altersgruppen die Norm. Bei der Untersuchung der verschiedenen Erwerbskonstellationen von Männern und Frauen in ausgewählten OECD-Ländern ergibt sich für Frauen jedoch ein sehr viel uneinheitlicheres Bild.

Im Wesentlichen lassen sich die europäischen Länder je nach Erwerbsmuster der Frauen in vier Gruppen unterteilen[3]:

1. *Frauen in langfristiger Teilzeitbeschäftigung.* Länder, in denen Frauen unabhängig von ihrem Alter wesentlich weniger Stunden pro Woche arbeiten als Männer, was in erster Linie darauf zurückzuführen ist, dass sie einer Teilzeittätigkeit nachgehen.

   Hierzu zählen Belgien, Deutschland, Irland, Luxemburg, die Niederlande, Österreich, die Schweiz und das Vereinigte Königreich[4].

2. *Polarisierte Frauenerwerbsbeteiligung.* Länder, in denen Frauen unabhängig von ihrem Alter entweder vollzeitbeschäftigt oder nichterwerbstätig sind.

   Dazu gehören Italien, Griechenland, Spanien, Portugal, Litauen, Polen und Slowenien[5].

3. *Frauen in kurzfristiger Nichterwerbstätigkeit.* Länder, in denen Frauen nach einer Phase der Nichterwerbstätigkeit wieder in eine Vollzeitbeschäftigung zurückkehren.

   Hierbei handelt es sich um Estland, Finnland, Lettland, die Slowakische Republik, die Tschechische Republik und Ungarn[6].

4. *Geringer geschlechtsspezifischer Arbeitszeitunterschied.* Länder, die einen anhaltenden, aber verhältnismäßig geringen Unterschied bei der Arbeitszeitdauer zwischen Männern und Frauen aufweisen.

   Hierzu zählen Dänemark, Frankreich, Island, Norwegen und Schweden[7].

Die Abbildungen 4.2 und 4.3 veranschaulichen die Erwerbsmuster von Männern und Frauen unterschiedlichen Alters in den vier Ländergruppen, wobei für jede Gruppe jeweils ein Land als Beispiel genommen wird.

Deutschland gehört eindeutig zu Ländergruppe 1 „Frauen in langfristiger Teilzeitbeschäftigung", in der ein hoher Anteil der Frauen teilzeitbeschäftigt ist, insbesondere ab 30 Jahren. Der Anteil der Frauen in Deutschland, die in Teilzeit arbeiten, nimmt in den verschiedenen Altersgruppen zu und ist in den ältesten Altersgruppen beträchtlich. Der geschlechtsspezifische Arbeitszeitunterschied bei der Erwerbsbevölkerung im erwerbsfähigen Alter (Abb. 4.3, linker Teil) und der Gesamtbevölkerung im erwerbsfähigen Alter (Abb. 4.3, rechter Teil) bestätigt dieses Arbeitszeitmuster. Trotz der Querschnittsperspektive von Abbildung 4.2 und 4.3, bei der Frauen unterschiedlichen Alters nur in einem bestimmten Jahr berücksichtigt werden, bedeutet dies, dass Frauen in Deutschland nicht mehr in eine

Vollzeitbeschäftigung zurückkehren, sobald sie einmal in Teilzeit arbeiten. Sie scheinen tatsächlich in einer „Teilzeitfalle" festzustecken.

Italien dient als Beispiel für Ländergruppe 2 „polarisierte Frauenerwerbsbeteiligung", in der Frauen entweder Vollzeit oder überhaupt nicht arbeiten (nichterwerbstätig oder arbeitslos) und in der Teilzeitarbeit weniger verbreitet ist als in Ländergruppe 1 (Abb. 4.2). Nichterwerbstätigkeit ist vor allem unter älteren Frauen verbreitet, was darauf hindeutet, dass die Rückkehr in den Beruf schwierig ist, sobald sie aus dem Erwerbsleben ausgeschieden sind. Abbildung 4.3 zeigt in allen Altersgruppen der Gesamtbevölkerung im erwerbsfähigen Alter (rechter Teil) einen entsprechend großen geschlechtsspezifischen Arbeitszeitunterschied. Da erwerbstätige Frauen meistens in Vollzeit arbeiten, fällt der geschlechtsspezifische Arbeitszeitunterschied in der Erwerbsbevölkerung jedoch kleiner aus als in Ländergruppe 1. Nichterwerbstätigkeit ist unter Frauen im Alter ab 40 Jahren in den osteuropäischen Ländern der zweiten Gruppe (Litauen, Polen und Slowenien) weniger verbreitet als in den südeuropäischen Ländern (Portugal, Spanien und Griechenland). Die Arbeitslosigkeit ist in diesen Ländern trotzdem hoch und scheint häufig zu Frühverrentung zu führen.

Die Tschechische Republik zählt zu Ländergruppe 3 „Frauen in kurzfristiger Nichterwerbstätigkeit", in der das Altersprofil darauf schließen lässt, dass Frauen nach einer Phase der Nichterwerbstätigkeit wieder in eine Vollzeitbeschäftigung zurückkehren. Abbildung 4.2 zeigt nur unter jüngeren Frauen hohe Nichterwerbstätigkeitsquoten, während die meisten Frauen ab 40 Jahren vollzeitbeschäftigt sind. Folglich fällt der Arbeitszeitunterschied zwischen Männern und Frauen in allen Altersgruppen der Erwerbsbevölkerung gering aus (Abb. 4.3, linker Teil). Was die Gesamtbevölkerung im erwerbsfähigen Alter anbelangt, ist der geschlechtsspezifische Arbeitszeitunterschied unter den älteren Altersgruppen deutlich geringer, da viele Frauen aus der Nichterwerbstätigkeit in eine Vollzeitbeschäftigung übergehen (Abb. 4.3, rechter Teil).

Schweden ist für Ländergruppe 4 „geringer geschlechtsspezifischer Arbeitszeitunterschied" repräsentativ, in der sowohl Vollzeit- als auch Teilzeitbeschäftigung häufig vorkommt (Abb. 4.2). Abbildung 4.3 deutet auf einen relativ geringen Arbeitszeitunterschied zwischen Männern und Frauen hin, der in allen Altersgruppen der Erwerbsbevölkerung und der Gesamtbevölkerung im erwerbsfähigen Alter weitgehend gleich groß ist. Finnland gehört nicht zu dieser Ländergruppe, weil Teilzeitarbeit unter Frauen in Finnland nicht üblich ist.

Der verhältnismäßig geringe geschlechtsspezifische Unterschied beim Arbeitszeitumfang in Ländergruppe 4 ist darauf zurückzuführen, dass Frauen längere und Männer kürzere Arbeitszeiten haben. Weibliche Teilzeitkräfte arbeiten im Durchschnitt eine höhere Stundenzahl als Vergleichspersonen in den meisten anderen Ländern, während Männer in Dänemark, Frankreich, Island, Norwegen und Schweden (Island stellt eine Ausnahme dar) im Vergleich zu den anderen Ländergruppen durchschnittlich relativ wenig Arbeitsstunden leisten.

Zusammenfassend lässt sich sagen, dass von einem OECD-Land zum anderen erhebliche Unterschiede bei den Erwerbsmustern von Frauen festzustellen sind. Hierfür gibt es zwei wesentliche Gründe:

- ob Frauen nach einer Phase, die durch geringe oder keine Erwerbstätigkeit geprägt ist, zu einer Vollzeitbeschäftigung zurückkehren können und/oder wollen, wie durch die sehr unterschiedliche Arbeitszeitdauer von Frauen im Alter ab 45 Jahren veranschaulicht wird;
- durchschnittliche „Teilzeitarbeit" entspricht je nach Land einem sehr unterschiedlichen Arbeitszeitumfang (was im nächsten Abschnitt näher erörtert wird).

4. VERTEILUNG VON ERWERBSARBEIT UND ERWERBSEINKOMMEN IN PAAREN MIT KINDERN

Abbildung 4.2 **Frauen passen ihre Arbeitszeit im Lebensverlauf eher an als Männer**
Verteilung der Bevölkerung nach selbst definiertem Arbeitsmarktstatus, nach Geschlecht und Fünfjahresaltersgruppen, vier Beispielländer, 2012

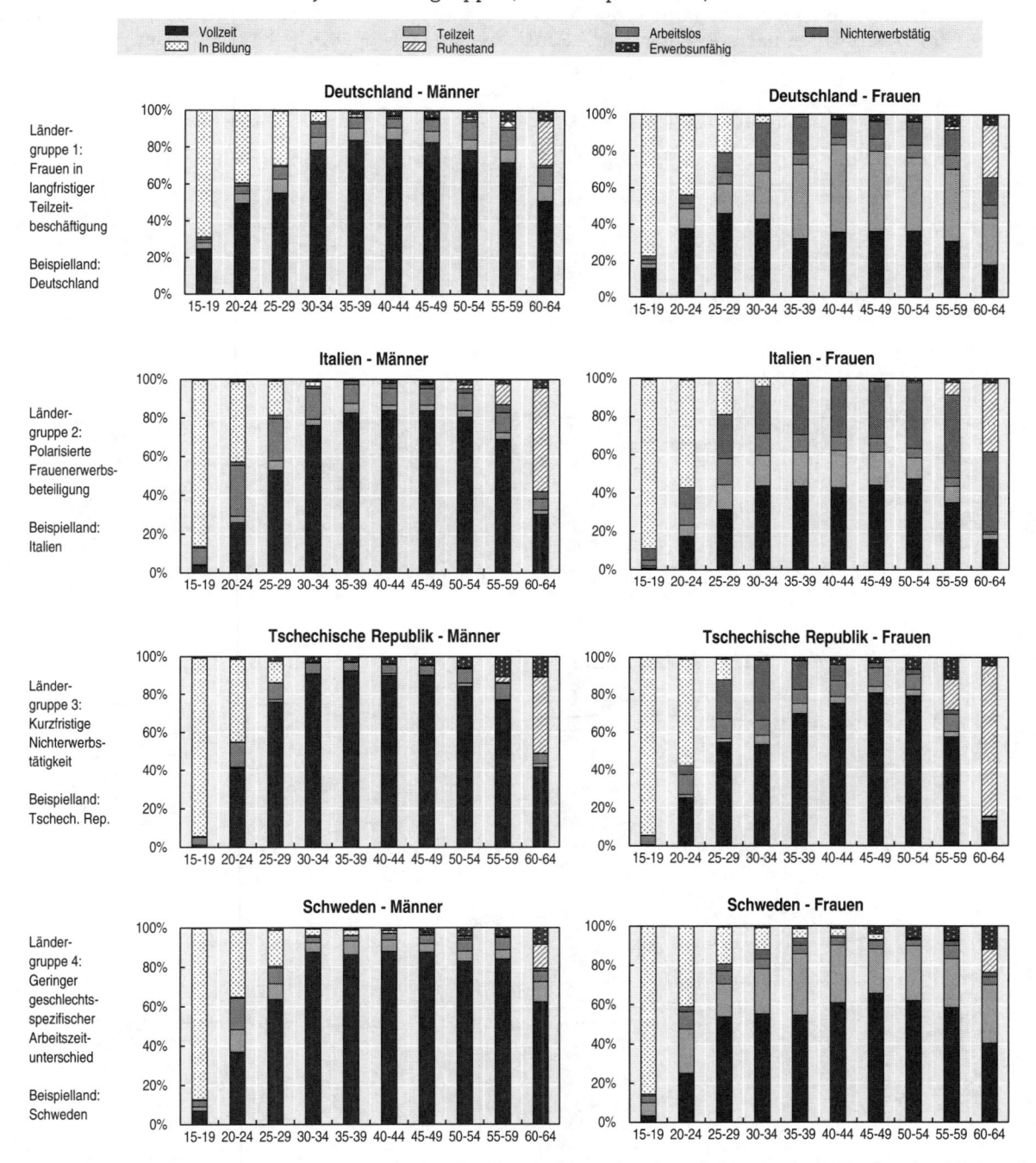

Legende: Vollzeit, Teilzeit, Arbeitslos, Nichterwerbstätig, In Bildung, Ruhestand, Erwerbsunfähig

Ländergruppe 1: Frauen in langfristiger Teilzeitbeschäftigung
Beispielland: Deutschland

Deutschland - Männer | Deutschland - Frauen

Ländergruppe 2: Polarisierte Frauenerwerbsbeteiligung
Beispielland: Italien

Italien - Männer | Italien - Frauen

Ländergruppe 3: Kurzfristige Nichterwerbstätigkeit
Beispielland: Tschech. Rep.

Tschechische Republik - Männer | Tschechische Republik - Frauen

Ländergruppe 4: Geringer geschlechtsspezifischer Arbeitszeitunterschied
Beispielland: Schweden

Schweden - Männer | Schweden - Frauen

Anmerkung: Die Unterscheidung zwischen Teilzeit- und Vollzeitbeschäftigung beruht auf Eigenangaben, d.h. der Einschätzung der Befragten, ob sie einer Teilzeit- oder einer Vollzeittätigkeit nachgehen. „Teilzeit" und „Vollzeit" umfassen daher auch selbstständig Beschäftigte.
Ländergruppe 1: Belgien, Deutschland, Irland, Luxemburg, Niederlande, Österreich, Vereinigtes Königreich und Schweiz. Ländergruppe 2: Italien, Griechenland, Spanien, Portugal, Litauen, Polen und Slowenien. Ländergruppe 3: Estland, Finnland, Lettland, Slowakische Republik, Tschechische Republik und Ungarn. Ländergruppe 4: Frankreich, Island, Norwegen und Schweden.
Quelle: OECD-Berechnungen auf der Basis der Statistik der Europäischen Union über Einkommen und Lebensbedingungen (EU-SILC) 2012.

4. VERTEILUNG VON ERWERBSARBEIT UND ERWERBSEINKOMMEN IN PAAREN MIT KINDERN

Abbildung 4.3 **Länder mit Frauen in langfristiger Teilzeitbeschäftigung (z.B. Deutschland) und polarisierter Frauenerwerbsbeteiligung (z.B. Italien) weisen einen größeren geschlechtsspezifischen Arbeitszeitunterschied auf**

Durchschnittliche übliche Wochenarbeitszeit der erwerbstätigen Bevölkerung und der Gesamtbevölkerung im Erwerbsalter, nach Geschlecht und Fünfjahresaltersgruppen, vier Beispielländer, 2012

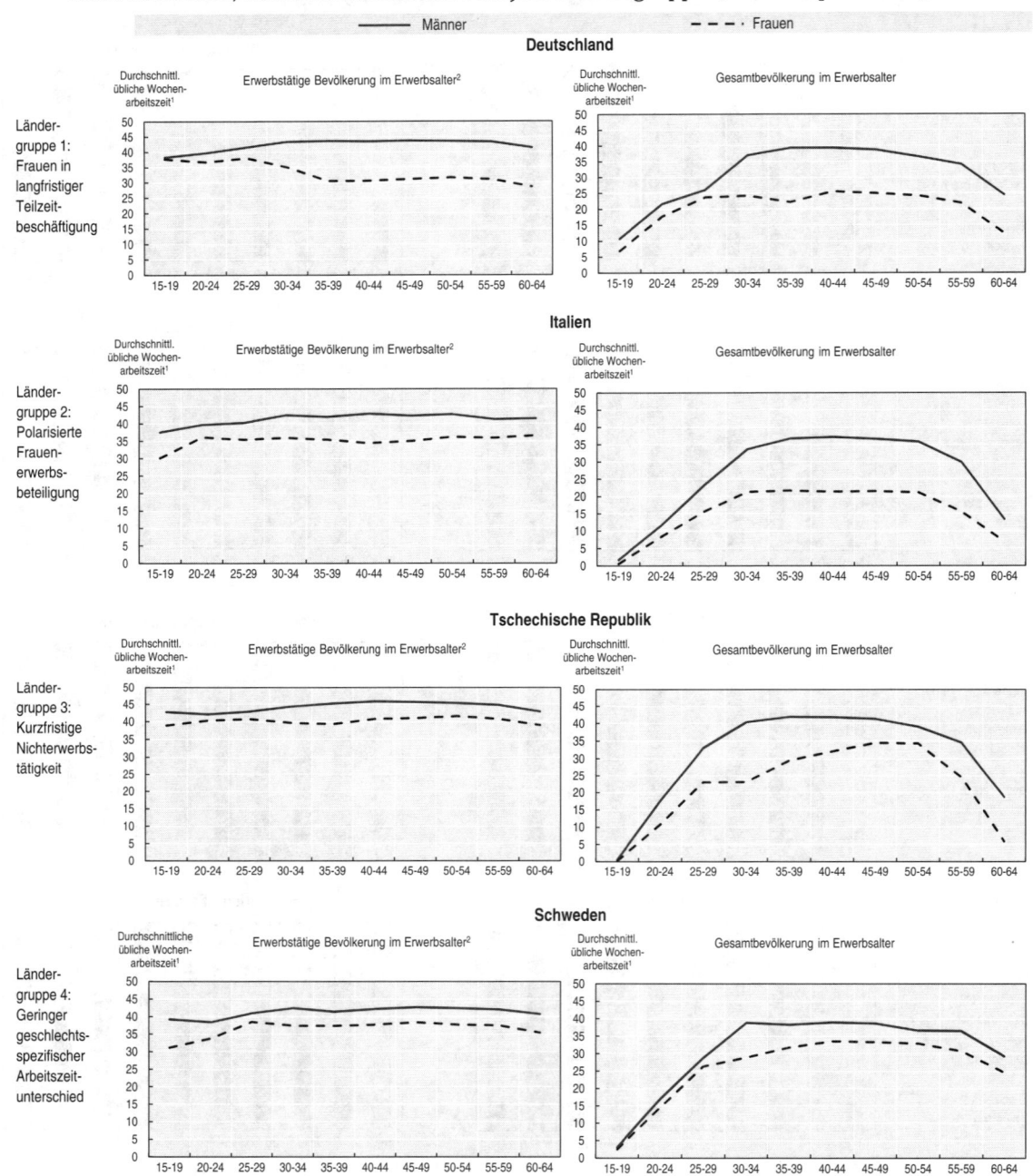

Anmerkung: Ländergruppe 1: Belgien, Deutschland, Irland, Luxemburg, Niederlande, Österreich, Vereinigtes Königreich und Schweiz. Ländergruppe 2: Italien, Griechenland, Spanien, Portugal, Litauen, Polen und Slowenien. Ländergruppe 3: Estland, Finnland, Lettland, Slowakische Republik, Tschechische Republik und Ungarn. Ländergruppe 4: Frankreich, Island, Norwegen und Schweden.

1. Übliche Arbeitszeit der abhängig und selbstständig Beschäftigten. Die Daten beziehen sich auf die insgesamt geleisteten Arbeitsstunden in allen Beschäftigungsverhältnissen.
2. „Erwerbstätige Bevölkerung im Erwerbsalter" bezeichnet die 15- bis 64-Jährigen, die abhängig oder selbstständig beschäftigt sind. „Gesamtbevölkerung im Erwerbsalter" umfasst alle 15- bis 64-Jährigen.

Quelle: OECD-Berechnungen auf der Basis der Statistik der Europäischen Union über Einkommen und Lebensbedingungen (EU-SILC) 2012.

Der Teilzeitumfang von in einer Partnerschaft lebenden Müttern ist in Deutschland geringer als in den meisten anderen OECD-Ländern

In ganz Europa ist der Erwerbsumfang von Frauen häufig aus familiären Gründen geringer als der von Männern (Europäische Kommission, 2006). In den meisten Ländern sind in einer Partnerschaft lebende Frauen mit mindestens einem Kind, das im selben Haushalt wohnt, dem größten „Risiko" ausgesetzt, nichterwerbstätig zu sein oder in reduziertem Stundenumfang zu arbeiten (Bettio et al., 2013). Daher konzentriert sich die Analyse in diesem Abschnitt auf in einer Partnerschaft lebende Frauen der Altersgruppe 25-45 Jahre, die mit ihrem Partner und mindestens einem Kind zusammenleben. Soweit nicht anders angegeben, werden im Rahmen der Analyse Befragte untersucht, die laut eigenen Angaben teilzeitbeschäftigt waren, unabhängig von der von ihnen angegebenen Zahl der geleisteten Arbeitsstunden. Wenngleich das mit „Teilzeit" assoziierte Erwerbsvolumen in den Ländern und in den Wirtschaftssektoren der Länder stark variiert, entspricht der selbst angegebene Status der Teilzeitbeschäftigung einer geringeren Stundenzahl als bei Normalarbeitsverhältnissen von „typischen" Beschäftigten.

In Schweden, Dänemark und Frankreich leisten teilzeitbeschäftigte Mütter im Durchschnitt mit rd. 30 Stunden die längste Wochenarbeitszeit (Abb. 4.4). In Mexiko, Kanada, Irland und Deutschland weisen sie mit weniger als 20 Stunden die kürzeste wöchentliche Arbeitszeit auf. In der Schweiz und in Österreich ist die Arbeitswoche ebenfalls kurz (unter 23 Stunden). In den meisten anderen kontinentaleuropäischen Ländern, außer Belgien, arbeiten in Teilzeit beschäftigte Mütter effektiv selten mehr als 25 Wochenstunden.

Teilzeitbeschäftigte Väter (die in einer Partnerschaft mit einer Frau der Altersgruppe 25-45 Jahre und mindestens einem Kind zusammenleben) sind im Durchschnitt in einem höheren Stundenumfang erwerbstätig als teilzeitbeschäftigte Mütter (vgl. Abb. 4.A1.1 im Anhang). Während sie in Belgien, Dänemark, Frankreich und Schweden über 30 Stunden pro Woche arbeiten, ist ihr Arbeitszeitumfang in Kanada, Mexiko und der Slowakischen Republik mit weniger als 20 Stunden am niedrigsten. Mit knapp 28 Wochenstunden liegen Väter in Deutschland im Mittelfeld (vgl. auch Abb. 4.A1.4 und 4.A1.5 über die durchschnittliche Arbeitszeit von Müttern und Vätern im Anhang).

Im Ländervergleich sind Unterschiede dabei festzustellen, wie teilzeitbeschäftigte Mütter ihre Arbeitszeit auf die Woche verteilen. In deutschsprachigen Ländern arbeiten Mütter häufig die ganze Woche halbtags, während die Teilzeiterwerbstätigkeit von Müttern in den nordischen Ländern und Frankreich – im Durchschnitt über 25 Wochenstunden – eher einer vollzeitnahen Beschäftigung gleicht, bei der Mütter entweder nur an bestimmten Tagen arbeiten oder eine kürzere tägliche Arbeitszeit haben. In Frankreich ist es beispielsweise üblich, dass Teilzeitbeschäftigte vier von fünf Tagen erwerbstätig sind, wobei Mütter junger Kinder mittwochs nicht arbeiten, da die Schulen im Elementar- und Primarbereich bis vor kurzem mittwochs geschlossen waren (Pailhé und Solaz, 2009). In Schweden, wo der Arbeitstag relativ früh beginnt, gestatten es flexible Arbeitszeitregelungen, dass Eltern am Nachmittag gehen können, um ihre Kinder abzuholen (OECD, 2007).

Aufgrund der begrenzten Öffnungszeiten von Schulen, Kindergärten und Kindertagesstätten sind teilzeitbeschäftigte Mütter in deutschsprachigen Ländern hingegen gezwungen, nur halbtags zu arbeiten (vgl. Kapitel 3 über Politikmaßnahmen und OECD, 2007). Trotz der Anstrengungen, mehr in Ganztagsschulen und Ganztagsbetreuungseinrichtungen zu investieren, sind die meisten Schulen des Primar- und Sekundarbereichs in Deutschland nachmittags noch immer geschlossen (Horemans und Marx, 2013). Von den Eltern (d.h. in

4. VERTEILUNG VON ERWERBSARBEIT UND ERWERBSEINKOMMEN IN PAAREN MIT KINDERN

Abbildung 4.4 **Teilzeitbeschäftigte Mütter in Deutschland haben eine relativ kurze Wochenarbeitszeit**

Durchschnittliche übliche Wochenarbeitszeit von teilzeitbeschäftigten, in einer Partnerschaft lebenden Müttern, 25- bis 45-Jährige mit mindestens einem Kind, 2012

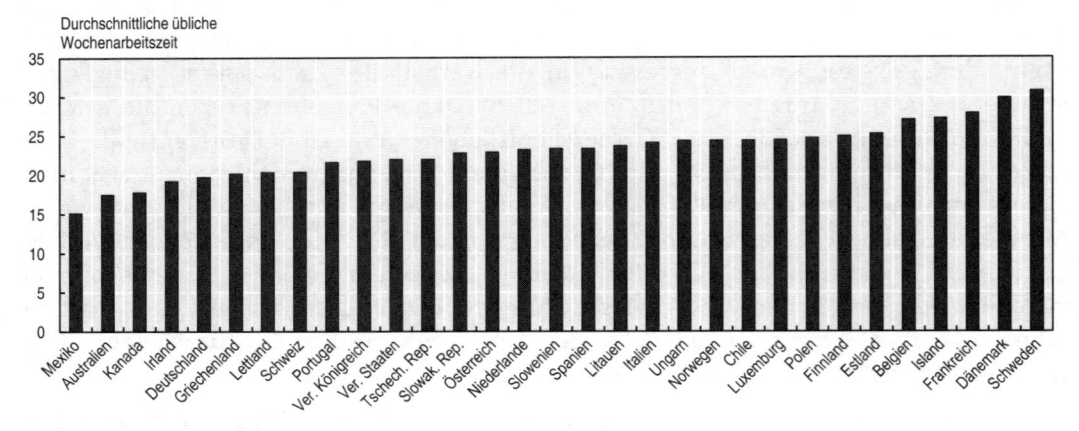

Anmerkung: Übliche Arbeitszeit der abhängig und selbstständig Beschäftigten für die europäischen Länder, tatsächlich geleistete Arbeitsstunden für Chile und Mexiko. Die Daten beziehen sich auf die insgesamt geleisteten Arbeitsstunden in allen Beschäftigungsverhältnissen, außer für Chile, wo nur die am Hauptarbeitsplatz geleisteten Arbeitsstunden berücksichtigt werden.

Die Unterscheidung zwischen Teilzeit- und Vollzeitbeschäftigung beruht auf Eigenangaben, d.h. der Einschätzung der Befragten, ob sie einer Teilzeit- oder einer Vollzeittätigkeit nachgehen. Für Australien, Kanada und Mexiko entspricht eine Teilzeitbeschäftigung einer Wochenarbeitszeit von unter 30 Stunden.

Die Daten für Australien, Mexiko und die Vereinigten Staaten beziehen sich auf 2014, die für Kanada auf 2011 und die für Chile auf 2013.

Quelle: OECD-Berechnungen auf der Basis des Household, Income and Labour Dynamics in Australia (HILDA) Survey 2014 für Australien, des Survey of Labour and Income Dynamics (SLID) 2011 für Kanada, der Encuesta de Caracterización Socioeconómica Nacional (CASEN) 2013 für Chile, der Statistik der Europäischen Union über Einkommen und Lebensbedingungen (EU-SILC) 2012 für die europäischen Länder, der Encuesta Nacional de Ingresos y Gastos de los Hogares (ENIGH) 2014 für Mexiko und des Current Population Survey (CPS) 2014 für die Vereinigten Staaten.

der Regel von den Müttern) wird erwartet, dass sie am Nachmittag für ihre Kinder Lern- und Freizeitaktivitäten organisieren, weil die Kinder sonst allein zu Hause wären.

Auch wenn in der deutschen Öffentlichkeit eine wachsende Akzeptanz berufstätiger Mütter festzustellen ist und die institutionelle Unterstützung für junge Familien in den letzten Jahren zugenommen hat (Kapitel 2 und 3), haftet noch immer ein soziales Stigma an vollzeiterwerbstätigen Müttern (die abwertend als „Rabenmutter" bezeichnet werden), während Kinder, die am Nachmittag allein zu Hause bleiben, „Schlüsselkinder" genannt werden. Interessant ist, dass in Frankreich nicht berufstätige Mütter als *mère poule*, wortwörtlich als „Glucke", bezeichnet werden, was bedeutet, dass ihre „einzige" Beschäftigung die Kindererziehung ist (Fagnani, 2004).

Im Durchschnitt der europäischen Länder geben weniger als 10% der in einer Partnerschaft lebenden Mütter, die weniger als 30 Stunden pro Woche erwerbstätig sind, als Grund für ihre Erwerbssituation an, dass sie keine längere Arbeitszeit wünschen (Abb. 4.5, Teil A). Zwar würden 30,8% der Mütter in Schweden, die weniger als 30 Stunden pro Woche erwerbstätig sind, nicht länger arbeiten wollen, gemessen an allen (abhängig und selbstständig) beschäftigten Müttern ist der Anteil derjenigen, die weniger als 30 Wochenstunden arbeiten, mit 7,52% allerdings ohnehin schon relativ gering (Abb. 4.5, Teil B).

4. VERTEILUNG VON ERWERBSARBEIT UND ERWERBSEINKOMMEN IN PAAREN MIT KINDERN

Abbildung 4.5 **In den meisten Ländern sind familiäre Aufgaben der Hauptgrund für die Teilzeitbeschäftigung von Müttern**

Teil A. Prozentuale Verteilung der Gründe, warum in einer Partnerschaft lebende Mütter im Alter von 25-45 Jahren mit mindestens einem Kind weniger als 30 Stunden pro Woche erwerbstätig sind

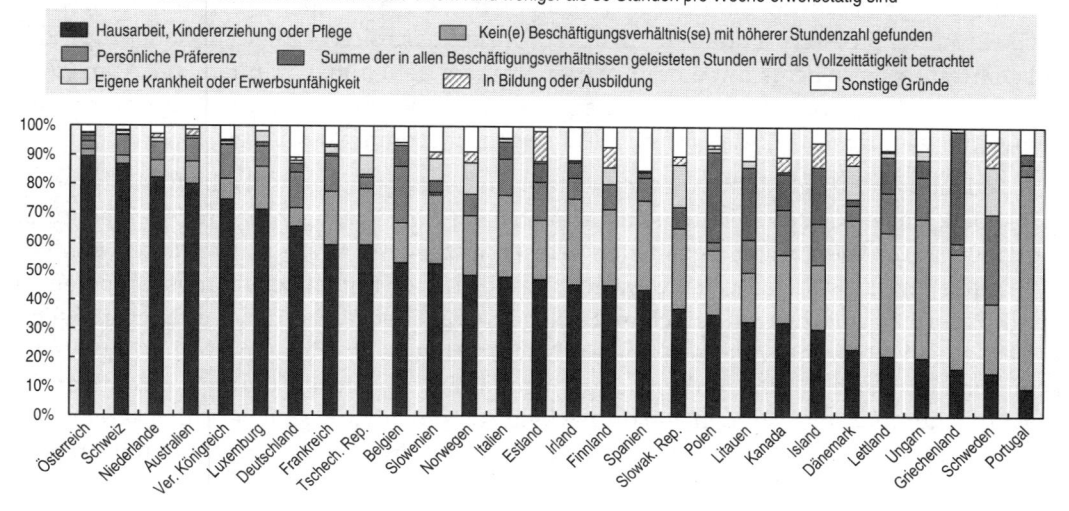

- Hausarbeit, Kindererziehung oder Pflege
- Kein(e) Beschäftigungsverhältnis(se) mit höherer Stundenzahl gefunden
- Persönliche Präferenz
- Summe der in allen Beschäftigungsverhältnissen geleisteten Stunden wird als Vollzeittätigkeit betrachtet
- Eigene Krankheit oder Erwerbsunfähigkeit
- In Bildung oder Ausbildung
- Sonstige Gründe

Teil B. Prozentualer Anteil der Mütter, die weniger als 30 Wochenstunden arbeiten an der Gesamtzahl der erwerbstätigen, in einer Partnerschaft lebenden Mütter (25- bis 45-Jährige mit mindestens einem Kind)

- Anteil der weniger als 30 Stunden arbeitenden Mütter

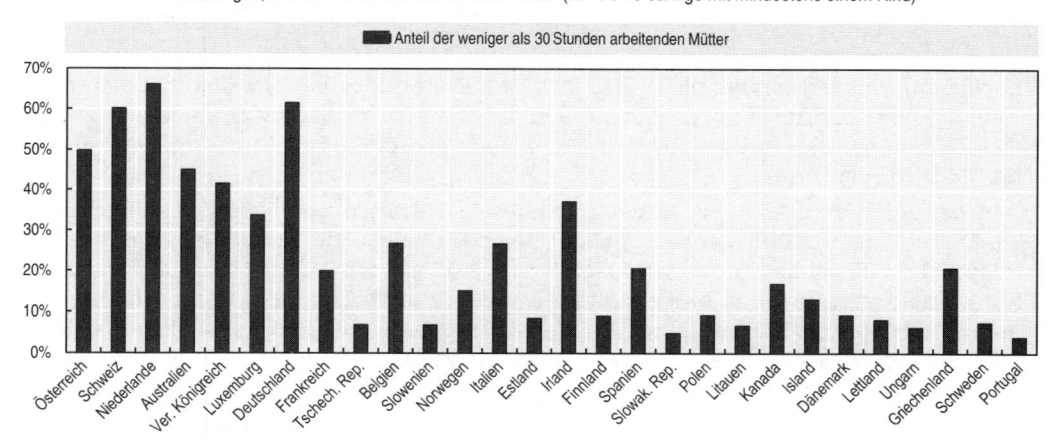

Anmerkung: Übliche Arbeitszeit der abhängig und selbstständig Beschäftigten für die europäischen Länder. Die Daten beziehen sich auf die insgesamt geleisteten Arbeitsstunden in allen Beschäftigungsverhältnissen, außer für Chile, wo nur die am Hauptarbeitsplatz geleisteten Arbeitsstunden berücksichtigt werden.
Quelle: OECD-Berechnungen auf der Basis des Household, Income and Labour Dynamics in Australia (HILDA) Survey 2014 für Australien, des Survey of Labour and Income Dynamics (SLID) 2011 für Kanada und der Statistik der Europäischen Union über Einkommen und Lebensbedingungen (EU-SILC) 2012 für die europäischen Länder.

Unbezahlte häusliche Arbeit ist jedoch der Hauptgrund dafür, warum jede zweite in einer Partnerschaft lebende Mutter nicht mehr arbeitet (Abb. 4.5, Teil A). Obgleich in deutschsprachigen Ländern die unbezahlte Arbeit zu Hause ein besonderes Hindernis darstellt – 65,2% in Deutschland und 89,5% in Österreich –, handelt es sich dabei auch in Frankreich (genannt von 59% der in einer Partnerschaft lebenden Mütter), den Niederlanden, dem Vereinigten Königreich und Belgien um das Haupthindernis. Der zweithäufigste Grund für eine Arbeitszeit unter 30 Stunden ist die Arbeitsnachfrage – viele in einer Partnerschaft lebende Mütter möchten mehr arbeiten, können aber nicht den richtigen Arbeitsplatz finden. Für Mütter in Portugal (73,8%), Ungarn (48,3%), Dänemark (44,9%), Lettland (42,8%) und Griechenland (39,8%) ist dies das größte Hindernis für eine Erhöhung der Arbeitszeit.

Die Erwerbssituation der meisten in einer Partnerschaft lebenden Väter, die weniger als 30 Stunden arbeiten, ist darauf zurückzuführen, dass sie vor allem in Südeuropa kein Beschäftigungsverhältnis mit einer höheren Stundenzahl finden können (vgl. Abb. 4.A1.2 im Anhang). Hausarbeit und Betreuungsaufgaben gehören im Durchschnitt zu den am wenigsten wichtigen Gründen für eine Teilzeitbeschäftigung der Väter.

Teilzeitbeschäftigte Mütter laufen Gefahr, in der sogenannten „Teilzeitfalle" stecken zu bleiben, was ihre Karriereperspektiven auch nach dem Auszug ihrer Kinder einschränkt (Lestrade, 2013). Die Notwendigkeit, den Arbeitsplatz jeden Tag früh zu verlassen, schließt viele teilzeiterwerbstätige Frauen von Führungspositionen mit Entscheidungskompetenzen aus (Kasten 4.1), wohingegen es sich in der Regel weniger negativ auf die Aufstiegsmöglichkeiten auswirkt, wenn man am späten Nachmittag geht oder einen Tag pro Woche abwesend ist. Da sich Teilzeitarbeit auf geringqualifizierte Beschäftigung konzentriert, ist es wahrscheinlich, dass Frauen, die ihre Arbeitszeit reduzieren, sich beruflich verschlechtern, wobei ein Arbeitgeberwechsel besonders nachteilig ist (vgl. Connolly und Gregory,

---

Kasten 4.1 Die neue (verbindliche) Geschlechterquote in Deutschland

Im gesamten OECD-Raum sind Frauen in Führungspositionen in der Privatwirtschaft noch immer unterrepräsentiert (OECD, 2012a). Die Bundesrepublik befindet sich hier weit im Rückstand, da 2013 nur 6,1% der Aufsichtsratsposten der auf der Rangliste *Forbes Global 500* aufgeführten Unternehmen von Frauen besetzt wurden, im Vergleich zu 18% im OECD-Durchschnitt.

Im Mai 2015 trat in der Bundesrepublik ein Gesetz in Kraft, mit dem die gleichberechtigte Teilhabe von Frauen und Männern an Führungspositionen in der Privatwirtschaft und im öffentlichen Dienst angestrebt wird. Seit Januar 2016 gilt die Geschlechterquote von 30% für Aufsichtsratsposten in börsennotierten *und* voll mitbestimmten Unternehmen mit mehr als 2 000 Arbeitnehmerinnnen und Arbeitnehmern, bei denen sich das Aufsichts- oder Verwaltungsorgan zur Hälfte aus Arbeitnehmervertretern zusammensetzt. Etwa 200 Unternehmen sind von dieser Regelung betroffen.

Unternehmen, die *entweder* börsennotiert *oder* mitbestimmungspflichtig sind, müssen eigene Zielgrößen für den Anteil der Frauen festlegen, die sie in ihren Aufsichtsräten, Vorständen und obersten Management-Ebenen ernennen. Wenngleich das Gesetz keine Mindestzielgröße vorsieht, darf ein Unternehmen keine Zielgröße festsetzen, bei der der Frauenanteil in einer Führungsebene hinter dem tatsächlichen Status quo zurückbleibt, falls der Anteil bereits bei 30% liegt. Die Unternehmen müssen über die Fortschritte bei der Erreichung ihrer Zielgrößen öffentlich berichten. Die Frist zur Erreichung der Zielgrößen dauert bis Juni 2017, und danach sind neue Zielgrößen festzusetzen. Etwa 3 500 Unternehmen unterliegen der Zielgrößenverpflichtung.

In den Aufsichtsgremien von Unternehmen mit Bundesbeteiligung, deren Mitglieder der Bund bestimmen kann, gilt ab 2016 eine Geschlechterquote von 30%, und ab 2018 werden 50% angestrebt. Für die Besetzung von Aufsichtsgremien, in denen dem Bund mindestens drei, aber nicht alle Sitze zustehen, gilt die 30%-Quote (und dann die 50%-Quote) nur für die Neubesetzungen dieser Sitze. Im öffentlichen Dienst sind konkrete Zielvorgaben für den Frauen- und Männeranteil auf jeder einzelnen Führungsebene im Gleichstellungsplan festzulegen, der auch konkrete Maßnahmen zur Erreichung dieser Zielvorgaben und zur Verbesserung der Vereinbarkeit von Familie und Beruf vorsieht.

2010, über die Erfahrung des Vereinigten Königreichs). Je länger ein Teilzeitarbeitsverhältnis andauert, umso weniger wahrscheinlich ist es, dass Frauen zu einer Vollzeitbeschäftigung zurückkehren, und vielen gelingt es nicht, an ihren vorherigen Karrierepfad anzuknüpfen (ebd.).

Teilzeitarbeit und geringfügige Beschäftigungsverhältnisse haben zudem negative Effekte auf das Einkommen der Mütter und somit auch auf das Familieneinkommen. In Deutschland bilden Frauen den Großteil der Arbeitskräfte in geringfügigen Beschäftigungsverhältnissen wie Minijobs und Midijobs, wobei es sich um Gelegenheitsarbeit mit flexibler Arbeitszeitregelung handelt und Sozialversicherungsleistungen, Einkommen und Karrieremöglichkeiten begrenzt sind. Evidenz aus dem Vereinigten Königreich (Connolly und Gregory, 2010) und Österreich zeigt, dass eine Teilzeitbeschäftigung im Vergleich zu einer entsprechenden Vollzeitbeschäftigung häufig schlecht (zum Stundenlohn) bezahlt ist. So ist beispielsweise in Österreich der Stundenlohn für Teilzeitbeschäftigte bei gleicher Tätigkeit um 31% niedriger als für Vollzeitbeschäftigte (Bergmann et al., 2010). Und in vielen europäischen Ländern sind Teilzeitbeschäftigte dem Armutsrisiko deutlich stärker ausgesetzt als Vollzeitbeschäftigte, vor allem Frauen und diejenigen, die außer Teilzeit keine andere Wahl haben (Horemans und Marx, 2013). Je kürzer die wöchentliche Arbeitszeit ist, desto höher ist effektiv auch das Armutsrisiko. Die maßgeblichen Einflussfaktoren sind unsichere bzw. schlechte Karriereaussichten, die mit Niedrigeinkommen verbunden sind, sowie begrenzte Chancen auf eine Rückkehr in eine Vollzeitbeschäftigung.

Ein Rechtsanspruch für Teilzeitbeschäftigte auf die Rückkehr zur Vollzeitarbeit innerhalb eines festgelegten Zeitrahmens wäre ein wertvoller Politikansatz, um zu vermeiden, dass Eltern (hauptsächlich Mütter) in der Teilzeitbeschäftigung „stecken" bleiben (Kapitel 3). In Deutschland gewähren die Elternzeitregelungen jedem Elternteil das Recht, bis zur Vollendung des dritten Lebensjahrs des Kindes zur früheren Arbeitszeit zurückzukehren. Darüber hinaus ermöglicht es eine jüngste Reform den Eltern von Kindern, die nach Juni 2016 geboren werden, einen noch flexibleren Gebrauch von den Beschäftigungsschutzbestimmungen zu machen: Mit Zustimmung des Arbeitgebers können bis zu 12 Monate des 36-monatigen Zeitraums, für den Kündigungsschutz besteht, auf die Zeit zwischen dem dritten Geburtstag und der Vollendung des achten Lebensjahrs des Kindes übertragen werden. Abgesehen von den Regelungen der Elternzeit, der Pflegezeit und der Familienpflegezeit haben Arbeitnehmer in Deutschland aber keinen Rechtsanspruch auf die Rückkehr zur Vollzeitarbeit, wenn der Arbeitgeber ihrer Arbeitszeitverkürzung einmal zugestimmt hat (vgl. Kapitel 3 wegen eines internationalen Vergleichs der gesetzlichen Regelungen).

Die Wochenarbeitszeit vollzeiterwerbstätiger Eltern ist in Deutschland verhältnismäßig lang

Während Mütter in Deutschland in Teilzeitbeschäftigungsverhältnissen vergleichsweise wenig Stunden arbeiten, trifft auf Vollzeitbeschäftigte das Gegenteil zu, was für sie einen weiteren Anreiz zur Teilzeitarbeit darstellt. Im Durchschnitt arbeiten vollzeiterwerbstätige Mütter in Deutschland nahezu 42 Stunden pro Woche und werden nur von Müttern in der Schweiz und Österreich mit rd. 44 Wochenstunden übertroffen (Abb. 4.6). In Norwegen, Dänemark und Frankreich arbeiten vollzeiterwerbstätige Mütter hingegen im Durchschnitt weniger als 40 Stunden pro Woche.

Vollzeiterwerbstätige Väter haben in Deutschland mit knapp über 45 Stunden ebenfalls eine relativ lange Wochenarbeitszeit (vgl. Abb. 4.A1.1 im Anhang), die zwar über dem europäischen Durchschnitt, aber unter der wöchentlichen Arbeitszeit in anderen europäischen Ländern wie Österreich, der Schweiz und Polen liegt. Väter in Norwegen, Däne-

Abbildung 4.6 Die Arbeitszeiten vollzeitbeschäftigter Mütter sind in Deutschland relativ lang

Durchschnittliche übliche Wochenarbeitszeit von vollzeitbeschäftigten, in einer Partnerschaft lebenden Müttern, 25- bis 45-Jährige mit mindestens einem Kind, 2012

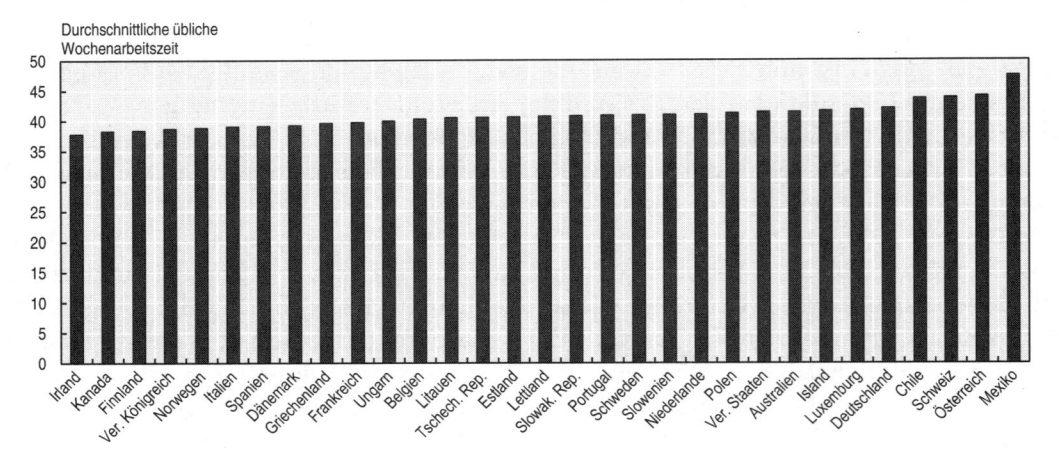

Anmerkung: Übliche Arbeitszeit der abhängig und selbstständig Beschäftigten für die europäischen Länder, tatsächlich geleistete Arbeitsstunden für Chile und Mexiko. Die Daten beziehen sich auf die insgesamt geleisteten Arbeitsstunden in allen Beschäftigungsverhältnissen, außer für Chile, wo nur die am Hauptarbeitsplatz geleisteten Arbeitsstunden berücksichtigt werden.
Die Unterscheidung zwischen Teilzeit- und Vollzeitbeschäftigung beruht auf Eigenangaben, d.h. der Einschätzung der Befragten, ob sie einer Teilzeit- oder einer Vollzeittätigkeit nachgehen. Für Kanada und Mexiko entspricht eine Teilzeitbeschäftigung einer Wochenarbeitszeit von unter 30 Stunden.
Die Daten für Australien, Mexiko und die Vereinigten Staaten beziehen sich auf 2014, die für Kanada auf 2011 und die für Chile auf 2013.
Quelle: OECD-Berechnungen auf der Basis des Household, Income and Labour Dynamics in Australia (HILDA) Survey 2014 für Australien, des Survey of Labour and Income Dynamics (SLID) 2011 für Kanada, der Encuesta de Caracterización Socioeconómica Nacional (CASEN) 2013 für Chile, der Statistik der Europäischen Union über Einkommen und Lebensbedingungen (EU-SILC) 2012 für die europäischen Länder, der Encuesta Nacional de Ingresos y Gastos de los Hogares (ENIGH) 2014 für Mexiko und des Current Population Survey (CPS) 2014 für die Vereinigten Staaten.

mark, Schweden und Finnland arbeiten ihrerseits weniger Stunden als der europäische Durchschnitt, jedoch noch immer mehr als 40 Wochenstunden. Relativ kurze regelmäßige Wochenarbeitszeiten in Vollzeitarbeitsverhältnissen sind daher in Dänemark, Schweden, Norwegen und Finnland sowohl unter Frauen als auch unter Männern verbreitet. Dass in den nordischen Ländern von Müttern und Vätern in Vollzeitbeschäftigungsverhältnissen ein ähnlicher Stundenumfang geleistet wird, könnte bedeutende Auswirkungen auf die Karriereaussichten der Mütter haben: Das Verlassen des Arbeitsplatzes am frühen Nachmittag wirkt sich möglicherweise weniger negativ auf ihre Karriere aus, wenn es genauso wahrscheinlich ist, dass ihre männlichen Kollegen dasselbe tun.

In Deutschland verhalten sich die Arbeitszeiten der Mütter und Väter spiegelbildlich

Der geringe durchschnittliche geschlechtsspezifische Unterschied bei der Wochenarbeitszeit in den nordischen Ländern und Frankreich ist auf die relativ lange Wochenarbeitszeit teilzeitbeschäftigter Frauen und die relativ kurze durchschnittliche Wochenarbeitszeit vollzeitbeschäftigter Väter und Mütter zurückzuführen. Wie sich in einer Partnerschaft lebende Väter und Mütter auf acht verschiedene Arbeitszeitkorridore verteilen, wird in Abbildung 4.7 gezeigt, in der die nordischen Ländern, Frankreich und die Vereinigten Staaten (Teil A) den deutschsprachigen Ländern gegenübergestellt werden (Teil B).

4. VERTEILUNG VON ERWERBSARBEIT UND ERWERBSEINKOMMEN IN PAAREN MIT KINDERN

Abbildung 4.7 **In einer Partnerschaft lebende Mütter gehen in deutschsprachigen Ländern mit geringerer Wahrscheinlichkeit einer Vollzeittätigkeit nach als in anderen ausgewählten OECD-Ländern**

Teil A. Prozentuale Verteilung der Arbeitszeiten von in einer Partnerschaft lebenden Müttern und Vätern nach üblicher Wochenarbeitszeit (Paare mit Frau im Alter von 25-45 Jahren und mindestens einem Kind) – Finnland, Frankreich, Island, Norwegen, Schweden und die Vereinigten Staaten, 2012

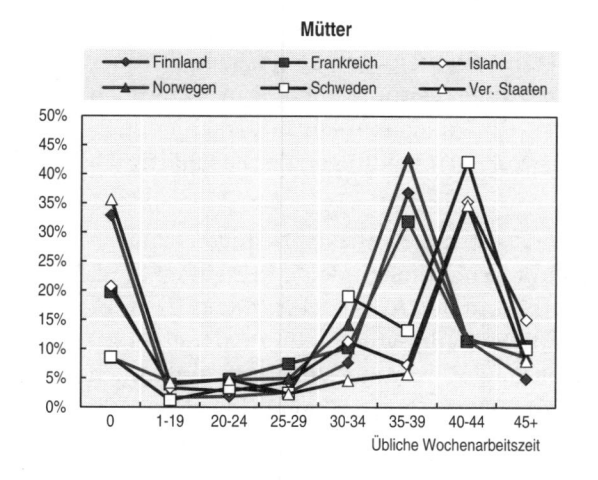

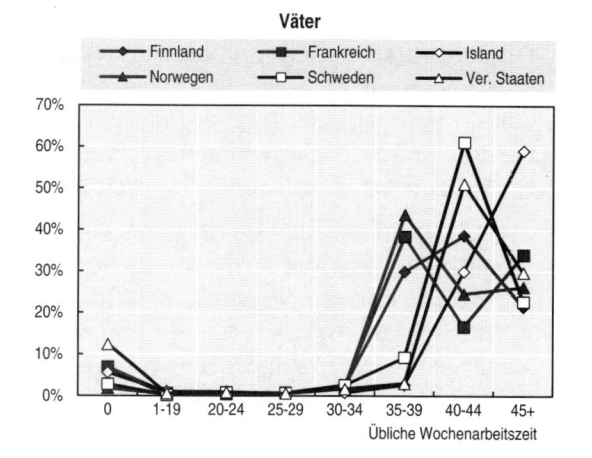

Teil B. Prozentuale Verteilung der Arbeitszeiten von in einer Partnerschaft lebenden Müttern und Vätern nach üblicher Wochenarbeitszeit (Paare mit Frau im Alter von 25-45 Jahren und mindestens einem Kind) – Österreich, Deutschland und Schweiz, 2012

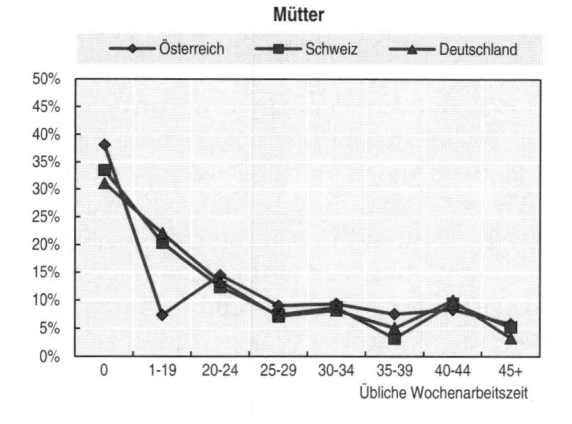

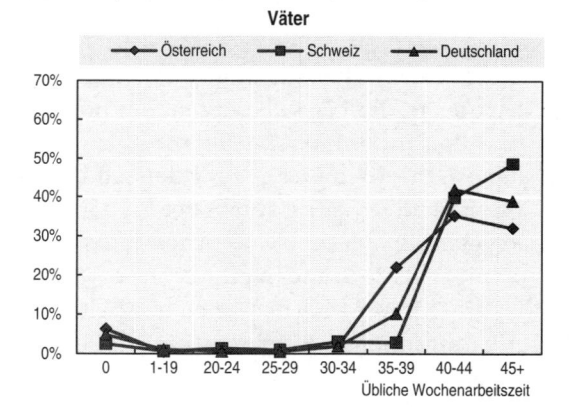

Anmerkung: Übliche Arbeitszeit der abhängig und selbstständig Beschäftigten für die europäischen Länder. Die Daten beziehen sich auf die insgesamt geleisteten Arbeitsstunden in allen Beschäftigungsverhältnissen.
Die Daten für die Vereinigten Staaten beziehen sich auf 2014.
Quelle: OECD-Berechnungen auf der Basis der Statistik der Europäischen Union über Einkommen und Lebensbedingungen (EU-SILC) 2012 für die europäischen Länder und des Current Population Survey (CPS) 2014 für die Vereinigten Staaten.

Es ist relativ weit verbreitet, dass in einer Partnerschaft lebende Mütter in Frankreich, Finnland, Norwegen und in gewissem Maße in Schweden eine Wochenarbeitszeit von 30-39 Stunden aufweisen. In den ersten drei Ländern arbeiten die meisten in einer Partnerschaft lebenden Mütter zwischen 35 und 39 Stunden, während in Schweden, Island und den Vereinigten Staaten ihre wöchentliche Arbeitszeit zwischen 40 und 44 Stunden liegt. In einer Partnerschaft lebende Väter arbeiten in diesen Ländern meistens über 39 Stunden und in Norwegen und Frankreich zwischen 35 und 39 Wochenstunden. Die Verteilung der Arbeitszeiten von Vätern in Schweden und den Vereinigten Staaten ist mit der der Mütter vergleichbar, wobei der Großteil zwischen 40 und 44 Wochenstunden arbeitet. In Island,

Frankreich und Schweden leistet ein nicht unerheblicher Teil der in einer Partnerschaft lebenden Väter mindestens 45 Wochenstunden.

In Frankreich ist die Verteilung der Wochenarbeitszeiten von in einer Partnerschaft lebenden Vätern offenbar bimodal, wobei die häufigste Wochenarbeitszeit zwischen 35 und 39 Stunden und die zweithäufigste bei mindestens 45 Stunden liegt. Obgleich die gesetzlich festgelegte Wochenarbeitszeit für Vollzeitstellen in Frankeich 35 Stunden beträgt, werden Führungskräfte (*cadres*) häufig auf aufgabenbasierter Basis vergütet, so dass sie oft über 35 Stunden leisten. Daher ist es wahrscheinlich, dass Arbeitszeitunterschiede in Frankreich stärker von der Definition der regulären Arbeitszeit für Vollzeitstellen in verschiedenen Berufen und im öffentlichen und privaten Sektor als von Entscheidungen der Beschäftigten für Vollzeit- oder Teilzeitarbeit herrühren.

Die Verteilung der Arbeitszeiten von Müttern und Vätern in deutschsprachigen Ländern (Teil B) unterscheidet sich deutlich von den oben untersuchten Ländern. In Deutschland, Österreich und der Schweiz verhält sich die Verteilung der Arbeitszeiten von in einer Partnerschaft lebenden Müttern nahezu spiegelbildlich zu der von in einer Partnerschaft lebenden Vätern. Arbeitswochen von weniger als 40 Stunden sind unter Vätern ungewöhnlich und der Anteil derjenigen, die mehr als 44 Stunden arbeiten, ist viel größer als in Frankreich, den Vereinigten Staaten und den nordischen Ländern – die einzige Ausnahme bildet Island, wo die meisten Männer wie in der Schweiz über 45 Wochenstunden leisten.

Nur wenige Eltern teilen in den OECD-Ländern die Erwerbsarbeit partnerschaftlich auf

Im Idealfall sollte eine partnerschaftliche Aufgabenteilung in der Familie auch beide Partner in die Lage versetzen, ein angemessenes Haushaltseinkommen sicherzustellen und Zeit miteinander zu verbringen. Dennoch ist der Arbeitszeitunterschied zwischen den Partnern – die Zahl der geleisteten Arbeitsstunden des Mannes abzüglich der Zahl der geleisteten Arbeitsstunden der Frau in Paaren, in denen der Mann erwerbstätig ist – in der Regel erheblich (Abb. 4.8). Angesichts der Tatsache, dass Mütter in Deutschland so häufig weniger als 30 Stunden pro Woche erwerbstätig sind und Väter lange Arbeitswochen haben, ist die Differenz bei der Wochenarbeitszeit unter den Partnern in Deutschland zusammen mit Österreich und der Schweiz mit über 25 Stunden am größten. Der Unterschied ist auch in den südlichen Mittelmeerländern beträchtlich, weil so viele Frauen nichterwerbstätig sind. Schweden, Norwegen und Dänemark können den geringsten Arbeitszeitunterschied unter Partnern (unter zehn Stunden pro Woche) vorweisen. Die osteuropäischen Länder weisen in der Tendenz ebenfalls einen unterdurchschnittlichen Unterschied zwischen den Partnern auf.

Der Arbeitszeitunterschied unter den Partnern ist am geringsten, wenn entweder beide 40 Stunden oder beide rd. 38 Stunden pro Woche arbeiten (die Daten sind hier nicht aufgezeigt). Der Unterschied bei der Arbeitszeitdauer ist offensichtlich in Familien am größten, in denen Frauen überhaupt nicht arbeiten und ihre Partner in der Regel mehr als 40 Wochenstunden erwerbstätig sind. Desgleichen erhöhen Mütter nicht zwangsläufig ihr Erwerbsvolumen, um Arbeitszeitreduzierungen ihrer Partner auszugleichen: Wenn der Vater nicht arbeitet, ist die Mutter im Durchschnitt trotzdem nur rd. 19 Stunden pro Woche erwerbstätig, was möglicherweise z.T. auf die Homogamie bei Paaren zurückzuführen ist, d.h. dass Personen mit demselben sozioökonomischen Hintergrund (wie Hochschul- und Fachhochschulabsolventen) eine Partnerschaft miteinander eingehen.

4. VERTEILUNG VON ERWERBSARBEIT UND ERWERBSEINKOMMEN IN PAAREN MIT KINDERN

Abbildung 4.8 **In deutschsprachigen Ländern gibt es ein großes Arbeitszeitgefälle zwischen in einer Partnerschaft lebenden Männern und Frauen**

Durchschnittliche Differenz zwischen den üblichen Wochenarbeitszeiten von in einer Partnerschaft lebenden Männern und Frauen, Paare mit Frau im Alter von 25-45 Jahren und mindestens einem Kind, 2012

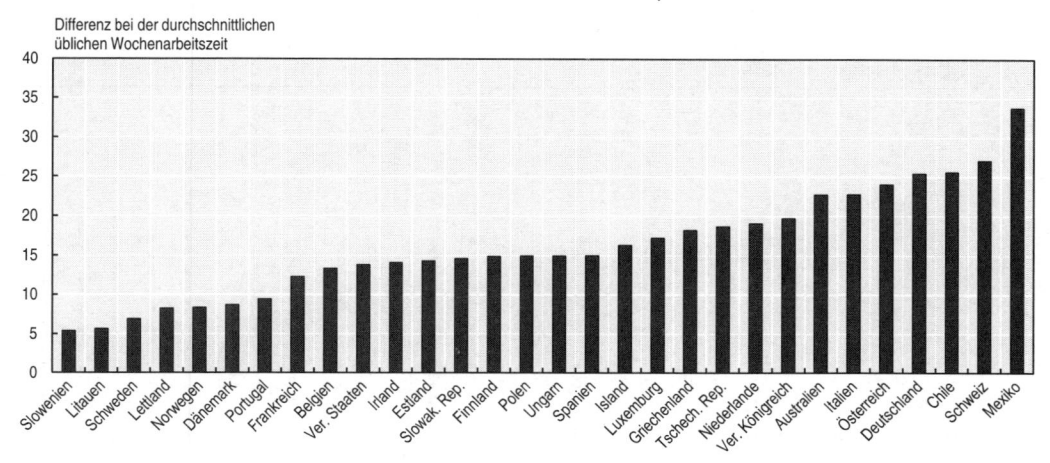

Anmerkung: Übliche Arbeitszeit der abhängig und selbstständig Beschäftigten für die europäischen Länder, tatsächlich geleistete Arbeitsstunden für Chile und Mexiko. Die Daten beziehen sich auf die insgesamt geleisteten Arbeitsstunden in allen Beschäftigungsverhältnissen, außer für Chile, wo nur die am Hauptarbeitsplatz geleisteten Arbeitsstunden berücksichtigt werden.
Die Daten beziehen sich auf die durchschnittliche absolute Differenz zwischen den üblichen Wochenarbeitszeiten der Partner (übliche Wochenarbeitszeit des Mannes – übliche Wochenarbeitszeit der Frau). Erwerbslose Paare, in denen keiner der beiden Partner arbeitet (nichterwerbstätig oder arbeitslos), wurden nicht berücksichtigt. In der für den öffentlichen Gebrauch bestimmten Fassung des SLID für Kanada sind keine Daten für beide Partner enthalten.
Die Daten für Australien, Mexiko und die Vereinigten Staaten beziehen sich auf 2014 und die für Chile auf 2013.
Quelle: OECD-Berechnungen auf der Basis des Household, Income and Labour Dynamics in Australia (HILDA) Survey 2014 für Australien, der Encuesta de Caracterización Socioeconómica Nacional (CASEN) 2013 für Chile, der Statistik der Europäischen Union über Einkommen und Lebensbedingungen (EU-SILC) 2012 für die europäischen Länder, der Encuesta Nacional de Ingresos y Gastos de los Hogares (ENIGH) 2014 für Mexiko und des Current Population Survey (CPS) 2014 für die Vereinigten Staaten.

Paare mit Kindern können zwischen verschiedenen Erwerbsarrangements wählen. Die fünf häufigsten Modelle sind (Abb. 4.9):

- „Doppel-Vollzeitverdiener-Modell", bei dem beide Partner mindestens 40 Stunden arbeiten,
- „Alleinverdienermodell", bei dem der Mann mindestens 40 Stunden arbeitet und die Frau nichterwerbstätig oder arbeitslos ist,
- „Hauptverdienermodell", bei dem der Mann mindestens 40 Stunden und die Frau zwischen 1 und 29 Stunden arbeitet,
- „Doppel-Vollzeitnah-Modell", bei dem beide Partner zwischen 30 und 39 Stunden arbeiten,
- „Vollzeitnah-plus-Teilzeit-Modell", bei dem der Mann zwischen 30 und 39 Stunden und die Frau zwischen 1 und 29 Wochenstunden arbeitet.

Mit 33,9% weist Dänemark den höchsten Anteil an Paaren auf, in denen beide Partner vollzeitnah erwerbstätig sind. In Norwegen, Frankreich, Finnland und Belgien praktizieren zwischen 17% und 30% der Paarfamilien das „Doppel-Vollzeitnah-Modell". In Deutschland arbeiten nur in 1,8% der Paare beide Partner zwischen 30 und 39 Stunden, was einem

4. VERTEILUNG VON ERWERBSARBEIT UND ERWERBSEINKOMMEN IN PAAREN MIT KINDERN

Abbildung 4.9 **Nur wenige Familien teilen die Erwerbsarbeit gerecht auf, indem beide Partner zwischen 30 und 39 Stunden arbeiten**

Auf die verschiedenen Erwerbskonstellationen entfallender Anteil der Paare mit Frau im Alter von 25-45 Jahren und mindestens einem Kind, in Prozent, 2012

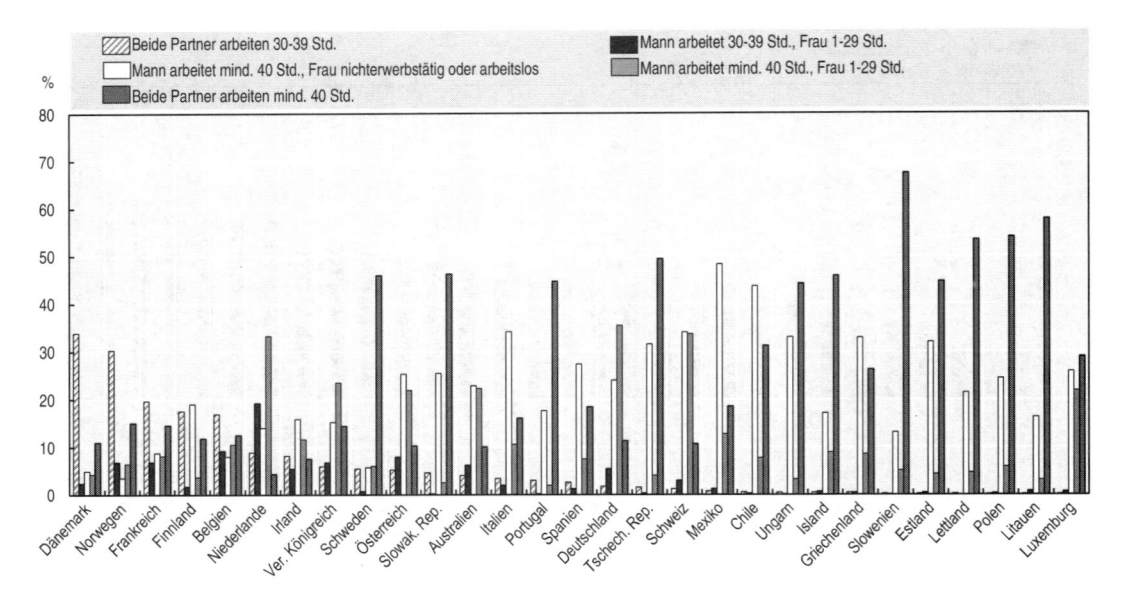

Erläuterung: In Deutschland sind von den als Ehepaar oder in einer nichtehelichen Lebensgemeinschaft zusammenlebenden Elternpaaren mit mindestens einem Kind, in denen die Frau 25-49 Jahre alt ist, 1,8% vollzeitnah erwerbstätig (beide Partner arbeiten zwischen 30 und 39 Stunden, gestreifte Balken). 24% der Paare entsprechen dem traditionellen Alleinverdienermodell (der Mann arbeitet mindestens 40 Stunden, die Frau ist nichterwerbstätig, weiße Balken) und 35,4% der Paare dem Hauptverdienermodell (der Mann arbeitet mindestens 40 Stunden, die Frau zwischen 1 und 29 Stunden, graue Balken). In 11,3% der Paare arbeiten beide Partner in Vollzeit (über 40 Stunden, blaue Balken) und in 5,8% der Paare arbeitet der Mann zwischen 30 und 39 Stunden und die Frau zwischen 1 und 29 Wochenstunden (schwarze Balken).

Übliche Arbeitszeit der abhängig und selbstständig Beschäftigten für die europäischen Länder, tatsächlich geleistete Arbeitsstunden für Chile und Mexiko. Die Daten beziehen sich auf die insgesamt geleisteten Arbeitsstunden in allen Beschäftigungsverhältnissen, außer für Chile, wo nur die am Hauptarbeitsplatz geleisteten Arbeitsstunden berücksichtigt werden.

„Nichterwerbstätig/arbeitslos" basiert auf Eigenangaben. In der für den öffentlichen Gebrauch bestimmten Fassung des SLID für Kanada sind keine Daten für beide Partner enthalten.

Die Daten für Australien und Mexiko beziehen sich auf 2014 und die für Chile auf 2013.

Quelle: OECD-Berechnungen auf der Basis des Household, Income and Labour Dynamics in Australia (HILDA) Survey 2014 für Australien, der Encuesta de Caracterización Socioeconómica Nacional (CASEN) 2013 für Chile, der Statistik der Europäischen Union über Einkommen und Lebensbedingungen (EU-SILC) 2012 für die europäischen Länder, der Encuesta Nacional de Ingresos y Gastos de los Hogares (ENIGH) 2014 für Mexiko und des Current Population Survey (CPS) 2014 für die Vereinigten Staaten.

geringen Anteil entspricht, der auch in vielen anderen europäischen Ländern üblich ist. In 16 von 26 europäischen Ländern ist der Anteil der Paarfamilien, in denen beide Partner vollzeitnah erwerbstätig sind, effektiv niedriger als 5%.

Der größte Anteil der Paarfamilien, in denen der Vater zwischen 30 und 39 Stunden und die Mutter zwischen 1 und 29 Stunden arbeitet, ist mit 19,22% in den Niederlanden anzutreffen, die flexible Arbeitszeiten gesetzlich verankert haben und auf eine lange Tradition der Teilzeitbeschäftigung, insbesondere unter Frauen, zurückblicken (Kapitel 2). In Deutschland praktizieren 5,8% der Familien das „Vollzeitnah-plus-Teilzeit-Modell".

Die Vollzeiterwerbstätigkeit beider Partner ist in Familien in osteuropäischen Ländern wie Litauen, Slowenien, der Tschechischen Republik, Ungarn und Lettland die am häufigsten anzutreffende Erwerbskonstellation. Paare, in denen der Mann der Alleinverdiener ist, sind in den meisten südeuropäischen Ländern am stärksten verbreitet, außer in Portugal, wo beide Partner normalerweise mindestens 40 Wochenstunden arbeiten.

Schweden kann einen hohen Anteil an Paaren vorweisen, in denen der Mann mindestens 40 Stunden pro Woche und die Frau zwischen 30 und 39 Stunden arbeitet (die Ergebnisse sind hier nicht ausgewiesen). Diese Konstellation ist ebenfalls in Norwegen, Frankreich, Finnland, Dänemark und Belgien weit verbreitet. In diesen Ländern ist auch der Anteil der Paare, in denen der Mann zwischen 30 und 39 Stunden und die Frau mindestens 40 Stunden pro Woche erwerbstätig ist, höher als in anderen europäischen Ländern (die Ergebnisse sind hier nicht ausgewiesen).

In Deutschland besteht das üblichste Erwerbsarrangement von Familien darin, dass der Vater in Vollzeit beschäftigt ist und die Mutter weniger als 29 Stunden pro Woche oder überhaupt nicht arbeitet. Das „Hauptverdienermodell" ist in Paarfamilien in Deutschland mit 34,8% am häufigsten verbreitet (Abb. 4.9, grauer Balken), gefolgt vom traditionellen „Alleinverdienermodell", bei dem die Mutter nichterwerbstätig oder arbeitslos ist (23,9%, weißer Balken).

Ein detaillierter Vergleich der Erwerbsarrangements in Frankreich und Deutschland verdeutlicht, dass Erwerbsarbeit unter Partnern in Frankreich weitaus weniger „polarisiert" ist (Abb. 4.10). In Deutschland dominiert die Konstellation aus einem vollzeitbeschäftigten Vater und einer nichterwerbstätigen oder teilzeitbeschäftigten Mutter. In Frankreich ist die Konstellation aus zwei Vollzeitverdienern dagegen wesentlich weiter verbreitet, wobei die Partner am ehesten vollzeitnah beschäftigt sind oder ein Partner in Vollzeit tätig ist und der

Abbildung 4.10 **Der Arbeitszeitunterschied zwischen in einer Partnerschaft lebenden Männern und Frauen ist in Deutschland größer als in Frankreich**

Verteilung der üblichen Wochenarbeitszeit von in einer Partnerschaft lebenden Männern und Frauen, Paare mit Frau im Alter von 25-45 Jahren und mindestens einem Kind, 2012

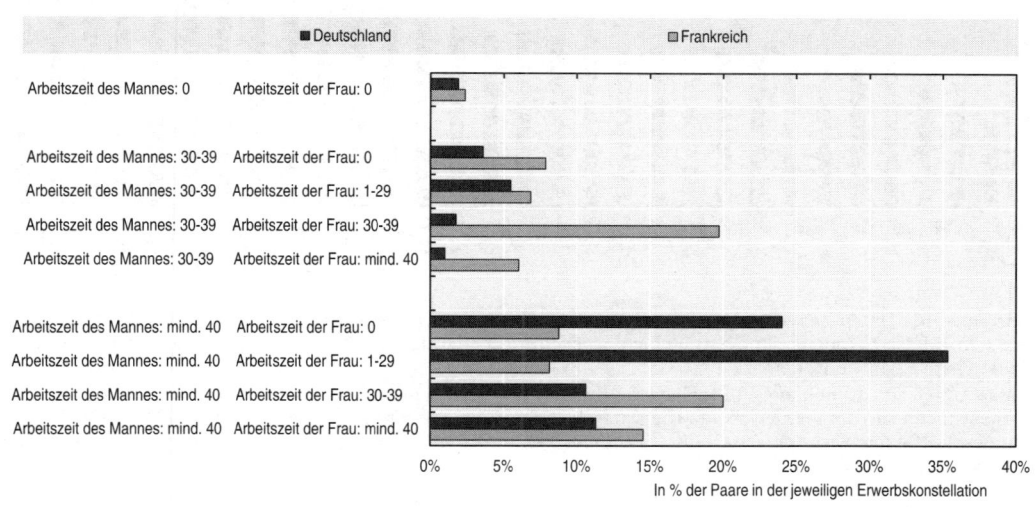

Erläuterung: Die Daten beziehen sich ausschließlich auf Paare mit mindestens einem Kind, in denen die Frau 25-49 Jahre alt ist. In Deutschland ist in 24% dieser Paare der Mann vollzeitbeschäftigt (wenigstens 40 Stunden pro Woche) und die Frau nicht berufstätig (0 Stunden pro Woche). In Frankreich ist in 8,2% dieser Paare der Mann vollzeitbeschäftigt (wenigstens 40 Stunden pro Woche) und die Frau nicht berufstätig (0 Stunden pro Woche).
Übliche Arbeitszeit der abhängig und selbstständig Beschäftigten für die europäischen Länder, tatsächlich geleistete Arbeitsstunden für Chile und Mexiko. Die Daten beziehen sich auf die insgesamt geleisteten Arbeitsstunden in allen Beschäftigungsverhältnissen.
Die Daten zeigen nur die Konstellationen, die für über 1% der ausgewählten Paare zutreffen.
Quelle: OECD-Berechnungen auf der Basis der Statistik der Europäischen Union über Einkommen und Lebensbedingungen (EU-SILC) 2012.

andere Partner zwischen 30 und 39 Stunden arbeitet. Am dritthäufigsten kommt in Frankreich das „Doppel-Vollzeitverdiener-Modell" vor. Die Verteilung von Erwerbsarrangements, bei denen der Mann nicht arbeitet, ist in beiden Länder in etwa gleich.

3. Mütter tragen in Paarfamilien OECD-weit weniger zum Haushaltseinkommen bei als Väter

Der Beitrag der Mütter zum Gesamteinkommen der Haushalte aus abhängiger und selbstständiger Beschäftigung ist in den deutschsprachigen Ländern, gefolgt von den südeuropäischen Ländern, am geringsten (Abb. 4.11). Während die Mütter in Deutschland mit ihrem Verdienst durchschnittlich nur ein Viertel zum Einkommen der Haushalte beisteuern, beträgt der entsprechende Anteil in Frankreich, Schweden und Dänemark über 35%.

Abbildung 4.12 veranschaulicht die starke, deutlich negative Korrelation zwischen dem durchschnittlichen Beitrag der Mütter zum Erwerbseinkommen der Haushalte und dem durchschnittlichen Arbeitszeitunterschied zwischen den Partnern. Die großen Arbeitszeitunterschiede zwischen den Partnern, die in den deutschsprachigen Ländern festzustellen sind, schlagen sich somit in einem geringen Beitrag der Mütter zum Erwerbseinkommen

Abbildung 4.11 Mütter in Paarfamilien steuern in deutschsprachigen Ländern einen geringeren Anteil zum Erwerbseinkommen des Haushalts bei

In Paarfamilien durchschnittlich auf die Frau entfallender Einkommensanteil, Paare mit Frau im Alter von 25-45 Jahren und mindestens einem Kind, Einkommensreferenzjahr 2011

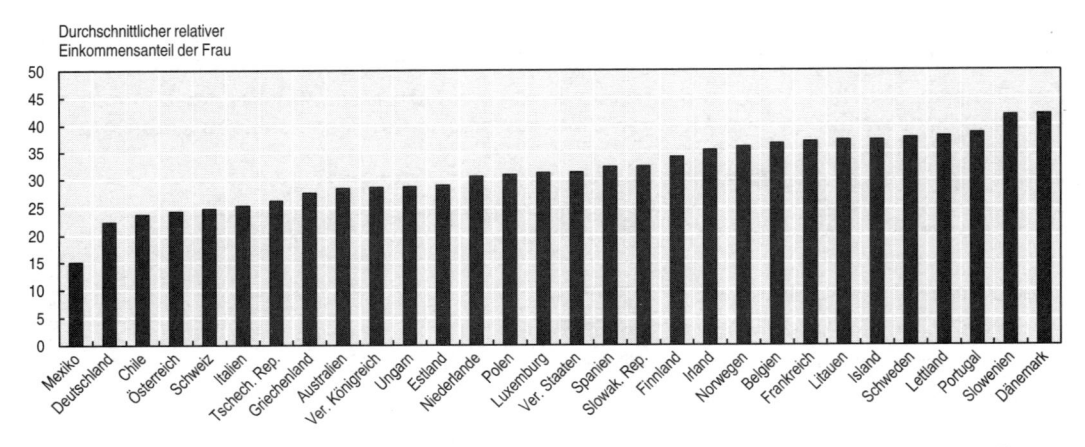

Anmerkung: Die Daten beziehen sich ausschließlich auf Paare mit mindestens einem Kind, in denen die Frau 25-45 Jahre alt ist. In Deutschland beträgt der durchschnittliche Anteil der Frauen am Gesamterwerbseinkommen solcher Paare 22,4%, in Dänemark 42%.

Übliche Arbeitszeit der abhängig und selbstständig Beschäftigten für die europäischen Länder, tatsächlich geleistete Arbeitsstunden für Chile und Mexiko. Die Daten beziehen sich auf die insgesamt geleisteten Arbeitsstunden in allen Beschäftigungsverhältnissen, außer für Chile, wo nur die am Hauptarbeitsplatz geleisteten Arbeitsstunden berücksichtigt werden.

Die Daten beziehen sich auf den durchschnittlichen Anteil der Frau am Gesamterwerbseinkommen des Paares (Verdienst der Frau geteilt durch den Verdienst des Mannes zuzüglich des Verdiensts der Frau). Erwerbslose Paare, in denen keiner der beiden Partner arbeitet (nichterwerbstätig oder arbeitslos), wurden nicht berücksichtigt. In der für den öffentlichen Gebrauch bestimmten Fassung des SLID für Kanada sind keine Daten für beide Partner enthalten.

Die Daten für Australien, Mexiko und die Vereinigten Staaten beziehen sich auf 2014 und die für Chile auf 2013. Das Einkommensreferenzjahr ist 2011 für die europäischen Länder, 2010 für Kanada, 2013 für Chile und 2014 für Mexiko und die Vereinigten Staaten.

Quelle: OECD-Berechnungen auf der Basis des Household, Income and Labour Dynamics in Australia (HILDA) Survey 2014 für Australien, der Encuesta de Caracterización Socioeconómica Nacional (CASEN) 2013 für Chile, der Statistik der Europäischen Union über Einkommen und Lebensbedingungen (EU-SILC) 2012 für die europäischen Länder, der Encuesta Nacional de Ingresos y Gastos de los Hogares (ENIGH) 2014 für Mexiko und des Current Population Survey (CPS) 2014 für die Vereinigten Staaten.

4. VERTEILUNG VON ERWERBSARBEIT UND ERWERBSEINKOMMEN IN PAAREN MIT KINDERN

Abbildung 4.12 **Die Arbeitszeit und der Beitrag der Frauen zum Erwerbseinkommen der Haushalte ist in den deutschsprachigen Ländern am geringsten**

Durchschnittliche Differenz zwischen den üblichen Wochenarbeitszeiten von in einer Partnerschaft lebenden Männern und Frauen und durchschnittlicher relativer Einkommensanteil der Frau, Paare mit Frau im Alter von 25-45 Jahren und mindestens einem Kind, 2011/2012

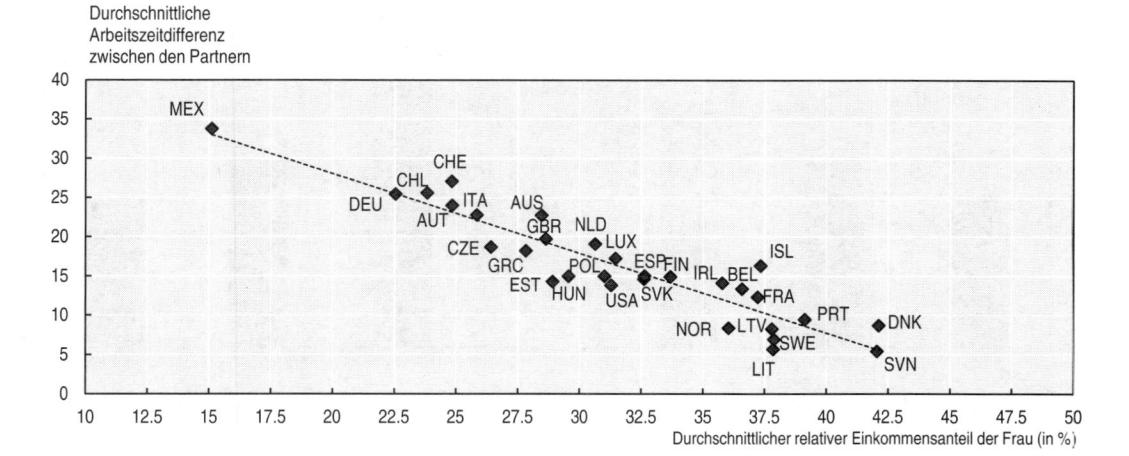

Anmerkung: Übliche Arbeitszeit der abhängig und selbstständig Beschäftigten für die europäischen Länder, tatsächlich geleistete Arbeitsstunden für Chile und Mexiko. Die Daten beziehen sich auf die insgesamt geleisteten Arbeitsstunden in allen Beschäftigungsverhältnissen, außer für Chile, wo nur die am Hauptarbeitsplatz geleisteten Arbeitsstunden berücksichtigt werden.

Erwerbslose Paare, in denen keiner der beiden Partner arbeitet (nichterwerbstätig oder arbeitslos), wurden nicht berücksichtigt.

Die Daten beziehen sich auf den durchschnittlichen Anteil der Frau am Gesamterwerbseinkommen des Paares (Verdienst der Frau geteilt durch den Verdienst des Mannes zuzüglich des Verdiensts der Frau). In der für den öffentlichen Gebrauch bestimmten Fassung des SLID für Kanada sind keine Daten für beide Partner enthalten.

Die Daten beziehen sich auf die durchschnittliche absolute Differenz zwischen den üblichen Wochenarbeitszeiten der Partner (übliche Wochenarbeitszeit des Mannes – übliche Wochenarbeitszeit der Frau). In der für den öffentlichen Gebrauch bestimmten Fassung des SLID für Kanada sind keine Daten für beide Partner enthalten.

Die Daten für Australien, Mexiko und die Vereinigten Staaten beziehen sich auf 2014 und die für Chile auf 2013. Das Einkommensreferenzjahr ist 2011 für die europäischen Länder, 2010 für Kanada, 2013 für Chile und 2014 für Mexiko und die Vereinigten Staaten.

Quelle: OECD-Berechnungen auf der Basis des Household, Income and Labour Dynamics in Australia (HILDA) Survey 2014 für Australien, der Encuesta de Caracterización Socioeconómica Nacional (CASEN) 2013 für Chile, der Statistik der Europäischen Union über Einkommen und Lebensbedingungen (EU-SILC) 2012 für die europäischen Länder, der Encuesta Nacional de Ingresos y Gastos de los Hogares (ENIGH) 2014 für Mexiko und des Current Population Survey (CPS) 2014 für die Vereinigten Staaten.

der Haushalte nieder. Geringe Arbeitszeitunterschiede zwischen den Partnern in Ländern wie Slowenien, Lettland, Litauen und Portugal, wo üblicherweise beide Partner in Vollzeit arbeiten (mindestens 40 Stunden pro Woche), gehen demgegenüber mit relativ geringeren Einkommensunterschieden innerhalb der Paare einher. Auch in Frankreich sowie in fast allen nordischen Ländern sind die Differenzen bei den Arbeitszeiten und beim Einkommen der Partner vergleichsweise gering. In diesen Ländern ist es relativ üblich, dass beide Partner 30-39 Stunden pro Woche arbeiten.

Mütter haben nicht nur kürzere Arbeitszeiten als Väter, Frauen und Teilzeitbeschäftigte beziehen auch mit größerer Wahrscheinlichkeit einen geringeren Stundenlohn als vollzeitbeschäftigte Männer. Der Rangplatz vieler Länder nach der Höhe des Einkommensgefälles innerhalb der Paare deckt sich weitgehend mit ihrem Rangplatz nach der durchschnittlichen Differenz zwischen den Bruttostundenlöhnen von Männern und Frauen, bezogen auf alle Beschäftigte (Eurostat, 2016). In Ländern mit einem relativ großen

Abbildung 4.13 **Der Beitrag der Mütter zum Erwerbseinkommen der Haushalte steigt mit zunehmendem Bildungsniveau und sinkt mit steigendem Verdienst des Partners**

Durchschnittlicher relativer Einkommensanteil der Frau nach Bildungsniveau der Frau und Verdienstniveau des Mannes, Paare mit Frau im Alter von 25-45 Jahren und mindestens einem Kind, gepoolte Daten aus 26 ausgewählten EU-Ländern, 2012

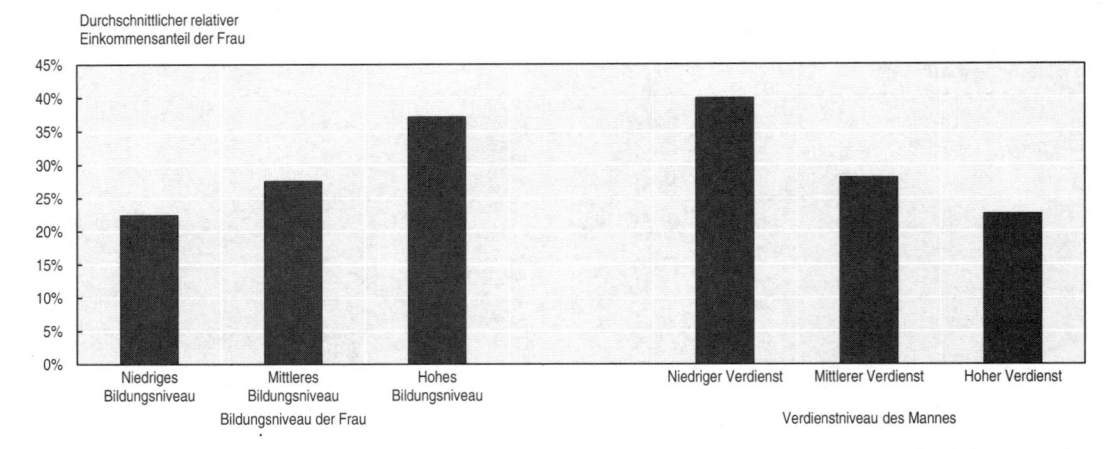

Anmerkung: Die Daten beziehen sich auf den durchschnittlichen Anteil der Frau am Gesamterwerbseinkommen des Paares (Verdienst der Frau geteilt durch den Verdienst des Mannes zuzüglich des Verdiensts der Frau). Erwerbslose Paare, in denen keiner der beiden Partner arbeitet (nichterwerbstätig oder arbeitslos), wurden nicht berücksichtigt. Die Einteilung des Bildungsniveaus der Frauen entspricht der Internationalen Standardklassifikation des Bildungswesens (ISCED) 1997: niedriges Bildungsniveau – höchster Bildungsabschluss in den ISCED 1997 Stufen 0-2 (Elementarbereich, Primarbereich, Sekundarbereich I); mittleres Bildungsniveau – höchster Bildungsabschluss in den ISCED 1997 Stufen 3-4 (Sekundarbereich II und postsekundärer Bereich), und hohes Bildungsniveau – höchster Bildungsabschluss in den ISCED 1997 Stufen 5-6 (Tertiärbereich).
Die Einteilung des Verdienstniveaus des Mannes richtet sich nach den länderspezifischen Einkommensterzilen. Der Verdienst umfasst das Bruttoerwerbseinkommen abhängig Beschäftigter und die Gewinne selbstständig Beschäftigter.
Berücksichtigt wurden Belgien, Dänemark, Deutschland, Estland, Finnland, Frankreich, Griechenland, Irland, Island, Italien, Lettland, Litauen, Luxemburg, die Niederlande, Norwegen, Österreich, Polen, Portugal, Schweden, die Schweiz, die Slowakische Republik, Slowenien, Spanien, die Tschechische Republik, Ungarn und das Vereinigte Königreich.
Das Einkommensreferenzjahr ist 2011.
Quelle: OECD-Berechnungen auf der Basis der Statistik der Europäischen Union über Einkommen und Lebensbedingungen (EU-SILC), 2012.

Lohngefälle zwischen Männern und Frauen (wie den deutschsprachigen Ländern) steuern die Mütter auch vergleichsweise weniger zum Erwerbseinkommen der Haushalte bei. Slowenien und Belgien fallen demgegenüber als die Länder auf, in denen die Differenz zwischen den Partnern sowohl beim Arbeitszeitumfang als auch beim Stundenlohn am geringsten ist.

Der Beitrag der Mütter zum Erwerbseinkommen der Haushalte ist auch in solchen Paaren höher, in denen der Vater im untersten Drittel der Einkommensverteilung des betreffenden Landes liegt (Abb. 4.14, rechter Teil). Das Bildungsniveau der Mütter kann das Verdienstgefälle innerhalb der Paare indessen verringern, da der relative Beitrag der Mütter zum Gesamterwerbseinkommen der Haushalte mit ihrem Bildungsniveau steigt (Abb. 4.14, rechter Teil). Das Einkommensgefälle zwischen den Geschlechtern hat allerdings langfristige Konsequenzen, insbesondere für die Renteneinkommen (Kasten 4.2).

Kasten 4.2 Die Beschäftigungslücke zwischen Männern und Frauen wird im Alter zu einer Rentenlücke

Die Dauer der Arbeitsmarktteilnahme ist ein wichtiger Bestimmungsfaktor für die Renteneinkommen. In Deutschland ebenso wie in anderen OECD-Ländern haben Frauen in der Regel kürzere Erwerbsbiografien und scheiden mit größerer Wahrscheinlichkeit zeitweise aus dem formellen Arbeitsmarkt aus, um sich um die Familie zu kümmern. Solche Erwerbspausen können die Rentenansprüche und die persönliche Ersparnis verringern und das Armutsrisiko älterer Frauen, vor allem im Fall einer Scheidung oder des Tods des Partners, erhöhen.

Verschiedene Faktoren tragen zu den Unterschieden zwischen Männern und Frauen beim Alterseinkommen bei. Die tatsächliche Erwerbsbiografie der Frauen ist kürzer als die der Männer, nicht nur in Deutschland, sondern im gesamten OECD-Raum. 2008/2009 hatten Frauen ab 65 Jahren in den 13 OECD-Ländern, die Gegenstand der SHARELIFE-Erhebung sind (D'Addio, 2009 und 2015), im Durchschnitt 13 Jahre weniger gearbeitet als Männer. Solche Unterschiede spiegeln sich auch in der Rentenhöhe wider: Die Rentenansprüche der Frauen aus der gesetzlichen Altersversicherung waren 2011 durchschnittlich 28% niedriger als die der Männer (bezogen auf 25 OECD-Länder) (ebd.). Und selbst bei identischer Erwerbsbiografie können geschlechtsspezifische Verdienstunterschiede (OECD, 2016) zur Folge haben, dass die Alterseinkommen der Frauen geringer sind.

Ereignisse wie Geburt eines Kindes, Mutterschaft oder Pflege älterer Familienangehöriger haben sowohl Auswirkungen auf das individuelle Verdienstwachstum als auch auf die Gesamtsumme des über Lebenszeit bezogenen Verdiensts. Anrechnungszeiten können die Einkommenslücke zwischen Männern und Frauen

Abbildung 4.14 Erwerbspausen verringern die Rentenansprüche

Bruttorentenansprüche von Müttern mit geringem, mittlerem und hohem Verdienst, die ihre Erwerbslaufbahn 5 Jahre unterbrechen, im Vergleich zu den Rentenansprüchen bei ununterbrochener Erwerbsbiografie, 2014

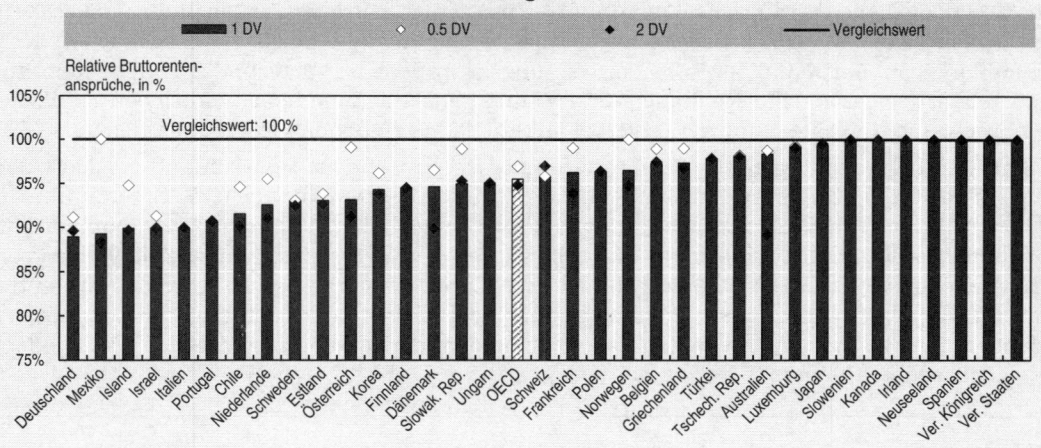

Erklärung: In Deutschland sind die Bruttorentenansprüche einer Durchschnittsverdienerin (1 DV), die ihre Laufbahn fünf Jahre unterbricht, um sich um zwei Kinder zu kümmern, 11% niedriger als die einer Frau mit sonst gleichen Merkmalen, die ihre Erwerbslaufbahn nicht unterbricht.

DV steht für „Durchschnittsverdienst". Dies bezieht sich auf das OECD-Konzept des Durchschnittsverdieners, nach dem 0,5 DV der Hälfte des Durchschnittsverdiensts („geringer Verdienst") und 2 DV dem Doppelten des Durchschnittsverdiensts („hoher Verdienst") entspricht. Im Modell wird unterstellt, dass eine Frau, die mit 20 Jahren in den Arbeitsmarkt eingetreten ist und zwei Kinder im Alter von 2 und 4 Jahren hat, ihre berufliche Laufbahn zwischen 30 und 40 Jahren für bis zu 10 Jahre unterbricht und danach wieder bis zu dem in ihrem Land geltenden Regelrentenalter in Vollzeit arbeitet. Der dargestellte Indikator ist das Verhältnis zwischen den Rentenansprüchen einer solchen Frau und denen einer Frau mit zwei Kindern, die während ihrer gesamten Erwerbslaufbahn ohne Unterbrechung in Vollzeit arbeitet, was der Vergleichsmaßstab in der Abbildung ist. Die Rentenansprüche wurden vorausberechnet unter der Annahme, dass die 2014 geltenden Rentenregelungen während der gesamten Dauer der Erwerbslaufbahn der betrachteten Frau bis zum Erreichen des Regelrentenalters ihres Landes Gültigkeit behalten. Gesetzesänderungen, die auf längere Sicht nach und nach umgesetzt werden sollen, sind im Modell ebenfalls berücksichtigt.
Quelle: OECD- und G20-Indiktoren aus OECD (2015).

(Fortsetzung nächste Seite)

(Fortsetzung)

im Alter mindern helfen, weshalb die meisten einkommensabhängigen gesetzlichen Rentenversicherungen die Anrechnung von Kindererziehungszeiten vorsehen (wegen einer Übersicht über die in den einzelnen Ländern geltenden Regelungen vgl. OECD, 2015, S. 88). In Deutschland richtet sich die Rentenhöhe nach den Entgeltpunkten, dem Zugangsfaktor (Zu- bzw. Abschläge bei einem früheren oder späteren Renteneintritt), dem Rentenartfaktor und dem aktuellen Rentenwert. Den größten Einfluss hat dabei die Summe der Entgeltpunkte, die die betreffende Arbeitskraft während ihrer gesamten Erwerbsbiografie angesammelt hat, wobei ein Entgeltpunkt rechnerisch dem Jahresbeitragssatz entspricht, den ein Versicherter entrichtet, der den Durchschnittsverdienst bezieht.

Im OECD-Durchschnitt verringert sich das Renteneinkommen von Frauen, die den Durchschnittsverdienst beziehen und ihre berufliche Laufbahn fünf Jahre unterbrechen, um sich um zwei kleine Kinder zu kümmern, durch diese Unterbrechung um 4% (OECD, 2015). In etwa einem Drittel der Länder hat eine solche Unterbrechung der Erwerbslaufbahn keine Auswirkungen auf die Rentenhöhe. Den stärksten Effekt hat sie in Deutschland und Mexiko mit einer Verringerung um 11%, gefolgt von Island, Israel und Italien mit einer Verringerung um 10% (Abb. 4.15). Die relative Verringerung der Rentenansprüche ist in Deutschland bei unterschiedlichem Verdienstniveau ähnlich hoch, und im Fall einer 10-jährigen Unterbrechung der Erwerbslaufbahn fällt sie mit über 20% noch stärker aus (OECD, 2015).

Die Anrechnungsmechanismen des deutschen Rentensystems federn den Effekt kurzer Unterbrechungen der Erwerbsbiografie – bis zu drei Jahre – wirksam ab, längere Erwerbspausen führen jedoch zu deutlicheren Einbußen beim Rentenniveau. Deutschland ist effektiv eines der wenigen OECD-Länder, in denen es Müttern, die erwerbstätig bleiben, und solchen, die ihre berufliche Laufbahn unterbrechen, um sich um ihre Kinder zu kümmern, in gleichem Umfang möglich ist, Kindererziehungszeiten anzurechnen. Dies hat zur Folge, dass Durchschnittsverdienerinnen, die ihre berufliche Laufbahn fünf Jahre unterbrechen, um für zwei Kinder zu sorgen, in Deutschland größere Einbußen beim Rentenniveau hinnehmen müssen als in anderen OECD-Ländern. Diese Regeln sollten gewährleisten, dass Mütter starke Anreize haben, erwerbstätig zu bleiben. Allerdings liegt der Anteil der teilzeitbeschäftigten Frauen unter den Beschäftigten bei 37%, im Vergleich zum OECD-Durchschnitt von 22%. Das richtige Gleichgewicht zwischen der Dauer der Freistellung vom Beruf und der Höhe der Leistungsansprüche ist von grundlegender Bedeutung, um sicherzustellen, dass erwerbstätige Frauen (und Männer) anschließend ins Erwerbsleben zurückkehren, sie aber durch eine Unterbrechung der Erwerbslaufbahn keine zu hohen Verluste erleiden.

Die Anrechnungsregelungen für Kindererziehungszeiten sind in Deutschland im Lauf der Zeit großzügiger geworden. Zwischen 1986 und 1992 konnten sich Mütter maximal 0,75 Entgeltpunkte für das erste Lebensjahr des Kindes anrechnen lassen. Mütter von nach dem 1. Januar 1992 geborenen Kindern wurden dann Entgeltpunkte für die ersten drei Lebensjahre des Kindes zuerkannt, was in Werten von 2012 einer zusätzlichen monatlichen Rentenzahlung von 42 Euro entspricht. Seit 2014 werden für Mütter von Kindern, die vor dem 1. Januar 1992 geboren wurden, zwei Jahre Kindererziehungszeit anerkannt. Diese Kindererziehungszeit kann auch von den Vätern geltend gemacht werden, zumeist wird sie jedoch den Müttern zugeordnet (Thiemann, 2015).

4. Was bewegt Mütter dazu, sich für eine Vollzeit- oder eine Teilzeitbeschäftigung zu entscheiden?

Für Väter ist Vollzeitarbeit die Norm, der durchschnittliche Arbeitszeitumfang der Mütter variiert im Ländervergleich hingegen erheblich, auch wenn die Mütter in den meisten Ländern heute ebenfalls erwerbstätig sind. Allein in Europa schwankt der Anteil der vollzeitbeschäftigten Mütter z.B. zwischen 8% in den Niederlanden und 77% in Slowenien. Zusätzlich zu länderspezifischen Faktoren wie dem öffentlichen Kinderbetreuungsangebot (Kasten 4.3) haben auch persönliche bzw. familienspezifische Faktoren Einfluss darauf, warum sich Mütter für Vollzeit- oder Teilzeitarbeit entscheiden.

> **Kasten 4.3 Bestimmungsfaktoren der weiblichen Erwerbsbeteiligung**
>
> Neuere Daten zeigen, dass die Erwerbsbeteiligung der Frauen durch eine Reihe von Faktoren beeinflusst wird, wie z.B. den Anstieg ihres Bildungsniveaus, Veränderungen des Arbeitsmarkts, familienfreundliche Fördermaßnahmen sowie das Steuersystem (Thévenon, 2013 und 2015; Cipollone et al., 2013; Kalíšková, 2015). Veränderungen des Arbeitsmarkts spielten eine wichtige Rolle für den Anstieg der Erwerbsbeteiligung der Frauen im OECD-Raum, darunter vor allem die Entwicklung des Dienstleistungssektors und die Ausweitung der Teilzeitarbeit, die es einem größeren Teil der Frauen ermöglichte, erwerbstätig zu sein und dies auch nach der Geburt der Kinder zu bleiben.
>
> Auch für Maßnahmen, die es Eltern leichter machen, Familie und Beruf zu vereinbaren, wurde ein positiver Effekt auf die Erwerbsbeteiligung der Frauen nachgewiesen. Anhand von auf nationaler Ebene in 18 OECD-Ländern im Zeitraum 1980-2007 erhobenen Daten analysiert Thévenon (2013, 2015), wie die aggregierte Erwerbsbeteiligung der Frauen auf Politikmaßnahmen zugunsten einer besseren Vereinbarkeit von Familie und Beruf reagiert. Berücksichtigt werden dabei Variablen zu Elternzeitansprüchen (öffentliche Ausgaben und Dauer), Betreuungsangeboten für Kinder unter 3 Jahren (öffentliche Ausgaben und Betreuungsquote), öffentlichen Ausgaben für sonstige Familienbeihilfen sowie finanziellen Erwerbsanreizen (z.B. Steueranreize, die die Erwerbstätigkeit beider Partner in Paarfamilien fördern). Die Ergebnisse zeigen, dass insbesondere der Ausbau der Kinderbetreuungsangebote zu einem deutlichen Anstieg der Erwerbsbeteiligung der Frauen führt und einen stärkeren positiven Einfluss auf die Frauenerwerbstätigkeit hat als Unterschiede bei der Dauer der bezahlten Elternzeit. Das Betreuungsangebot für Kinder unter 3 Jahren hat sich zwischen Mitte der 1990er Jahre und Ende der 2000er Jahre im Durchschnitt verdoppelt, was mit einem Anstieg der Erwerbstätigenquote der Frauen im Alter von 25-54 Jahren um schätzungsweise 2,5 Prozentpunkte – ein Viertel des insgesamt zwischen 1995 und 2008 verzeichneten Anstiegs – verbunden war.
>
> Der Effekt des Kinderbetreuungsangebots unterscheidet sich ebenfalls im Ländervergleich, er kommt allerdings in den Ländern am stärksten zum Tragen, in denen erwerbstätige Mütter die größte Unterstützung erhalten. Dementsprechend wurde festgestellt, dass die Ausdehnung des Betreuungsangebots für Kinder unter 3 Jahren in kontinental- und südeuropäischen Ländern, in denen sie möglicherweise nur zu einer Umwandlung von informeller in formelle Kinderbetreuung führte, einen geringeren Effekt auf die Erwerbstätigenquoten der Frauen hatte (Akunduz und Plantenga, 2015).
>
> Der Effekt der Maßnahmen variiert auch mit dem Bildungsniveau der Frauen. Cipollone et al. (2015) stellen fest, dass Kinderbetreuungsbeihilfen und kinderfreundliche Maßnahmen positive Auswirkungen auf die Erwerbsquoten 25- bis 34-jähriger Mütter mit mittlerem bis hohem Bildungsniveau hatten. Für Frauen mit geringem Bildungsniveau wurde jedoch kein Effekt festgestellt.
>
> Die Frauenerwerbstätigkeit reagiert auch auf finanzielle Anreize. Schätzungen von Thévenon (2013, 2015) ergeben, dass höhere Steuersätze für Zweitverdienende Frauen daran hindern, einer Erwerbstätigkeit nachzugehen. Dieser Effekt wird allerdings durch ein institutionelles Umfeld abgemildert, das die Vereinbarkeit von Familie und Beruf verbessert. Der Effekt der finanziellen Anreize ist in den englischsprachigen Ländern am größten, wo die Erwerbstätigenquoten der Frauen offenbar sinken, wenn die Dauer der bezahlten Elternzeit und/oder die relativen Steuersätze für Zweitverdienende in Paarfamilien steigen. Dieses Ergebnis ist in Ländern schlüssig, in denen die Arbeitsmärkte flexibel genug sind, um es Arbeitskräften zu gestatten, zwischen Erwerbstätigkeit und Nichterwerbstätigkeit hin- und herzuwechseln und die Arbeitszeit an familiäre Anforderungen oder finanzielle Sachzwänge, wie z.B. hohe Kinderbetreuungskosten, anzupassen.
>
> Kalíšková (2015) hat zudem den Effekt der Steuer- und Transferpolitik auf die weibliche Erwerbsbeteiligung in einer umfangreichen Stichprobe aus 26 europäischen Ländern im Zeitraum 2005-2010 gemessen. Ihren Schätzungen zufolge führt ein Anstieg um 10 Prozentpunkte der „Participation tax rate" – d.h. des Anteils der durch die Nichterwerbstätigkeit der Mutter bedingten Einkommenseinbußen, der durch geringere Steuern und höhere Transferleistungen aufgewogen wird – zu einer Verringerung der Wahrscheinlichkeit, dass Mütter erwerbstätig sind, um 2 Prozentpunkte. Für alleinerziehende Mütter und Frauen im mittleren Bereich der Kompetenzverteilung sowie in Ländern mit geringeren Frauenerwerbstätigenquoten ist dieser Effekt stärker ausgeprägt.

Tabelle 4.1 veranschaulicht die Ergebnisse einer empirischen Analyse der persönlichen bzw. familienspezifischen Faktoren, die Frauen bei ihrer Entscheidung für eine Vollzeit- oder Teilzeitbeschäftigung beeinflussen. Die Analyse betrachtet eine Stichprobe erwerbstätiger Frauen im Alter von 25-45 Jahren mit mindestens einem Kind und einem vollzeitbeschäftigten Partner (die Unterscheidung zwischen Voll- und Teilzeitarbeit beruht auf den Angaben der Befragten) aus 26 europäischen Ländern.

Die Wahrscheinlichkeit, dass eine Mutter in Vollzeit anstatt in Teilzeit arbeitet, wird geschätzt als Funktion folgender Faktoren:

- Alter der Frau;
- Alter des jüngsten Kindes;
- Zahl der Kinder;
- Familienstand der Frau;
- Bildungsniveau der Frau;
- Einkommensniveau des vollzeitbeschäftigten Partners;
- Arbeitszeit des Partners (über 44 Stunden oder weniger als 40 Stunden pro Woche).

In Tabelle 4.3 sind die Ergebnisse der logistischen Regressionsanalyse der obigen Faktoren aufgeführt. Modell 1 berücksichtigt das Alter der Frau, die Zahl der Kinder und das Alter des jüngsten Kindes, den Familienstand der Frau und ihr Bildungsniveau. In Modell 2 werden die Merkmale des Partners hinzugefügt. In beiden Fällen werden die Ergebnisse als „durchschnittliche Grenzeffekte" dargestellt, d.h. als die geschätzte Änderung der Wahrscheinlichkeit einer Vollzeitbeschäftigung, die sich aus der Änderung eines Merkmals bei sonst gleichen Bedingungen ergibt. In Anhangstabelle 4.A2.1 sind für die gleichen Modelle die durchschnittlichen angepassten Wahrscheinlichkeiten aufgeführt, die der jeweiligen durchschnittlichen Wahrscheinlichkeit entsprechen, dass eine Mutter mit einem bestimmten Merkmal nach Berücksichtigung der anderen Faktoren in Vollzeit arbeitet.

Tabelle 4.1 lässt darauf schließen, dass Frauen mit zunehmendem Alter der Kinder mit zunehmender Wahrscheinlichkeit in Vollzeit arbeiten und dass die Wahrscheinlichkeit einer Vollzeitbeschäftigung mit zunehmender Kinderzahl abnimmt. Die Wahrscheinlichkeit, dass eine erwerbstätige Mutter (mit einem vollzeitbeschäftigten Partner) in Vollzeit arbeitet, steigt erheblich mit dem Alter des jüngsten Kindes – zumindest, sobald das jüngste Kind mindestens 11 Jahre alt ist (vgl. Modell 1) – und nimmt mit steigender Zahl der Kinder im Haushalt deutlich ab (vgl. Modell 1).

Die Merkmale der Mutter spielen ebenfalls eine Rolle (Tabelle 4.1, Modell 1). Ein hohes Bildungsniveau erhöht die Wahrscheinlichkeit, dass eine erwerbstätige Mutter in Vollzeit beschäftigt ist, beispielsweise deutlich. Bei sonst gleichen Bedingungen beläuft sich die Wahrscheinlichkeit, dass eine erwerbstätige Mutter mit geringem Bildungsniveau vollzeitbeschäftigt ist, durchschnittlich auf 64,4% (vgl. Anhang, Tabelle A2.1). Für Mütter mit hohem Bildungsniveau beträgt sie demgegenüber 72,2% und ist damit fast 8 Prozentpunkte höher. Nicht verheiratet zu sein, führt für erwerbstätige Mütter ebenfalls zu einer signifikanten Erhöhung der Wahrscheinlichkeit einer Vollzeitbeschäftigung, auch wenn der Zusammenhang hier nur schwach ist: Bei sonst gleichen Bedingungen ist die Wahrscheinlichkeit einer Vollzeit- anstatt einer Teilzeitbeschäftigung für unverheiratete Mütter nur 2 Prozentpunkte höher als für verheiratete. Das Alter übt einen weniger starken Effekt aus: Die Wahrscheinlichkeit einer Vollzeitbeschäftigung unterscheidet sich nicht signifikant in den verschiedenen Altersgruppen, zumindest nicht nach Berücksichtigung anderer Faktoren.

Tabelle 4.1 **Die Merkmale der Mutter und ihres Partners haben großen Einfluss auf die Wahrscheinlichkeit der Ausübung einer Vollzeit- anstatt einer Teilzeitbeschäftigung**

Durchschnittliche Grenzeffekte ausgehend von logistischen Regressionen mit robusten Standardfehlern, Frauen im Alter von 25-45 Jahren mit mindestens einem Kind und einem vollzeitbeschäftigten Partner, europäische Länder

		(1)		(2)	
		dy/dx	t-Wert	dy/dx	t-Wert
Alter:	25-29 Jahre	Ref.	-	Ref.	-
	30-34 Jahre	0.00157	(0.13)	0.00431	(0.34)
	35-39 Jahre	0.00268	(0.22)	0.00991	(0.79)
	40-45 Jahre	-0.00253	(-0.19)	0.00747	(0.56)
Alter des jüngsten Kindes:	1-2 Jahre	Ref.	-	Ref.	-
	3-5 Jahre	-0.00287	(-0.34)	-0.00214	(-0.26)
	6-10 Jahre	0.0135	(1.55)	0.0143	(1.63)
	11-15 Jahre	0.0617***	(6.11)	0.0608***	(6.03)
	16-20 Jahre	0.101***	(8.02)	0.0994***	(7.85)
	21-28 Jahre	0.114***	(5.22)	0.111***	(5.07)
Anzahl der Kinder:	1	Ref.	-	Ref.	-
	2	-0.0409***	(-6.92)	-0.0397***	(-6.72)
	3	-0.0790***	(-9.04)	-0.0783***	(-8.97)
	4 oder mehr	-0.0761***	(-4.78)	-0.0767***	(-4.81)
Familienstand:	Verheiratet	Ref.	-	Ref.	-
	Unverheiratet	0.0231***	(3.39)	0.0206**	(3.02)
Bildungsniveau:	Niedriges Bildungsniveau (ISCED 1997 Stufen 0-2)	Ref.	-	Ref.	-
	Mittleres Bildungsniveau (ISCED 1997 Stufen 3-4)	0.0106	(1.11)	0.0174	(1.80)
	Hohes Bildungsniveau (ISCED 1997 Stufen 5-6)	0.0777***	(8.02)	0.0915***	(9.24)
Verdienst des Partners (Vollzeit):	Geringer Verdienst (1. Terzil)	-	-	Ref.	-
	Mittlerer Verdienst (2. Terzil)	-	-	-0.00669	(-1.07)
	Hoher Verdienst (3. Terzil)	-	-	-0.0448***	(-6.86)
Wochenarbeitszeit des Partners (Vollzeit):	Unter 40 Std.	-	-	Ref.	-
	40-44 Std.	-	-	-0.00345	(-0.48)
	Mindestens 45 Std.	-	-	-0.00156	(-0.21)
Länderspezifische fixe Effekte		Ja	-	Ja	-
Zahl der Beobachtungen		23 237	-	23 237	-

Anmerkung: t-Werte in Klammern: * p<0.05, ** p<0.01, *** p<0.001. dy/dx für die einzelnen Faktoren entspricht der diskreten Veränderung im Vergleich zum Referenzniveau.

Die Einteilung des Bildungsniveaus der Frauen entspricht der Internationalen Standardklassifikation des Bildungswesens (ISCED) 1997: niedriges Bildungsniveau – höchster Bildungsabschluss in den ISCED 1997 Stufen 0-2 (Elementarbereich, Primarbereich, Sekundarbereich I), mittleres Bildungsniveau – höchster Bildungsabschluss in den ISCED 1997 Stufen 3-4 (Sekundarbereich II und postsekundärer Bereich) und hohes Bildungsniveau – höchster Bildungsabschluss in den ISCED 1997 Stufen 5-6 (Tertiärbereich).

Die Einteilung des Verdienstniveaus des Mannes richtet sich nach den länderspezifischen Einkommensterzilen. Der Verdienst umfasst das Bruttoerwerbseinkommen abhängig Beschäftigter und die Gewinne selbstständig Beschäftigter.

Berücksichtigt wurden Belgien, Dänemark, Deutschland, Estland, Finnland, Frankreich, Griechenland, Island, Irland, Italien, Lettland, Litauen, Luxemburg, die Niederlande, Norwegen, Österreich, Polen, Portugal, Schweden, die Schweiz, die Slowakische Republik, Slowenien, Spanien, die Tschechische Republik, Ungarn und das Vereinigte Königreich.

Das Einkommensreferenzjahr ist 2011.

Quelle: OECD-Berechnungen auf der Basis der Statistik der Europäischen Union über Einkommen und Lebensbedingungen (EU-SILC) 2012.

Die Merkmale des Partners und insbesondere sein Verdienst spielen ebenfalls eine Rolle. Die Ergebnisse von Modell 2 deuten darauf hin, dass die Wahrscheinlichkeit einer Vollzeitbeschäftigung für erwerbstätige Mütter mit zunehmendem Verdienst des Partners sinkt: Erwerbstätige Mütter, deren Partner einen hohen Verdienst beziehen, arbeiten mit deutlich geringerer Wahrscheinlichkeit in Vollzeit als solche, deren Partner einen niedrigen oder mittleren Verdienst haben. Zwischen den Wochenarbeitszeiten des Partners und der Wahrscheinlichkeit einer Vollzeitbeschäftigung besteht für erwerbstätige Mütter bei sonst gleichen Bedingungen hingegen kein Zusammenhang.

In verschiedenen Ländergruppen kommen unterschiedliche Faktoren zum Tragen

Diese Faktoren haben natürlich nicht unbedingt in allen Ländern den gleichen Effekt. Wie in diesem Kapitel immer wieder festgestellt, unterscheiden sich die Beschäftigungsmuster der Frauen erheblich von Land zu Land. Und so sind die zugunsten einer Vollzeitbeschäftigung wirkenden Faktoren in Ländern, in denen die meisten erwerbstätigen Mütter in Teilzeit arbeiten, möglicherweise nicht dieselben wie in Ländern, in denen die Vollzeitbeschäftigung von Müttern weiter verbreitet ist. In Tabelle 4.2 sind die Ergebnisse aus Modell 2 für jede der vier vorstehend identifizierten Ländergruppen separat aufgeführt.

Die Ergebnisse in Tabelle 4.2 deuten darauf hin, dass zwar eine Reihe von Gemeinsamkeiten besteht, sich der Einfluss der verschiedenen Faktoren zwischen den einzelnen Ländergruppen manchmal aber unterscheidet. So besteht beispielsweise in allen vier Ländergruppen ein Zusammenhang zwischen dem Alter des jüngsten Kindes und der Wahrscheinlichkeit einer Vollzeitbeschäftigung, doch kommt dieser Zusammenhang nicht überall im gleichen Zeitraum zum Tragen. In der Ländergruppe 3 („Frauen in kurzfristiger Nichterwerbstätigkeit") nehmen erwerbstätige Mütter z.B. mit großer Wahrscheinlichkeit relativ schnell wieder eine Vollzeitbeschäftigung auf. In dieser Ländergruppe steigt die Wahrscheinlichkeit, dass erwerbstätige Mütter in Vollzeit arbeiten, deutlich, sobald das jüngste Kind 3-5 Jahre alt ist. In der Ländergruppe 2 („polarisierte Frauenerwerbsbeteiligung"), in der Frauen in der Regel entweder vollzeitbeschäftigt oder gar nicht erwerbstätig sind, steigt die Wahrscheinlichkeit, dass anstatt einer Teilzeitbeschäftigung eine Vollzeitbeschäftigung ausgeübt wird, erst, wenn das jüngste Kind 6-10 Jahre alt ist. Und in Ländern, in denen Mütter häufig in Teilzeit beschäftigt sind („Frauen in langfristiger Teilzeitbeschäftigung", Ländergruppe 1), steigt die Wahrscheinlichkeit einer Vollzeitbeschäftigung erst, wenn das jüngste Kind 11-15 Jahre alt ist. Dies gilt auch für Länder, in denen nur geringe Arbeitszeitunterschiede zwischen Männern und Frauen bestehen (z.B. in Frankreich und den nordischen Ländern, Ländergruppe 4).

Auch der Effekt der Zahl der Kinder im Hinblick auf die Wahrscheinlichkeit, dass erwerbstätige Mütter in Vollzeit beschäftigt sind, ist unterschiedlich stark ausgeprägt. In den osteuropäischen Ländern (Ländergruppe 3) hat die Zahl der Kinder im Haushalt offenbar keinen signifikanten Effekt auf die Wahrscheinlichkeit, dass erwerbstätige Mütter in Vollzeit anstatt in Teilzeit arbeiten. In allen anderen Ländergruppen sinkt die Wahrscheinlichkeit einer Vollzeitbeschäftigung mit steigender Kinderzahl.

Der Effekt eines hohen Bildungsniveaus ist in Ländergruppe 1, Ländergruppe 2 und Ländergruppe 4 ähnlich. In diesen Ländergruppen entspricht der Zusammenhang zwischen Vollzeitbeschäftigung und Bildungsniveau weitgehend dem Muster, das in Tabelle 4.1 für die gesamte Stichprobe aufgezeigt wurde: Erwerbstätige Mütter mit hohem Bildungsniveau arbeiten bei sonst gleichen Bedingungen mit deutlich höherer Wahrscheinlichkeit in Vollzeit als vergleichbare Mütter mit geringem Bildungsniveau. Auch hier bildet die Ländergruppe 3 die Ausnahme. Anders als in den anderen drei Ländergruppen variiert die Wahr-

Tabelle 4.2 **Der Verdienst des Partners hat in Ländergruppe 1 einen stärkeren Einfluss auf die Wahrscheinlichkeit der Ausübung einer Vollzeit- anstatt einer Teilzeitbeschäftigung**

Durchschnittliche Grenzeffekte ausgehend von logistischen Regressionen mit robusten Standardfehlern, Frauen im Alter von 25-45 Jahren mit mindestens einem Kind und einem vollzeitbeschäftigten Partner, europäische Länder, nach Ländergruppe

		Ländergruppe 1		Ländergruppe 2		Ländergruppe 3		Ländergruppe 4	
		dy/dx	t-Wert	dy/dx	t-Wert	dy/dx	t-Wert	dy/dx	t-Wert
Alter:	25-29 Jahre	Ref.		Ref.		Ref.		Ref.	
	30-34 Jahre	-0.00882	(-0.37)	0.0253	(1.08)	0.00198	(0.09)	0.0201	(0.63)
	35-39 Jahre	0.0167	(0.68)	0.0201	(0.86)	0.00669	(0.31)	0.0313	(0.96)
	40-45 Jahre	-0.0249	(-0.95)	0.0307	(1.26)	0.0156	(0.69)	0.0437	(1.26)
Alter des jüngsten Kindes:	1-2 Jahre	Ref.		Ref.		Ref.		Ref.	
	3-5 Jahre	0.000590	(0.04)	0.00472	(0.33)	0.0683*	(2.17)	-0.0201	(-0.97)
	6-10 Jahre	-0.0250	(-1.47)	0.0431**	(3.02)	0.106***	(3.32)	0.00162	(0.07)
	11-15 Jahre	0.0671**	(3.19)	0.0430*	(2.57)	0.131***	(3.97)	0.0774**	(3.04)
	16-20 Jahre	0.190***	(6.27)	0.0665***	(3.44)	0.134***	(3.94)	0.0796*	(2.34)
	21-28 Jahre	0.151**	(2.61)	0.103***	(3.65)	0.157***	(4.41)	0.0105	(0.11)
Anzahl der Kinder:	1	Ref.		Ref.		Ref.		Ref.	
	2	-0.0740***	(-5.83)	-0.0238**	(-2.63)	0.000456	(0.05)	-0.0677***	(-4.13)
	3	-0.0898***	(-5.07)	-0.0483**	(-2.94)	-0.0150	(-1.03)	-0.174***	(-7.75)
	4 oder mehr	-0.153***	(-4.36)	-0.00375	(-0.11)	-0.0298	(-1.18)	-0.126***	(-3.41)
Familienstand:	Verheiratet	Ref.		Ref.		Ref.		Ref.	
	Unverheiratet	0.0397**	(2.59)	-0.0131	(-0.88)	0.0300**	(3.20)	0.0144	(0.95)
Bildungsniveau:	Niedriges Bildungsniveau (ISCED 1997 Stufen 0-2)	Ref.		Ref.		Ref.		Ref.	
	Mittleres Bildungsniveau (ISCED 1997 Stufen 3-4)	-0.0253	(-1.34)	0.0339*	(2.44)	0.0251	(1.06)	0.0339	(1.10)
	Hohes Bildungsniveau (ISCED 1997 Stufen 5-6)	0.0802***	(3.89)	0.109***	(7.71)	0.0423	(1.75)	0.118***	(3.89)
Verdienst des Partners (Vollzeit):	Geringer Verdienst (1. Terzil)	Ref.		Ref.		Ref.		Ref.	
	Mittlerer Verdienst (2. Terzil)	-0.0315*	(-2.27)	-0.00300	(-0.30)	-0.00179	(-0.19)	0.0174	(1.06)
	Hoher Verdienst (3. Terzil)	-0.106***	(-7.42)	-0.0215*	(-2.01)	-0.0182	(-1.78)	-0.0247	(-1.41)
Wochenarbeitszeit des Partners (Vollzeit)	Unter 40 Std.	Ref.		Ref.		Ref.		Ref.	
	40-44 Std.	0.0165	(1.12)	-0.0137	(-1.01)	-0.00190	(-0.14)	-0.0215	(-1.19)
	Mindestens 45 Std.	0.0496**	(3.20)	-0.0271	(-1.88)	-0.0170	(-1.20)	-0.0184	(-1.06)
Länderspezifische fixe Effekte		Ja		Ja		Ja		Ja	
Zahl der Beobachtungen		6 417		7 173		4 484		4 648	

Anmerkung: t-Werte in Klammern: * $p<0.05$, ** $p<0.01$, *** $p<0.001$. dy/dx für die einzelnen Faktoren entspricht der diskreten Veränderung im Vergleich zum Referenzniveau.

Die Einteilung des Bildungsniveaus der Frauen entspricht der Internationalen Standardklassifikation des Bildungswesens (ISCED) 1997: niedriges Bildungsniveau – höchster Bildungsabschluss in den ISCED 1997 Stufen 0-2 (Elementarbereich, Primarbereich, Sekundarbereich I), mittleres Bildungsniveau – höchster Bildungsabschluss in den ISCED 1997 Stufen 3-4 (Sekundarbereich II und postsekundärer Bereich) und hohes Bildungsniveau – höchster Bildungsabschluss in den ISCED 1997 Stufen 5-6 (Tertiärbereich).

Die Einteilung des Verdienstniveaus des Mannes richtet sich nach den länderspezifischen Einkommensterzilen. Der Verdienst umfasst das Bruttoerwerbseinkommen abhängig Beschäftigter und die Gewinne selbstständig Beschäftigter.

Berücksichtigt wurden Belgien, Dänemark, Deutschland, Estland, Finnland, Frankreich, Griechenland, Island, Irland, Italien, Lettland, Litauen, Luxemburg, die Niederlande, Norwegen, Österreich, Polen, Portugal, Schweden, die Schweiz, die Slowakische Republik, Slowenien, Spanien, die Tschechische Republik, Ungarn und das Vereinigte Königreich.

Das Einkommensreferenzjahr ist 2011.

Quelle: OECD-Berechnungen auf der Basis der Statistik der Europäischen Union über Einkommen und Lebensbedingungen (EU-SILC) 2012.

scheinlichkeit einer Vollzeit- oder Teilzeitbeschäftigung erwerbstätiger Mütter nicht in Abhängigkeit vom Bildungsniveau.

Der Effekt der Merkmale des Partners auf die Wahrscheinlichkeit einer Vollzeitbeschäftigung erwerbstätiger Mütter unterscheidet sich ebenfalls zwischen den verschiedenen Ländergruppen. In den Ländergruppen 2, 3 und 4 besteht kein oder nur ein geringer Zusammenhang zwischen den Merkmalen des Partners und der Wahrscheinlichkeit, dass erwerbstätige Mütter in Vollzeit arbeiten. In Ländergruppe 2 ist ein signifikant negativer Zusammenhang zwischen der Wahrscheinlichkeit einer Vollzeitbeschäftigung erwerbstätiger Mütter und einem hohen Verdienstniveau des Partners festzustellen, der Grenzeffekt ist jedoch nur gering. Erwerbstätige Mütter, deren Partner einen hohen Verdienst beziehen, arbeiten nur mit einer um rd. 2 Prozentpunkte geringeren Wahrscheinlichkeit in Vollzeit als ansonsten vergleichbare Mütter mit geringverdienendem Partner. Ansonsten haben die Merkmale des Partners offenbar keinen Effekt auf die Wahrscheinlichkeit einer Vollzeitbeschäftigung.

In Ländergruppe 1 („Frauen in langfristiger Teilzeitbeschäftigung") scheinen die Merkmale des Partners hingegen einen erheblichen Effekt auf die Wahrscheinlichkeit einer Vollzeitbeschäftigung der Mütter zu haben. In dieser Ländergruppe arbeiten Mütter mit geringerer Wahrscheinlichkeit in Vollzeit, wenn ihr Partner einen hohen Verdienst beziehen – im Vergleich zu Frauen mit geringverdienendem Partner ist diese Wahrscheinlichkeit rd. 10 Prozentpunkte niedriger –, und sie arbeiten zudem mit deutlich *höherer* Wahrscheinlichkeit in Vollzeit, wenn ihr Partner sehr lange Arbeitszeiten hat (mindestens 45 Stunden pro Woche). Dieser Umstand mag überraschen, da u.U. zu erwarten wäre, dass Mütter die eigene Arbeitszeit reduzieren, wenn ihr Partner sehr viel arbeitet. Dieses Ergebnis könnte allerdings ebenfalls damit zusammenhängen, dass Menschen dazu tendieren, Partner mit gleichen oder ähnlichen Merkmalen (z.B. Bildungsniveau) und Präferenzen (z.B. in Bezug auf die Karriereabsichten) zu wählen.

5. Schlussbetrachtungen

Zwischen den Ländern bestehen große Unterschiede in Bezug auf die Arbeitszeit- und Einkommensverteilung in Paaren mit Kindern. In den nordischen Ländern und in Frankreich sind die Arbeitszeitunterschiede zwischen den Partnern am geringsten. Am größten sind sie demgegenüber in Ländern, in denen die Väter üblicherweise lange Arbeitszeiten haben, während die Mütter nur wenige Wochenarbeitsstunden leisten oder nichterwerbstätig sind. Für die europäischen Länder zeigt die in diesem Kapitel durchgeführte Analyse, dass Mütter in den meisten Ländern mit umso größerer Wahrscheinlichkeit in Vollzeit anstatt in Teilzeit arbeiten, je höher ihr Bildungsniveau ist, je älter ihre Kinder sind und je weniger Kinder sie haben. In manchen Ländern hat auch der Verdienst des Partners Einfluss auf die Entscheidung der Mütter für oder gegen Vollzeitarbeit.

Die Analyse zeigt aber auch, dass in verschiedenen Ländergruppen unterschiedliche Muster zu beobachten sind. Nur in den nordischen Ländern und Frankreich ist eine ausgewogene Verteilung der Frauen auf Vollzeit- und Teilzeitbeschäftigungen festzustellen, und nur in diesen Ländern ist die Wahl zwischen Vollzeit und Teilzeit nicht notwendigerweise auch eine Wahl zwischen zwei vollkommen verschiedenen Orientierungen. In anderen Ländern deutet die ungleichmäßige Verteilung darauf hin, dass Mütter, die am Erwerbsleben teilnehmen möchten, mehr oder minder gezwungen sind, in Vollzeit zu arbeiten, so z.B. in der Ländergruppe, in der eine Polarisierung der Erwerbsbeteiligung der Frauen – Vollzeitbeschäftigung oder Nichterwerbstätigkeit – festzustellen ist. In anderen Ländern wiederum sind die Mütter häufig auf lange Sicht teilzeitbeschäftigt, so z.B. in der Ländergruppe, der auch Deutschland angehört.

Im Ländervergleich zu beobachtende Unterschiede lassen darauf schließen, dass die Erwerbsentscheidungen von in einer Partnerschaft lebenden Müttern aller Wahrscheinlichkeit nach durch institutionelle Regelungen, Politik, Veränderungen des Arbeitsmarkts, Lebenshaltungskosten und gesellschaftliche Normen beeinflusst werden. Im Rahmen der durchgeführten Analyse konnte jedoch nicht gesondert identifiziert werden, wie und inwieweit sich wirtschaftliche und normative Faktoren auf die Erwerbsentscheidungen auswirken und wie sich ihr Effekt im Zeitverlauf ändern kann.

Schwierigkeiten dabei, Familie und Beruf zu vereinbaren, sind sowohl für die geringen Erwerbstätigenquoten der Frauen in Vollzeitäquivalenten als auch die niedrigen Geburtenraten mitverantwortlich, durch die sich die deutschsprachigen, südeuropäischen und osteuropäischen Länder von den nordeuropäischen Ländern und Frankreich unterscheiden (Luci-Greulich und Thévenon, 2013 und 2014; Greulich et al., 2014). Die Politik kann Eltern helfen, Familie und Beruf besser miteinander in Einklang zu bringen, und so auf höhere Geburtenraten (Kapitel 6), eine stärkere Erwerbsbeteiligung der Frauen und eine ausgewogenere Verteilung der Erwerbsarbeit in Paarfamilien hinwirken.

Anmerkungen

1. Die Begriffe „Elternteil", „Mutter" und „Vater" beziehen sich auf Mütter und Väter, die (als Ehepaar oder in einer nichtehelichen Lebensgemeinschaft) mit wenigstens einem Kind unter 18 Jahren, als dessen Eltern sie identifiziert werden, in einem Haushalt zusammenleben.
2. Im weiteren Verlauf dieses Kapitels bezieht sich der Begriff „Arbeitszeit" nur auf bezahlte Arbeitsstunden. Vgl. Kapitel 5 wegen einer Analyse der unbezahlten Arbeitsstunden der Partner.
3. Die vier Ländergruppen sind mit denen vergleichbar, die von Delacourt und Zighera (1988), Rubery et al. (1994) sowie Thévenon (1999, 2009, 2011) ermittelt wurden. Anhand einer Analyse der Auswirkungen einer Mutterschaft auf die Frauenerwerbsbeteiligung werden die Unterschiede bei den Erwerbsmustern von Frauen erörtert. Die erste Ländergruppe umfasst Länder, in denen Mütter entweder nichterwerbstätig oder teilzeitbeschäftigt sind (Österreich, die alten Bundesländer, die Niederlande und das Vereinigte Königreich). Die zweite Gruppe besteht aus Ländern, in denen Mütter entweder vollzeitbeschäftigt oder nichterwerbstätig sind (polarisiertes Verhalten in südeuropäischen Ländern wie Griechenland, Italien, Portugal und Spanien). Eine weitere Gruppe bilden die osteuropäischen Länder, wo Frauen nach einer Phase der Nichterwerbstätigkeit wieder in eine Vollzeitbeschäftigung zurückkehren (Ungarn, die Tschechische Republik und für frühere Jahre Polen). In der letzten Ländergruppe haben Kinder kaum Auswirkungen auf die Erwerbsbeteiligung von Frauen. Die Profile der Frauenerwerbstätigkeit sind in den verschiedenen Altersgruppen ziemlich stabil, und die meisten berufstätigen Frauen sind vollzeitbeschäftigt (Frankreich, Dänemark, die neuen Bundesländer und für frühere Jahre Belgien).
4. Großer Unterschied bei der Wochenarbeitszeit zwischen Männern und Frauen (Erwerbsbevölkerung) im Alter von 30-60 Jahren (rd. 15 Stunden) und hohe Teilzeitquote unter berufstätigen Frauen – rd. 50% im Alter von 30-60 Jahren.
5. Geringer Unterschied bei der Wochenarbeitszeit zwischen Männern und Frauen (Erwerbsbevölkerung) im Alter von 30-60 Jahren (weniger als fünf Stunden), niedrige Teilzeitquoten unter berufstätigen Frauen (rd. 10%), aber hohe Nichterwerbstätigkeitsquoten unter Frauen, die relativ unabhängig vom Alter sind (zwischen 10% und 20%), und hohe Arbeitslosenquoten von rd. 10% unter Frauen (und auch hohe Arbeitslosigkeit unter Männern).
6. Geringer Unterschied bei der Wochenarbeitszeit zwischen Männern und Frauen (Erwerbsbevölkerung) im Alter von 30-60 Jahren (weniger als fünf Stunden) und niedrige Teilzeitquoten unter berufstätigen Frauen (unter 10%); die Nichterwerbstätigkeitsquoten unter Frauen im Alter von 30-40 Jahren sind relativ hoch (10-20%), aber ab 40 Jahren rückläufig.
7. Mittlerer Unterschied bei der Wochenarbeitszeit zwischen Männern und Frauen (Erwerbsbevölkerung) im Alter von 30-60 Jahren (zwischen 5 und 10 Stunden) und mittlere Teilzeitquote unter berufstätigen Frauen (zwischen 25% und 33%) im Alter von 30-60 Jahren.

Literaturverzeichnis

Akunduz, Y.E und J. Plantenga (2015), "Childcare Prices and Maternal Employment: A Meta-Analysis", *Utrecht University School of Economics Discussion Paper*, No. 15-14.

Bergmann, N., U. Papouschek und C. Sorger (2010), "Qualität von Teilzeitbeschäftigung und die Verbesserung der Position von Frauen am Arbeitsmarkt", Forschungsbericht im Auftrag des Bundeskanzleramts Österreich – Bundesministerin für Frauen und öffentlichen Dienst, Wien.

Bettio F., J. Plantenga und M. Smith (Hrsg.) (2013), *Gender and the European Labour Market*, Routledge, London.

Cipollone, A., E. Pattichini und G. Vallanti (2013), "Women Labor Market Participation in Europe: Novel Evidence on Trends and Shaping Factors", *IZA Discussion Paper*, No. 7710, Bonn, http://ftp.iza.org/dp7710.pdf.

Connolly, S. und M. Gregory (2010), "Dual Tracks: Part-time Work in Life Cycle Employment for British Women", *Journal of Population Economics*, No. 23, S. 907-931.

D'Addio, A.C. (2015), "Explaining the Gender Pension Gap in OECD Countries: Socio-economic Determinants and Pension Rules That Matter", unveröffentlichtes Manuskript.

D'Addio, A.C. (2013), "Pension Entitlements of Women with Children", Kapitel 12 in R. Holtzmann, E. Plamer und D. Robalino (Hrsg.), *Nonfinancial Defined Contribution Pension Schemes in a Changing Pension World*, Vol. 2, S. 75-111.

Delacourt, M.L. und J. Zighera (1988), "Activité féminine et composition des familles: comparaison entre pays de la Communauté économique européenne", *Recherche et Prévisions*, Vol. 18, No. 1, S. 37.

Europäische Kommission (2006), "The Gender Pay Gap – Origins and Policy Responses. A Comparative Review of 30 European Countries", Generaldirektion Beschäftigung, Soziales und Chancengleichheit, Juli 2006.

Eurostat (2016), "Gender Pay Gap Statistics", Statistics Explained, http://ec.europa.eu/eurostat/statistics-explained/index.php/Gender_pay_gap_statistics.

Fagnani, J. (2004), "Schwestern oder entfernte Kusinen? Deutsche und französische Familienpolitik im Vergleich", in W. Neumann (Hrsg.), *Welche Zukunft für den Sozialstaat? Reformpolitik in Frankreich und Deutschland*, S. 181-205, Verlag für Sozialwissenschaften, Wiesbaden.

Greulich, A., O. Thévenon und M. Guergoat-Larivière (2014), "Starting or Enlarging Families? The Determinants of Low Fertility in Europe", Forschungsbericht für das Human Development Department der Weltbank.

Horemans J. und I. Marx (2013), "In-work Poverty in Times of Crisis: Do Part-timers Fare Worse?", *ImPRovE Working Papers* No. 13/14, Herman Deleeck Centre for Social Policy, Universiteit Antwerpen.

Kalíšková, K. (2015), "Tax and Transfer Policies and the Female Labor Supply in the EU", *IZA Discussion Paper*, No. 8949, Forschungsinstitut zur Zukunft der Arbeit (IZA), Bonn, http://ftp.iza.org/dp8949.pdf.

Lestrade, B. (2013), "Mini jobs en Allemagne, une forme de travail à temps partiel très répandue mais contestée", *Revue Française des Affaires Sociales*, No. 4, La Documentation Française.

Luci-Greulich A. und O. Thévenon (2014), "Does Economic Advancement 'Cause' a Re-increase in Fertility? An Empirical Analysis for OECD Countries (1960-2007)", *European Journal of Population*, Vol. 30, No. 2, S. 187-221.

Luci-Greulich, A. und O. Thévenon (2013), "The Impact of Family Policies on Fertility Trends in Developed Countries", *European Journal of Population*, Vol. 29 No. 4, S. 387-416.

OECD (2016), "OECD Gender Data Portal", OECD Publishing, Paris, www.oecd.org/gender/data/.

OECD (2015), *Pensions at a Glance 2015: OECD and G20 indicators*, OECD Publishing, Paris, http://dx.doi.org/10.1787/pension_glance-2015-en.

OECD (2007), *Babies and Bosses – Reconciling Work and Family Life*, OECD Publishing, Paris, http://dx.doi.org/10.1787/9789264032477-en.

Pailhé, A. und A. Solaz (2009), *Entre famille et travail. Des arrangements de couples aux pratiques des employeurs*, Editions La Découverte, Paris.

Rubery J., C. Fagan und M. Smith (1994), "Changing Patterns of Work and Working Time in the European Union and the Impact of Gender Divisions", Bericht für die Kommission der Europäischen Gemeinschaften (DGV, Equal Opportunities Unit).

Thévenon, O. (2016), "Do 'Institutional Complementarities' Foster Female Labour Force Participation?", *Journal of Institutional Economics*, Vol. 12, No. 2, S. 471-497, Juni, *http://dx.doi.org/10.1017/S1744137415000399*.

Thévenon, O. (2013), "Drivers of Female Labour Force Participation in the OECD", *OECD Social, Employment and Migration Working Papers*, No. 145, OECD Publishing, Paris, *http://dx.doi.org/10.1787/5k46cvrgnms6-en*.

Thévenon, O. (2011), "Family Policies in OECD Countries: A Comparative Analysis", *Population and Development Review*, Vol. 37, No. 1, S. 57-87.

Thévenon, O. (2009), "Increased Women's Labour Force Participation in Europe: Progress in the Work-Life Balance or Polarization of Behaviours?", *Population (englische Fassung)*, Vol. 64, No. 2, S. 235-272.

Thévenon, O. (1999), "La durée du travail féminin en Europe : entre flexibilité et conformité. Une comparaison des relations emploi-famille en Allemagne de l'Ouest, Espagne, France, aux Pays-Bas et Royaume-Uni", *Recherches et Prévisions*, No. 56, S. 47-66.

Thévenon, O. und A. Luci (2012), "Reconciling Work, Family and Children's Outcomes: What Implications for Family Policies?", *Population Research and Policy Review*, Vol. 31, No. 6, S. 855-882, Dezember.

Thiemann, A. (2015), "Pension Wealth and Maternal Employment: Evidence from a Reform of the German Child Care Pension Benefit", *DIW Discussion Papers*, No. 1499, DIW Berlin.

ANHANG 4.A1

Arbeitszeitumfang von Müttern und Vätern und Gründe der Väter für eine Teilzeitbeschäftigung

Abbildung 4.A1.1 **Die Arbeitszeiten teilzeitbeschäftigter Väter sind in Deutschland länger als die teilzeitbeschäftigter Mütter**

Durchschnittliche übliche Wochenarbeitszeit von teilzeitbeschäftigten Männern (in einer Partnerschaft mit einer Frau im Alter von 25-45 Jahren lebend, mindestens ein Kind), 2012

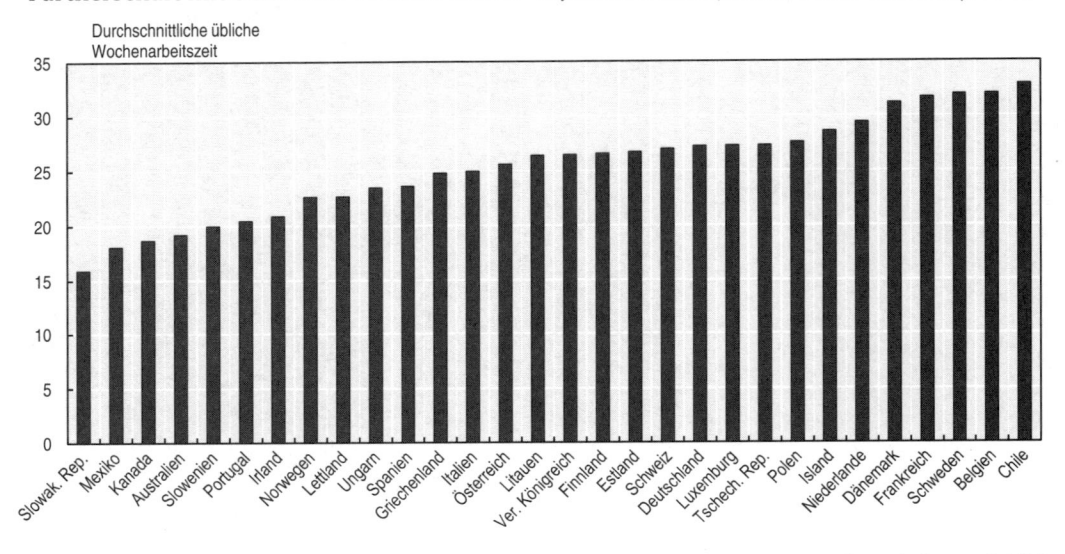

Anmerkung: Übliche Arbeitszeit der abhängig und selbstständig Beschäftigten für die europäischen Länder, tatsächlich geleistete Arbeitsstunden für Chile und Mexiko. Die Daten beziehen sich auf die insgesamt geleisteten Arbeitsstunden in allen Beschäftigungsverhältnissen, außer für Chile, wo nur die am Hauptarbeitsplatz geleisteten Arbeitsstunden berücksichtigt werden.

Die Unterscheidung zwischen Teilzeit- und Vollzeitbeschäftigung beruht auf Eigenangaben, d.h. der Einschätzung der Befragten, ob sie einer Teilzeit- oder einer Vollzeittätigkeit nachgehen. Für Australien, Kanada und Mexiko entspricht eine Teilzeitbeschäftigung einer Wochenarbeitszeit von unter 30 Stunden.

Für Kanada beziehen sich die Daten auf Väter, die mit einer Ehegattin/Partnerin im Alter von 25-50 Jahren (als Ehepaar oder in einer nichtehelichen Lebensgemeinschaft) im selben Haushalt zusammenleben.

Die Daten für Australien, Mexiko und die Vereinigten Staaten beziehen sich auf 2014, die für Kanada auf 2011 und die für Chile auf 2013.

Quelle: OECD-Berechnungen auf der Basis des Household, Income and Labour Dynamics in Australia (HILDA) Survey 2014 für Australien, des Survey of Labour and Income Dynamics (SLID) 2011 für Kanada, der Encuesta de Caracterización Socioeconómica Nacional (CASEN) 2013 für Chile, der Statistik der Europäischen Union über Einkommen und Lebensbedingungen (EU-SILC) 2012 für die europäischen Länder, der Encuesta Nacional de Ingresos y Gastos de los Hogares (ENIGH) 2014 für Mexiko und des Current Population Survey (CPS) 2014 für die Vereinigten Staaten.

4. VERTEILUNG VON ERWERBSARBEIT UND ERWERBSEINKOMMEN IN PAAREN MIT KINDERN

Abbildung 4.A1.2 **In den meisten Ländern ist mangelnde Arbeitsnachfrage der Hauptgrund für die Teilzeitbeschäftigung von Vätern**

Prozentuale Verteilung der Gründe, warum Väter (in einer Partnerschaft mit einer Frau im Alter von 25-45 Jahren lebend, mindestens ein Kind) weniger als 30 Stunden pro Woche erwerbstätig sind

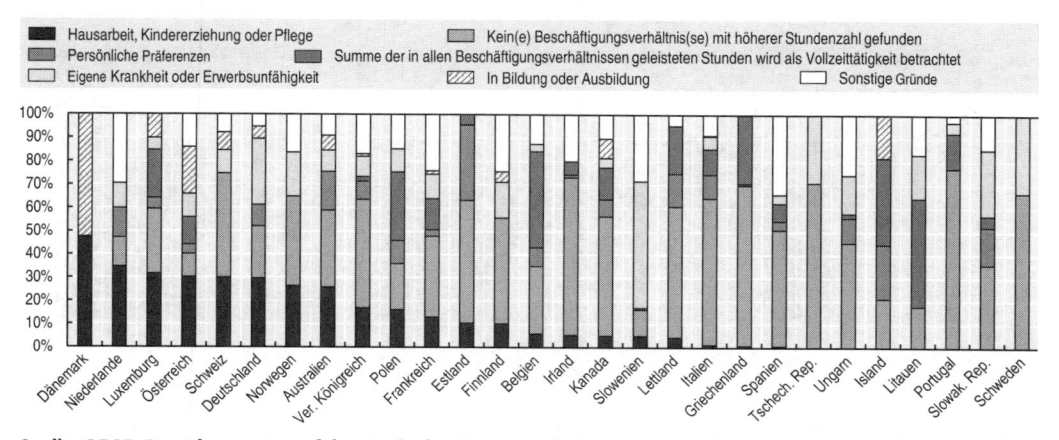

Quelle: OECD-Berechnungen auf der Basis des Household, Income and Labour Dynamics in Australia (HILDA) Survey 2014 für Australien, des Survey of Labour and Income Dynamics (SLID) 2011 für Kanada und der Statistik der Europäischen Union über Einkommen und Lebensbedingungen (EU-SILC) 2012 für die europäischen Länder.

Abbildung 4.A1.3 **Die Arbeitszeiten vollzeitbeschäftigter Väter sind in Deutschland relativ lang**

Durchschnittliche übliche Wochenarbeitszeit von Vätern (in einer Partnerschaft mit einer Frau im Alter von 25-45 Jahren lebend, mindestens ein Kind), 2012

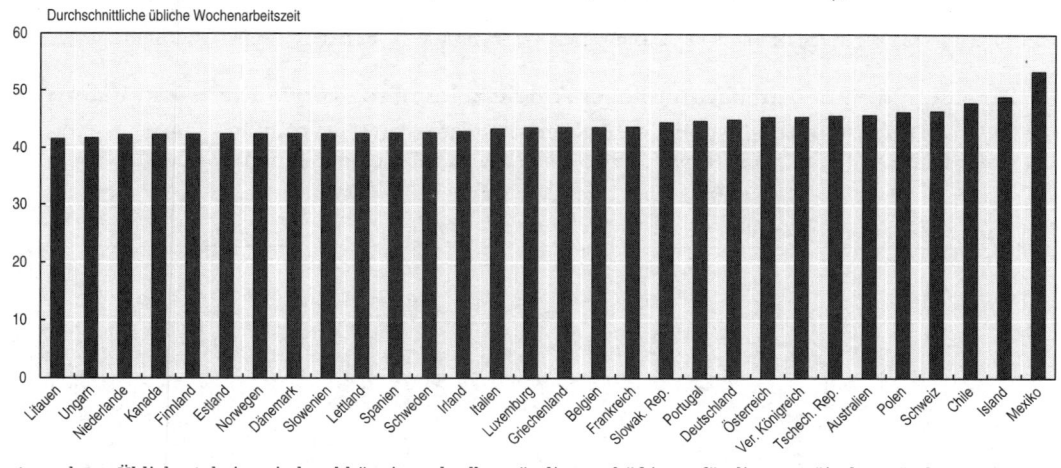

Anmerkung: Übliche Arbeitszeit der abhängig und selbstständig Beschäftigten für die europäischen Länder, tatsächlich geleistete Arbeitsstunden für Chile und Mexiko. Die Daten beziehen sich auf die insgesamt geleisteten Arbeitsstunden in allen Beschäftigungsverhältnissen, außer für Chile, wo nur die am Hauptarbeitsplatz geleisteten Arbeitsstunden berücksichtigt werden.
Die Unterscheidung zwischen Teilzeit- und Vollzeitbeschäftigung beruht auf Eigenangaben, d.h. der Einschätzung der Befragten, ob sie einer Teilzeit- oder einer Vollzeittätigkeit nachgehen. Für Kanada und Mexiko entspricht eine Teilzeitbeschäftigung einer Wochenarbeitszeit von unter 30 Stunden.
Für Kanada beziehen sich die Daten auf Väter, die mit einer Ehegattin/Partnerin im Alter von 25-50 Jahren (als Ehepaar oder in einer nichtehelichen Lebensgemeinschaft) im selben Haushalt zusammenleben.
Die Daten für Australien, Mexiko und die Vereinigten Staaten beziehen sich auf 2014, die für Kanada auf 2011 und die für Chile auf 2013.
Quelle: OECD-Berechnungen auf der Basis des Household, Income and Labour Dynamics in Australia (HILDA) Survey 2014 für Australien, des Survey of Labour and Income Dynamics (SLID) 2011 für Kanada, der Encuesta de Caracterización Socioeconómica Nacional (CASEN) 2013 für Chile, der Statistik der Europäischen Union über Einkommen und Lebensbedingungen (EU-SILC) 2012 für die europäischen Länder, der Encuesta Nacional de Ingresos y Gastos de los Hogares (ENIGH) 2014 für Mexiko und des Current Population Survey (CPS) 2014 für die Vereinigten Staaten.

4. VERTEILUNG VON ERWERBSARBEIT UND ERWERBSEINKOMMEN IN PAAREN MIT KINDERN

Abbildung 4.A1.4 Durchschnittlicher Arbeitszeitumfang von abhängig und selbstständig beschäftigten Müttern und Vätern

Durchschnittliche übliche Wochenarbeitszeit von erwerbstätigen Müttern und Vätern, Paare mit Frau im Alter von 25-45 Jahren und mindestens einem Kind, 2012

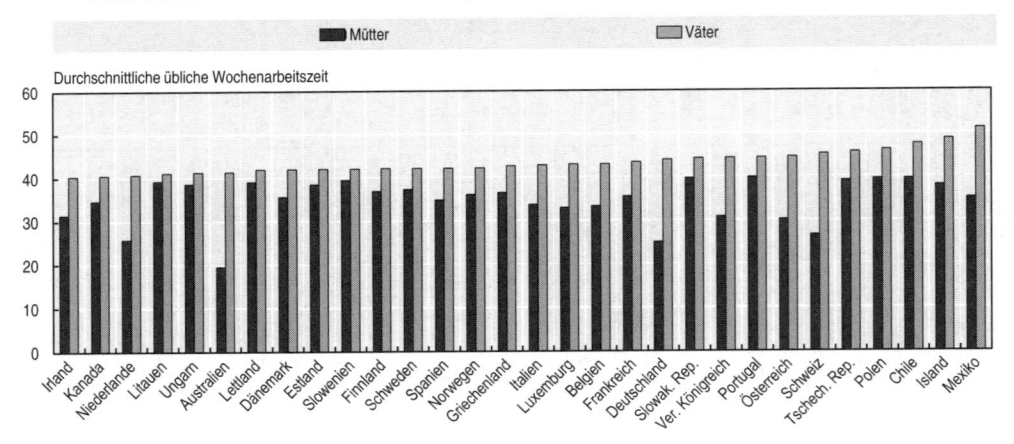

Anmerkung: Übliche Arbeitszeit der abhängig und selbstständig Beschäftigten für die europäischen Länder, tatsächlich geleistete Arbeitsstunden für Chile und Mexiko. Die Daten beziehen sich auf die insgesamt geleisteten Arbeitsstunden in allen Beschäftigungsverhältnissen, außer für Chile, wo nur die am Hauptarbeitsplatz geleisteten Arbeitsstunden berücksichtigt werden. Nur Arbeitszeiten von mehr als 0 Stunden werden berücksichtigt.
Die Unterscheidung zwischen Teilzeit- und Vollzeitbeschäftigung beruht auf Eigenangaben, d.h. der Einschätzung der Befragten, ob sie einer Teilzeit- oder einer Vollzeittätigkeit nachgehen. Für Mexiko sind keine Angaben zum selbst definierten Teilzeitbeschäftigungsstatus verfügbar, stattdessen gilt eine Wochenarbeitszeit von unter 30 Stunden als Teilzeit.
Die Daten für Australien und Mexiko beziehen sich auf 2014, die für Kanada auf 2011 und die für Chile auf 2013.
Quelle: OECD-Berechnungen auf der Basis des Household, Income and Labour Dynamics in Australia (HILDA) Survey 2014 für Australien, des Survey of Labour and Income Dynamics (SLID) 2011 für Kanada, der Encuesta de Caracterización Socioeconómica Nacional (CASEN) 2013 für Chile, der Statistik der Europäischen Union über Einkommen und Lebensbedingungen (EU-SILC) 2012 für die europäischen Länder und der Encuesta Nacional de Ingresos y Gastos de los Hogares (ENIGH) 2014 für Mexiko.

Abbildung 4.A1.5 Durchschnittlicher Arbeitszeitumfang von Müttern und Vätern

Durchschnittliche übliche Wochenarbeitszeit von Müttern und Vätern, Paare mit Frau im Alter von 25-45 Jahren und mindestens einem Kind, 2012

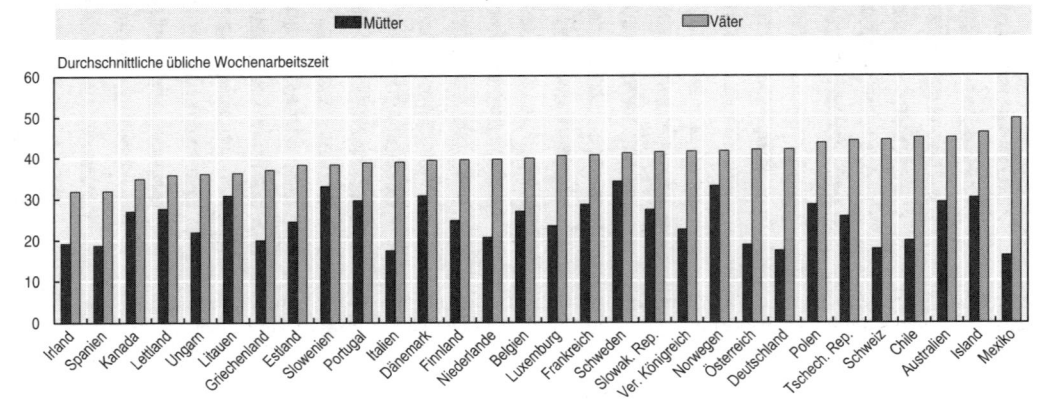

Anmerkung: Übliche Arbeitszeit der abhängig und selbstständig Beschäftigten für die europäischen Länder, tatsächlich geleistete Arbeitsstunden für Chile und Mexiko. Die Daten beziehen sich auf die insgesamt geleisteten Arbeitsstunden in allen Beschäftigungsverhältnissen, außer für Chile, wo nur die am Hauptarbeitsplatz geleisteten Arbeitsstunden berücksichtigt werden.
Die Unterscheidung zwischen Teilzeit- und Vollzeitbeschäftigung beruht auf Eigenangaben, d.h. der Einschätzung der Befragten, ob sie einer Teilzeit- oder einer Vollzeittätigkeit nachgehen. Für Mexiko sind keine Angaben zum selbst definierten Teilzeitbeschäftigungsstatus verfügbar, stattdessen gilt eine Wochenarbeitszeit von unter 30 Stunden als Teilzeit.
Die Daten für Australien und Mexiko beziehen sich auf 2014, die für Kanada auf 2011 und die für Chile auf 2013.
Quelle: OECD-Berechnungen auf der Basis des Household, Income and Labour Dynamics in Australia (HILDA) Survey 2014 für Australien, des Survey of Labour and Income Dynamics (SLID) 2011 für Kanada, der Encuesta de Caracterización Socioeconómica Nacional (CASEN) 2013 für Chile, der Statistik der Europäischen Union über Einkommen und Lebensbedingungen (EU-SILC) 2012 für die europäischen Länder und der Encuesta Nacional de Ingresos y Gastos de los Hogares (ENIGH) 2014 für Mexiko.

ANHANG 4.A2

Vorhergesagte Wahrscheinlichkeiten für eine Vollzeitbeschäftigung von Müttern mit einem unterhaltsberechtigten Kind

Tabelle 4.A2.1 **Vorhergesagte Wahrscheinlichkeiten der Ausübung einer Vollzeitbeschäftigung anstatt einer Teilzeitbeschäftigung**

Vorhergesagte Wahrscheinlichkeiten aus logistischen Regressionen mit robusten Standardfehlern, Frauen im Alter von 25-45 Jahren mit mind. einem Kind und einem vollzeitbeschäftigten Partner, europäische Länder

		(1)		(2)	
		Margin	t-Wert	Margin	t-Wert
Alter:	25-29 Jahre	0.684***	(58.46)	0.677***	(57.14)
	30-34 Jahre	0.685***	(107.68)	0.681***	(106.32)
	35-39 Jahre	0.686***	(148.23)	0.686***	(148.41)
	40-45 Jahre	0.681***	(159.03)	0.684***	(159.32)
Alter des jüngsten Kindes:	1-2 Jahre	0.659***	(94.92)	0.659***	(95.22)
	3-5 Jahre	0.657***	(117.04)	0.657***	(117.54)
	6-10 Jahre	0.673***	(142.90)	0.674***	(143.10)
	11-15 Jahre	0.721***	(118.57)	0.720***	(118.45)
	16-20 Jahre	0.761***	(80.30)	0.759***	(79.91)
	21-28 Jahre	0.774***	(38.42)	0.771***	(38.22)
Anzahl der Kinder:	1	0.718***	(156.86)	0.717***	(156.68)
	2	0.677***	(191.24)	0.678***	(191.80)
	3	0.639***	(89.41)	0.639***	(89.43)
	4 oder mehr	0.642***	(42.75)	0.641***	(42.54)
Familienstand:	Verheiratet	0.679***	(240.75)	0.680***	(241.21)
	Unverheiratet	0.702***	(115.82)	0.700***	(115.44)
Bildungsniveau:	Niedriges Bildungsniveau (ISCED 1997 Stufen 0-2)	0.644***	(73.93)	0.635***	(71.77)
	Mittleres Bildungsniveau (ISCED 1997 Stufen 3-4)	0.655***	(165.55)	0.652***	(164.13)
	Hohes Bildungsniveau (ISCED 1997 Stufen 5-6)	0.722***	(189.99)	0.726***	(189.87)
Verdienst des Partners (Vollzeit):	Geringer Verdienst (1. Terzil)			0.701***	(153.56)
	Mittlerer Verdienst (2. Terzil)			0.695***	(161.18)
	Hoher Verdienst (3. Terzil)			0.657***	(148.28)
Wochenarbeitszeit des Partners (Vollzeit):	Unter 40 Std.			0.686***	(118.36)
	40-44 Std.			0.682***	(177.46)
	Mindestens 45 Std.			0.684***	(149.76)
Zahl der Beobachtungen		23 237	-	23 237	-

Anmerkung: t-Werte in Klammern: * p<0.05, ** p<0.01, *** p<0.001.

Die Einteilung des Bildungsniveaus der Frauen entspricht der Internationalen Standardklassifikation des Bildungswesens (ISCED) 1997: niedriges Bildungsniveau – höchster Bildungsabschluss in den ISCED 1997 Stufen 0-2 (Elementarbereich, Primarbereich, Sekundarbereich I), mittleres Bildungsniveau – höchster Bildungsabschluss in den ISCED 1997 Stufen 3-4 (Sekundarbereich II und postsekundärer Bereich) und hohes Bildungsniveau – höchster Bildungsabschluss in den ISCED 1997 Stufen 5-6 (Tertiärbereich).

Die Einteilung des Verdienstniveaus des Mannes richtet sich nach den länderspezifischen Einkommensterzilen. Der Verdienst umfasst das Bruttoerwerbseinkommen abhängig Beschäftigter und die Gewinne selbstständig Beschäftigter.

Berücksichtigt wurden Belgien, Dänemark, Deutschland, Estland, Finnland, Frankreich, Griechenland, Island, Irland, Italien, Lettland, Litauen, Luxemburg, die Niederlande, Norwegen, Österreich, Polen, Portugal, Schweden, die Schweiz, die Slowakische Republik, Slowenien, Spanien, die Tschechische Republik, Ungarn und das Vereinigte Königreich.

Das Einkommensreferenzjahr ist 2011.

Quelle: OECD-Berechnungen auf der Basis der Statistik der Europäischen Union über Einkommen und Lebensbedingungen (EU-SILC) 2012.

Tabelle 4.A2.2 **Vorhergesagte Wahrscheinlichkeiten der Ausübung einer Vollzeitbeschäftigung anstatt einer Teilzeitbeschäftigung nach Ländergruppen**

Vorhergesagte Wahrscheinlichkeiten für logistische Regressionen mit robusten Standardfehlern, Frauen im Alter von 25-45 Jahren mit mindestens einem Kind und einem vollzeitbeschäftigten Partner, europäische Länder, nach Ländergruppe

		Ländergruppe 1		Ländergruppe 2		Ländergruppe 3		Ländergruppe 4	
		Margin	t-Wert	Margin	t-Wert	Margin	t-Wert	Margin	t-Wert
Alter:	25-29 Jahre	0.338***	(15.01)	0.807***	(36.10)	0.908***	(44.76)	0.658***	(21.63)
	30-34 Jahre	0.329***	(25.82)	0.832***	(76.85)	0.910***	(85.26)	0.678***	(38.88)
	35-39 Jahre	0.355***	(34.76)	0.827***	(109.55)	0.915***	(125.09)	0.689***	(56.56)
	40-45 Jahre	0.313***	(32.87)	0.838***	(124.16)	0.924***	(133.55)	0.701***	(60.74)
Alter des jüngsten Kindes:	1-2 Jahre	0.313***	(25.33)	0.803***	(68.11)	0.812***	(25.77)	0.676***	(40.08)
	3-5 Jahre	0.313***	(29.06)	0.807***	(84.70)	0.880***	(73.23)	0.656***	(45.89)
	6-10 Jahre	0.288***	(27.63)	0.846***	(114.36)	0.918***	(124.01)	0.678***	(52.39)
	11-15 Jahre	0.380***	(26.04)	0.846***	(83.98)	0.943***	(127.92)	0.754***	(47.03)
	16-20 Jahre	0.502***	(19.60)	0.869***	(65.23)	0.946***	(102.59)	0.756***	(27.70)
	21-28 Jahre	0.463***	(8.36)	0.905***	(37.04)	0.969***	(68.44)	0.687***	(7.55)
Anzahl der Kinder:	1	0.384***	(39.03)	0.848***	(129.95)	0.921***	(121.01)	0.763***	(57.40)
	2	0.310***	(40.84)	0.824***	(137.66)	0.921***	(162.03)	0.696***	(75.96)
	3	0.294***	(20.53)	0.800***	(54.13)	0.906***	(76.67)	0.589***	(34.51)
	4 oder mehr	0.231***	(6.89)	0.845***	(26.10)	0.891***	(38.34)	0.637***	(18.84)
Familienstand:	Verheiratet	0.324***	(55.40)	0.833***	(191.60)	0.911***	(189.76)	0.686***	(86.12)
	Unverheiratet	0.364***	(25.97)	0.820***	(58.27)	0.941***	(120.60)	0.701***	(55.72)
Bildungsniveau:	Niedriges Bildungsniveau (ISCED 1997 Stufen 0-2)	0.309***	(17.94)	0.774***	(63.04)	0.886***	(38.47)	0.613***	(21.23)
	Mittleres Bildungsniveau (ISCED 1997 Stufen 3-4)	0.284***	(36.08)	0.808***	(120.71)	0.911***	(146.98)	0.646***	(57.90)
	Hohes Bildungsniveau (ISCED 1997 Stufen 5-6)	0.389***	(41.20)	0.883***	(143.40)	0.928***	(148.66)	0.731***	(83.46)
Verdienst des Partners (Vollzeit):	Geringer Verdienst (1. Terzil)	0.379***	(36.42)	0.840***	(117.77)	0.924***	(135.64)	0.693***	(57.15)
	Mittlerer Verdienst (2. Terzil)	0.347***	(37.05)	0.837***	(116.86)	0.922***	(134.54)	0.710***	(63.72)
	Hoher Verdienst (3. Terzil)	0.273***	(30.50)	0.818***	(107.66)	0.906***	(120.84)	0.668***	(56.06)
Wochenarbeitszeit des Partners (Vollzeit):	Unter 40 Std.	0.306***	(25.95)	0.848***	(69.24)	0.923***	(79.69)	0.704***	(58.28)
	40-44 Std.	0.323***	(38.98)	0.835***	(152.04)	0.921***	(172.49)	0.682***	(55.18)
	Mindestens 45 Std.	0.356***	(37.13)	0.821***	(106.90)	0.906***	(106.71)	0.685***	(57.89)
Zahl der Beobachtungen		6 417	-	7 173	-	4 484	-	4 648	-

Anmerkung: t-Werte in Klammern: * p<0.05, ** p<0.01, *** p<0.001.

Die Einteilung des Bildungsniveaus der Frauen entspricht der Internationalen Standardklassifikation des Bildungswesens (ISCED) 1997: niedriges Bildungsniveau – höchster Bildungsabschluss in den ISCED 1997 Stufen 0-2 (Elementarbereich, Primarbereich, Sekundarbereich I), mittleres Bildungsniveau – höchster Bildungsabschluss in den ISCED 1997 Stufen 3-4 (Sekundarbereich II und postsekundärer Bereich) und hohes Bildungsniveau – höchster Bildungsabschluss in den ISCED 1997 Stufen 5-6 (Tertiärbereich).

Die Einteilung des Verdienstniveaus des Mannes richtet sich nach den länderspezifischen Einkommensterzilen. Der Verdienst umfasst das Bruttoerwerbseinkommen abhängig Beschäftigter und die Gewinne selbstständig Beschäftigter.

Berücksichtigt wurden Belgien, Dänemark, Deutschland, Estland, Finnland, Frankreich, Griechenland, Island, Irland, Italien, Lettland, Litauen, Luxemburg, die Niederlande, Norwegen, Österreich, Polen, Portugal, Schweden, die Schweiz, die Slowakische Republik, Slowenien, Spanien, die Tschechische Republik, Ungarn und das Vereinigte Königreich.

Das Einkommensreferenzjahr ist 2011.

Quelle: OECD-Berechnungen auf der Basis der Statistik der Europäischen Union über Einkommen und Lebensbedingungen (EU-SILC) 2012.

Kapitel 5

Aufteilung der unbezahlten Arbeit zwischen den Partnern

In diesem Kapitel wird untersucht, wie partnerschaftlich Paare die unbezahlte Arbeit – z.B. Hausarbeit und Kindererziehung – untereinander aufteilen. Anhand von Mikrodaten aus Zeitverwendungserhebungen in elf Ländern soll besser verstanden werden, wie sich Paare die unbezahlte Arbeit aufteilen und hierbei partnerschaftlicher vorgehen können. Das Kapitel beginnt mit einer Einführung in die Thematik, liefert dann einen Überblick über die wichtigsten Erkenntnisse, bevor es sich näher mit der bezahlten und unbezahlten Arbeit der Paare auseinandersetzt. Es kommt zu dem Schluss, dass Frauen in vielen, wenn auch nicht allen Ländern, insgesamt mehr arbeiten. Des Weiteren wird untersucht, wie Paare in verschiedenen Altersstufen die unbezahlte Arbeit aufteilen und die Schlussfolgerung gezogen, dass die Geschlechterdifferenz bei der unbezahlten Arbeit bei Paaren höheren Alters am größten ist. Analysiert werden Paare, in denen beide Partner erwerbstätig sind, mit dem Ergebnis, dass die unbezahlte Arbeit in Doppelverdienerhaushalten generell partnerschaftlicher aufgeteilt ist als in Alleinverdienerhaushalten. Insgesamt kommt das Kapitel jedoch zu dem Schluss, dass Frauen mehr bezahlte und unbezahlte Arbeit leisten als Männer. In Abschnitt 4 werden die Faktoren beleuchtet, die die Aufteilung der unbezahlten Arbeit beeinflussen und bestimmen, und es wird festgestellt, dass Paare mit dem Übergang zur Elternschaft die Erwerbs- und unbezahlte Arbeit auf traditionelle Weise aufteilen. Dieser Abschnitt befasst sich auch mit der Kinderbetreuung und zeigt, dass Mütter zwar mehr Zeit für die Betreuung der Kinder aufwenden, wenn diese klein sind, sich die Lücke in der Kinderbetreuung zwischen Vätern und Müttern aber verringert, sobald die Kinder zur Schule gehen. In der Tat ist ein Großteil der Zeit, die Väter mit ihren Kindern verbringen, Qualitätszeit. Abschnitt 5 setzt sich mit der Betreuung und Pflege anderer erwachsener Haushaltsmitglieder auseinander und kommt zu dem Ergebnis, dass in den meisten Ländern in einer Partnerschaft lebende Männer mit geringerer Wahrscheinlichkeit Betreuungs- und Pflegeaufgaben übernehmen als in einer Partnerschaft einer lebende Frauen.

Die statistischen Daten für Israel wurden von den zuständigen israelischen Stellen bereitgestellt, die für sie verantwortlich zeichnen. Die Verwendung dieser Daten durch die OECD erfolgt unbeschadet des Status der Golanhöhen, von Ost-Jerusalem und der israelischen Siedlungen im Westjordanland gemäß internationalem Recht.

1. Einleitung und wichtigste Erkenntnisse

Eine ausgewogene Aufgabenteilung in Partnerschaften bedeutet, dass beide Elternteile den gleichen Umfang an bezahlter und unbezahlter Arbeit übernehmen. Wie im vorhergehenden Kapitel jedoch festgestellt wurde, leisten die Männer im Durchschnitt erheblich mehr Erwerbsarbeit als die Frauen. Dieses Kapitel stützt sich auf Zeitverwendungsdaten, um aufzuzeigen, dass der Zeitaufwand von Frauen – und insbesondere Müttern – für unbezahlte Arbeit deutlich größer ist als der der Männer und Väter. In vielen Ländern spiegeln die geschlechtsspezifischen Unterschiede in der unbezahlten Arbeit die Geschlechterdifferenz in der Erwerbsarbeit wider (OECD, 2012).

Die Gründe, aus denen Frauen sehr viel mehr Zeit auf unbezahlte Arbeit verwenden, sind vielfältiger Natur. Einige Frauen bevorzugen sogar kürzere Erwerbszeiten oder gar nicht erwerbstätig zu sein, vor allem wenn sie kleine Kinder haben. Viele wiederum wünschen sich Berufstätigkeit und/oder eine Erhöhung ihrer Arbeitszeiten. Ihnen wird die Vereinbarkeit von Familie und Beruf durch einschränkende Bedingungen erschwert, die z.B. den Zugang zu erschwinglichen, qualitativ hochwertigen Kinderbetreuungseinrichtungen und flexible Arbeitszeitregelungen betreffen. Die Art und Weise, wie Partner die unbezahlte Arbeit aufteilen, wird auch durch familienspezifische Faktoren beeinflusst, wie ihre Größe, das Bildungsniveau der Partner, ihr relatives (potenzielles) Erwerbseinkommen sowie die ihnen gebotenen Möglichkeiten einer flexiblen Arbeitszeitgestaltung.

Eine partnerschaftliche Aufgabenteilung in Familie und Beruf hat für beide Partner viele Vorteile. Wenn Männer mehr unbezahlte Hausarbeit und Kindererziehung übernehmen, gewinnen ihre Partnerinnen mehr Zeit für den Arbeitsmarkt. Eine partnerschaftlichere Aufgabenteilung zuhause ermöglicht es Vätern, in der Kindererziehung eine aktivere Rolle einzunehmen und die Vater-Kind-Bindung zu stärken und dadurch das Wohlbefinden der gesamten Familie zu steigern.

In diesem Kapitel wird analysiert, wie sich Paare die unbezahlte Arbeit aufteilen. Zu diesem Zweck werden Mikrodaten aus harmonisierten Zeitverwendungserhebungen aus elf Ländern verwendet. Untersucht wird, wie Paare in verschiedenen Alterskategorien die Aufgaben unterschiedlich aufteilen, und ob Paare, in denen beide Partner erwerbstätig sind, die unbezahlte Arbeit ausgewogener aufteilen als Paare, in denen nur ein Partner (in der Regel der Mann) einer Erwerbstätigkeit nachgeht. Ein Vergleich von Paaren jungen Alters mit und ohne Kinder zeigt, wie Elternschaft die Aufgabenteilung beeinflusst. Im letzten Abschnitt wird eingehender analysiert, wie viel Zeit Eltern genau mit der Kinderbetreuung verbringen und welcher Partner andere Erwachsene im Haushalt pflegt und betreut.

Wichtigste Erkenntnisse

- In ausgewählten OECD-Ländern verbringen die Frauen in Paarfamilien im Durchschnitt doppelt so viel Zeit mit unbezahlter Arbeit wie die Männer[1]. Selbst wenn beide Partner auf Vollzeitbasis erwerbstätig sind, teilen sie die Familienarbeit nicht partnerschaftlich auf. Jedoch sind die geschlechtsspezifischen Unterschiede bei der unbezahlten Arbeit bei diesen Paaren geringer als in Haushalten, in denen der Mann Alleinverdiener ist.

- Paare mit hohem Einkommen und hohem Bildungsabschluss teilen die unbezahlte Arbeit gerechter auf. In diesen Haushalten ist die Wahrscheinlichkeit auch größer, dass beide Partner einer Vollzeitbeschäftigung nachgehen.

- Von den elf Ländern, aus denen Mikrodaten analysiert wurden – Deutschland, Finnland, Frankreich, Italien, Kanada, Korea, Norwegen, Österreich, Südafrika, Spanien und die Vereinigten Staaten – sind es die Paare in Norwegen, die die Erwerbs- und unbezahlte Arbeit am partnerschaftlichsten aufteilen, und dies selbst unter Eltern mit sehr kleinen Kindern. In Ländern mit hoher Frauenerwerbstätigenquote, geschlechtergerechten Einstellungen und einer qualitativ hochwertigen formalen Kinderbetreuung (z.B. Norwegen, Finnland und Frankreich) wird die Arbeit in Paarfamilien ausgewogener aufgeteilt.

- Als entscheidend für die Aufgabenaufteilung erweist sich die Elternschaft in Paaren mit sehr kleinen Kindern, hier übernehmen die Eltern im Vergleich zu kinderlosen Paaren in derselben Altersgruppe eher traditionellere Geschlechterrollen. Eine gut konzipierte Fortentwicklung des Elterngelds, die die Einbeziehung der Väter in die Kindererziehung explizit unterstützt, kann eine wichtige Rolle dabei spielen, dass Paare ermutigt werden, in der Zeit des Übergangs zur Elternschaft die Partnerschaftlichkeit in Familie und Beruf zu erhöhen.

- In Paarfamilien verbringen die Väter weniger Zeit mit den Kindern als die Mütter, jedoch ist der Unterschied an Wochenenden geringer und nimmt mit zunehmendem Alter der Kinder ab. Väter verbringen einen größeren Teil ihrer Kinderbetreuungszeit in interaktivem Kontakt, auch als „Qualitätszeit" bezeichnet, d.h. mit Vorlesen, Spielen, Gesprächen und Hausaufgabenbetreuung. Mütter hingegen widmen einen vergleichsweise größeren Teil ihrer Kinderbetreuungszeit Aufgaben wie Körperpflege und Beaufsichtigung. Zwar verbringen die Mütter in den meisten Ländern mehr Minuten Qualitätszeit mit den Kindern, solange diese klein sind, als die Väter, doch schrumpft bzw. entfällt die Lücke sogar, wenn die Kinder das Schulalter erreichen.

- Aus der Fachliteratur geht hervor, dass die Frauen im Zeitverlauf und in allen Ländern die mit unbezahlter Arbeit verbrachte Zeit nach und nach reduziert haben, während der Zeitaufwand der Männer für unbezahlte Arbeit nahezu identisch geblieben ist. Auch wenn der technische Fortschritt die Belastung durch unbezahlte Arbeit reduzieren helfen kann, dürfte die Sensibilisierung für die nach wie vor ungleiche Aufteilung der unbezahlten Arbeit zwischen Männern und Frauen zur Förderung einer partnerschaftlicheren Aufgabenverteilung beitragen.

2. Aufgabenteilung bei Paaren

Insgesamt arbeiten Männer in Beruf und Familie bei Addition der bezahlten und der unbezahlten Arbeit weniger als Frauen

Im OECD-Raum leisten Männer mehr Erwerbsarbeit als Frauen, wohingegen Frauen mehr Zeit auf unbezahlte Arbeit verwenden (Abb. 5.1). Insgesamt arbeiten die Männer aber weniger als die Frauen. Traditionell sind sie der Haupt- (oder Allein-)verdiener, während die Frauen in erster Linie für die unbezahlte Arbeit zuständig sind, die die Hausarbeit umfasst, d.h. Putzen, Kochen, Kinderbetreuung und andere Aufgaben (Miranda, 2011). Wie aber in Kapitel 4 veranschaulicht wurde, sind viele Paare mittlerweile Doppelverdiener und teilen die berufliche Wochenarbeitszeit auf unterschiedliche Weise auf.

5. AUFTEILUNG DER UNBEZAHLTEN ARBEIT ZWISCHEN DEN PARTNERN

Abbildung 5.1 **Frauen leisten in allen Ländern mehr unbezahlte Arbeit als Männer**
Gesamtarbeitszeit (bezahlte und unbezahlte Arbeit) der Frauen
minus der Gesamtarbeitszeit der Männer, in Minuten pro Tag

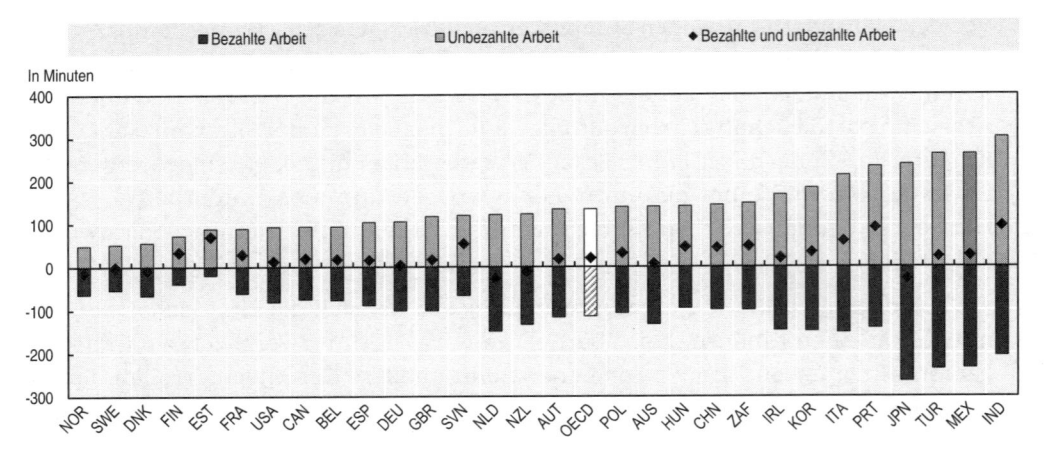

Anmerkung: In Deutschland leisten Frauen pro Tag durchschnittlich 100,73 Minuten weniger bezahlte Arbeit (dunkle Balken) und 105,4 Minuten mehr unbezahlte Arbeit als Männer (helle Balken). Die Gesamtsumme der bezahlten und unbezahlten Arbeit der Frauen liegt im Durchschnitt um 4,31 Minuten pro Tag über der der Männer (schwarze Rauten).
Die Angaben für Australien beziehen sich auf Personen ab 15 Jahre, für Ungarn auf Personen der Altersgruppe 15-74 Jahre und für Schweden auf Personen der Altersgruppe 25-64 Jahre.
Die Referenzjahre variieren von Land zu Land: Australien: 2006, Österreich: 2008-2009, Belgien: 2005, Kanada: 2010, China: 2008; Dänemark: 2001, Estland: 2009-2010, Finnland: 2009-2010, Frankreich: 2009, Deutschland: 2001-2002, Ungarn: 1999-2000, Indien: 1999, Italien: 2008-2009, Irland: 2005, Japan: 2011, Korea: 2009, Mexiko: 2009, Niederlande: 2005-2006, Neuseeland: 2009-2010, Norwegen: 2010, Polen: 2003-2004, Portugal: 1999, Slowenien: 2000-2001, Südafrika: 2010, Spanien: 2009-2010, Schweden: 2010, Türkei: 2006, Vereinigtes Königreich: 2005, Vereinigte Staaten: 2014.
Quelle: OECD Gender Data Portal, *www.oecd.org/gender/data/*.

Kasten 5.1 Zeitverwendungserhebungen: Ein Fenster in das Leben der Menschen

Zeitverwendungserhebungen sind die wichtigste Informationsquelle darüber, womit Personen im Alltag ihre Zeit verbringen. Generell werden die Befragten gebeten, an einem oder zwei Tagen in einer vorgegebenen Woche, häufig ein Werk- und ein Wochenendtag, ein Tagebuch zu führen. Im Tagebuch dokumentieren sie jeweils im 10-Minuten-Takt, welche Aktivitäten sie aus einer vorgegebenen Aktivitätenliste ausgeübt haben. Sie können auch angeben, wer dabei war, wo sie waren und womit sie sich sonst noch beschäftigten (Nebenaktivität). Die nationalen statistischen Ämter und damit verbundenen Einrichtungen kodieren dann die von den Erhebungsteilnehmern genannten Aktivitäten. Ein voll ausgefülltes Tagebuch gibt entsprechend Aufschluss über die Tätigkeiten einer Person über 24 Stunden (oder 144 mal 10 Minuten).

Die Tagebucheinträge können dann in größeren Tätigkeitskategorien zusammengefasst werden – wie Körperpflege (Schlafen, Anziehen usw.), Erwerbstätigkeit, Bildung und unbezahlte Arbeit, darunter Hausarbeit, Versorgung anderer Haushaltsmitglieder, Ehrenamt und freiwilliges Engagement, Freizeitaktivitäten (z.B. Sport, Mediennutzung, Freunde besuchen) und andere Aktivitäten (Tätigkeiten im religiösen Umfeld oder Tagebuchführung). Vgl. Miranda (2011) wegen einer detaillierten Darlegung der angewandten Methode.

Für diese Analyse wurde die Kategorie der unbezahlten Arbeit aufgeschlüsselt in Hausarbeit, Kindererziehung sowie Versorgung und Pflege erwachsener Haushaltsmitglieder. Die Kindererziehung wurde weiter in verschiedene Unterkategorien unterteilt: Körperpflege und Beaufsichtigung; Hausaufgabenbetreuung, Vorlesen, Spielen und Gespräche; Begleiten und Wege und/oder Sonstiges/nicht näher angegeben. Die Versorgung und Pflege erwachsener Haushaltsmitglieder und Unterstützung für Personen, die nicht im Haushalt leben, wird in allen Ländern erfasst, allerdings mit unterschiedlichem Detaillierungsgrad. Die länderübergreifende Harmonisierung insbesondere von Informationen zur Unterstützung für Personen, die nicht im Haushalt leben, ist aber schwierig, da einige Erhebungen nähere Einzelheiten zu den Aktivitäten liefern, die unter die

(Fortsetzung nächste Seite)

(Fortsetzung)
Kategorie Versorgung und Pflege fallen (Körperpflege im Gegensatz zu Unterstützung, wie Korrespondenz erledigen), während in anderen Erhebungen nicht nach der Art der Aktivität oder dem konkreten Empfänger der angebotenen Unterstützung unterschieden wird.

In der Regel werden Zeitverwendungsdaten drei wichtige Variablen zur Zeitverwendung entnommen. Im Bereich der Kinderbetreuungsaktivitäten sind es beispielsweise:

1. Beteiligungsquote an Aktivitäten der Kinderbetreuung: Anteil der Personen, die im Lauf des Tages mindestens eine Kinderbetreuungsaktivität angeben.
2. Durchschnittlich pro Tag mit Kinderbetreuungsaktivitäten verbrachte Zeit in Minuten: Durchschnittliche Zahl der Minuten, die für Kinderbetreuungsaktivitäten aufgewendet werden, unabhängig davon, ob die Befragten überhaupt an Kinderbetreuungsaktivitäten teilgenommen haben; so werden die Null-Minuten-Antworten der Befragten, die keine Kinderbetreuungsaktivität ausgeübt haben, mit in den Durchschnittswert aufgenommen.
3. Durchschnittlich von den an der Kinderbetreuung beteiligten Personen mit der Betreuung pro Tag verbrachte Zeit in Minuten: durchschnittlich für die Kinderbetreuung aufgewendete Zeit in Minuten der Personen, die am Tag, an dem sie Tagebuch führten, mindestens eine Kinderbetreuungsaufgabe wahrnahmen.

Als alternative Messgröße der Interaktion von Paaren mit ihren Kindern wird in diesem Bericht die Messgröße „In Anwesenheit der Kinder im Haushalt" verbrachte Zeit verwendet, ungeachtet der Tätigkeiten, die in Anwesenheit der Kinder im Haushalt ausgeübt werden, wobei „Kinder im Haushalt" definiert werden als Kinder unter 18 Jahren, die im selben Haushalt wohnen, wie das betreffende Paar, ungeachtet der biologischen Beziehungen – mit anderen Worten wird keine Unterscheidung getroffen zwischen biologischen, adoptierten und Stiefkindern. Kinder, die nicht bei ihren biologischen Eltern leben, werden nicht berücksichtigt.

Dieser Bericht enthält sektorübergreifende Mikrodaten zur Zeitverwendung aus folgenden Ländern und Jahren: Österreich (2009), Kanada (2010), Finnland (2009/2010), Deutschland (2012/2013), Frankreich (2009/2010), Italien (2008/2009), Korea (2009), Norwegen (2010), Südafrika (2010), Spanien (2009/2010) und Vereinigte Staaten (2010). Zeitverwendungserhebungen werden gewöhnlich nicht jährlich durchgeführt, und unter den verfügbaren Erhebungswellen wurden die am nächsten an den Jahren 2009 und 2010 liegenden Wellen gewählt. Die Zeitverwendungserhebungen sind für das jeweilige Land repräsentativ (Anhangstabelle 5.A.1 enthält eine Zusammenfassung der Hauptmerkmale jeder Erhebung).

Trotz der Bemühungen um eine Harmonisierung der Zeitverwendungserhebungen unter den Ländern ist bei der Interpretation länderübergreifender Ergebnisse Vorsicht geboten. So befanden sich beispielsweise einige Länder zum Zeitpunkt der Erhebung in unterschiedlichen Phasen des Konjunkturzyklus – so z.B. Spanien im Jahr 2010 und Deutschland im Zeitraum 2012-2013.

Die Differenz zwischen in einer Partnerschaft lebenden Männern und Frauen beim Volumen der geleisteten Erwerbs- und unbezahlten Arbeit ist in Paaren höheren Alters am größten

Partner beschließen in unterschiedlichen Stadien ihres gemeinsamen Lebens, wie viel Zeit sie bezahlter und unbezahlter Arbeit widmen wollen und damit auch, wie sie die Erwerbs- und unbezahlte Arbeit untereinander aufteilen. Zeitverwendungsdaten zeigen, dass in einer Partnerschaft lebende Frauen in allen Alterskohorten und Ländern insgesamt mehr bezahlte und unbezahlte Arbeit leisten als ihre Männer. Die einzigen Ausnahmen bilden die jüngste Alterskohorte der 18- bis 24-Jährigen und Norwegen (Abb. 5.2, Teil A). In Alterskohorten ausgedrückt, ist die Genderlücke bei der bezahlten und unbezahlten Arbeit unter den über 65-Jährigen in allen Ländern am größten, außer in Norwegen. Auch wenn die Männer in diesem Alter in geringerem Maße oder gar nicht mehr erwerbstätig sind, ist der Umfang der von den Frauen geleisteten unbezahlten Arbeit in der ältesten Kohorte nicht geringer als in jüngeren Generationen.

Abbildung 5.2 **Insgesamt arbeiten in einer Partnerschaft lebende Frauen in verschiedenen Altersgruppen mehr als in einer Partnerschaft lebende Männer**

Teil A. Von in einer Partnerschaft Lebenden insgesamt geleistete (bezahlte und unbezahlte) Arbeit, in Minuten pro Tag[1]

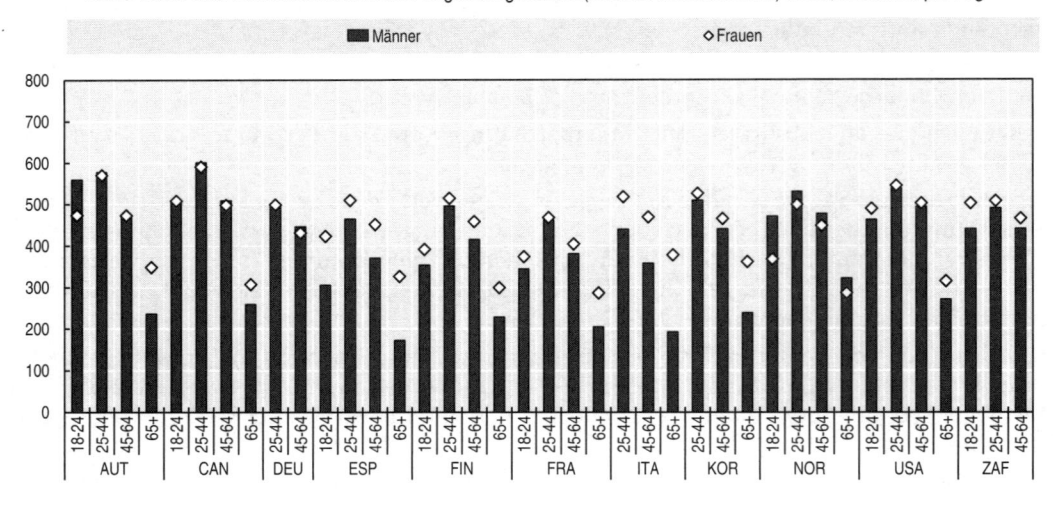

■ Männer ◇ Frauen

Teil B. Differenz bei Erwerbsarbeit und unbezahlter Arbeit zwischen in einer Partnerschaft lebenden Frauen und Männern, in Minuten pro Tag[2]

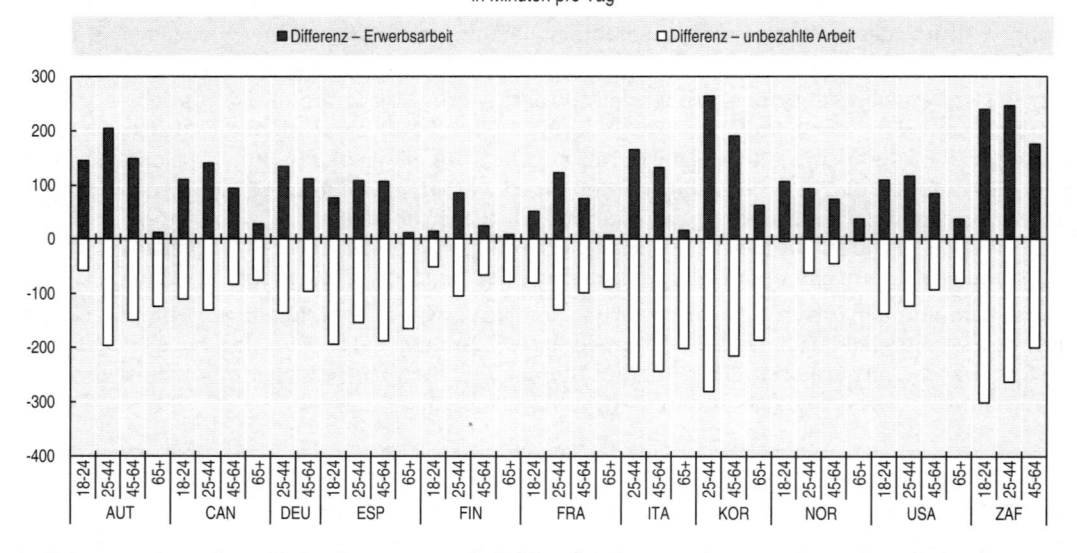

■ Differenz – Erwerbsarbeit □ Differenz – unbezahlte Arbeit

1. Zeitverwendungsdaten für in einer Partnerschaft lebende Männer und Frauen ab 18 Jahre, die als Ehe- oder Lebenspartner (verheiratet oder nicht) im selben Haushalt leben. Die für Bildung aufgewendete Zeit zählt zur Erwerbsarbeit. Von den in Italien und in Korea in einer Partnerschaft lebenden Männern und Frauen in der Altersgruppe 18-24 Jahre und der Gruppe der über 60-Jährigen in Südafrika wurden zu wenige Zeitverwendungstagebücher geführt.
2. Berechnet wird die Geschlechterdifferenz bei Erwerbsarbeit und unbezahlter Arbeit als die Zahl der Minuten pro Tag, die in einer Partnerschaft lebende Männer mit bezahlter und unbezahlter Arbeit verbringen, abzüglich der Minuten pro Tag, die in einer Partnerschaft lebende Frauen mit bezahlter und unbezahlter Arbeit verbringen.

Quelle: OECD Time Use Database (vgl. Anhangstabelle 5.A1.1 wegen weiterer Informationen); die Daten für Deutschland wurden vom Statistischen Bundesamt auf der Basis der Zeitverwendungserhebung 2012/2013 (Destatis, 2015) zur Verfügung gestellt.

Umfang und Art der Genderlücke[2] bei der bezahlten und unbezahlten Arbeit sind aber von Land zu Land und Kohorte zu Kohorte unterschiedlich. In Paarhaushalten ist es überall und in allen Altersgruppen so, dass die Männer mehr Erwerbsarbeit (blaue Balken im positiven Bereich in Abb. 5.2, Teil B) und die Frauen mehr unbezahlte Arbeit leisten (weiße Balken im negativen Bereich in Teil B). Im Durchschnitt widmen in einer Partnerschaft lebende Frauen unbezahlter Arbeit doppelt so viel Zeit wie in einer Partnerschaft lebende Männer, wenn das Ungleichgewicht auch stark variiert: In Korea verbringen in einer Partnerschaft lebende Männer 19% ihrer Zeit mit unbezahlter Arbeit, in Norwegen sind es indessen 82%.

Norwegen nimmt in mehreren Bereichen eine Sonderstellung ein. Es ist das einzige Land, in dem in einer Partnerschaft lebende Männer in allen Kohorten der Erwerbs- und unbezahlten Arbeit insgesamt mehr Zeit widmen und wo die bezahlte und unbezahlte Arbeit in allen Altersgruppen am partnerschaftlichsten aufgeteilt ist. Bestätigt werden diese Ergebnisse von Aasve et al. (2014), die zeigen, dass in einer Stichprobe von zehn Ländern Paare in Norwegen die Hausarbeit am ausgewogensten aufteilen[3].

Unter den zehn Ländern in Abbildung 5.2 scheinen sich drei Konstellationen herauszukristallisieren:

1. In Finnland, Frankreich und den Vereinigten Staaten wenden in einer Partnerschaft lebende Frauen etwas mehr Zeit für die Erwerbs- und unbezahlte Arbeit auf als in einer Partnerschaft lebende Männer. Sie teilen die bezahlte und unbezahlte Arbeit indessen ausgewogener auf als in den übrigen Ländern, mit Ausnahme Norwegens (vgl. Kapitel 4 wegen näherer Einzelheiten zur Aufteilung des Erwerbsumfangs zwischen Partnern in Paarfamilien).

2. In Österreich, Kanada und Deutschland ist die Gesamtarbeitsbelastung der Männer und Frauen in den meisten Altersgruppen ähnlich. Gleichwohl widmen in einer Partnerschaft lebende Frauen der unbezahlten Arbeit bedeutend mehr Zeit als in einer Partnerschaft lebende Männer.

3. In Italien, Spanien, Korea und Südafrika besteht die Genderlücke bei der Ausübung der bezahlten und unbezahlten Arbeit in allen Altersstufen weiter fort, was zum großen Teil den traditionellen Geschlechterrollen in der Zeitaufteilung zwischen bezahlter und unbezahlter Arbeit zuzuschreiben ist.

Mikro- und makroökonomische Faktoren können mehr Partnerschaftlichkeit in Beruf und Familie bewirken

Viele Faktoren – wie das Verdienstpotenzial der Partner, ihre Präferenzen sowie Politikmaßnahmen – können erklären, wie Paare ihre gesamte Arbeitsbelastung aufteilen und Zeit für Erwerbsarbeit und unbezahlte Arbeit aufwenden. Wie in Kapitel 2 ausgeführt, werden in den theoretischen Modellen der Aufteilung von Erwerbsarbeit und unbezahlter Arbeit in Familien auch folgende Aspekte berücksichtigt:

- die besonderen Fähigkeiten und komparativen Vorteile der Partner;
- zwischen den Partnern getroffene Vereinbarungen – beispielsweise unter Berücksichtigung des relativen Erwerbseinkommens und/oder der Vorlieben bei der häuslichen Arbeit;
- Einhaltung von Geschlechternormen oder „geschlechtsspezifisches Verhalten".

In empirischen Studien werden Verbindungen zwischen verschiedenen mikro- und makroökonomischen Faktoren und einer ausgewogeneren Aufgabenverteilung in Paaren hergestellt. So ist die Wahrscheinlichkeit einer ausgewogeneren Aufteilung der unbezahlten Arbeit zwischen Partnern beispielsweise größer, wenn sie nicht verheiratet sind, einen höheren

> **Kasten 5.2 Was veranlasst Paare dazu, ihre Aufgaben in Familie und Beruf partnerschaftlicher aufzuteilen?**
>
> In der Fachliteratur wurde in Paarfamilien, die die Aufgaben ausgewogen(er) aufteilen, eine Reihe von Unterscheidungsmerkmalen identifiziert. Auch wenn einige Studien auf Zeitverwendungserhebungen basieren, stützt sich ein Großteil der Literatur auf Erhebungen, in denen die Erhebungsteilnehmer (häufig nur einer der Partner, nicht beide) gefragt wurden, wer gewöhnlich welchen Anteil der Haus- und Familienarbeit leistet. In den meisten Studien gilt die Hausarbeit als traditionell weibliche Domäne, während einige den Schwerpunkt auch oder ausschließlich auf die Kinderbetreuung legen. Zu den am häufigsten identifizierten Merkmalen von Paaren, die die Aufgaben ausgewogen(er) aufteilen, zählen:
>
> - *Lebensgemeinschaft*. Unverheiratete Paare, die in einer Lebensgemeinschaft leben, teilen die Aufgaben partnerschaftlicher als verheiratete Paare (Baxter, 2005; Deding, 2006; Baxter, 2008; Dominguez-Folgueras, 2012). Verheiratete Paare, die zunächst in einer Lebensgemeinschaft gelebt haben, teilen ihre Aufgaben ebenfalls gleichmäßiger auf.
> - *Beschäftigungslage des Partners.* Je mehr Zeit die Frau in einem Doppelverdienerhaushalt mit bezahlter Arbeit verbringt, desto partnerschaftlicher teilen solche Paare die Hausarbeit (Gershuny et al., 2005; Grunow, 2012; Aasve et al., 2014). Zu dieser Konstellation kommt es in erster Linie dadurch, dass Frauen ihre unbezahlte Arbeit reduzieren, da sich der Zeitaufwand der Männer für unbezahlte Arbeit mit der Erwerbstätigkeit der Frau, wenn überhaupt, nur geringfügig verändert.
> - *Relatives Erwerbseinkommen der Frauen*. Ein höheres relatives Einkommen der Frauen geht mit einer partnerschaftlicheren Aufteilung der Hausarbeit einher. Dennoch besteht zwischen den relativen Erwerbseinkommen und der Aufteilung der Hausarbeit kein proportionaler Zusammenhang, und es sind Belege dafür vorhanden, dass Frauen in Paaren, in denen sie mehr verdienen als der Mann, weiterhin einen größeren Teil der Hausarbeit übernehmen (Bittman, 2003; Deding, 2006; Ponthieux et al., 2006; Procher et al., 2014; Bertrand et al., 2015; vgl. auch Kasten 2.3).
> - *Hohes Bildungsniveau*. Paare mit hohem Bildungsniveau orientieren sich weniger an traditionellen Normen und teilen die Hausarbeit und/oder Kindererziehung partnerschaftlicher auf (Berkel und de Graaf, 1999; Davis und Greenstein, 2004; Goñi-Legaz, 2010; Sullivan, 2010; Garcia, 2014).
> - *Kinder und Elternschaft*. In mehreren Studien wurde analysiert, wie Kinder und der Übergang zur Elternschaft die Aufteilung der unbezahlten Hausarbeit und Kinderbetreuung beeinflussen (Pfahl, 2014; Baxter, 2008; Kühhirt, 2012; Grunow et al., 2012; Schober, 2013; Schober, 2014a; Barnes, 2015). Die Geburt von Kindern ist einer der Hauptgründe für die ungleiche Arbeitsaufteilung in Familien – kinderlose Paare teilen die Aufgaben deutlich ausgewogener auf als Paare mit Kindern. Mit der Elternschaft gehen viele Paare (oft unfreiwillig) zu einer (stärker) traditionellen Aufteilung der bezahlten und unbezahlten Arbeit über.
> - *Postkommunistische Länder*. Laut Voicu et al. (2008) sowie Davis und Greenstein (2004) ist die Hausarbeit in den ehemals kommunistischen Ländern Osteuropas ausgewogener aufgeteilt.
> - *Geschlechteregalitäre Einstellungen*. Bei Paaren mit geschlechtergerechteren Einstellungen ist die Wahrscheinlichkeit größer, dass sie die unbezahlte Arbeit gleichmäßiger aufteilen (vgl. Kapitel 2).
>
> Die obengenannten Merkmale beziehen sich alle auf heterosexuelle Paare. Aus Analysen gleichgeschlechtlicher Paare geht hervor, dass sie in der Regel den traditionellen heterosexuellen Geschlechternormen nicht entsprechen. Im Rahmen mehrerer Studien, vor allem aus den Vereinigten Staaten, wurden schwule und lesbische Paare untersucht, wobei sich die Ergebnisse hauptsächlich auf Erhebungen stützten, in denen nach der Beteiligung der Partner an der Hausarbeit und Kindererziehung gefragt wurde. Auch wenn sich die neu entstehende Fachliteratur auf recht kleine Stichproben und eine geringe Zahl von Fallstudien stützt, scheint sie den Schluss nahezulegen, dass gleichgeschlechtliche Paare, und insbesondere lesbische Paare, die Hausarbeit ausgewogener aufteilen als heterosexuelle Paare (Blumstein und Schwartz, 1983; Dunne, 2000; Ciano-Boyce und Shelley-Sireci, 2002; Solomon et. al, 2005; Kurdek, 2007; Perlesz et al., 2010).

Bildungsabschluss haben oder aus postkommunistischen Ländern stammen (Kasten 5.2). In der Fachliteratur wird die Elternschaft als entscheidende Phase bezeichnet, da sie der Moment im Leben ist, der die künftige Erwerbskonstellation und Aufteilung der bezahlten und unbezahlten Arbeit der Paare bestimmt (Baxter, 2008; Schober, 2013; Barnes, 2015). Wie in Kapitel 3 erläutert, können ein unzureichendes öffentliches Angebot (z.B. ein Mangel an Kinderbetreuungseinrichtungen) und familienunfreundliche Arbeitsbedingungen (wie unflexible Arbeitszeiten) Paare entmutigen oder von der partnerschaftlichen Aufgabenteilung in ihrem gemeinsamen Leben abhalten, während andere Faktoren – wie die Vätermonate in der Elternzeit – diese begünstigen dürften.

In der Fachliteratur wird ferner veranschaulicht, wie makroökonomische Variablen, beispielsweise Ungleichbehandlung der Geschlechter im öffentlichen Leben, gesellschaftliche Einstellungen, Politikmaßnahmen und die Frauenerwerbstätigenquoten, in den einzelnen Ländern mit einem unterschiedlichen Ausmaß an Arbeitsteilung assoziiert werden. Fuwa (2004) und Hook (2006) zeigen, dass höhere Erwerbstätigenquoten der Frauen mit einem stärkeren Engagement der Männer in unbezahlter Arbeit einhergehen. Hook hebt ferner hervor, dass die Zeit, die alleinstehende Männer mit unbezahlter Arbeit verbringen, mit steigender Erwerbstätigenquoten der Frauen zunimmt. Als mögliche Erklärungsfaktoren führt sie Geschlechternormen oder die Verbesserung der Chancen dieser Männer am Heiratsmarkt an. Geist (2005) analysierte mikro- und makroökonomische Faktoren gleichzeitig. Während die relativen Einkommen, die zeitliche Verfügbarkeit und die Gender-Ideologie die Arbeitsaufteilung innerhalb der Paare prägen, sind auf makroökonomischer Ebene die Frauenerwerbsquoten und Sozialsysteme entscheidend. Die Einstellung der Männer zur Gleichstellung der Geschlechter (Mikroebene) ist für die Aufteilung der Hausarbeit insbesondere in Ländern mit traditionell sozialdemokratischen Systemen von Bedeutung, wie Norwegen und Schweden, weniger aber in konservativen Ländern, wie Japan, Italien und Australien (Makroebene). Obwohl die statistischen Analysen keinen klaren Kausalzusammenhang zwischen den strukturellen und institutionellen Rahmenbedingungen auf der einen Seite und dem individuellen Verhalten auf der anderen Seite herstellen können, „wirken zusätzlich zu den Prozessen auf individueller Ebene strukturelle Effekte" (Geist, 2005, S. 37).

3. Arbeitsteilung bei Paaren im Erwerbsalter

Männer in Doppelverdienerhaushalten übernehmen mehr Hausarbeit als Alleinverdiener, sind aber weit von einer partnerschaftlichen Aufgabenteilung entfernt

Eine „ausgewogene" Arbeitsteilung in Paaren bedeutet, dass beide Geschlechter gleich viel Zeit mit bezahlter und unbezahlter Arbeit verbringen. Insbesondere junge Eltern (oder Eltern mit sehr kleinen Kindern) geben an, dass es ihnen schwer fällt, in den Jahren der beruflichen Etablierung und Familiengründung – der sogenannten „Rushhour des Lebens" (Bittman und Wajcman, 2000) – Beruf(s-) und Familie(nleben) miteinander zu vereinbaren. Dementsprechend konzentriert sich die nachstehende Analyse auf Paare, in denen sich die Frau im gebärfähigen Alter befindet, d.h. zwischen 25 und 45 Jahren (bei beliebigem Alter des Partners). Berücksichtigt werden alle nichterwerbstätigen, arbeitslosen, abhängig und selbstständig beschäftigten Befragten, die (verheiratet oder nicht) im selben Haushalt in einer Partnerschaft zusammenleben. Studierende und Rentner sind ausgenommen, um die Analyse auf die dem Arbeitsmarkt zur Verfügung stehende Bevölkerung im Erwerbsalter zu beschränken.

In allen OECD-Ländern verbringen in einer Partnerschaft lebende Frauen zwischen 25 und 45 Jahren mehr Zeit mit unbezahlter Arbeit als in einer Partnerschaft lebende Männer

– selbst dann, wenn nur Männer und Frauen mit gleicher Erwerbsstundenzahl verglichen werden (Abb. 5.3). In Italien beispielsweise wenden in einer Partnerschaft lebende Frauen ungeachtet ihrer Erwerbsstundenzahl doppelt so viel Zeit für unbezahlte Arbeit auf wie in einer Partnerschaft lebende Männer. In Kanada, Frankreich, Italien und Südafrika verbringen arbeitslose oder nichterwerbstätige, in einer Partnerschaft lebende Männer weniger Zeit mit unbezahlter Arbeit als ihre Partnerinnen, die abhängig beschäftigt sind und zwischen 30 und 34 Wochenstunden arbeiten.

Nichterwerbstätige oder arbeitslose, in einer Partnerschaft lebende Frauen leisten in allen Ländern, außer Norwegen, mehr unbezahlte Arbeit als erwerbstätige Frauen (Abb. 5.3, Teil B). Und obwohl in einer Partnerschaft lebende Frauen weniger Zeit mit unbezahlter Arbeit verbringen, je mehr bezahlte Arbeit sie leisten, nimmt ihr unbezahlter Arbeitsaufwand nicht proportional zur Länge ihrer Arbeitswoche ab. Im Vergleich zu in einer Partnerschaft lebenden Frauen verändert sich der in der Regel geringere unbezahlte Arbeitszeitumfang von in einer Partnerschaft lebenden Männern mit der Länge der Arbeitswoche weit weniger stark.

Abbildung 5.3 **Bei identischer Erwerbsstundenzahl leisten in einer Partnerschaft lebende Frauen mehr unbezahlte Arbeit als in einer Partnerschaft lebende Männer**

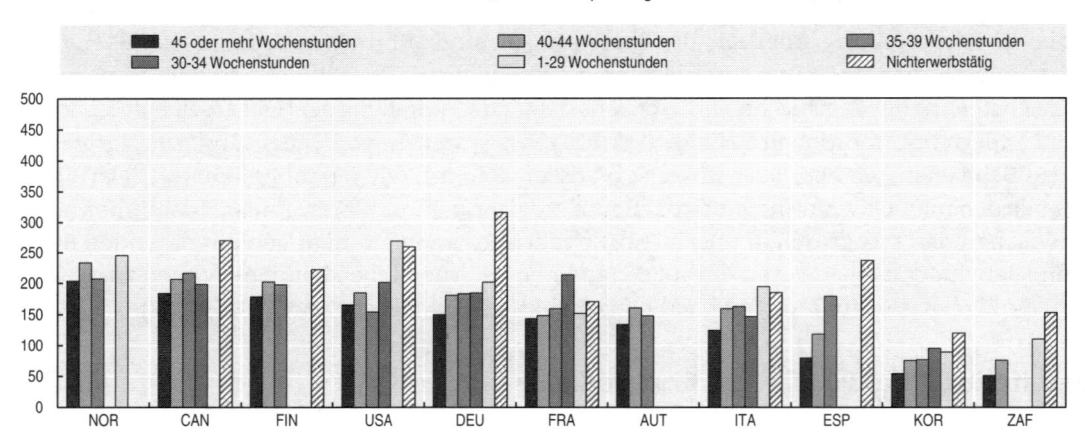

Teil A. Unbezahlte Arbeit der Männer, in Minuten pro Tag, Wochenarbeitszeit, in Stunden

Teil B. Unbezahlte Arbeit der Frauen, in Minuten pro Tag, Wochenarbeitszeit, in Stunden

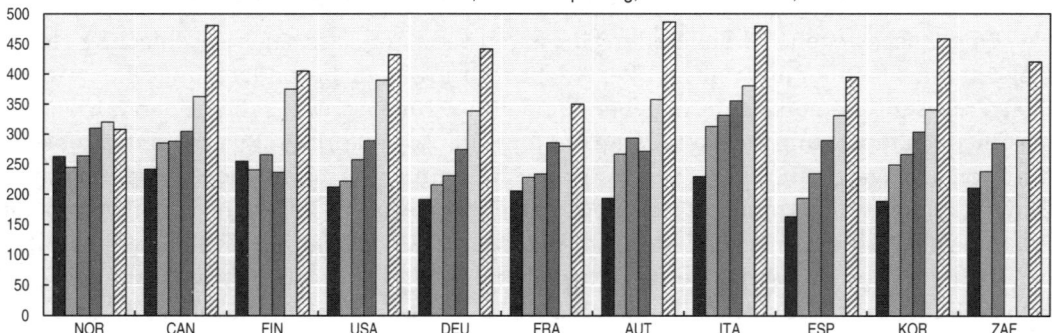

Anmerkung: Zeitverwendungsdaten für in einer Partnerschaft lebende Männer und Frauen, die als Ehe- oder Lebenspartner (verheiratet oder nicht) im selben Haushalt leben, das Alter der Frauen ist auf die Altersgruppe 25-45 Jahre beschränkt. Rentner und Studierende wurden nicht berücksichtigt.
Fehlende Daten deuten auf Untergruppen hin, in denen weniger als 30 Zeitverwendungstagebücher geführt wurden.
Quelle: OECD Time Use Database (vgl. Anhangstabelle 5.A1.1 wegen weiterer Informationen). Die Daten für Deutschland wurden vom Statistischen Bundesamt auf der Basis der Zeitverwendungserhebung 2012/2013 (Destatis, 2015) zur Verfügung gestellt.

Die Zeit, die Partner auf unbezahlte Arbeit verwenden, richtet sich automatisch nach ihrer eigenen Erwerbsstundenzahl. Sie hängt aber auch vom Erwerbsumfang des Partners ab, da das Paar zumindest etwas unbezahlte Arbeit in den Haushalt investieren muss. In Kapitel 4 werden Erwerbskonstellationen von Paaren analysiert, und es wird gezeigt, dass sich diese je nach Region unterscheiden. In den nordischen Ländern und Frankreich arbeiten mehr Paare vollzeitnah, während es in deutschsprachigen Ländern tendenziell so ist, dass Männer lange Wochenarbeitszeiten haben und Frauen mit vergleichsweise geringer Stundenzahl teilzeitbeschäftigt sind (unter 20 Wochenstunden).

Abbildung 5.4 veranschaulicht, wie sich Paare in Ländern, für die Informationen zum bezahlten und unbezahlten Arbeitsaufwand beider Partner zur Verfügung stehen, die Hausarbeit je nach Arbeitsbedingungen aufteilen. Bei einem Asymmetrie-Indikator von 50% teilen die Partner die Arbeitslast gleichmäßig auf. Ein Indikator von über 50% besagt, dass die Frau mehr Zeit mit Hausarbeit verbringt als ihr Partner.

Paare mit einem männlichen Alleinverdiener (IA/UE-FT) halten an einer traditionellen Aufteilung der bezahlten und unbezahlten Arbeit in Berufs- und Familienleben fest. In solchen Paaren konzentrieren sich die Frauen auf die unbezahlte Arbeit, und ihr Anteil am gesamten Zeitaufwand, den Paare für die Hausarbeit aufbringen, liegt zwischen 73% (Finnland) und

Abbildung 5.4 **Selbst Doppelverdienerhaushalte mit gleicher Erwerbsstundenzahl teilen die Hausarbeit nicht partnerschaftlich**

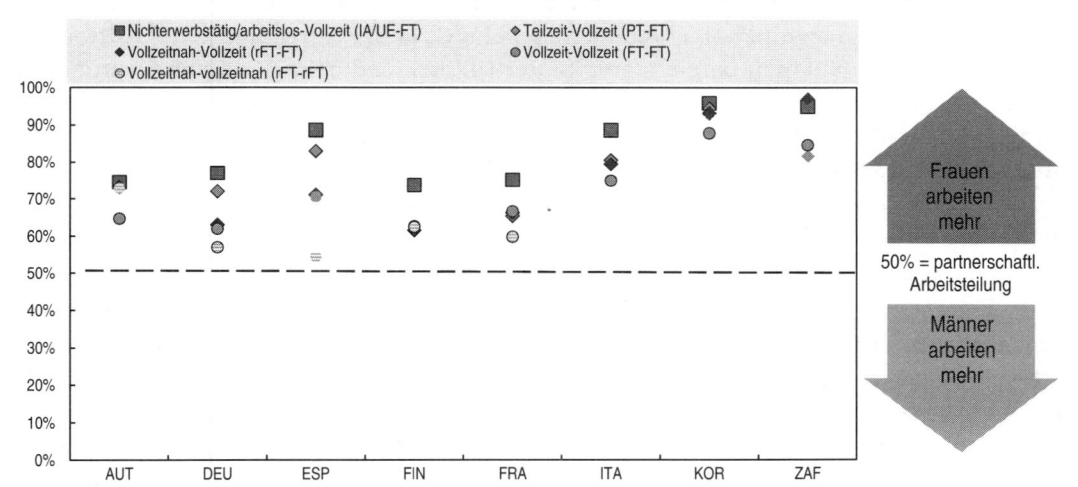

Prozentsatz der von der Frau erledigten Hausarbeit, 25- bis 45-Jährige

Anmerkung: Die Indikatoren sind Abkürzungen, die zunächst den Erwerbsstatus der Frau und dann den des Mannes wiedergeben. IA/UE-FT (blaues Quadrat) steht für ein Paar, in dem die Frau nichterwerbstätig/arbeitslos ist und der Mann mindestens 40 Stunden arbeitet – das Paar mit männlichem Alleinverdiener; PT-FT (graue Raute) steht für Paare, in denen die Frau bis zu 30 Wochenstunden erwerbstätig ist und der Mann Vollzeit arbeitet; rFT-FT (blaue Raute) steht für ein Paar, in dem die Frau eine Wochenarbeitszeit von 31-39 Stunden hat und der Mann Vollzeit beschäftigt ist; FT-FT (grauer Kreis) steht für Paare, in denen beide Partner mindestens 40 Wochenstunden arbeiten; rFT-rFT (Kreis mit hellblauen Streifen) steht für Paare, in denen beide Partner in der Regel 31-39 Wochenstunden am Arbeitsplatz verbringen.
Sind für spezifische Erwerbskonstellationen weniger als 30 Zeitverwendungstagebücher geführt worden, sind keine Indikatoren aufgeführt. Bei Symbolen ohne schwarze Umrandung fußen die Angaben auf 30-50 Tagebucheinträgen für die betreffende Erwerbskonstellation – PT-FT, rFT-FT für Südafrika und rFT-rFT für Österreich und Spanien.
In der Abbildung sind nur jene Länder aufgeführt, in denen die Zeitverwendung beider im selben Haushalt lebender Partner aufgezeichnet wurde. Die Frauen müssen 25-45 Jahre alt sein. Rentner und Studierende wurden nicht berücksichtigt.
Unter Hausarbeit fallen folgende Aufgaben: Kochen, Putzen, Wäsche und Gartenarbeit. Nicht inbegriffen sind Einkäufe und die Pflege und Versorgung anderer Haushaltsmitglieder (Kinder und Erwachsene).
Quelle: OECD Time Use Database (vgl. Anhangstabelle 5.A1.1 wegen weiterer Informationen). Die Daten für Deutschland wurden vom Statistischen Bundesamt auf der Basis der Zeitverwendungserhebung 2012/2013 (Destatis, 2015) zur Verfügung gestellt.

95% (Korea). In Deutschland schneiden die Paare mit männlichem Hauptverdiener ähnlich ab wie die Paare in Frankreich und Australien.

In Doppelverdienerhaushalten übernehmen Männer einen größeren Anteil der Hausarbeit als in Alleinverdienerhaushalten. Arbeitet die Frau vollzeitnah und ihr Partner Vollzeit (rFT-FT) oder wenn beide Vollzeit (FT-FT) oder vollzeitnah (rFT-rFT) arbeiten, übernimmt sie in den europäischen Ländern einen geringeren Anteil der Hausarbeit als in Alleinverdienerhaushalten (IA/UE-FT). In Korea und Südafrika wird die Hausarbeit vornehmlich von der Frau erledigt, wenngleich die männlichen Partner in Doppelverdienerhaushalten, in denen beide Partner Vollzeit arbeiten, etwas mehr Hausarbeit übernehmen.

In keinem der acht Länder ist der Anteil der unbezahlten Arbeit der in einer Partnerschaft lebenden Frauen in Paaren mit identischer Erwerbsstundenzahl proportional geringer. In Vollzeit-Doppelverdienerhaushalten (FT-FT) teilen die Partner die Hausarbeit zwar ausgewogener auf, sind aber immer noch weit von einer gerechten 50-50-Aufteilung entfernt. Der Frauenanteil an der Hausarbeit reicht von 62% in Deutschland bis 88% in Korea. Am gleichmäßigsten wird die Hausarbeit in Frankreich, Spanien und Deutschland aufgeteilt, wenn beide Partner in reduzierter Vollzeit (rFT-rFT) tätig sind (31-40 Wochenstunden). Die stärksten Schwankungen des Grads der Asymmetrie der Aufteilung der Hausarbeit je nach Erwerbskonstellation der Paare werden in Spanien und Deutschland beobachtet.

Paare, in denen beide Partner Vollzeit arbeiten, teilen die Hausarbeit ausgewogener als Paare, in denen ein Partner Teilzeit und der andere Vollzeit beschäftigt ist, außer in Frankreich und Südafrika. In allen anderen Ländern besteht zwischen diesen beiden Erwerbskonstellationen ein signifikanter Unterschied beim Grad der Asymmetrie der Aufteilung der Hausarbeit. In Spanien ist ein signifikanter Unterschied beim Grad der Asymmetrie der Aufteilung der Hausarbeit zwischen Paaren festzustellen, in denen ein Partner Teilzeit und der andere Vollzeit arbeitet, und solchen, in denen beide vollzeitnah arbeiten. In den anderen Ländern ist dieser Unterschied nicht signifikant, was möglicherweise auf die geringe Zahl an Fällen zurückzuführen ist (insbesondere von Paaren, in denen der Mann nicht Vollzeit beschäftigt ist)[4].

Wenn Frauen ein höheres Einkommen haben als ihre Partner, leisten sie nicht weniger unbezahlte Arbeit (Abb. 5.5). Das Ergebnis steht im Widerspruch zu Wirtschaftstheorien, denen zufolge das Erwerbseinkommen und/oder Verdienstpotenzial der Partner der ausschlaggebende Faktor für die Aufteilung der bezahlten und unbezahlten Arbeit ist (vgl. Kapitel 2, Kasten 5.2 und den Teil „Mikro- und makroökonomische Faktoren können mehr Partnerschaftlichkeit in Beruf und Familie bewirken" in Abschnitt 2 weiter oben). Gendertheorien hingegen heben die Rolle geschlechtsspezifischer Einstellungen und Normen hervor. Aufgrund der begrenzten Datenverfügbarkeit in den Zeitverwendungserhebungen lässt sich die Intensität der unbezahlten Arbeit auf der Basis der relativen Einkommen der Partner nur in wenigen Ländern vergleichen – Deutschland, Finnland, Frankreich, Korea, Spanien und Südafrika. Während in Finnland, Frankreich, Deutschland und bis zu einem gewissen Grad auch in Spanien die Geschlechterdifferenz bei der unbezahlten Arbeit in Paaren gering ist, in denen die Frau mehr verdient als der Mann, ist der Unterschied in solchen Paaren in Korea und Südafrika nach wie vor groß.

Daher bestätigen die obenstehenden Ergebnisse zur Aufteilung der unbezahlten Arbeit in Paaren Wirtschaftstheorien nur bedingt, denen zufolge der Partner mit dem höheren Erwerbseinkommen oder der intensiveren beruflichen Arbeitsbelastung weniger unbezahlte Arbeit leisten sollte. Männer übernehmen mehr unbezahlte Arbeit:

- in Doppelverdienerhaushalten als in Haushalten mit männlichem Alleinverdiener (Abb. 5.4);
- wenn die Frau mehr verdient als der Mann (Abb. 5.5).

Abbildung 5.5 **Unbezahlte Arbeit ist selbst in Paaren unausgewogen verteilt, in denen die Frau das höhere Einkommen hat**
Differenz bei unbezahlter Arbeit, in Minuten pro Tag, nach Einkommen der Frau im Verhältnis zu dem des Partners

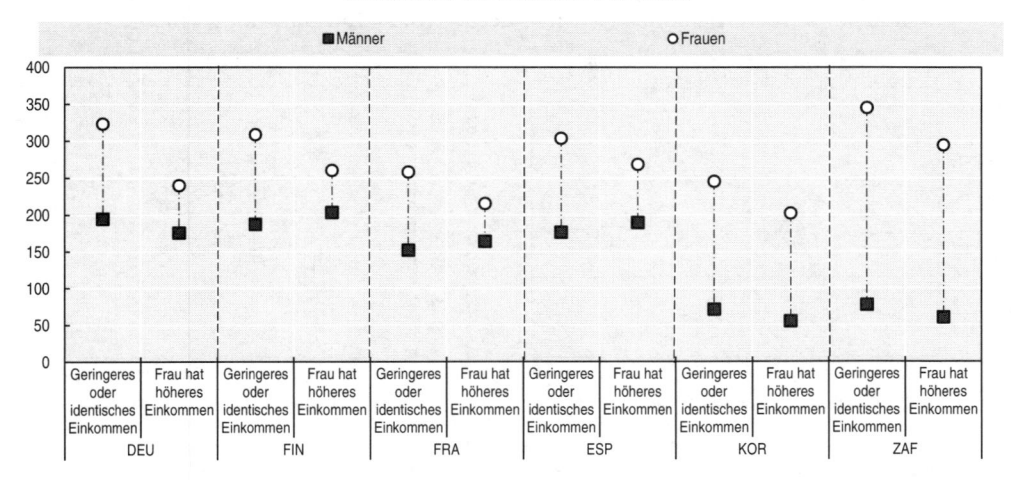

Anmerkung: Zeitverwendungsdaten für in einer Partnerschaft lebende Männer und Frauen, die als Ehe- oder Lebenspartner (verheiratet oder nicht) im selben Haushalt leben, das Alter der Frauen ist auf die Altersgruppe 25-45 Jahre beschränkt. Rentner und Studierende wurden nicht berücksichtigt.
Beim Einkommen handelt es sich in Deutschland, Spanien (kategorienbezogene Variable) und Frankreich (kontinuierliche Variable) um das monatliche Nettoeinkommen aus abhängiger oder selbstständiger Beschäftigung. In Finnland handelt es sich um das persönliche steuerpflichtige Einkommen der Erhebungsteilnehmer und in Korea um das monatliche Bruttoeinkommen der Befragten. In Südafrika bezeichnet das Einkommen den Wochenverdienst der erwerbstätigen Erhebungsteilnehmer (die selbstständig Beschäftigten bleiben unberücksichtigt).
Quelle: OECD Time Use Database (vgl. Anhangstabelle 5.A1.1 wegen weiterer Informationen); die Daten für Deutschland wurden vom Statistischen Bundesamt auf der Basis der Zeitverwendungserhebung 2012/2013 (Destatis, 2015) zur Verfügung gestellt.

Gleichwohl sind Männer in Vollzeit-Doppelverdienerhaushalten in der Mehrzahl der untersuchten Länder weit von der Übernahme von 50% der unbezahlten Hausarbeit entfernt (wenn die Erwerbsstunden als Annäherungsgröße für das Erwerbseinkommen und die berufliche Arbeitsbelastung herangezogen werden). In Paaren, in denen die Frau mehr verdient als der Mann, leisten Frauen im Durchschnitt mehr unbezahlte Arbeit. Keine der beiden Feststellungen stimmt mit den Annahmen der Wirtschaftstheorie überein, bekräftigen indessen aber das „Doing gender"-Argument, wonach Männer und Frauen bestrebt sind, gesellschaftliche Geschlechternormen einzuhalten, denen zufolge Frauen traditionelle Frauenaufgaben übernehmen, wie Hausarbeit und Kindererziehung, und die Männer traditionelle Männertätigkeiten ausüben, wie Erwerbstätigkeit (vgl. „Mikro- und makroökonomische Faktoren können mehr Partnerschaftlichkeit in Beruf und Familie bewirken" in Abschnitt 2 weiter oben).

In Ländern mit höherer Frauenerwerbstätigkeit übernehmen in einer Partnerschaft lebende Männer etwas mehr unbezahlte Arbeit

In Norwegen, Finnland und Frankreich teilen in einer Partnerschaft lebende Männer und Frauen die bezahlte und unbezahlte Arbeit gleichmäßig(er) untereinander auf als in den anderen acht untersuchten Ländern (Abb. 5.2). Alle drei Länder weisen ein breites Spektrum an staatlichen Maßnahmen auf, die die Aufgabenteilung begünstigen, wie Elternzeit und/oder ein gutes Kinderbetreuungsangebot (vgl. Kapitel 3 wegen einer eingehenderen Diskussion). Sie vertreten auch geschlechtergerechtere Einstellungen beispielsweise in der Frage, ob Mütter arbeiten sollten (Kapitel 2), und weisen hohe Erwerbstätigenquoten der Frauen auf

Abbildung 5.6 **In Ländern mit hoher Frauenerwerbstätigkeit teilen die Paare die Aufgaben gleichmäßiger auf**

Differenz bei der gesamten Erwerbs- und unbezahlten Arbeit, in Minuten pro Tag, zwischen in einer Partnerschaft lebenden Männern und Frauen ab 20 Jahren, nach Erwerbstätigenquote der in einer Partnerschaft lebenden Frauen

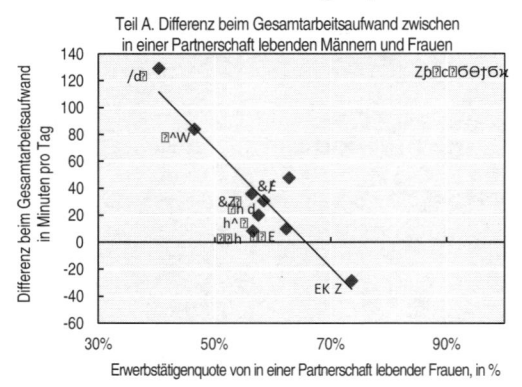

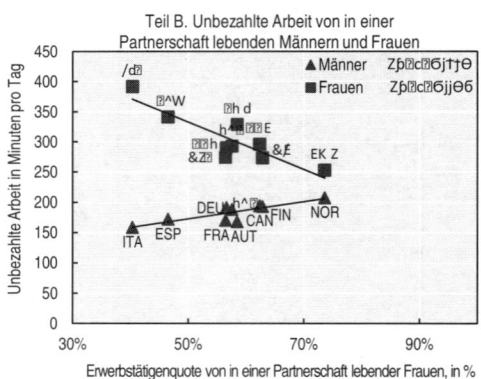

Anmerkung: Zeitverwendungsdaten für in einer Partnerschaft lebende Männer und Frauen ab 20 Jahre, die als Ehe- oder Lebenspartner (verheiratet oder nicht) im selben Haushalt leben.
Erwerbstätigenquoten von in einer Partnerschaft lebenden Frauen ab 20 Jahren, die als Ehe- oder Lebenspartner (verheiratet oder nicht) im selben Haushalt leben. Die Erwerbstätigenquoten in Norwegen beziehen sich auf in einer Partnerschaft lebende Frauen zwischen 15 und 75 Jahren.
Quelle: OECD Time Use Database (vgl. Anhangstabelle 5.A1.1 wegen weiterer Informationen). Die Daten für Deutschland wurden vom Statistischen Bundesamt auf der Basis der Zeitverwendungserhebung 2012/2013 (Destatis, 2015) zur Verfügung gestellt. Die Erwerbstätigenquoten der Frauen sind Schätzungen des OECD-Sekretariats. Die Erwerbstätigenquoten für Norwegen stammen vom norwegischen statistischen Amt.

(vgl. den Abschnitt „Mikro- und makroökonomische Faktoren können mehr Partnerschaftlichkeit in Beruf und Familie bewirken").

In Ländern mit höheren Frauenerwerbstätigenquoten, wie Deutschland, Kanada, Frankreich und die Vereinigten Staaten, arbeiten in einer Partnerschaft lebende Frauen insgesamt mehr als die Männer – auch wenn der Unterschied deutlich geringer ist als in Italien und Spanien. In Norwegen, dem Land mit der höchsten Erwerbstätigenquote der Frauen, arbeiten in einer Partnerschaft lebende Männer insgesamt effektiv mehr als in einer Partnerschaft lebende Frauen (Abb. 5.6, Teil A). Die Erwerbskonstellationen hängen im Wesentlichen mit dem Verhalten beider Geschlechter zusammen: In einer Partnerschaft lebende Männer verwenden in Ländern mit den höchsten Frauenerwerbsquoten mehr Zeit auf unbezahlte Arbeit, während in einer Partnerschaft lebende Frauen – gleichzeitig und in höherem Maße – weniger Zeit mit unbezahlter Arbeit verbringen. Insgesamt nimmt mit steigender Erwerbstätigkeit der Frauen die Intensität ihrer unbezahlten Arbeit rascher ab, als der Beitrag der Männer steigt (Abb. 5.6, Teil B).

Paare mit höherem Haushaltseinkommen und höherem Bildungsniveau teilen die Aufgaben partnerschaftlicher

Über gesellschaftliche Einstellungen, länderspezifische sozioökonomische Merkmale und Politikmaßnahmen hinaus haben empirische Studien ergeben, dass Paare, die ihre Aufgaben partnerschaftlich(er) teilen, meistens ein höheres Bildungsniveau und höhere Haushaltseinkommen aufweisen (Kasten 5.2). Aus Abbildung 5.7 geht hervor, dass in acht untersuchten Ländern, mit Ausnahme Österreichs und Koreas, die Geschlechterdifferenz bei der unbezahlten Arbeit in Paaren geringer ist, in denen beide Partner einen Hochschulabschluss haben als in Paaren ohne Hochschulabschluss. In Paaren mit Hochschulabschluss leisten Frauen weniger – und Männer etwas mehr – unbezahlte Arbeit als in Paaren, in denen

Abbildung 5.7 **Paare mit hohem Bildungsniveau teilen die unbezahlte Arbeit in den meisten Ländern gleichmäßiger auf**

Differenz bei der unbezahlten Arbeit, in Minuten pro Tag, zwischen in einer Partnerschaft lebenden Männern und Frauen, nach Bildungsniveau der Partner

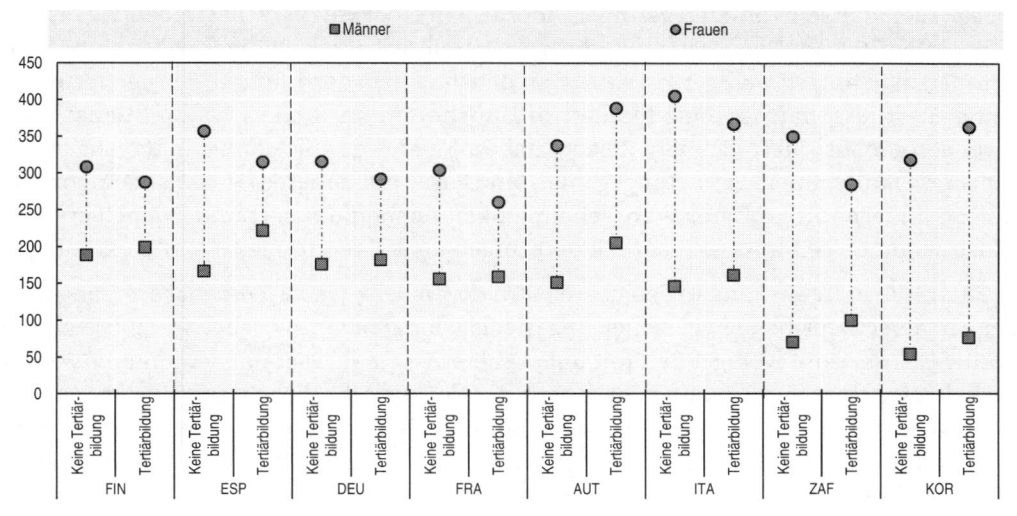

Anmerkung: Zeitverwendungsdaten für in einer Partnerschaft lebende Männer und Frauen, die als Ehe- oder Lebenspartner (verheiratet oder nicht) im selben Haushalt leben, das Alter der Frauen ist auf die Altersgruppe 25-45 Jahre beschränkt. Rentner und Studierende wurden nicht berücksichtigt.
Die Länder sind von links nach rechts in aufsteigender Reihenfolge der Genderlücke bei der unbezahlten Arbeit unter Paaren mit hohem Bildungsniveau angeordnet.
Quelle: OECD Time Use Database (vgl. Anhangstabelle 5.A1.1 wegen weiterer Informationen); die Daten für Deutschland wurden vom Statistischen Bundesamt auf der Basis der Zeitverwendungserhebung 2012/2013 (Destatis, 2015) zur Verfügung gestellt.

keiner der Partner eine Hochschulqualifikation besitzt. In Österreich und Korea übernehmen Männer in Paaren mit höherem Bildungsniveau zwar mehr unbezahlte Arbeit, ihre Partnerinnen verwenden indessen noch mehr Zeit auf unbezahlte Arbeit. Folglich ist die Geschlechterdifferenz bei der unbezahlten Arbeit in beiden Ländern in Paaren mit hohem Bildungsniveau ähnlich groß, wenn nicht sogar größer.

Bildung kann als ein wichtiges Instrument für die Herbeiführung von Einstellungs- und Verhaltensänderungen angesehen werden – dabei setzen Personen mit hohem Bildungsniveau häufig den Trend für solche Veränderungen, bevor sie vom Rest der Gesellschaft übernommen werden (Bianchi et al., 2000; Anderson und Kohler, 2015). Paare mit hohem Bildungsniveau vertreten mit größerer Wahrscheinlichkeit geschlechtergerechte Einstellungen (Kapitel 2). Finnland ist ein gutes Beispiel hierfür. In diesem Land treffen die relativ geringe Geschlechterdifferenz bei der unbezahlten Arbeit zwischen Partnern, die beide ein hohes Bildungsniveau haben, aber auch der recht geringe Unterschied in Paaren, in denen keiner der Partner einen Tertiärabschluss aufweist (Abb. 5.7) mit einer vergleichsweise stärkeren Verbreitung geschlechteregalitärer Einstellungen (Kapitel 2) und einem größeren Anteil an Vollzeit-Doppelverdienerhaushalten zusammen (Kapitel 2 sowie Känsälä und Oinas, 2015). Demgegenüber variiert in Frankreich und Spanien, und in geringerem Maße in Deutschland, die Geschlechterdifferenz bei der unbezahlten Arbeit zwischen den Bildungsniveaus stärker. Wenngleich das geschlechtergerechte Verhalten in Frankreich und in Spanien mit dem hochqualifizierter Paare in Finnland vergleichbar ist, wurde es in diesen Ländern nicht, wie in Finnland, vom Rest der Gesellschaft übernommen. Die ungleiche Verteilung der unbezahlten Arbeit in Österreich und Korea – zwei Länder mit traditionellen Ansichten (Kapitel 2) – erstreckt sich auf alle Bildungsniveaus.

Zwischen dem Haushaltseinkommen und dem Bildungsstatus besteht in der Regel ein enger Zusammenhang. In den Ländern, für die Haushaltseinkommensdaten zur Verfügung stehen (alle Länder, außer Italien, Österreich und Korea), ist die Geschlechterdifferenz bei der unbezahlten Arbeit unter in einer Partnerschaft lebenden Männern und Frauen mit höheren Haushaltseinkommen geringer (Abb. 5.8). In einer Partnerschaft lebende Frauen in den obersten 30% der Haushaltseinkommensverteilung leisten weniger unbezahlte Arbeit als Frauen in finanziell weniger gut situierten Haushalten in den unteren 30% der Verteilung. In einer Partnerschaft lebende Männer in Haushalten der hohen Einkommensschicht verwenden genauso viel oder mehr Zeit auf unbezahlte Arbeit wie Männer in Haushalten mit geringerem Einkommen. Erwartungsgemäß sind Paare mit höherem Haushaltseinkommen in allen Ländern mit größerer Wahrscheinlichkeit hochqualifiziert und Doppelverdiener, so dass sie mehr Zeit in Erwerbsarbeit verbringen als Paare mit niedrigem Einkommen.

Paare, die in ihrem Land in den oberen 30% der Haushaltseinkommensverteilung der in einer Partnerschaft lebenden Personen angesiedelt sind (Frauen zwischen 25 und 45 Jahren), verbringen insgesamt weniger Zeit mit unbezahlter Arbeit als Paare in den unteren 30% der Haushaltseinkommensverteilung. Sie lagern die Hausarbeit möglicherweise aus und/oder stellen Personen ein, die sie für sie erledigen (Wäschereinigungsdienste, Hausangestellte und Kindermädchen) und/oder schaffen sich mehr zeitsparende elektronische Geräte an. Heisig (2011) zeigt beispielsweise, dass reichere Haushalte in 33 Ländern weniger Zeit mit Hausarbeit verbringen und vertritt die Auffassung, dass die Automatisierung der Arbeit im Haushalt bei der Reduzierung des Zeitaufwands für Hausarbeit eine besonders wichtige Rolle spielt.

Abbildung 5.8 **Paare mit höherem Haushaltseinkommen teilen die unbezahlte Arbeit ausgewogener auf**

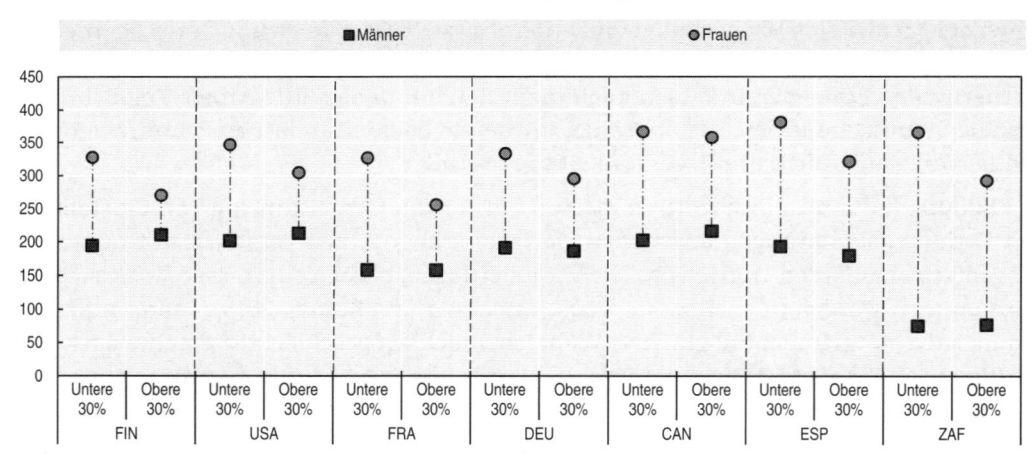

Unbezahlte Arbeit in Paaren mit niedrigem und hohem Haushaltseinkommen, in Minuten pro Tag

Anmerkung: Zeitverwendungsdaten für in einer Partnerschaft lebende Männer und Frauen, die als Ehe- oder Lebenspartner (verheiratet oder nicht) im selben Haushalt leben, das Alter der Frauen ist auf die Altersgruppe 25-45 Jahre beschränkt. Rentner und Studierende wurden nicht berücksichtigt.
Für Finnland und Frankreich liegt das deklarierte Einkommen aller Haushaltsmitglieder als kontinuierliche Variable vor. Für Kanada und die Vereinigten Staaten beziehen sich die Kategorien auf das Bruttojahreseinkommen, für Deutschland, Spanien und Südafrika beziehen sie sich auf das monatliche Bruttoeinkommen. Der Zeitaufwand für unbezahlte Arbeit ist für die Haushalte in den unteren und oberen 30% der Haushaltseinkommensverteilung von Partnerhaushalten angegeben. Wenn das Haushaltseinkommen eine kategorienbezogene Variable ist, werden die Kategorien anhand von Näherungsgrößen erstellt.
Die Länder sind von links nach rechts in aufsteigender Reihenfolge der Genderlücke in den oberen 30% der Haushaltseinkommensverteilung angeordnet.
Quelle: OECD Time Use Database (vgl. Anhangstabelle 5.A1.1 wegen weiterer Informationen). Die Daten für Deutschland wurden vom Statistischen Bundesamt auf der Basis der Zeitverwendungserhebung 2012/2013 (Destatis, 2015) zur Verfügung gestellt.

4. Partnerschaftliche Aufgabenteilung zwischen den Elternteilen

Kleine Kinder im Haushalt führen zu einer traditionelleren Aufgabenteilung zwischen Männern und Frauen

Ein entscheidender Moment, der die künftige Arbeitsmarktbindung von Frauen und die Aufteilung der Hausarbeit prägen dürfte, ist für Paare die Geburt ihres ersten Kindes (vgl. Kasten 5.3 zum Anstieg der Teilzeitbeschäftigung von Müttern in den Niederlanden). Die Befunde legen den Schluss nahe, dass Paare ihre Aufgabenteilung mit dem Übergang zur Elternschaft deutlich verändern und häufig zu einer traditionell(er)en Verteilung der

---

Kasten 5.3 Teilzeitbeschäftigung und unbezahlte Arbeit von Müttern in den Niederlanden im Zeitverlauf

Bis in die 1970er Jahre war die Frauenerwerbsbeteiligung in den Niederlanden mit 30% im internationalen Vergleich niedrig (Visser et al., 2004). Zwischen 1975 und 2010 erhöhte sie sich jedoch von 30% auf 70%. Der Großteil dieses Zuwachses entfiel auf Teilzeitbeschäftigungen, während sich der Anteil der vollzeitbeschäftigten Frauen seit Anfang der 1990er Jahre weitgehend unverändert bei rd. 21% bewegt (Dijkgraaf und Portegijs, 2008).

Die Zunahme der Teilzeitbeschäftigung begann als Reaktion auf die Rezession der frühen 1970er Jahre, die zu einem starken Anstieg der Arbeitslosigkeit und der Sozialausgaben geführt hatte (de Beer und Luttikhuizen, 1998; Visser und Hemerijck, 1998). Um die Ausgaben zu drosseln und die Jugendarbeitslosigkeit zu bekämpfen, bezuschusste die staatliche Politik in den 1970er und 1980er Jahren Arbeitgeber, die existierende Vollzeitarbeitsplätze in jeweils zwei Teilzeitarbeitsplätze aufteilten. Den Arbeitgebern kamen die Teilzeitarbeitsplätze wiederum zugute, weil sie damit die Forderungen der Gewerkschaften nach tarifvertraglichen Reduzierungen der Wochenarbeitszeit auf weniger als 38 Stunden umgehen konnten.

Abbildung 5.9 Im Vergleich zu anderen OECD-Ländern arbeitet in den Niederlanden ein hoher Anteil der Frauen und Männer Teilzeit

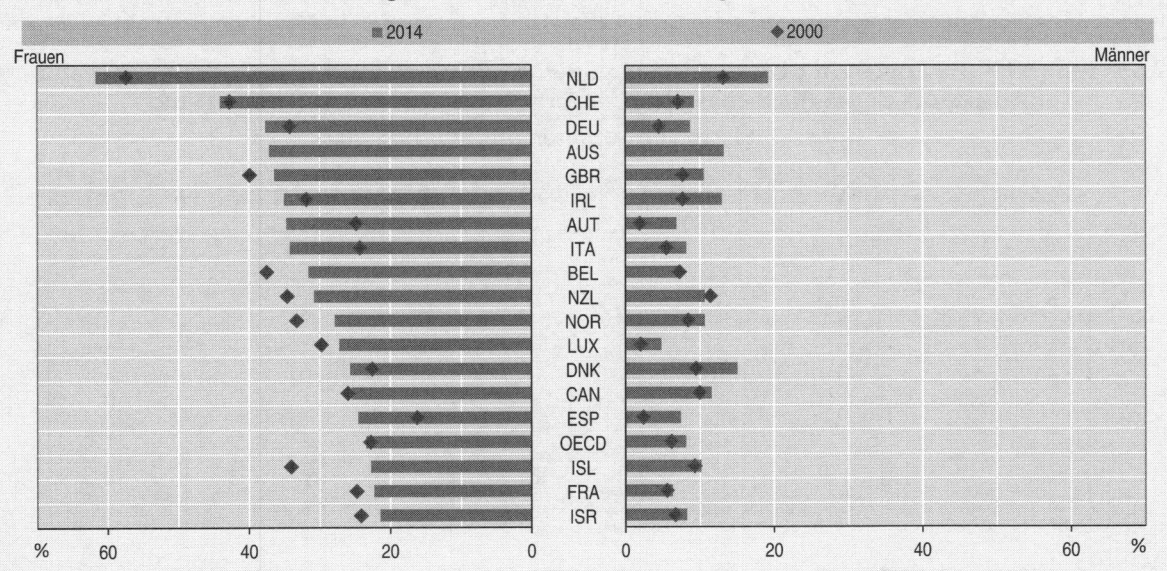

Prozentsatz der teilzeitbeschäftigten Männer und Frauen, ausgewählte OECD-Länder, 2000 und 2014

Anmerkung: Die Länder sind von oben nach unten in absteigender Reihenfolge des Anteils der teilzeitbeschäftigten Frauen angeordnet. Daten zu Ländern, in denen weniger als 20% der erwerbstätigen Frauen teilzeitbeschäftigt sind, werden hier nicht aufgeführt.
Teilzeitbeschäftigung bezieht sich auf Haupttätigkeiten mit einer Wochenarbeitszeit von weniger als 30 Stunden.
Quelle: OECD Employment Database, www.oecd.org/employment/emp/onlineoecdemploymentdatabase.htm.

(Fortsetzung nächste Seite)

(Fortsetzung)

Die Zunahme der Teilzeitbeschäftigung ist den veränderten Haltungen zuzuschreiben

Der wirkliche Aufschwung der Teilzeitarbeit in den Niederlanden war jedoch nicht auf eine Beschäftigungsumverteilung zwischen jüngeren und älteren Arbeitskräften zurückzuführen, sondern ergab sich daraus, dass Frauen und insbesondere Mütter eine Beschäftigung aufnehmen bzw. auch nach der Geburt der Kinder weiter einer Beschäftigung nachgehen wollten. Diese Sichtweise war mit einem grundlegenden Wandel in den Einstellungen verbunden. 2005 fanden es etwa drei Viertel aller Frauen in Ordnung, dass Mütter von kleinen Kindern erwerbstätig sind und Kinderbetreuungseinrichtungen in Anspruch nehmen, das waren dreimal mehr als 1970. Aufgrund der unzureichenden Betreuungsmöglichkeiten für Kleinkinder und außerhalb der Schulzeiten, wählten die Frauen jedoch häufig eine Teilzeit- statt einer Vollzeitbeschäftigung (Ribberink, 1998). 1971 ging in den Niederlanden nur eine von zehn Müttern mit Kindern unter zehn Jahren einer bezahlten Beschäftigung nach. Ein Vierteljahrhundert später war dieser Anteil auf über 50% gestiegen. Die „Normalisierung" der Teilzeitarbeit wurde in den Niederlanden in einer Reihe gesetzlicher Maßnahmen verankert, darunter Gesetze, die gleiche Stundenlöhne unabhängig von der Zahl der Wochenarbeitsstunden vorschreiben, Arbeitnehmern das Recht zusichern, eine Änderung ihrer Wochenarbeitszeiten zu verlangen, und einen Anspruch auf Elternurlaub mittels Teilzeitarbeit schufen (Visser et al., 2004).

Der seit den 1970er Jahren in den Niederlanden zu beobachtende Wandel der Beschäftigungsstrukturen von Frauen hat zu den Veränderungen bei der Aufteilung der unbezahlten Arbeit beigetragen (Hook, 2006; Kan et al., 2011). Generell ist festzustellen, dass Frauen und vor allem Frauen in Beschäftigung (die Daten sind hier nicht aufgezeigt) heute weniger und Männer etwas mehr Zeit mit unbezahlter Arbeit verbringen. Obwohl in einer Partnerschaft lebende, erwerbstätige Frauen in der Altersgruppe 25-45 Jahre die auf unbezahlte Arbeit verwendete Zeit nach und nach reduziert haben, fiel der Rückgang unter kinderlosen Frauen stärker aus (weiße Rauten gegenüber hellblau gestreiften Rauten in Abbildung 5.10). Dies hängt mit dem allgemeinen Trend zusammen, wonach Eltern mehr Zeit auf die Kinderbetreuung und weniger Zeit auf die übrige unbezahlte Hausarbeit verwenden. Demgegenüber haben in einer Partnerschaft lebende, erwerbstätige Männer ohne Kinder im Zeitverlauf geringfügig weniger unbezahlte Arbeit geleistet. In einer Partnerschaft lebende Väter wiederum verwenden mehr Zeit auf unbezahlte Arbeit, was hauptsächlich auf ihre stärkere Beteiligung an Erziehungsaufgaben, aber auch darauf zurückzuführen ist, dass sie effektiv mehr unbezahlte Hausarbeit übernehmen (weiße Rauten in Abbildung 5.10). All diese Faktoren haben in den Niederlanden zu einer Verringerung der Geschlechterdifferenz bei der unbezahlten Arbeit beigetragen.

Abbildung 5.10 Die Frauen in den Niederlanden verbringen heute weniger Zeit mit unbezahlter Arbeit, die Genderlücke besteht aber fort, wenn Kinder im Haushalt sind

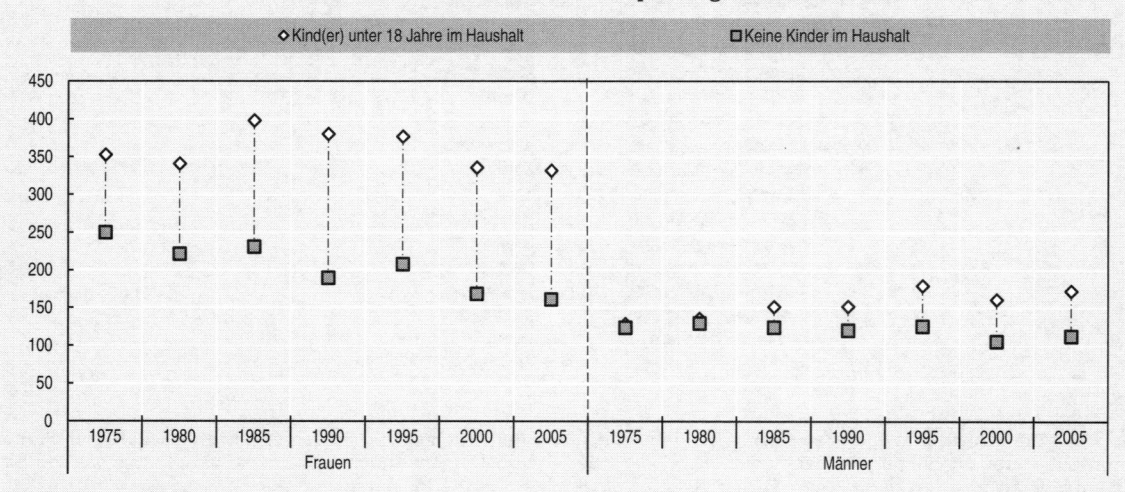

Unbezahlte Arbeit in Minuten pro Tag, 1975-2005

Anmerkung: In einer Partnerschaft lebende, erwerbstätige Männer und Frauen in den Niederlanden, im Alter von 25-45 Jahren, mit oder ohne unterhaltsberechtigte Kinder unter 18 Jahren im Haushalt.
Quelle: Schätzungen des Sekretariats auf der Basis von Daten der Multinational Time Use Study (MTUS, 2015) für die Niederlande.

5. AUFTEILUNG DER UNBEZAHLTEN ARBEIT ZWISCHEN DEN PARTNERN

Geschlechterrollen zurückkehren (Pfahl, 2014; Baxter, 2008; Barnes, 2015). Abbildung 5.11 zeigt die Korrelation zwischen der Genderlücke bei der Erwerbs- und unbezahlten Arbeit insgesamt sowie bei der unbezahlten Arbeit und der Erwerbstätigenquote von in einer Partnerschaft lebenden Frauen zwischen 25 und 44 Jahren mit Kindern und ohne Kinder getrennt auf, um den Effekt der Elternschaft auf die Aufgabenteilung zu erfassen[5].

Bei jungen kinderlosen Paaren im Erwerbsalter besteht zwischen der Geschlechterdifferenz bei der Erwerbs- und unbezahlten Arbeit insgesamt sowie der unbezahlten Arbeit von Männern und der Frauenerwerbstätigenquote kein enger Zusammenhang (Abb. 5.11,

Abbildung 5.11 **Junge Paare im Erwerbsalter teilen die gesamte Erwerbs- und unbezahlte Arbeit weniger partnerschaftlich auf, wenn sie Kinder haben, insbesondere in Ländern mit niedrigerer Frauenerwerbstätigkeit**

Differenz bei der gesamten Erwerbs- und unbezahlten Arbeit, in Minuten pro Tag, zwischen in einer Partnerschaft lebenden Männern und Frauen ab 20 Jahren und Erwerbstätigenquoten von in einer Partnerschaft lebenden Frauen, mit und ohne Kinder

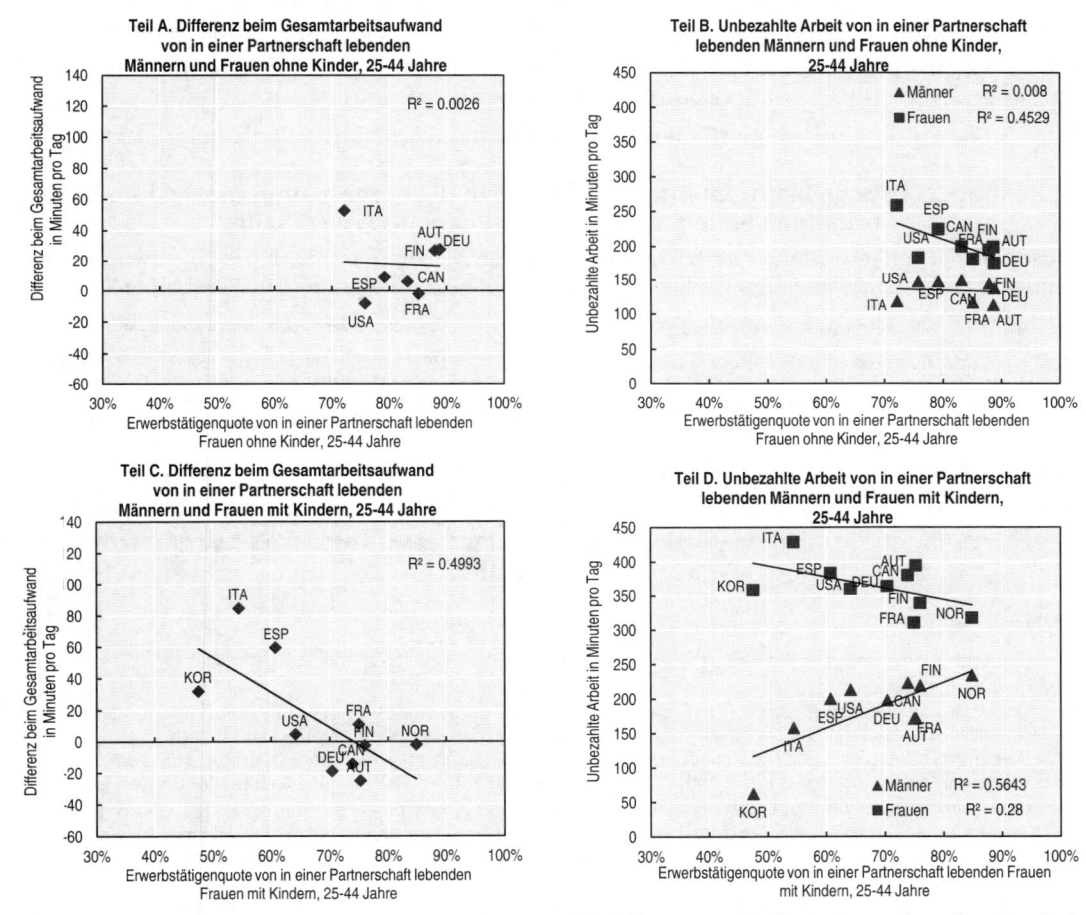

Anmerkung: Zeitverwendungsdaten für Männer und Frauen, die mit ihrer Partnerin/ihrem Partner im selben Haushalt leben. Rentner und Studierende wurden nicht berücksichtigt. Haushalte mit Kindern sind definiert als Haushalte, in denen ein Haushaltsmitglied unter 18 Jahren als Kind des Paares identifiziert ist.

Für die Schätzungen der Erwerbstätigenquote werden Kinder als Personen zwischen 0 und 14 Jahren definiert (in den Vereinigten Staaten zwischen 0 und 17 Jahren), die im gleichen Haushalt leben wie die befragte Person und als ihr Kind identifiziert sind. Für Korea werden die Erwerbstätigenquoten von Müttern von Kindern unter 15 Jahren im Jahr 2013 zugrunde gelegt.

Quelle: OECD Time Use Database (vgl. Anhangstabelle 5.A1.1 wegen weiterer Informationen). Die Daten für Deutschland wurden vom Statistischen Bundesamt auf der Basis der Zeitverwendungserhebung 2012/2013 (Destatis, 2015) zur Verfügung gestellt. Die Frauenerwerbstätigenquoten sind Schätzungen des OECD-Sekretariats.

Teil A). Junge, in einer Partnerschaft lebende Frauen ohne Kinder verbringen zwar mehr Zeit mit unbezahlter Arbeit als Männer, doch ist der Unterschied zwischen den Geschlechtern in Ländern mit stärkerer Arbeitsmarktbindung von Frauen weniger groß (Abb. 5.11, Teil B).

Ein ganz anderes Bild ergibt sich bei Paaren mit Kinderbetreuungspflichten. In Deutschland, Kanada und Österreich arbeiten Väter insgesamt mehr als Mütter, wohingegen in Finnland, Norwegen und den Vereinigten Staaten Mütter und Väter etwa den gleichen Anteil übernehmen (Abb. 5.11, Teil C). Insgesamt wird eine stärkere Arbeitsmarktbindung der Frauen mit geringeren Geschlechterdifferenzen bei der bezahlten und unbezahlten Arbeit unter jungen Eltern assoziiert. In Teil D von Abbildung 5.11 wird die Geschlechterdifferenz bei der unbezahlten Arbeit aufgeschlüsselt und aufgezeigt, dass Väter in Ländern mit höheren Erwerbstätigenquoten von Müttern mehr Zeit mit unbezahlter Arbeit verbringen. Wie Frauen ohne Kinder verwenden Mütter mehr Zeit auf unbezahlte Arbeit als Männer, wobei der Unterschied in Ländern mit niedrigeren Frauenerwerbstätigenquoten sogar noch ausgeprägter ist.

Nicht in allen Ländern ist die Genderlücke bei der bezahlten und unbezahlten Arbeit bei Paaren mit Kindern durchgehend größer oder kleiner als bei kinderlosen Paaren (Abb. 5.12, linker Teil). In einer getrennten Betrachtung der bezahlten und unbezahlten Arbeit kaschiert die Differenz beim gesamten Arbeitsaufwand erhebliche Unterschiede bei der Genderlücke (Abb. 5.12, rechter Teil). Mit der Präsenz von Kleinkindern erhöht sich die Polarisierung der

Abbildung 5.12 **Junge Eltern im Erwerbsalter teilen die bezahlte und unbezahlte Arbeit traditioneller auf als kinderlose Paare im Erwerbsalter**

Differenz bei der gesamten Erwerbs- und unbezahlten Arbeit, in Minuten pro Tag, zwischen in einer Partnerschaft lebenden 25- bis 44-jährigen Männern und Frauen, mit und ohne Kinder

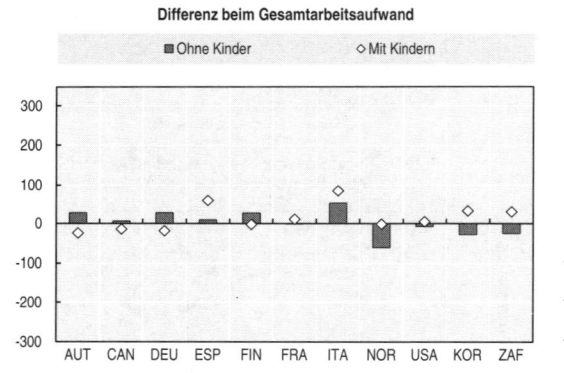

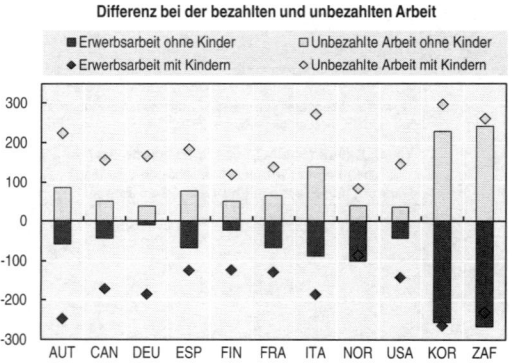

Anmerkung: Zeitverwendungsdaten für in einer Partnerschaft lebende Männer und Frauen, die als Ehe- oder Lebenspartner (verheiratet oder nicht) im selben Haushalt leben, das Alter der Frauen ist auf die Altersgruppe 25-45 Jahre beschränkt. Rentner und Studierende wurden nicht berücksichtigt. Haushalte mit Kindern sind definiert als Haushalte, in denen mindestens ein Haushaltsmitglied unter 18 Jahren als Kind des Paares identifiziert ist

Anmerkung zum linken Teil: In Deutschland leisten in einer Partnerschaft lebende Frauen ohne Kinder im Alter von 25-44 Jahren 27,68 Minuten mehr Gesamtarbeit (bezahlte und unbezahlte Arbeit) als in einer Partnerschaft lebende Männer ohne Kinder (dunkelgrauer Balken). Im Durchschnitt leisten in einer Partnerschaft lebende Frauen im Alter von 25-44 Jahren mit Kindern pro Tag 18,69 Minuten weniger Gesamtarbeit (bezahlte und unbezahlte Arbeit) als in einer Partnerschaft lebende Männer mit Kindern (weiße Rauten).

Anmerkung zum rechten Teil: In diesem Teil werden die beim Gesamtarbeitsaufwand beobachteten geschlechtsspezifischen Unterschiede zerlegt in Geschlechterdifferenzen bei der bezahlten und bei der unbezahlten Arbeit. In Deutschland leisten in einer Partnerschaft lebende Frauen ohne Kinder im Alter von 25-44 Jahren 10,22 Minuten weniger bezahlte Arbeit (dunkelblauer Balken) und 37,9 Minuten mehr unbezahlte Arbeit (weißer Balken) als in einer Partnerschaft lebende Männer ohne Kinder. In einer Partnerschaft lebende Frauen im Alter von 25-44 Jahren mit Kindern leisten 185,3 Minuten weniger bezahlte Arbeit (dunkelblaue Raute) und 166,51 Minuten mehr unbezahlte Arbeit als in einer Partnerschaft lebende Männer mit Kindern (weiße Raute).

Quelle: OECD Time Use Database (vgl. Anhangstabelle 5.A1.1 wegen weiterer Informationen); die Daten für Deutschland wurden vom Statistischen Bundesamt auf der Basis der Zeitverwendungserhebung 2012/2013 (Destatis, 2015) zur Verfügung gestellt.

bezahlten und unbezahlten Arbeit, und die Genderlücken weiten sich auf beiden Gebieten aus. Väter leisten verhältnismäßig mehr bezahlte Arbeit (außer in Norwegen, Korea und Südafrika) und Mütter vergleichsweise mehr unbezahlte Arbeit als Frauen und Männer in kinderlosen Paaren.

In einer Partnerschaft lebende Väter verbringen täglich zwischen 8 und 28 Minuten mehr in bezahlter Arbeit als in einer Partnerschaft lebende Männer ohne Kinder, Ausnahmen bilden Österreich, Korea, Norwegen und Südafrika. Unter in einer Partnerschaft lebenden Frauen ist der Unterschied in der Erwerbsarbeitszeit erheblich größer, wobei sich Mütter häufig ganz oder teilweise vom Arbeitsmarkt zurückziehen. Die größten Unterschiede zwischen in einer Partnerschaft lebenden Frauen mit und ohne Kinder sind in Österreich und Deutschland festzustellen (203 bzw. 135 Minuten pro Tag), wohingegen der Unterschied in Norwegen nur 15 Minuten pro Tag beträgt.

Die Ergebnisse zeigen, dass der Übergang zur Elternschaft ein kritischer Zeitpunkt ist, der maßgeblich darüber entscheidet, ob Paare die bezahlte und unbezahlte Arbeit weiterhin teilen werden. Wie in Kapitel 3 und Kasten 5.4 erörtert, sind die Elternzeit, und insbesondere die Elterngeldmonate, ausschließlich für Väter eine wichtige Politikmaßnahme, die junge Paare ermutigen soll, eine egalitäre Aufteilung der bezahlten und unbezahlten Arbeit aufrechtzuerhalten, wenn sie Eltern werden. Die Steuer- und Transfersysteme bieten Eltern ebenfalls bedeutende finanzielle Anreize, Doppelverdienerpaare zu bleiben und nicht zum traditionellen Modell des männlichen Alleinverdieners zurückzukehren.

Kasten 5.4 „Vätermonate" oder wie die Elternzeit für Väter die Arbeitsteilung und Teilnahme an der Kindererziehung beeinflusst

Mütter dürften die Hauptnutzer von Elternzeitregelungen sein, doch wird eine immer lebhaftere Debatte über Elternzeitmodelle geführt, die ausschließlich auf Väter zugeschnitten oder nur für Väter zugänglich sind. Neben der Möglichkeit, Frau und Kind direkt nach der Geburt zu unterstützen, dürften Elternzeiten speziell für Väter diese zur Teilnahme an der Kindererziehung ermutigen und bis zu einem gewissen Grad zumindest dazu beitragen, dass Männer im Haushalt mehr unbezahlte Arbeit übernehmen. Des Weiteren dürfte die Elternzeit für Väter die Beweggründe für die arbeitgeberseitige Diskriminierung weiblicher Arbeitskräfte in Verbindung mit der beruflichen Freistellung aus familiären Gründen reduzieren: Solange Mütter die hauptsächlichen und nahezu ausschließlichen Nutzer der Elternzeit sind, besteht die Gefahr, dass Arbeitgeber jungen Frauen keinen unbefristeten oder regulären Arbeitsvertrag anbieten und weniger in ihre Karriere- und Weiterbildungsmöglichkeiten investieren als dies bei Männern der Fall ist. Diese Gefahr könnte verringert werden, wenn viele junge Väter nicht nur für 1 oder 2 Tage, sondern für mehrere Monate eine berufliche Freistellung aus familiären Gründen in Anspruch nehmen (Levtov et al., 2015, zur „Lage der Welt Väter").

Befunde aus OECD-Ländern legen den Schluss nahe, dass die Elternzeit speziell für Väter auch ihre Beteiligung an der Kindererziehung und/oder Hausarbeit, ihre Arbeitszeiten, ihr eigenes Wohlbefinden sowie das ihrer Kinder beeinflussen kann.

OECD-weit wird die Inanspruchnahme der Elternzeit durch Väter mit ihrer Beteiligung an Kinderbetreuungsaktivitäten und zumindest einer gewissen Umverteilung der unbezahlten Arbeit assoziiert (Nepomnyaschy und Waldfogel, 2007; Tanaka und Waldfogel, 2007; Huerta et al., 2013; Schober, 2013; Almqvist und Duvander, 2014; Schober 2014a). Unter Verwendung von Daten aus dem Vereinigten Königreich kommen Tanaka und Waldfogel (2007) beispielsweise zu dem Schluss, dass Väter, die Väter- bzw. Elternzeit in Anspruch genommen haben, mit größerer Wahrscheinlichkeit kinderbezogene Aufgaben übernehmen, wie Windeln wechseln, Kind füttern und/oder nächtliches Aufstehen für das Kind. Huerta et al. (2013) bestätigten einige dieser Ergebnisse in einer Studie zu vier OECD-Ländern (Australien, Dänemark, Vereinigtes Königreich, Vereinigte Staaten), aus der hervorging, dass sich die Übernahme dieser Aufgaben am ehesten konkretisierte, wenn Väter eine Elternzeit von mindestens zwei Wochen nahmen.

(Fortsetzung nächste Seite)

(Fortsetzung)

Ein wichtiger Aspekt ist in diesem Zusammenhang, dass die positiven Effekte gewöhnlich von Dauer sind: Väter, die sich früh an der Kinderversorgung beteiligen, bleiben mit größerer Wahrscheinlichkeit auch mit zunehmendem Alter der Kinder engagiert (Baxter und Smart, 2010; Brandth und Gislason, 2012). In einer Studie zu Schweden, das 1995 einen sogenannten „Vatermonat" in Form einer Elternzeit ausschließlich für Väter einführte, kommen Almqvist und Duvander (2014) zu dem Ergebnis, dass Paare, in denen Väter, die eine lange berufliche Freistellung aus familiären Gründen in Anspruch genommen haben, Hausarbeit und Kinderbetreuung partnerschaftlicher aufteilen. Fünfzehn Jahre nachdem Norwegen 1993 die vier Väterwochen eingeführt hatte, zogen Kotsadam und Finseraas (2011) die Schlussfolgerung, dass Väter mit Anspruch auf Kindererziehungszeit die Hausarbeit mit größerer Wahrscheinlichkeit auf geschlechtergerechte Weise mit ihrem Partner teilten. Die Belege über die Auswirkungen der beruflichen Freistellung von Vätern aus familiären Gründen auf ihre Erwerbsbeteiligung zeichnen indessen ein uneinheitliches Bild. Cools et al. (2015) zufolge gab es keine Auswirkungen auf die Arbeitszeiten der Väter, Rege und Solli (2013) hingegen stellten negative Effekte auf die Arbeitsverdienste von Vätern fest, die ihrer Meinung nach auf die Reduzierung der Arbeitszeit zurückzuführen sind. Was Schweden betrifft, so kommen Duvander und Jans (2009) zu dem Ergebnis, dass eine lange berufliche Freistellung von Vätern negative Auswirkungen auf ihre Arbeitszeiten hat, während Ekberg et al. (2013) langfristig keine bedeutenden Auswirkungen auf die Löhne und Gehälter oder die Beschäftigung von Eltern verzeichneten.

Zudem kann ein verstärktes Engagement zuhause das Wohlbefinden von Vätern steigern. Väter, die sich stärker an der Erledigung der unbezahlten Arbeit beteiligen, haben ein geringeres Scheidungsrisiko als weniger engagierte Väter (Sigle-Rushton, 2010), und Väter, die mehr Zeit mit ihren Kindern verbringen, sind eigenen Angaben zufolge zufriedener mit ihrem Leben sowie physisch und psychisch gesünder (Eggebeen und Knoester, 2001; WHO, 2007).

Eine stärkere Beteiligung von Vätern an Erziehungsaufgaben und am Familienleben ist auch mit positiven kognitiven und emotionalen Erlebnissen für die Kinder verbunden (Cabrera et al., 2007; Lamb, 2010; OECD, 2012; Huerta et al., 2013; Schober, 2015) Sie kommt auch der physischen Gesundheit der Kinder zugute (WHO, 2007). Ebenso verbringen Väter laut Lamb (2012) einen größeren Teil ihrer Kinderbetreuungszeit in interaktivem Kontakt, d.h. mit „Qualitätsaktivitäten" (wie Spielen) als Mütter. Zusammenfassend hat eine stärkere Beteiligung von Vätern an Erziehungsaufgaben nicht nur Vorteile für die Erwerbsbeteiligung der Frauen, sie kommt auch den Kindern zugute.

Elternzeit für Väter in Deutschland

Mit der Reform der Elternzeit im Jahr 2007 führte Deutschland ein einkommensbezogenes Elterngeld und zwei für den Partner (d.h. den Vater) reservierte Bonusmonate ein. Den meisten Studien zufolge hat die Reform die Beteiligung der Väter an der Kindererziehung erhöht (Wrohlich et al., 2012; Lauber et al., 2014; Schober, 2014b; Bünning, 2015; Pfahl et al., 2014), wenngleich in einer Studie, in deren Mittelpunkt die unmittelbaren Effekte im ersten Lebensjahr des Kindes stehen, keine Auswirkungen dieser Art gefunden wurden (Kluve und Tamm, 2013).

Im Einklang mit internationalen Daten nimmt das Engagement der Väter in der Kindererziehung mit der Länge der genommenen Elternzeit und in den Fällen zu, in denen der Vater die Elternzeit zu einem anderen Zeitpunkt nimmt als seine Partnerin („Solo-Elternzeit"). Bünning (2015) zeigte ferner, dass der Arbeitszeitumfang der Väter mit der Inanspruchnahme der Elternzeit sinkt und dass ihre Beteiligung an der Hausarbeit zunimmt, wenn sie mehr als zwei Monate zusammen mit ihrer Partnerin oder alleine Elternzeit nehmen.

Mit Hilfe ausführlicher Interviews und einer Online-Befragung analysierten Pfahl et al. (2014) die anhaltenden mittelfristigen Effekte der Elternzeit auf Paare in Deutschland und insbesondere Elterngeldväter, auch nach Ablauf der Elterngeldmonate. Die Befragung und die Interviews fanden 2012-2013 statt. Befragt wurden Väter, die zwischen 2007 und 2013 Elterngeldmonate in Anspruch genommen haben. Die Ergebnisse legen den Schluss nahe, dass in Paaren, die sich die Elterngeldmonate partnerschaftlicher aufteilen, die Väter mit größerer Wahrscheinlichkeit während der Elterngeldmonate und auch im Anschluss daran Teilzeit arbeiten. Väter, die mindestens drei Elterngeldmonate in Anspruch nehmen, beteiligen sich in der Regel partnerschaftlicher an Hausarbeit. Ihren Angaben zufolge hat sich auch die Beziehung zu ihren Kindern intensiviert, und diese Intensität der Vater-Kind-Beziehung bleibt über diese Phase hinaus bestehen. Väter mit mindestens drei Elterngeldmonaten – und insbesondere Väter, die ihre Arbeitszeit nach der Phase der Väterzeit reduziert haben – gaben indessen an, davon überzeugt zu sein, dass ihre Karriere darunter gelitten habe oder wahrscheinlich darunter leiden werde.

In einer Partnerschaft lebende Mütter beteiligen sich stärker an der Kinderbetreuung als in einer Partnerschaft lebende Väter, doch schließt sich die Lücke an Wochenenden und sobald das jüngste Kind zur Schule geht

Die Elternrolle ist mit viel zusätzlicher unbezahlter Arbeit für Eltern verbunden, darunter insbesondere mehr Hausarbeit und kinderbezogene Aufgaben, wie Körperpflege, Spielen und Vorlesen. Auch wenn Eltern einen beachtlichen Teil ihres Tages in Gegenwart der Kinder verbringen, ist das, was sie machen, nicht immer ausschließlich kindbezogen – so ist es etwas anderes, ob die Familie gemeinsam isst oder Eltern den Kindern etwas vorlesen. In Zeitverwendungserhebungen können die Teilnehmer eine Hauptaktivität angeben, wie eine Mahlzeit zubereiten, und gleichzeitig auch eine Nebenaktivität festhalten, wie Radiohören beim Kochen. In den meisten Ländern geben die Befragten auch an, wer dabei war, als sie die genannte Tätigkeit ausübten. Daher geben sie möglicherweise eine kindbezogene Aktivität nicht als Hauptaktivität (oder Nebenaktivität) an, obwohl sie mit dem Kind zusammen sind – wenn sie beispielsweise eine Mahlzeit zubereiten, dabei Radio hören und zugleich ein Kind im Haushalt beaufsichtigen, das seine Hausaufgaben erledigt.

Diese unterschiedlichen Dimensionen der Interaktion mit den Kindern lassen sich anhand von zwei verschiedenen Indikatoren messen (Kasten 5.1):

- mit den Kindern im Haushalt verbrachte Zeit – dieser Indikator misst die insgesamt in Anwesenheit der Kinder im Haushalt verbrachte Zeit;
- Beteiligungsquoten an Aktivitäten der Kinderbetreuung – dieser Indikator zeigt den Prozentsatz der Mütter (Väter) unter allen Müttern (Vätern) auf, die im Lauf eines Tages eine beliebige Form der Kinderbetreuung als Hauptaktivität angegeben haben.

Bei der Interpretation dieser Indikatoren ist jedoch Vorsicht geboten, da nicht alle Länder für die Erfassung der Präsenz von Kindern die gleichen Altersgrenzen zugrunde legen (vgl. die Anmerkungen zu Abbildung 5.13).

Frauen verbringen unabhängig von ihrer Haupt- und Nebenaktivität sehr viel mehr Zeit mit Kindern als Männer (Abb. 5.14, Teil A). Auch bei der Beteiligung an Kinderbetreuungsaufgaben als Hauptaktivität ist diese Differenz zu beobachten (Teil B). Die eigentlichen Aktivitäten der Kinderbetreuung wie Vorlesen, Spielen und Körperpflege machen den geringeren Teil der Gesamtzeit aus, die jeder Elternteil mit den Kindern verbringt. In Familien mit Kindern, die noch nicht im schulpflichtigen Alter sind, verbringen in einer Partnerschaft lebende Mütter und Väter in Finnland einen vergleichsweise großen Teil ihrer Zeit mit den Kindern mit reiner Kinderbetreuung – genauer gesagt 65% bzw. 60% der insgesamt mit den Kindern verbrachten Zeit. In Italien entfallen auf die Kinderbetreuung 25% der Zeit, die in einer Partnerschaft lebende Mütter mit ihren Kindern verbringen, bei den Vätern sind es 18%. Aber auch hier ist bei der Interpretation der Ergebnisse Vorsicht geboten, da die Eltern in Finnland offenbar deutlich weniger Zeit in Anwesenheit ihrer Kinder verbringen als die Eltern in Italien. In allen elf Ländern nimmt die Zeit, die Eltern mit der Kinderbetreuung als Hauptaktivität verbringen, ab, sobald die Kinder zur Schule gehen. In Kasten 5.5 wird – aus der Sicht der Kinder – dargelegt, wie viel Zeit Eltern und Kinder in Australien miteinander verbringen.

In den meisten Familien mit kleinen Kindern geben beide Elternteile an, im Lauf des Tages die eine oder andere Betreuungsaufgabe wahrzunehmen. Solche Familien, in denen beide Elternteile Verantwortung für die Kinderbetreuung übernehmen (Familien mit partnerschaftlich geteilter Kinderbetreuung) machen in Spanien 78% und in Frankreich 62% aller Familien mit mindestens einem schulpflichtigen Kind aus, die anderen Länder siedeln sich dazwischen an (die Ergebnisse sind hier nicht ausgewiesen). Familien, in denen nur die Mutter mindestens eine Kinderbetreuungsaktivität angibt und der Vater keine, sind die nächstgrößte Gruppe

> **Kasten 5.5 Mit den Eltern verbrachte Zeit aus Sicht der Kinder (Australien)**
>
> Im Rahmen der Langzeitstudie „The Longitudinal Study of Australian Children (LSAC)" wurde ermittelt, wie kleine Kinder ihren Tag verbringen. Diese Studie ergänzt die in den regulären Zeitverwendungserhebungen von den Eltern erteilten Informationen um Daten aus der Sicht der Kinder. Als national repräsentative Studie über die Kinder in Australien bietet die LSAC eine einzigartige Gelegenheit, zu untersuchen, wie die Zeit, die Kinder mit ihren Vätern und Müttern verbringen, mit deren Erwerbsumfang variiert – und wie sie sich in den ersten Jahren verändert, da die LSAC Kinder über einen längeren Zeitraum beobachtet (Langzeitdaten).
>
> Die LSAC startete 2004, und die Daten werden im zweijährigen Turnus erhoben. Die jüngsten LSAC-Kohortendaten, auf denen die Angaben zur Zeitverwendung in diesem Bericht basieren, beziehen sich auf die Altersgruppen 0-1, 2-3 und 4-5 Jahre. Anhand von Antworten auf die Frage, wer beim Kind war („Wer sonst war im selben Raum, oder falls außerhalb, in der Nähe des Kindes?" mit den Antwortoptionen „Mutter" und/oder „Vater") wird geschätzt, wie viel Zeit die Kinder täglich mit den nachstehenden Personen verbringen:
>
> - mit Vater und Mutter gleichzeitig;
> - nur mit dem Vater;
> - nur mit der Mutter.
>
> Für die Abend- und Nachtstunden (20 Uhr - 6 Uhr) wurden nur die Zeiten berücksichtigt, in denen die Eltern anwesend und die Kinder wach waren. Die Einträge in den Zeitverwendungstagebüchern von Erwachsenen, die Aufschluss darüber geben, wie Kinder ihre Zeit in Paarfamilien verbringen, ermöglichen es, einen engeren Zusammenhang zwischen der mit den Kindern verbrachten Zeit und dem Erwerbsumfang jedes Elternteils herzustellen.
>
> Solange die Kinder klein sind, gehen Väter generell einer Vollzeittätigkeit mit hoher Stundenzahl nach, während die Mütter Teilzeit arbeiten. Die geschlechtsspezifischen Verteilungsmuster der bezahlten und unbezahlten Arbeit, zu der die Kinderbetreuung gehört, treten daher in den australischen Studien zur Zeitverwendung von Eltern (Craig und Mullan, 2010) und in der LSAC deutlich zu Tage:
>
> - Auf der Basis von Zeitverwendungsdaten von Eltern geben Craig, Powell und Smyth (2014) an, dass Mütter in Australien im Jahr 2006 im Durchschnitt einer 7-Tage-Woche täglich über 10 Stunden (617 Minuten) mit ihren Kindern (0-14 Jahre) verbrachten und Väter mehr als 6 Stunden (401 Minuten).
> - Die kindbasierte LSAC-Studie erzeugt vergleichbare Schätzwerte: Kinder in den Altersgruppen 0-1, 2-3 und 4-5 Jahre verbringen durchschnittlich insgesamt 572 Minuten pro Tag mit ihren Müttern und 313 Minuten mit ihren Vätern. In dem Maße, wie die auf Elternangaben basierenden Schätzungen die Zeit widerspiegeln, die Eltern mit einer beliebigen Zahl von Kindern im Haushalt verbringen, fallen die Schätzungen der mit Eltern verbrachten Zeit aus der Sicht eines einzelnen Kindes (wie in der LSAC-Studie) wahrscheinlich niedriger aus, als die Schätzwerte, die aus den Zeitverwendungstagebüchern Erwachsener erfasst wurden.
>
> Abbildung 5.13 veranschaulicht, wie die Zeit, die Kinder in Paarfamilien mit ihren Eltern verbringen, je nach Erwerbsstatus der Mutter abweicht – was in der Höhe der Balken zum Ausdruck kommt. Mit steigendem Erwerbsumfang von Müttern verbringen die Kinder unter der Woche insgesamt weniger Zeit mit ihren Eltern, wobei diese Minuszeit der Zeit entspricht, in der sie durch andere Erwachsene als ihre Eltern betreut werden (vgl. „Durchschnittliche Zahl der Minuten, die Kinder mit anderen Erwachsenen [als ihre Eltern] verbringen" unter der Abbildung). Wenn Mütter länger arbeiten, verkürzt sich die Zeit, die Kinder allein mit ihren Müttern verbringen, und die Zeit mit ihren Vätern nimmt zu. Multivariate Methoden, die dem Langzeitcharakter der Daten Rechnung tragen, bestätigen diese Ergebnisse (Baxter, 2015). Die Zeit, die Kinder insgesamt und alleine mit dem Vater verbringen, nimmt mit steigender Wochenarbeitszeit der Väter ab. Und obwohl die Verknüpfungen zwischen dem Erwerbsumfang der Eltern und der Zeitverwendung der Kinder an Wochenenden schwächer sind, verbringen Kinder von Vätern mit sehr hoher Wochenstundenzahl (55 oder mehr Stunden pro Woche) auch an Wochenenden die geringste Zeit mit ihrem Vater.
>
> Schließlich verdeutlichte Baxter (2015), dass die Zeit, die Kinder mit ihren Eltern verbringen, im Lauf der Zeit korreliert. Kinder, die in sehr jungem Alter mehr Zeit mit beiden Elternteilen allein oder zusammen verbracht hatten, werden wahrscheinlich auch in höherem Alter in den Genuss von mehr Zeit mit ihren Eltern kommen. Politikmaßnahmen, die darauf abzielen, Eltern, und insbesondere Vätern, die Möglichkeit zu bieten, mehr Zeit mit ihren kleinen Kindern zu verbringen, dürften daher für die stärkere Einbeziehung der Väter in Aufgaben der Kinderbetreuung, wenn die Kinder größer werden, eine entscheidende Rolle spielen.
>
> *(Fortsetzung nächste Seite)*

(Fortsetzung)

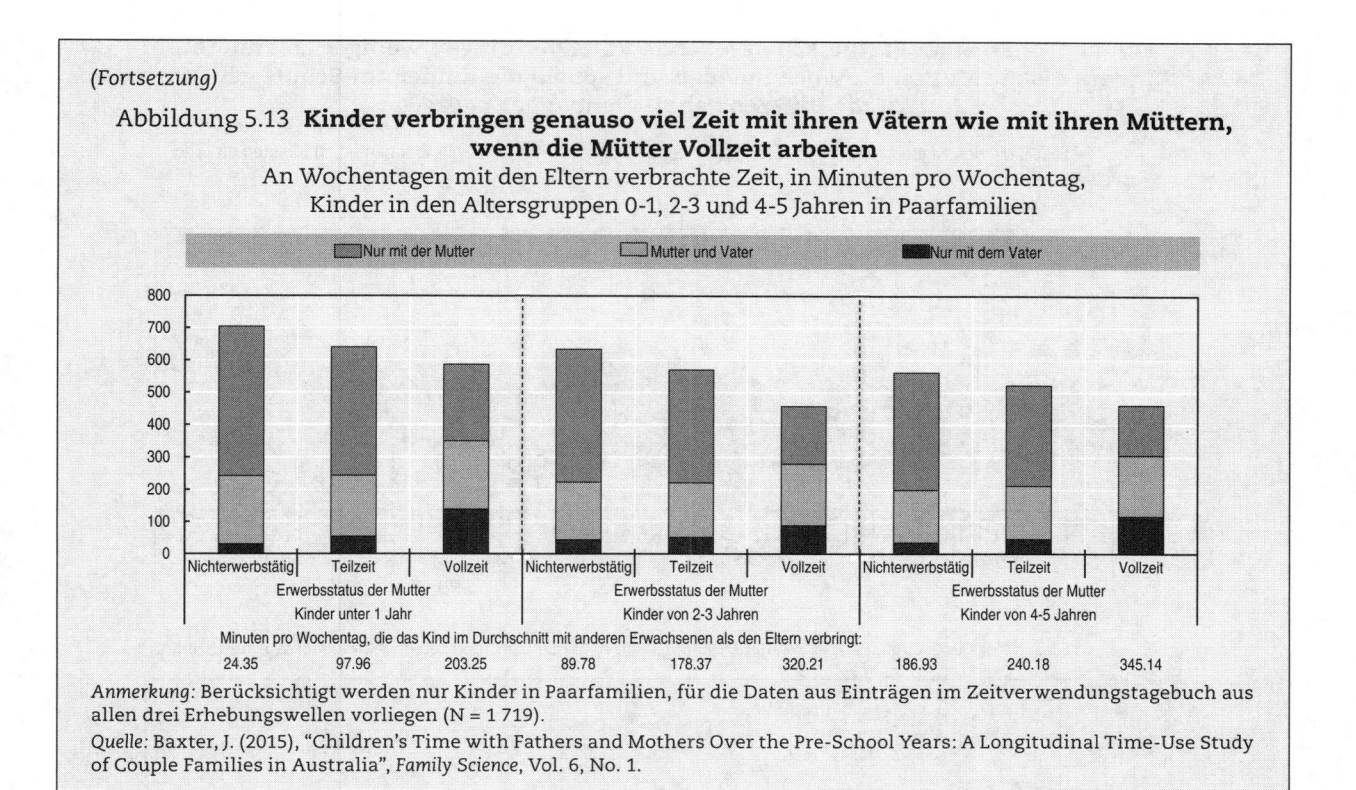

Abbildung 5.13 Kinder verbringen genauso viel Zeit mit ihren Vätern wie mit ihren Müttern, wenn die Mütter Vollzeit arbeiten

An Wochentagen mit den Eltern verbrachte Zeit, in Minuten pro Wochentag, Kinder in den Altersgruppen 0-1, 2-3 und 4-5 Jahren in Paarfamilien

	Nur mit der Mutter	Mutter und Vater	Nur mit dem Vater

Erwerbsstatus der Mutter

Kinder unter 1 Jahr			Kinder von 2-3 Jahren			Kinder von 4-5 Jahren		
Nichterwerbstätig	Teilzeit	Vollzeit	Nichterwerbstätig	Teilzeit	Vollzeit	Nichterwerbstätig	Teilzeit	Vollzeit

Minuten pro Wochentag, die das Kind im Durchschnitt mit anderen Erwachsenen als den Eltern verbringt:

| 24.35 | 97.96 | 203.25 | 89.78 | 178.37 | 320.21 | 186.93 | 240.18 | 345.14 |

Anmerkung: Berücksichtigt werden nur Kinder in Paarfamilien, für die Daten aus Einträgen im Zeitverwendungstagebuch aus allen drei Erhebungswellen vorliegen (N = 1 719).
Quelle: Baxter, J. (2015), "Children's Time with Fathers and Mothers Over the Pre-School Years: A Longitudinal Time-Use Study of Couple Families in Australia", *Family Science*, Vol. 6, No. 1.

– „Familien mit Mutter als Hauptverantwortliche für die Kinderbetreuung", die in Frankreich beispielsweise 28% aller Familien mit mindestens einem schulpflichtigen Kind ausmachen und in Spanien 17%. Unter den Familien mit älteren Kindern – in denen weniger unmittelbare Betreuung erforderlich ist und die insgesamt mit Kindern verbrachte Zeit weniger wird – geht der Anteil der Familien „mit partnerschaftlich geteilter Kinderbetreuung" zurück und der der „Familien mit Mutter als Hauptverantwortliche für die Kinderbetreuung" nimmt zu.

Korea (57%) und Südafrika (14%) verzeichnen die geringsten Anteile an Familien „mit partnerschaftlich geteilter Kinderbetreuung" unter den elf Ländern, und Mütter sind hier mit größerer Wahrscheinlichkeit allein für die Kinderbetreuung verantwortlich. In beiden Ländern beschränkt sich die Kategorie Kinderbetreuung in der Aktivitätenliste aber vornehmlich auf die Körperpflege und Beaufsichtigung und/oder ist hauptsächlich auf Interaktionen mit kleinen Kindern ausgerichtet (Kasten 5.1). Verschiedene Aktivitäten im Rahmen der Kinderbetreuung, die in den anderen Ländern kodiert wurden – wie Gespräche mit Kindern und Hausaufgabenbetreuung/Anleitung geben –, werden in den Aktivitätenlisten in Korea und Südafrika nicht in gleichem Umfang aufgenommen[6].

Die Genderlücke in der Kinderbetreuung ist an Wochenenden kleiner und schließt sich, sobald die Kinder zur Schule gehen. Ferner teilen Eltern die Betreuungsaufgaben und mit den Kindern verbrachte Zeit an Wochenenden und wenn die Kinder älter sind gleichmäßiger auf (Abb. 5.14). Am Wochenende verbringen beide Elternteile schulpflichtiger Kinder in Frankreich, Finnland und den Vereinigten Staaten nahezu gleich viel Zeit mit ihren Kindern[7]. Hook und Wolfe (2012) bestätigen, dass in den Vereinigten Staaten, Deutschland, Norwegen und dem Vereinigten Königreich Väter an Wochenenden mehr Zeit mit interaktiver Betreuung und alleine mit ihren Kindern verbringen. Aber nur die Väter in Norwegen erhöhen sowohl ihre Beteiligung an Aktivitäten der Kinderbetreuung als auch die Zeit, die sie mit der Körperpflege ihrer Kinder verbringen.

Abbildung 5.14 In einer Partnerschaft lebende Väter verbringen weniger Zeit mit ihren Kindern als die Mütter, an Wochenenden und sobald die Kinder zur Schule gehen, ist die Differenz aber offenbar geringer

Teil A. Mit den Kindern verbrachte Zeit, nach Alter des jüngsten Kindes sowie Wochentag, in Minuten pro Tag[1]

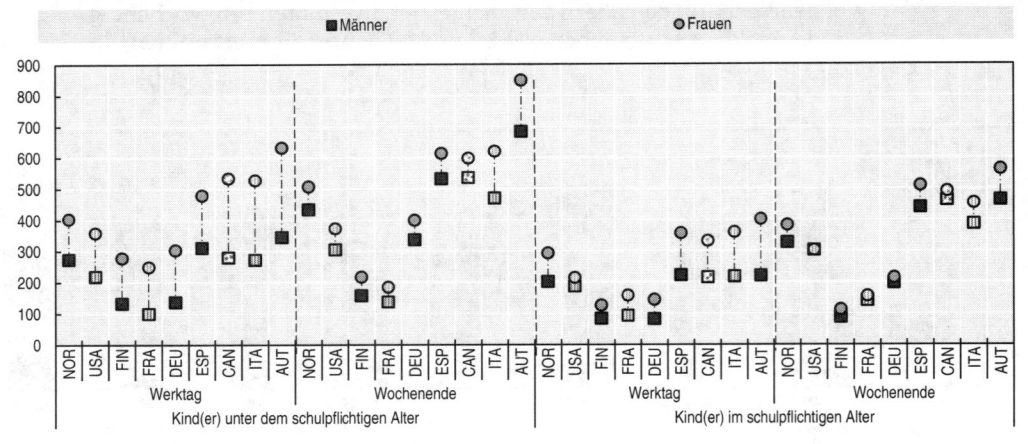

Teil B. Beteiligungsquoten an der Kinderbetreuung, nach Alter des jüngsten Kindes und Wochentag, in Prozent[2]

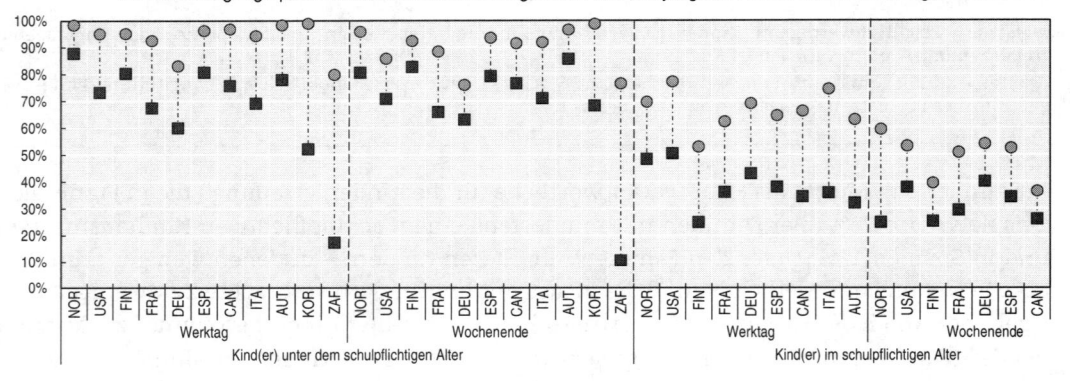

Anmerkung: Zeitverwendungsdaten für in einer Partnerschaft lebende Männer und Frauen, die als Ehe- oder Lebenspartner (verheiratet oder nicht) im selben Haushalt leben, das Alter der Frauen ist auf die Altersgruppe 25-45 Jahre beschränkt. Rentner und Studierende wurden nicht berücksichtigt.

1. In Anwesenheit von im Haushalt lebenden Kindern verbrachte Minuten werden in Italien, Frankreich, den Vereinigten Staaten (gestreifte Symbole) für alle Kinder unter 18 Jahren, in Kanada (gepunktete Symbole) für Kinder unter 15 Jahren und in Österreich, Finnland, Deutschland und Spanien (Symbole ohne Muster) für Kinder unter 10 Jahren angegeben. Südafrika und Korea bleiben unberücksichtigt, da die Präsenz von Kindern im Haushalt in Südafrika gar nicht und in Korea nur die Präsenz beliebiger anderer Haushaltsmitglieder über 10 Jahren erfasst wird.
2. Die Beteiligungsquoten an der Kinderbetreuung erfassen den Prozentsatz der Väter oder Mütter, die an dem Tag, an dem sie das Zeitverwendungstagebuch führten, mindestens eine Aktivität der Kinderbetreuung (Körperpflege, Beaufsichtigung, Hausaufgabenbetreuung/Anweisungen geben oder Vorlesen, Spielen und Gespräche mit dem Kind) als Hauptaktivität angegeben haben. In Korea und Südafrika sind die Beteiligungsquoten für Kinder im schulpflichtigen Alter nicht angegeben, da sich die Liste der Kinderbetreuungsaktivitäten auf Aktivitäten mit kleinen Kindern bezieht (vgl. Kasten 5.1 wegen weiterer Einzelheiten).

Quelle: OECD Time Use Database (vgl. Anhangstabelle 5.A1.1 wegen weiterer Informationen). Die Daten für Deutschland wurden vom Statistischen Bundesamt auf der Basis der Zeitverwendungserhebung 2012/2013 (Destatis, 2015) zur Verfügung gestellt.

Bei Paaren mit hohem Bildungsniveau ist die Wahrscheinlichkeit größer, dass sie ihre Aufgaben in vielerlei Hinsicht und insbesondere auch im Bereich der Kinderbetreuung ausgewogener aufteilen. In allen acht Ländern, für die Informationen zum Bildungsniveau beider Elternteile zur Verfügung stehen, ist die Geschlechterdifferenz bei der Teilnahme an der Kinderbetreuung zwischen Eltern mit höherem Bildungsabschluss geringer als bei Eltern ohne derartige Qualifikation (Abb. 5.15). Wenn es aber um die Zeit geht, die Eltern

Abbildung 5.15 **In Paaren mit hohem Bildungsniveau sind die Aktivitäten der Kinderbetreuung gleichmäßiger verteilt**

Differenz zwischen Männern und Frauen bei der Beteiligung an der Kinderbetreuung nach Bildungsniveau, in Prozent

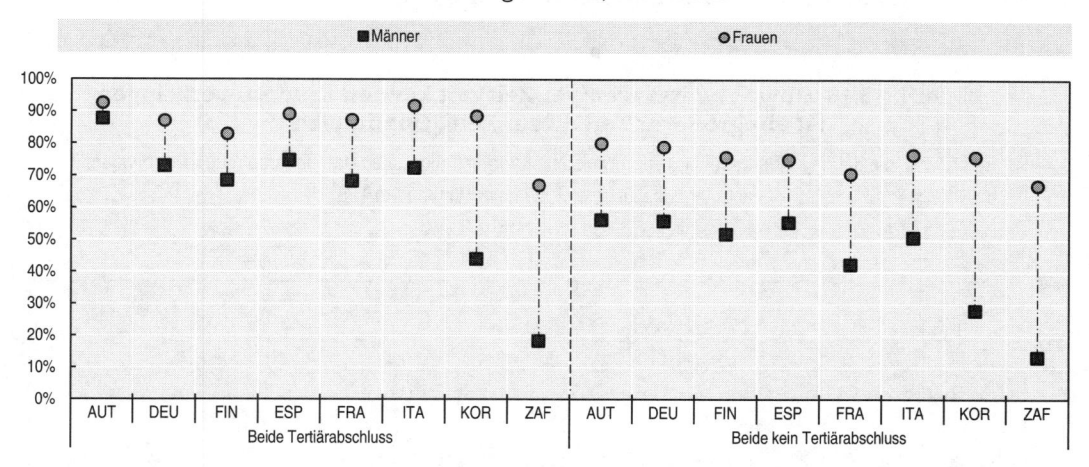

Anmerkung: Zeitverwendungsdaten für in einer Partnerschaft lebende Männer und Frauen, die als Ehe- oder Lebenspartner (verheiratet oder nicht) im selben Haushalt leben, das Alter der Frauen ist auf die Altersgruppe 25-45 Jahre beschränkt. Rentner und Studierende wurden nicht berücksichtigt.

Die Beteiligungsquoten an Aktivitäten der Kinderbetreuung erfassen den Prozentsatz der Väter oder Mütter, die an dem Tag, an dem sie das Zeitverwendungstagebuch führten, mindestens eine Aktivität der Kinderbetreuung (Körperpflege, Beaufsichtigung, Hausaufgabenbetreuung/Anweisungen geben, Vorlesen, Spielen und Gespräche mit dem Kind) als Hauptaktivität angaben. In Korea und Südafrika werden die Beteiligungsquoten für Kinder im schulpflichtigen Alter nicht angegeben, da sich die Liste der Kinderbetreuungsaktivitäten auf Aktivitäten mit kleinen Kindern bezieht (vgl. Kasten 5.1 wegen weiterer Einzelheiten).

Quelle: OECD Time Use Database (vgl. Anhangstabelle 5.A1.1 wegen weiterer Informationen). Die Daten für Deutschland wurden vom Statistischen Bundesamt auf der Basis der Zeitverwendungserhebung 2012/2013 (Destatis, 2015) zur Verfügung gestellt.

mit ihren Kindern verbringen, besteht zwischen Paaren mit hohem Bildungsniveau und Paaren ohne Hochschulabschluss kein signifikanter Unterschied (die Ergebnisse sind hier nicht ausgewiesen).

Mütter verbringen in Stunden mehr „Qualitätszeit" mit ihren Kindern, Väter hingegen anteilsmäßig

In Paarfamilien, in denen beide Elternteile Verantwortung für die Kinderbetreuung übernehmen (vgl. Kasten 5.1 wegen einer Definition) – d.h. sich an Kinderbetreuungsaktivitäten beteiligen –, investieren Mütter mehr Zeit in Betreuungsaufgaben als Väter (Abb. 5.16, Teil A). Jedoch ist die Differenz geringer oder entfällt, sobald das jüngste Kind zur Schule geht. In Familien, in denen das jüngste Kind noch nicht im schulpflichtigen Alter ist, variiert die Differenz zwischen den Elternteilen, die Verantwortung für die Kinderbetreuung übernehmen, zwischen 51 Minuten (in Frankreich) und 118 Minuten (in Korea). In Finnland verbringen in Familien mit Kindern im schulpflichtigen Alter Väter, die Verantwortung für die Kinderbetreuung übernehmen, in der Tat mehr Zeit mit Betreuungsaufgaben als Mütter, die Verantwortung für die Kinderbetreuung tragen (vgl. die Anmerkungen zu Abbildung 5.16).

Es existiert keine allgemeingültige Definition, die Aufschluss darüber gibt, welche Aktivitäten der Kinderbetreuung als „Qualitätszeit" betrachtet werden sollten. Allerdings führen Eltern im Bereich der Kinderbetreuung nicht nur Routineaufgaben aus. Sie verbringen auch Zeit mit Hausaufgabenbetreuung/Anleitung geben und kreativen Tätigkeiten mit ihren Kindern, die auch mit Freizeitaktivitäten assoziiert werden können. In dieser Hinsicht können Aktivitäten wie Vorlesen, Spielen mit den Kindern, Gespräche, Hausaufgabenbetreuung/

Anleitung geben und nach draußen gehen mit den Kindern unter die Überschrift „Qualitätszeit" oder „Qualitätsaktivitäten" fallen[8]. Mit Körperpflege, Beaufsichtigung, Abholen von Kindern und sonstigen, nicht näher spezifizierten Aktivitäten der Kinderbetreuung verbrachte Zeit gilt nicht als „Qualitätszeit" (Abb. 5.16, Teil B).

Abbildung 5.16 **Obwohl Väter weniger Zeit mit kleinen Kindern verbringen, ist ein größerer Teil dieser Zeit „Qualitätszeit"**

Teil A. Zeit, die für die Kinderbetreuung verantwortliche Eltern mit Aktivitäten der Kinderbetreuung verbringen, nach Alter des jüngsten Kindes, in Minuten pro Tag[1]

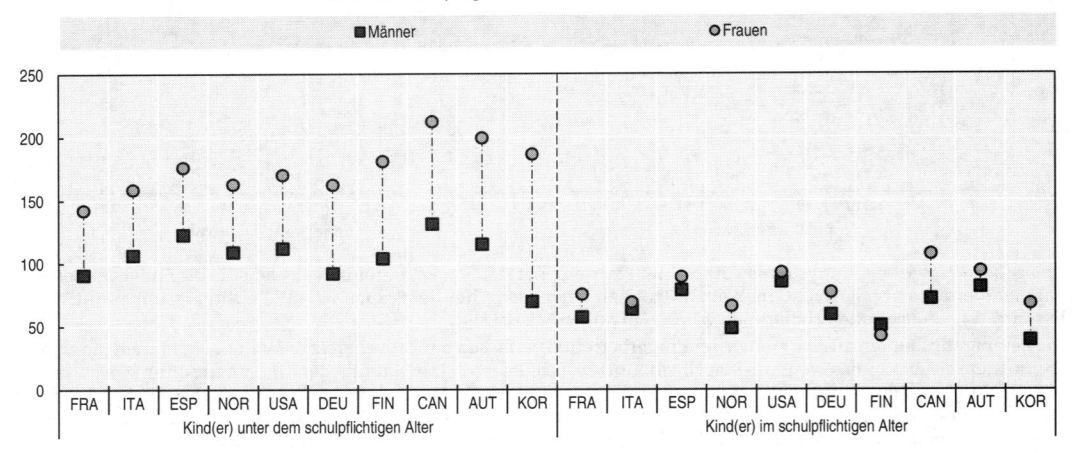

Teil B. Prozentsatz der „Qualitätszeit" an der Gesamtzeit, die für die Kinderbetreuung verantwortliche Eltern Aktivitäten der Kinderbetreuung widmen, nach Alter des jüngsten Kindes[2]

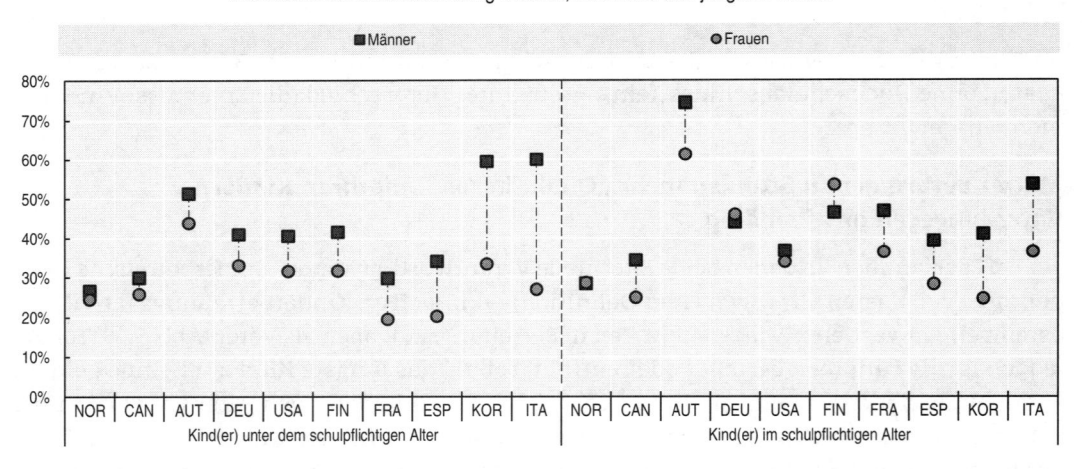

Anmerkung: Zeitverwendungsdaten für in einer Partnerschaft lebende Männer und Frauen, die als Ehe- oder Lebenspartner (verheiratet oder nicht) im selben Haushalt leben, das Alter der Frauen ist auf die Altersgruppe 25-45 Jahre beschränkt. Rentner und Studierende wurden nicht berücksichtigt.

1. Die Daten beschränken sich auf Eltern, die Verantwortung für die Kinderbetreuung übernehmen, d.h. Mütter und Väter, die an dem Tag, an dem sie das Zeitverwendungstagebuch führen, an mindestens einer Aktivität der Kinderbetreuung beteiligt sind (wegen weiterer Einzelheiten vgl. Kasten 5.1).
2. Die „Qualitätszeit" umfasst Vorlesen, Spielen, Gespräche mit Kindern, mit ihnen nach draußen gehen und Hausaufgabenbetreuung. Körperpflege, Wegezeiten und sonstige, nicht weiter spezifizierte Kinderbetreuungsaktivitäten gelten nicht als Qualitätszeit.

Quelle: OECD Time Use Database (vgl. Anhangstabelle 5.A1.1 wegen weiterer Informationen). Die Daten für Deutschland wurden vom Statistischen Bundesamt auf der Basis der Zeitverwendungserhebung 2012/2013 (Destatis, 2015) zur Verfügung gestellt.

Väter in Paarfamilien verbringen in allen Ländern einen größeren Teil ihrer Kinderbetreuungszeit mit qualitativ hochwertigeren Aktivitäten der Kinderbetreuung als Mütter – Ausnahmen bilden Norwegen und Finnland sowie Familien, in denen Kinder das schulpflichtige Alter erreicht haben (Abb. 5.16, Teil B). Mütter, und insbesondere Mütter mit Säuglingen, verwenden oft mehr Zeit auf Tätigkeiten, die zur Körperpflege gehören, wie Windeln wechseln und Stillen, die hier aber nicht als Qualitätsaktivitäten erfasst werden. In absoluter Rechnung verbringen Väter in Italien, Österreich und den Vereinigten Staaten mit etwa einer Stunde pro Tag die meiste Qualitätszeit mit ihren kleinen Kindern, während in Italien und Spanien in einer Partnerschaft lebende Väter erneut in absoluter Rechnung mehr Zeit mit Qualitätsaktivitäten verbringen als in einer Partnerschaft lebende Mütter.

In einer Partnerschaft lebende Männer kümmern sich mit geringerer Wahrscheinlichkeit um die Pflege und Versorgung anderer Erwachsener im Haushalt, in diesem Bereich scheint aber keine Genderlücke zu klaffen

2010 gaben etwa 15% der über 50-Jährigen in 18 OECD-Ländern an, informelle Pflegekraft für einen Erwachsenen in ihrem Haushalt zu sein (OECD, 2013, S. 181). Die informelle Pflege ist in den Ländern besonders weit verbreitet, in denen die Zahl der bezahlten Pflegekräfte verhältnismäßig gering ist (OECD, 2013). Etwa zwei Drittel dieser Pflegepersonen sind Frauen. Die „Beteiligungsquoten an der Familienarbeit" auf der Basis von Zeitverwendungsdaten deuten darauf hin, dass in allen Ländern, außer Norwegen, in einer Partnerschaft lebende Männer mit geringerer Wahrscheinlichkeit die Pflege anderer Erwachsener im Haushalt übernehmen als in einem Paarhaushalt lebende Frauen (Abb. 5.17, Teil A). Bei den Pflegepersonen handelt es sich zum großen Teil um über 50-Jährige[9].

Die einzelnen Länder geben die Pflege- und Betreuungsleistungen für erwachsene Haushaltsmitglieder in den Zeitverwendungserhebungen in ganz unterschiedlichen Details an. In den Vereinigten Staaten gehen die Daten der Zeitverwendungserhebungen für die Pflege und Versorgung erwachsener Haushaltsmitglieder am stärksten ins Detail. Demgegenüber weisen einige Länder für die verschiedenen Formen der (Körper-)Pflege und Unterstützung erwachsener Haushaltsmitglieder nur eine Kategorie aus, so dass bei Ländervergleichen der Pflege und Versorgung erwachsener Haushaltsmitglieder Vorsicht geboten ist.

Von den in einer Partnerschaft lebenden Männern und Frauen, die in ihrem Tagebuch in mindestens einem Zeitfenster die Pflege und Versorgung eines erwachsenen Haushaltsmitglieds angeben, verwenden in einer Partnerschaft lebende Männer mindestens genauso viel – wenn nicht sogar noch mehr – Zeit auf Versorgung und Pflege wie in einer Partnerschaft lebende Frauen; Ausnahmen bilden Norwegen und die Vereinigten Staaten (Abb. 5.17, Teil B). Wenn ein Erwachsener in einem Haushalt einen anderen Erwachsenen pflegt, handelt es sich dabei meistens um den (Ehe-)Partner.

Die Indikatoren in Abbildung 5.17 beleuchten nur eine Dimension der Pflegearbeit für ältere und/oder behinderte Menschen. Ein beachtlicher Teil der Pflegearbeit für ältere Personen findet außerhalb des Haushalts statt (US BLS, 2013). Die Identifizierung der informellen Pflege Erwachsener außerhalb des Haushalts in den Zeitverwendungsdaten und die Harmonisierung der Pflegeaktivitäten zwischen den Ländern sind eine extrem schwierige, wenn nicht sogar eine nahezu unmögliche Aufgabe. Viele Länder weisen die Pflege für Erwachsene, die nicht im Haushalt leben, getrennt aus, fassen aber die informelle Hilfe für Erwachsene in anderen Haushalten sowie Unterstützung anderer Haushalte in einer einzigen Kategorie zusammen. Eine klare, konsistente länderübergreifende Identifikation der informellen Pflege Erwachsener würde den Rahmen dieser Analyse sprengen[10].

Abbildung 5.17 **In einer Partnerschaft lebende Männer kümmern sich mit geringerer Wahrscheinlichkeit um die Pflege und Versorgung erwachsener Haushaltsmitglieder, wenn sie dies jedoch tun, widmen sie dieser Aufgabe genauso viel Zeit wie die Frauen**

Teil A. Beteiligung an der Pflege erwachsener Haushaltsmitglieder, in %

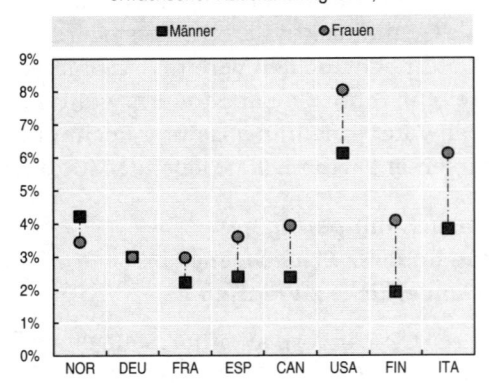

Teil B. Von den Pflegepersonen für Pflege und Versorgung von Erwachsenen im Haushalt aufgewendete Zeit, in Minuten pro Tag

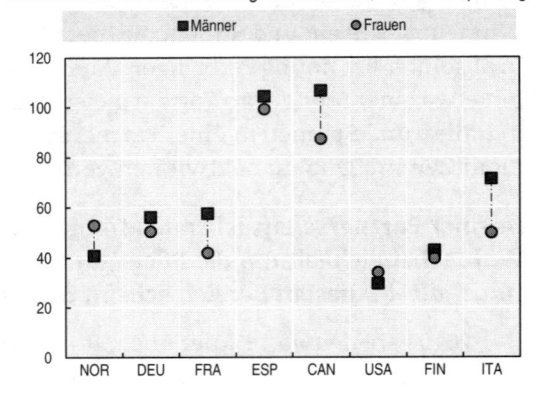

Anmerkung: Zeitverwendungsdaten für in einer Partnerschaft lebende Männer und Frauen über 18 Jahren. Die Kategorie „Pflege und Versorgung Erwachsener im Haushalt" umfasst alle verzeichneten Pflege- und Unterstützungsleistungen. Der Indikator wird nicht dargestellt, wenn weniger als 30 Befragte diese Aktivität angegeben haben. Beide Indikatoren zur Pflege und Versorgung Erwachsener in anderen Haushalten sind für Finnland und Spanien nicht angegeben, da die Aktivitäten im Zusammenhang mit der Pflege und Versorgung eines erwachsenen Haushaltsmitglieds mit anderen Aktivitäten zusammengefasst werden.
Quelle: OECD Time Use Database (vgl. Anhangstabelle 5.A1.1 wegen weiterer Informationen). Die Daten für Deutschland wurden vom Statistischen Bundesamt auf der Basis der Zeitverwendungserhebung 2012/2013 (Destatis, 2015) zur Verfügung gestellt.

5. Schlussbetrachtungen

Obwohl Frauen zunehmend erwerbstätig sind, haben sie weitgehend kürzere Wochenarbeitszeiten als ihre männlichen Partner. Und selbst wenn sie die gleiche Stundenzahl absolvieren, teilen Paare die unbezahlte Arbeit noch nicht ausgewogen auf.

Frauen verwenden doppelt so viel Zeit auf unbezahlte Arbeit zuhause wie ihre Partner, obwohl die Genderlücke in diesem Punkt in Ländern mit höherer Frauenerwerbstätigkeit kleiner ist. In Paaren mit stärkerer Frauenbeteiligung am Arbeitsmarkt, wird die unbezahlte Arbeit ausgewogener verteilt. Der Hauptgrund hierfür besteht aber darin, dass in einer Partnerschaft lebende Frauen und Doppelverdienerpaare insgesamt weniger unbezahlte Arbeit leisten, und nicht darin, dass in einer Partnerschaft lebende Männer mehr unbezahlte Arbeit übernehmen. Bildung leistet in der Mehrzahl der elf Länder, für die Zeitverwendungsdaten analysiert wurden, einen wichtigen Beitrag zu einer partnerschaftlicheren Verteilung der bezahlten und unbezahlten Arbeit. Paare mit hohem Bildungsniveau sind mit größerer Wahrscheinlichkeit Doppelverdiener, und sie teilen die unbezahlte Arbeit im Allgemeinen ausgewogener auf als Paare ohne Hochschulqualifikation.

Der Übergang zur Elternschaft markiert für viele Paare einen Wendepunkt in der „partnerschaftlichen" Aufgabenteilung. Wenn Paare ein Kind haben, kehren sie häufig (wenn auch unfreiwillig) zu einer traditionelleren Verteilung der Geschlechterrollen zurück als junge Paare ohne Kinder, die die unbezahlte Arbeit weiterhin ausgewogener aufteilen.

Mütter verbringen zwar mehr Qualitätszeit mit ihren Kindern als Väter, dafür handelt es sich aber bei einem größeren Teil der Zeit, die Männer der Kinderbetreuung widmen, um Qualitätszeit, d.h. Zeit für interaktive Aktivitäten wie Vorlesen, Spielen und Gespräche. Väter in Paaren mit hohem Bildungsniveau beteiligen sich in der Regel auch stärker an Kinderbetreuungsaktivitäten als Väter in Paaren, die über ein geringeres Bildungsniveau verfügen.

Anmerkungen

1. Die Begriffe „Elternteil", „Mutter" und „Vater" beziehen sich auf Mütter und Väter, die (als Ehepaar oder in einer nichtehelichen Lebensgemeinschaft) mit wenigstens einem Kind unter 18 Jahren, als dessen Eltern sie identifiziert werden, in einem Haushalt zusammenleben.
2. Der Begriff „Genderlücke" bezieht sich in diesem Kapitel auf den Unterschied zwischen Frauen und Männern beim Indikator der Durchschnittszeit, die Frauen in unbezahlter Arbeit verbringen und der Durchschnittszeit, die Männer dieser Aufgabe widmen.
3. Anhand von Daten des Gender and Generations Programme weisen Aasve et al. (2014) nach, dass Paare in Norwegen die Hausarbeit ausgewogener aufteilen als Paare in Österreich, Belgien, Bulgarien, Frankreich, Deutschland, Ungarn, Rumänien und der Russischen Föderation. Die Variable Arbeitsteilung wird anhand der Antworten eines Partners auf Fragen nach der Häufigkeit konstruiert, mit der der andere Partner gewöhnlich Standardaufgaben im Haushalt übernimmt.
4. Die Teilnehmer an der Zeitverwendungserhebung in Deutschland wurden durch das sog. Quoten-Stichprobenverfahren ausgewählt: Die Zielpopulation wird in mehrere Untergruppen unterteilt (z.B. nach Geschlecht, Alter und Standort), und die Teilnehmer aus diesen Untergruppen werden dann in einem Nicht-Zufallsverfahren ausgewählt. Der Vorteil dieses Ansatzes besteht darin, dass er weniger zeitintensiv und daher weniger kostenaufwendig ist, als das Verfahren der Zufallsstichproben, und dass entsprechend die Rücklaufquoten deutlich höher ausfallen können. Allerdings sind Erhebungsergebnisse nicht unbedingt repräsentativ für die Gesamtbevölkerung, so dass eine „statistische Inferenz" (einschl. der Konstruktion von Vertrauensintervallen) nicht möglich ist (vgl. Maier, 2014, wegen näherer Einzelheiten). Aufgrund der sehr geringen Zahl an Fällen, in denen in Finnland in einem Paar ein Partner Vollzeit und der andere Teilzeit arbeitet (PT-FT-Kombination) und in Korea und Südafrika beide Partner vollzeitnah arbeiten (rFT-rFT-Kombination), werden diese Kombinationen für diese Länder nicht berücksichtigt.
5. Da in den Daten nicht unterschieden wird zwischen Paaren höheren Alters, die nie Kinder hatten, und älteren Paaren, deren Kinder bereits aus dem Haus sind, beschränkt sich die Analyse auf Paare jüngeren Alters.
6. Die Aktivitätenliste für Südafrika umfasst Körperpflege, Beaufsichtigung, Hausaufgabenbetreuung/Anleitung geben, Kinder begleiten, aber kein Vorlesen, Spielen oder Gespräche führen mit Kindern. Die Aktivitätenliste für Südkorea enthält folgende Aktivitäten nicht: Gespräche mit Kindern, Vorlesen oder Spielen mit Kindern im schulpflichtigen Alter.
7. Wegezeiten in Verbindung mit Betreuungsaufgaben werden in Abbildung 5.14 nicht als Kinderbetreuung betrachtet. Dabei können Wegezeiten im Zusammenhang mit der Kinderbetreuung sehr viel Zeit in Anspruch nehmen. Jedoch verändert die getrennte Kategorisierung der Wegezeiten im Zusammenhang mit der Kinderbetreuung als zusätzliche Betreuungsaufgabe die in Abbildung 5.14 veranschaulichten Verhaltensmuster nicht.
8. Wird die „Qualitätszeit" enger definiert als nur die mit Vorlesen, Spielen, Gesprächen und nach draußen gehen verbrachte Zeit (ohne Hausaufgabenbetreuung/Anleitung geben als „Qualitätsaktivität"), sind es weiterhin die Väter, die einen größeren Teil ihrer Zeit mit qualitativ hochwertigen Aktivitäten der Kinderbetreuung verbringen als die Mütter.
9. Die in Abbildung 5.14 auf der Basis von Zeitverwendungsdaten aufgeführten Beteiligungsquoten an der Familienarbeit fallen systematisch niedriger aus als die Daten aus den oben zitierten Statistiken zu informellen Pflegekräften, da 1. das Alter nicht auf die über 50-Jährigen beschränkt ist, 2. die Daten das Ergebnis einer Analyse sind, die nur erwachsene Haushaltsmitglieder umfasst, und 3. es in Zeitnutzungserhebungen so ist, dass die Teilnehmer ihre Tätigkeiten an einem (oder zwei) beliebig ausgewählten Tagen angeben. In einer solchen Erhebung werden Personen, die informell, aber nicht auf täglicher Basis, Familienarbeit leisten, mit geringerer Wahrscheinlichkeit als informell an Familienarbeit beteiligt registriert als in einer Erhebung, in der gefragt wird, ob die betreffende Person in der vorangegangenen Woche informelle Familienarbeit geleistet hat.
10. Im Jahr 2011 wurde die Erhebung American Time Use Survey (ATUS) um eine Reihe von Fragen zur Pflege und Versorgung älterer Menschen ergänzt. Zusammen mit einer detaillierten Aktivitätenliste ermöglicht die erweiterte Erhebung ein besseres Verständnis der Altenpflege im Allgemeinen und der Art und Weise, wie die Altenpflege in Paaren aufgeteilt ist. In Erhebungen mit einer Fokussierung auf die Alterung (wie der *General Social Survey of Canada*, der *Household, Income and Labour Dynamics in Australia Survey* (HILDA), *English Longitudinal Study of Ageing* (ELSA) in England, und der *Survey of Health, Ageing and Retirement in Europe* (SHARE) in den Ländern der Europäischen Union) wird gewöhnlich die Frage gestellt, wie häufig Pflegeleistungen erbracht wurden (täglich, wöchentlich oder monatlich), und manchmal auch, wie viele Stunden Pflege pro Woche geleistet wurden. Sie ermöglichen aber keine vollständige Aufzeichnung des Tagesablaufs einer Pflegeperson (oder ihres Partners/ihrer Partnerin).

Literaturverzeichnis

Aassve, A., G. Fuochi und L. Mencarini (2014), "Desperate Housework: Relative Resources, Time Availability, Economic Dependency, and Gender Ideology Across Europe", *Journal of Family Issues*, Vol. 35, No. 8, S. 1000-1022.

Almqvist, A.-L. und A.-Z. Duvander (2014), "Changes in Gender Equality? Swedish Fathers' Parental Leave, Division of Childcare and Housework", *Journal of Family Studies*, Vol. 20, No. 1, S. 19-27.

Barnes, M.W. (2015), "Gender Differentiation in Paid and Unpaid Work during the Transition to Parenthood", *Sociology Compass*, Vol. 9, No. 5, S. 348-364.

Baxter, J. (2015), "Children's Time with Fathers and Mothers Over the Pre-School Years: A Longitudinal Time-Use Study of Couple Families in Australia", *Family Science*, Vol. 6, No. 1.

Baxter, J.A. (2005), "To Marry or Not to Marry: Marital Status and the Household Division of Labor", *Journal of Family Issues*, Vol. 26, No. 3, S. 300-321.

Baxter, J.A. und D. Smart (2010), "Fathering in Australia among Couple Families with Young Children", *FaHCSIA Occasional Paper*, No. 37, Department of Families, Housing, Community Services and Indigenous Affairs, Canberra.

Baxter, J., B. Hewitt und M. Haynes (2008), "Life Course Transitions and Housework: Marriage, Parenthood, and Time on Housework", *Journal of Marriage and Family*, Vol. 70, No. 2, S. 259-272.

Becker, G. (1981), *A Treatise on the Family*, Harvard University Press, Cambridge, Vereinigte Staaten.

Beer, P. de und R. Luttikhuizen (1998), "Le 'modèle polder' néerlandais : miracle ou mirage ? Réflexions sur le marché du travail et la politique de l'emploi aux Pays-Bas", in J.C. Barbier und J. Gautié (Hrsg.), *Les politiques de l'emploi en Europe et aux États-Unis*, Presses Universitaires de France, Paris, S. 113-134.

Bergemann, A. und R. Riphahn (2015), "Maternal Employment Effects of Paid Parental Leave", *IZA Discussion Paper*, No. 9073, Bonn.

Berk, S.F. (1985), *The Gender Factory: The Appointment of Work in American Households*, Plenum Press, New York.

Berkel, M. und N.D. de Graaf (1999), "By Virtue of Pleasantness? Housework and the Effects of Education Revisited", *Sociology*, Vol. 33, No. 4, S. 785-808.

Bertrand, M., E. Kamenica und J. Pan (2015), "Gender Identity and Relative Income within Households", *Quarterly Journal of Economics*, Oxford University Press, Vol. 130, No. 2, S. 571-614,

Bianchi, S.M. et al. (2000), "Is Anyone Doing the Housework? Trends in the Gender Division of Household Labor", *Social Forces*, Vol. 79, No. 1, S. 191-228.

Bittman, M. und J. Wajman (2000), "The Rush Hour: The Character of Leisure Time and Gender Equity", *Social Forces*, Vol. 79, No. 1, S. 165-189.

Blumstein, P. und P. Schwartz (1983), *American Couples: Money, Work, Sex*, William Morrow, New York.

Brandth, B. und I. Gislason (2012), "Family Policies and the Best Interest of Children", in B.G. Eydal und I. Gíslason (Hrsg.), *Parental Leave, Childcare and Gender Equality in the Nordic Countries*, Nordic Council, Kopenhagen.

Bünning, M. (2015), "What Happens after the 'Daddy Months'? Fathers' Involvement in Paid Work, Childcare, and Housework after Taking Parental Leave in Germany", *European Sociological Review*, Erstveröffentlichung online am 29. Jul1 , http://dx.doi.org/10.1093/esr/jcv072.

Cabrera, N.J., J.D. Shannon und C. Tamis-LeMonda (2007), "Fathers' Influence on their Children's Cognitive and Emotional Development: From Toddlers to Pre-K", *Applied Development Science*, Vol. 11, No. 4, S. 208-213.

Ciano-Boyce, C. und L. Shelley-Sireci (2002), "Who Is Mommy Tonight? Lesbian Parenting Issues", *Journal of Homosexuality*, Vol. 43, No. 2, S. 1-13.

Cools, S., J.H. Fiva und L.J. Kirkebøen (2015), "Causal Effects of Paternity Leave on Children and Parents", *Scandinavian Journal of Economics*, Vol. 117, No. 3, S. 801-828.

Craig, L. und K. Mullan (2010), "Parenthood, Gender and Work Family Time in the United States, Australia, Italy, France, and Denmark", *Journal of Marriage and Family*, Vol. 72, No. 5, S. 1344-1361.

Craig, L., A. Powell und C. Smyth (2014), "Towards Intensive Parenting? Changes in the Composition and Determinants of Mothers' and Fathers' Time with Children 1992-2006", *British Journal of Sociology*, Vol. 65, No. 3, S. 555-579.

Davis, S. und T. Greenstein (2004), "Cross-national Variations in the Division of Household Labor", *Journal of Marriage and Family*, Vol. 66, No. 5, S. 1260-1271.

Destatis (Statistisches Bundesamt)(2015), "Zeitverwendungserhebung 2012/2013, Wiesbaden.

Dijkgraaf, M. und W. Portegijs (2008), "Arbeidsdeelname en wekelijkse arbeidsduur van vrouwen", Kapitel 2 in W. Portegijs und S. Keuzenkamp (Hrsg.), *Nederland deeltijdland, Vrouwen en deeltijdwerk*, Sociaal Cultureel Planbureau, Den Haag.

Domínguez-Folgueras, M. (2012), "Is Cohabitation More Egalitarian? The Division of Household Labor in Five European Countries", *Journal of Family Issues*, Vol. 34, No. 12, S. 1623-1646.

Dunne, G. (2000), "Opting into Motherhood: Lesbians Blurring the Boundaries and Transforming the Meaning of Parenthood and Kinship", *Gender & Society*, Vol. 14, No. 1, S. 11-35.

Duvander, A.-Z., und A.-C. Jans (2009), "Consequences of Fathers' Parental Leave Use: Evidence from Sweden", *Finnish Yearbook of Population Research*, Vol. 44, S. 49-62.

Eggebeen, D.J. und C. Knoester (2001), "Does Fatherhood Matter for Men?", *Journal of Marriage and Family*, Vol. 63, No. 2, S. 381-93.

Geist, C. (2005), "The Welfare State and the Home: Regime Differences in the Domestic Division of Labour", *European Sociological Review*, Vol. 21, No. 1, S. 23-41.

Gershuny, J., M. Bittman und J. Brice (2005), "Exit, Voice, and Suffering: Do Couples Adapt to Changing Employment Patterns?", *Journal of Marriage and Family*, Vol. 67, No. 3, S. 656-665.

Goñi-Legaz, S., A. Ollo-López und A. Bayo-Moriones (2010), "The Division of Household Labor in Spanish Dual Earner Couples: Testing Three Theories", *Sex Roles*, Vol. 63, S. 515-529.

Gracia, P. (2014), "Fathers' Child Care Involvement and Children's Age in Spain: A Time Use Study on Differences by Education and Mothers' Employment", *European Sociological Review*, Vol. 30, No. 2, S. 137-150.

Grunow, D., F. Schulz und H. Blossfeld (2012), "What Determines Change in the Division of Housework Over the Course of Marriage?", *International Sociology*, Vol. 27, No. 3, S. 289-307.

Heisig, J. (2011), "Who Does More Housework: Rich or Poor? A Comparison of 33 Countries", *American Sociological Review*, Vol. 76, No. 1, S. 74-99.

Hook, J. (2006), "Care in Context: Men's Unpaid Work in 20 Countries, 1965-2003", *American Sociological Review*, Vol. 71, No. 4, S. 639-660.

Hook, J. und C. Wolfe (2012), "New Fathers? Residential Fathers' Time With Children in Four Countries", *Journal of Family Issues*, Vol. 33, No. 4, S. 415-450.

Huerta, M.C. et al. (2013), "Fathers' Leave, Fathers' Involvement and Child Development: Are they Related?, Evidence from Four OECD Countries", *OECD Social, Employment and Migration Working Papers*, No. 140, OECD Publishing, Paris, http://dx.doi.org/10.1787/5k4dlw9w6czq-en.

Kan, M.Y., O. Sullivan und J. Gershuny (2011), "Gender Convergence in Domestic Work: Discerning the Effects of Interactional and Institutional Barriers from Large-scale Data", *Sociology*, Vol. 45, No. 2, S. 234-251.

Kluve, J. und M. Tamm (2013), "Parental Leave Regulations, Mothers' Labor Force Attachment and Fathers' Childcare Involvement: Evidence from a Natural Experiment", *Journal of Population Economics*, Vol. 26, No. 3, S. 983-1005.

Kotsadam, A. und H. Finseraas (2011), "The State Intervenes in the Battle of the Sexes: Causal Effects of Paternity Leave", *Social Science Research*, No. 40, S. 1611-1622.

Kühhirt, M. (2012), "Childbirth and the Long-term Division of Labour within Couples: How Do Substitution, Bargaining Power, and Norms Affect Parents' Time Allocation in West Germany?", *European Sociological Review*, Vol. 28, No. 5, S. 565-582.

Kurdek, L. (2007), "The Allocation of Household Labor by Partners in Gay and Lesbian Couples", *Journal of Family Issues*, Vol. 28, No. 1, S. 132-148.

Lamb, M. E. (2010), *The Role of the Father in Child Development*, 5. Aufl., Wiley, New York.

Lauber, V. et al. (2014), "Vereinbarkeit von Beruf und Familie von Paaren mit nicht schulpflichtigen Kindern unter spezifischer Berücksichtigung der Erwerbskonstellation beider Partner", *Politikberatung kompakt*, Nr. 88, DIW Berlin.

Levtov R. et al. (2015), *State of the World's Fathers*, A MenCare Advocacy Publication, Promundo, Rutgers, Save the Children, Sonke Gender Justice und die MenEngage Alliance, Washington, DC.

Lundberg, S. und R. Pollak (1996), "Bargaining and Distribution in Marriage", *Journal of Economic Perspectives*, Vol. 10, No. 4, S. 139-158.

Maier, L. (2014), "Methodik und Durchführung der Zeitverwendungserhebung 2012/2013", *Wirtschaft und Statistik*, November 2014, Statistisches Bundesamt, S. 672-679.

Manser, M. und M. Brown (1977), "Bargaining Analyses of Household Decisions" in C.B. Lloyd und E.S. Andrews (Hrsg.), *Women in the Labor Market*, Columbia University Press, New York, S. 3-26.

Miranda, V. (2011), "Cooking, Caring and Volunteering: Unpaid Work around the World", *OECD Social, Employment and Migration Working Papers*, No. 116, OECD Publishing, Paris, http://dx.doi.org/10.1787/5kghrjm8s142-en.

MTUS (Multinational Time Use Study) (2015), *MTUS Database*, Department of Sociology, University of Oxford, www.timeuse.org/mtus.html.

Nepomnyaschy, L. und J. Waldfogel (2007), "Paternity Leave and Fathers' Involvement with their Young Children: Evidence from the American Ecls-B", *Community, Work and Family*, Vol. 10, No. 4, S. 427-453.

OECD (2013), *Health at a Glance 2013: OECD Indicators*, OECD Publishing, Paris, http://dx.doi.org/10.1787/health_glance-2013-en.

OECD (2013), *Gleichstellung der Geschlechter: Zeit zu handeln*, OECD Publishing, Paris, http://dx.doi.org/10.1787/9789264190344-de.

OECD (2011), *Health at a Glance 2011: OECD Indicators*, OECD Publishing, Paris, http://dx.doi.org/10.1787/health_glance-2011-en.

Perlesz, A. et al. (2010), "Organising Work and Home in Same-sex Parented Families: Findings from the Work Love Play Study", *Australian and New Zealand Journal of Family Therapy*, Vol. 31, No. 4, S. 374-391.

Pfahl, S. et al. (2014), "Nachhaltige Effekte der Elterngeldnutzung durch Väter", Projektbericht, Berlin.

Rasmussen, A.W. (2010), "Increasing the Length of Parents' Birth-related Leave: The Effect on Children's Long-term Educational Outcomes", *Labour Economics*, Vol. 17, S. 91-100.

Rege, M. und I.F. Solli (2013), "The Impact of Paternity Leave on Fathers' Future Earnings", *Demography*, Vol. 50, No. 6, S. 2255-2277.

Ribberink, A. (1998), *Leidsvrouwen en zaakwaarneemsters, een geschiedenis van de aktiegroep Man Vrouw Maatschappij, 1968-1973*, Verloren b.v.

Schober, P. (2015), "Increasing Father Involvement in Child Care: What Do We Know about Effects on Child Development?", *DIW Roundup: Politik im Fokus*, No. 79.

Schober, P. (2014a), "Daddy Leave: Does It Change the Gender Division of Domestic Work?", *DIW Roundup: Politik im Fokus*, No. 46.

Schober, P. (2014b), "Parental Leave and Domestic Work of Mothers and Fathers: A Longitudinal Study of Two Reforms in West Germany", *Journal of Social Policy*, No. 43, S. 351-372, http://dx.doi.org/10.1017/S0047279413000809.

Schober, P. (2013), "The Parenthood Effect on Gender Inequality: Explaining the Change in Paid and Domestic Work when British Couples Become Parents", *European Sociological Review*, Vol. 29, No. 1, S. 74-85.

Shelton, B. und D. John (1993), "Does Marital Status Make a Difference? Housework among Married and Cohabiting Men and Women", *Journal of Family Issues*, Vol. 14, No. 3, S. 401-420.

Sigle-Rushton, W. (2010), "Men's Unpaid Work and Divorce: Reassessing Specialization and Trade in British Families", *Feminist Economics*, Vol. 16, No. 2, S. 1-26.

Solomon S., E. Rothblum und K. Balsam (2005), "Money, Housework, Sex, and Conflict: Same-Sex

Couples in Civil Unions, Those Not in Civil Unions, and Heterosexual Married Siblings", *Sex Roles*, Vol. 52, No. 9/10, S. 561-575.

Sullivan, O. (2010), "Changing Differences by Educational Attainment in Fathers' Domestic Labour and Child Care", *Sociology*, Vol. 44, No. 4, S. 716-733.

Tanaka, S. (2005), "Parental Leave and Child Health across OECD Countries", *Economic Journal*, Vol. 115, S. F7-F28.

Tanaka, S. und J. Waldfogel (2007), "Effects of Parental Leave and Work Hours on Fathers' Involvement with their Babies: Evidence from the Millennium Cohort Study", *Community, Work and Family*, Vol. 10, No. 4, S. 409-426.

US BLS (2013), "Unpaid Eldercare in the United States – 2011-2012, Data from the American Time Use Survey", Pressemitteilung, 18. September, United States Bureau of Labor Statistics, *www.bls.gov/news.release/pdf/elcare.pdf*.

Visser, J. und A. Hemerijck (1998), *A Dutch Miracle: Job Growth, Welfare Reform and Corporatism in the Netherlands*, Amsterdam University Press.

Visser, J. et al. (2004), "The Netherlands: From Atypicality to a Typicality", in S. Sciarra, P. Davies und M. Freedland (Hrsg.), *Employment Policy and the Regulation of Part-time Work in the European Union, A Comparative Analysis*, Cambridge University Press, Cambridge, S. 190-223.

WHO (2007), "Fatherhood and Health Outcomes in Europe", WHO-Regionalbüro für Europa, Kopenhagen.

Wrohlich, K. et al. (2012), "Elterngeld Monitor", *Politikberatung kompakt*, Nr. 61, DIW Berlin.

ANHANG 5.A1

Überblick über die analysierten Zeitverwendungserhebungen

Tabelle 5.A1.1 stellt die Hauptmerkmale der in diesem Kapitel zugrunde gelegten Zeitverwendungserhebungen dar. Methodische Unterschiede können die Vergleichbarkeit gewisser Indikatoren zwischen den Ländern beeinträchtigen. Nachstehend sind die wichtigsten Einschränkungen der Datenvergleichbarkeit für die in diesem Kapitel dargestellten Indikatoren aufgelistet:

- Kanada, Norwegen und die Vereinigten Staaten erfassen nicht die Zeitverwendung beider Partner im Haushalt. Daher kann nicht berechnet werden, wie ein Paar die unbezahlte Arbeit aufteilt. In Finnland und Spanien füllen alle Haushaltsmitglieder ab zehn Jahren das Zeitverwendungstagebuch aus, doch können im selben Haushalt in einer Partnerschaft lebende Personen nicht anhand einer persönlichen Identifikationsnummer identifiziert werden. So werden für die Identifizierung von Partnern ähnliche Altersgruppen verwendet.
- Österreich, Finnland, Deutschland und Spanien liefern nur Informationen über die mit im Haushalt lebenden kleinen Kindern verbrachte Zeit (unter 10 Jahren), Kanada nur für im Haushalt lebende Kinder unter 15 Jahren, und in Korea wird nur gefragt, ob ein Kind im Vorschulalter im Haushalt lebt. In Südafrika wird gar nicht nach der Anwesenheit von Kindern gefragt.
- In einigen Ländern werden die Aktivitäten der Kinderbetreuung enger definiert. In Korea können Eltern Körperpflege, Hausaufgabenbetreuung, Schulbesuch und andere Aktivitäten mit ihren Kindern im schulpflichtigen Alter angeben. Vorlesen und Spielen werden aber nur für Kinder im Vorschulalter als getrennte Aktivitäten aufgelistet. In Südafrika zählen Vorlesen, Spielen oder Gespräche mit Kindern nicht zu den Aktivitäten.
- Die Analyse beschränkt sich auf Hauptaktivitäten und trägt Nebenaktivitäten nicht Rechnung [wie Fernsehen (Hauptaktivität) beim Bügeln (Nebenaktivität)], da diese in verschiedenen Ländern recht unterschiedlich erfasst werden. Während die Zeitverwendungstagebücher in einigen Ländern auch eigene Spalten speziell für Nebenaktivitäten enthalten, wird in den Interviews zur Zeitverwendung in Ländern wie den Vereinigten Staaten nicht ausdrücklich nach gleichzeitig ausgeübten Tätigkeiten gefragt.
- In Erhebungen, die selbst verfasste Tagebucheinträge zugrunde legen, werden die Aktivitäten mit sehr viel mehr Details erfasst als in rückblickenden Interviews (die in Kanada und den Vereinigten Staaten zum Einsatz kommen).
- Nicht alle Länder führen das ganze Jahr über Stichprobenerhebungen durch. In manchen Ländern finden Felderhebungen zu einem bestimmten Zeitpunkt statt – in Österreich beispielsweise war dies im März und April 2009, in Korea im März und September und in Südafrika von Oktober bis Dezember 2010.
- Für Südafrika zählen die auf die Bedarfsdeckung ausgerichtete Landwirtschaft und Aktivitäten wie Früchteverkauf am Straßenrand zur bezahlten Arbeit.

5. AUFTEILUNG DER UNBEZAHLTEN ARBEIT ZWISCHEN DEN PARTNERN

Tabelle 5.A1.1 **Hauptmerkmale der Zeitverwendungserhebungen**

	Deutschland	Finnland	Frankreich	Italien	Kanada	Korea	Norwegen	Österreich	Spanien	Südafrika	Vereinigte Staaten
Jahr der Erhebung	2012-2013	2009	2009-2010	2008	2010	2009	2010	2008-2009	2009-2010	2010	2010
Zeitpunkt der Erhebung	1. Okt. 2009-30. Sept. 2010	April 2009-Mai 2010	0	1. Febr. 2008-31. Jan. 2009	Jan.-Dez. 2010	März und Sept.	15. Febr. 2010-14. Febr. 2011	Ende März 2009-April 2009	1. Okt. 2009-30. Sept. 2010	Okt.-Dez. 2010	Das ganze Jahr über
Ungefähre Anzahl der befragten Personen	11 000	3 500	20 000	40 000	15 390	20 000	3 100	8 200	20 000	40 000	10 000
Wird der Zeitverwendungsfragebogen von den Befragten selbst ausgefüllt?	Ja	Ja	Ja	Ja	Nein, Rückblickendes Interview	Ja	Ja	Ja	Ja	Ja	Nein, Rückblickendes Interview
Wird die Nebenaktivität angegeben?	Ja	Ja	Ja	Ja	Ja	Ja	Ja	Ja	Ja	Nein	Z.T. gefragt und kodiert
Werden andere Haushaltsmitglieder befragt?	Ja, alle Personen ab 10 Jahren	Ja, alle Personen ab 10 Jahren	Ja, alle Personen ab 10 Jahren	Ja, alle Personen ab 10 Jahren	Nein	Ja, alle Personen ab 10 Jahren	Nein	Ja, alle Personen ab 10 Jahren	Ja, alle Personen ab 10 Jahren	Ja, ein anderes Haushaltsmitglied	Nein
Wird die Zeitverwendung des Partners dokumentiert?	Ja	Ja	Ja	Ja	Nein, aber einige grundlegende Informationen zur am Arbeitsplatz verbrachten Zeit	Ja	Nein	Ja	Ja	Ja, für einige Partner	Nein
Ungefähre Anzahl der befragten Paare mit Frauen in der Altersgruppe 25-44 J.	3 400	800	3 350	3 650	n.v.	3 900	n.v.	900	2 200	1 150	n.v.
Dokumentieren die Befragten die in Anwesenheit von Kindern im Haushalt verbrachte Zeit?	Ja, Anwesenheit von Kindern unter 10 Jahren	Ja, Anwesenheit von Kindern unter 10 Jahren	Ja	Anwesenheit des Sohnes oder der Tochter	Ja, Anwesenheit von Kindern unter 15 Jahren	Anwesenheit von Kindern im Vorschulalter	Ja	Ja, Anwesenheit von Kindern unter 10 Jahren	Ja, Anwesenheit von Kindern unter 10 Jahren	Nein	Ja

Kapitel 6

Partnerschaftlichkeit und Geburtenverhalten in Deutschland und Frankreich

Dieses Kapitel schließt den vorliegenden Bericht mit einem Vergleich des Geburtenverhaltens in Deutschland und Frankreich. Ausgangspunkt ist der Kontrast zwischen den hohen Geburtenraten in Frankreich und den niedrigen in Deutschland. Ziel ist es zu untersuchen, wie Deutschland sich von den französischen Praktiken und Politiken inspirieren lassen könnte, um die partnerschaftliche Aufgabenteilung in Familie und Beruf zu stärken und so dafür zu sorgen, dass sich beruflicher Erfolg und Elternschaft besser vereinbaren lassen. Abschnitt 2 befasst sich mit dem anhaltenden Fertilitätsgefälle zwischen Frankreich und Deutschland, wobei die familienfreundlichere Kinderbetreuungspolitik in Frankreich als ein entscheidender Erklärungsfaktor identifiziert wird. Abschnitt 3 richtet den Blick auf den Widerspruch zwischen Kinderwunsch und Kinderlosigkeit, der bei Frauen in Deutschland wesentlich stärker ausgeprägt ist als in Frankreich. Auch hier spielt die Politik eine entscheidende Rolle, wobei das traditionellere Geschlechterverständnis in Deutschland aber ebenfalls ins Gewicht fällt. In Abschnitt 4 wird untersucht, wie sich das Bildungsniveau der Paare, die Höhe ihres Einkommens und der Arbeitszeitumfang auf die Geburtenraten auswirken. Das Kapitel endet mit einer Reihe von Schlussbetrachtungen. Dabei wird betont, dass die seit 2007 erfolgten Politikänderungen den Konflikt zwischen Vollzeitbeschäftigung und Elternschaft verringert haben. Eine ausgewogenere Aufgabenteilung zwischen Mann und Frau sowie öffentliche Maßnahmen zur Verbesserung der Vereinbarkeit von Familie und Beruf können den allmählich steigenden Geburtentrends einen zusätzlichen Anstoß geben.

Die statistischen Daten für Israel wurden von den zuständigen israelischen Stellen bereitgestellt, die für sie verantwortlich zeichnen. Die Verwendung dieser Daten durch die OECD erfolgt unbeschadet des Status der Golanhöhen, von Ost-Jerusalem und der israelischen Siedlungen im Westjordanland gemäß internationalem Recht.

1. Einleitung und wichtigste Erkenntnisse

Partnerschaftlichkeit hat nicht nur Auswirkungen auf die Aufteilung von Erwerbs- und Familienarbeit. Weil sie es beiden Partnern in Paarfamilien gestattet, ihre persönlichen Lebensvorstellungen umzusetzen, und die Vereinbarkeit von Familie und Beruf zu einer realistischen Perspektive macht, kann mehr Partnerschaftlichkeit auch höhere Geburtenraten fördern.

Seit Jahrzehnten sind die Geburtentrends rückläufig, da viele potenzielle Eltern länger warten, bis sie eine Familie gründen, weniger Kinder haben, als sie eigentlich möchten, oder gar keine Kinder bekommen. Solche Entscheidungen werden durch viele verschiedene – häufig miteinander verknüpfte – Faktoren beeinflusst, z.B. den Wunsch, sich vor der Geburt der Kinder erst einmal beruflich zu verwirklichen, die mit Kindern verbundenen Kosten, u.a. für Wohnung und Bildung, sowie die wachsende Akzeptanz der Kinderlosigkeit als Lebensoption.

In vielen OECD-Ländern wurde gegen Ende der 1990er Jahre ein Anstieg der Geburtenraten verzeichnet, der ebenfalls einer Reihe von Faktoren zuzuschreiben war, wie z.B. einem Nachholprozess – viele Frauen erfüllten sich nun lange aufgeschobene Kinderwünsche –, der Entwicklung von Politikmaßnahmen zugunsten einer besseren Vereinbarkeit von Familie und Beruf sowie dem Wirtschaftswachstum (Luci-Greulich und Thévenon, 2014). Mit dem Beginn der großen Rezession 2007-2008 kam es jedoch zu einer Stabilisierung bzw. Abnahme der Geburtenraten. Auch in Frankreich blieben die Geburtenraten stabil. In Deutschland sind sie seit 2009 hingegen gestiegen, auch wenn sie immer noch auf wesentlich niedrigerem Niveau liegen als in Frankreich.

Anhaltend niedrige, unter dem Bestandserhaltungsniveau liegende Geburtenraten haben Auswirkungen auf das Bevölkerungswachstum, die zukünftige Gesellschaftsstruktur und die makroökonomischen Wachstumsmuster (Kapitel 2; OECD, 2011; Bujard, 2015a). Und wenn Menschen weniger Kinder haben, als sie sich wünschen, wird auch das Wohlergehen des Einzelnen und der Familien beeinträchtigt. Deshalb ist die Politik bemüht, es Erwachsenen zu ermöglichen, ihre Vorstellungen in Bezug auf die gewünschte Zahl der Kinder und den Zeitpunkt der Elternschaft zu verwirklichen (OECD, 2011). Die Rolle und Wirksamkeit der Politik im Hinblick auf die Erhöhung der Fertilität ist jedoch umstritten (Thévenon und Gauthier, 2011; Thévenon, 2015).

In Kapitel 3 wurden die wichtigen Reformen der Elternzeit- und der Kinderbetreuungsregelungen untersucht, die in Deutschland seit den späten 2000er Jahren eingeleitet wurden. Können solche Reformen, die durch gezielte Maßnahmenpakete die Vereinbarkeit von Familie und Beruf verbessern sollen, auch einen positiven Einfluss auf Geburtenraten und Kinderwunsch haben? Inwieweit wird diese Vermutung durch die Erfahrung anderer OECD-Länder gestützt?

Zur Beantwortung dieser Fragen lohnt es sich, die Situation in Deutschland und Frankreich zu vergleichen. Obwohl diese beiden Länder ein vergleichbares Niveau wirtschaftlicher Entwicklung erreicht haben, waren sie während der letzten Jahrzehnte in Bezug auf Frauenerwerbsbeteiligung, Familienpolitik, Vereinbarkeit von Familie und Beruf sowie Geburtentrends meilenweit voneinander entfernt. In Frankreich arbeiten die meisten Frauen auf Vollzeitbasis, und erwerbstätige Eltern, die formale Kinderbetreuungsangebote nutzen, erhalten seit Anfang der 1980er Jahre öffentliche Unterstützung. Die Fertilität liegt dort im europäischen Vergleich auf hohem Niveau. In Deutschland hingegen ist es eher üblich, dass erwerbstätige Mütter in Teilzeit arbeiten (Kapitel 4), und Kinderbetreuungsmöglichkeiten für Väter und Mütter, die sich entschließen, nach der Geburt der Kinder im Erwerbsleben zu verbleiben, sind eine relativ neue Entwicklung. Außerdem sind Vollzeitbeschäftigungen in Deutschland mit einer höheren Arbeitsstundenzahl verbunden als in Frankreich, wo die meisten vollzeitbeschäftigten Mütter zwischen 35 und 39 Wochenarbeitsstunden leisten. Die deutschen Geburtenraten gehören zu den niedrigsten Europas, auch wenn der jüngste Anstieg der Fertilität den Schluss nahelegt, dass die Politikänderungen der letzten Zeit eine Trendwende begünstigen können.

Vor diesem Hintergrund kann ein genauer Vergleich des Zusammenspiels zwischen der Beschäftigungssituation der Paare und dem Geburtenverhalten in Deutschland und Frankreich Aufschluss darüber geben, wie sich Veränderungen der Beschäftigungsstrukturen, wenn sie durch Politikmaßnahmen zur Verringerung der Konflikte zwischen Familie und Beruf unterstützt werden, positiv auf die Geburtenraten auswirken können.

Dieses Kapitel befasst sich eingehender mit verschiedenen Aspekten des Geburtenverhaltens in Frankreich und Deutschland. Dabei wird zunächst auf das anhaltende Fertilitätsgefälle zwischen den beiden Ländern hingewiesen und untersucht, inwieweit diese Differenz durch Unterschiede zwischen dem tatsächlichen und dem potenziellen Geburtenverhalten erklärt werden kann. Als entscheidende Faktoren für die Differenz zwischen den Geburtenraten in Frankreich und Deutschland werden dabei die Auswirkungen der Mutterschaft auf die Erwerbstätigkeit und die Arbeitsstundenzahl der Frauen sowie die unterschiedlichen Einstellungen in den beiden Ländern zur Aufteilung von Erwerbsarbeit und Kindererziehung innerhalb der Paare identifiziert. Abschließend wird erörtert, wie sich das Bildungsniveau, das Einkommen und die Arbeitszeiten der Partner auf das Geburtenverhalten auswirken. Dabei wird besonders herausgestellt, dass in Deutschland die Opportunitätskosten der Elternschaft höher sind und die Abhängigkeit des Geburtenverhaltens vom Erwerbsstatus der Frauen stärker ausgeprägt ist, was zum einen der stärkeren Segmentierung des Arbeitsmarkts und zum anderen der im Vergleich zu Frankreich geringeren Förderung der Vereinbarkeit von Familie und Beruf zuzuschreiben ist.

Wichtigste Erkenntnisse

- Seit 1960 ist die zusammengefasste Geburtenziffer im OECD-Raum auf durchschnittlich 1,7 Kinder je Frau gesunken. In Deutschland war die zusammengefasste Geburtenziffer in der Zeit nach der Wiedervereinigung 1994 mit 1,24 am niedrigsten, danach ist sie aber wieder auf 1,47 Kinder je Frau im Jahr 2014 gestiegen.

- Neuere Evaluierungen deuten darauf hin, dass familienfreundliche Reformen (z.B. die Einführung des Elterngelds im Jahr 2007 sowie die Erhöhung der öffentlichen Investitionen in Kinderbetreuungsangebote) einen leichten, aber positiven Effekt auf die zusammengefasste Geburtenziffer hatten. Dieser Effekt könnte sich weiter verstärken, wenn Deutschland sein Angebot an frühkindlicher Betreuung, Bildung und Erziehung (FBBE) ausbaut. Dennoch ist die zusammengefasste Geburtenziffer in Deutschland im Vergleich zu Ländern, die schon früher begonnen haben, die Vereinbarkeit von Familie und Beruf zu fördern, wie Frankreich, Island und Schweden – wo sie bei nahezu 2 Kindern je Frau liegt – nach wie vor niedrig.

- Die Vereinbarkeit von Familie und Beruf ist ein wichtiger Bestimmungsfaktor der Fertilität. Im Ländervergleich zeigt sich, dass die Länder mit einer höheren Erwerbstätigenquote der Frauen auch zur Gruppe der Länder gehören, in denen die Geburtenraten bei nahezu 2 Kindern je Frau liegen. Mütter kleiner Kinder sind in Deutschland mit geringerer Wahrscheinlichkeit erwerbstätig als in Frankreich und anderen OECD-Ländern.

- In Deutschland bleiben Frauen mit größerer Wahrscheinlichkeit kinderlos als in vielen anderen europäischen Ländern, einschließlich Frankreichs. Außerdem haben Mütter in Deutschland im Schnitt weniger Kinder: In Deutschland haben 39% der Frauen zwei oder mehr Kinder, in Frankreich 44%.

- Die Geburtenraten variieren in Deutschland wesentlich stärker als in Frankreich in Abhängigkeit vom Bildungsniveau, Arbeitsmarktstatus, Beruf und Einkommen der Frauen.
    - In beiden Ländern haben Frauen mit höherem Bildungsniveau mit geringerer Wahrscheinlichkeit Kinder, in Deutschland ist diese Differenz jedoch stärker ausgeprägt als in Frankreich.
    - Auf Personenebene ist festzustellen, dass erwerbstätige Frauen in Deutschland mit deutlich geringerer Wahrscheinlichkeit Kinder haben als nichterwerbstätige Frauen. In Frankreich (und andernorts) ist dies ebenfalls der Fall, die Differenz ist allerdings wesentlich geringer.
    - Eine Vollzeitbeschäftigung verringert in Deutschland die Wahrscheinlichkeit der Mutterschaft erheblich, vor allem bei Frauen mit niedrigerem Bildungsniveau.

- In Deutschland sind die Geburtenraten in Haushalten mit geringerem Einkommen höher, steigen aber deutlich für Paare, in denen der Mann wesentlich mehr verdient als die Frau. Dieses Muster bestätigt die qualitative Feststellung, wonach der Verdienst des Mannes häufig als entscheidend für die Einkommenssicherheit betrachtet wird, die als erforderlich gilt, um Kinder zu haben. In Frankreich hingegen hat die Einkommensdifferenz zwischen den Partnern bei sonst gleichen Bedingungen keinen Einfluss auf die Wahrscheinlichkeit der Elternschaft. Diese Differenz zwischen den beiden Ländern ist der Tatsache zuzuschreiben, dass das klassische Modell des männlichen Haupt- bzw. Alleinverdieners sowie traditionelle Geschlechterrollen und -vorstellungen in Deutschland einen stärkeren Einfluss haben als in Frankreich.

- In Deutschland ist die Wahrscheinlichkeit höher, dass Frauen ihren Berufswunsch und ihre Arbeitszeiten dem Kinderwunsch unterordnen müssen. In Frankreich hingegen gewährleistet das Angebot an Ganztagskinderbetreuung, einschließlich außerschulischer Betreuung, offenbar, dass das Geburtenverhalten weniger vom Arbeitszeitumfang und Beruf abhängig ist.

- Die bessere Vereinbarkeit von Familie und Beruf in Frankreich verringert die Opportunitätskosten der Elternschaft, deren Wahrscheinlichkeit dort mit steigendem Einkommen der Frauen zunimmt.

- Der Vergleich mit Frankreich lässt darauf schließen, dass Veränderungen der Beschäftigungsmuster in Paarfamilien auch in Deutschland mit höheren Geburtenraten einher gehen können, allerdings nur, wenn die Förderung der Vereinbarkeit von Familie und Beruf weiter ausgebaut wird, um es Frauen zu ermöglichen, Kinder zu haben und gleichzeitig Vollzeit erwerbstätig zu sein. Wenn Deutschland den hier eingeschlagenen Weg weiterverfolgt, wäre die Entscheidung für Kinder weniger an eine Teilzeitbeschäftigung der Frau bzw. eine traditionelle Aufgabenteilung zwischen den Partnern geknüpft.

- Wenn sich Väter nach der Geburt des ersten Kindes stärker an den Kinderbetreuungsaufgaben beteiligen, kann dies die Wahrscheinlichkeit eines zweiten Kindes erhöhen. Evidenz aus Schweden deutet darauf hin, dass Elternzeitansprüche speziell für Väter dafür sorgen, dass sich die Väter stärker um die Kinder kümmern, was wiederum die Wahrscheinlichkeit steigen lässt, dass sich die Eltern für ein zweites Kind entscheiden.

2. Geburtentrends in Deutschland und im OECD-Raum

Seit Ende der 1960er Jahre sind die Geburtenraten im gesamten OECD-Raum gesunken (Abb. 6.1, Teil A). In manchen Ländern dauerte der Rückgang bis Ende der 1990er Jahre an. Seitdem liegen die zusammengefassten Geburtenziffern im Allgemeinen unter dem Bestandserhaltungsniveau von 2,1 Kindern je Frau (Kapitel 2)[1].

In Deutschland lag die zusammengefasste Geburtenziffer seit Mitte der 1980er Jahre durchgehend bei unter 1,5 Kindern je Frau, was auch in vielen anderen Ländern mit besonders niedrigen Geburtenraten in Mittel-, Ost- und Südeuropa der Fall war (Kohler et al., 2002). In Frankreich sowie in Nordeuropa erhöhte sich die zusammengefasste Geburtenziffer hingegen zwischen Ende der 1990er Jahre und dem Beginn der großen Rezession (2007-2008). In Frankreich

Abbildung 6.1 **Die Geburtenraten scheinen in Deutschland seit einigen Jahren leicht zu steigen**

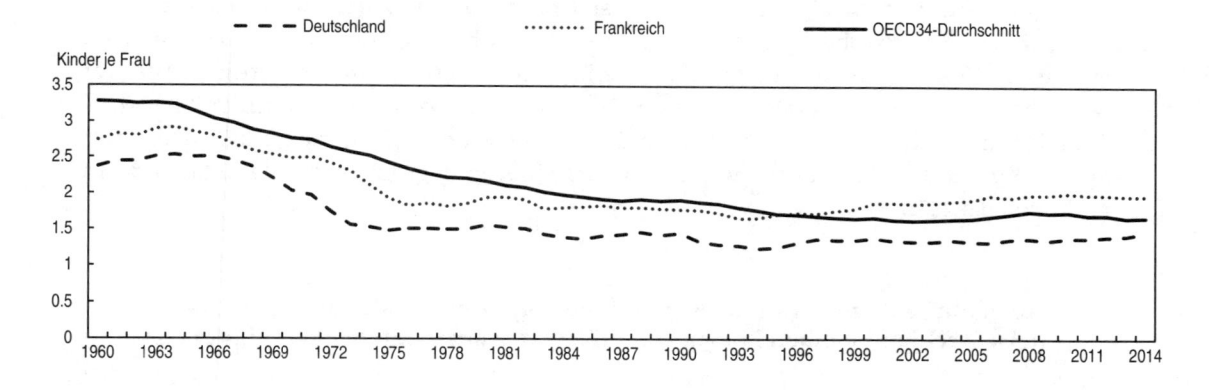

A. Zusammengefasste Geburtenziffern, 1960-2014

B. Endgültige durchschnittliche Kinderzahl, Jahrgänge 1935-1969

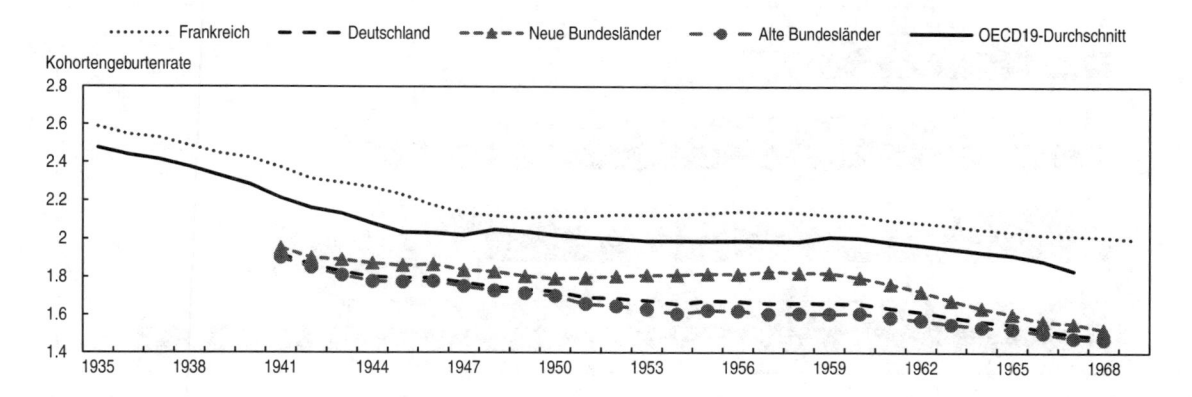

Quelle: Teil A: OECD Family Database, www.oecd.org/els/family/database.htm; Teil B: Human Fertility Database, www.humanfertility.org/cgi-bin/main.php.

hat die zusammengefasste Geburtenziffer im Vergleich zu ihrem Tiefstand von Mitte der 1990er Jahre deutlich zugenommen und liegt seit Mitte der 2000er Jahre bei nahezu 2 Kindern je Frau. Auch in Deutschland ist sie von 1,36 auf 1,47 gestiegen. Damit liegt sie aber immer noch unter 1,5 Kindern je Frau.

Die zwischen Frankreich und Deutschland bestehenden Unterschiede im Geburtenverhalten drücken sich auch in der endgültigen durchschnittlichen Kinderzahl aus (auch kohortenspezifische Geburtenrate genannt), d.h. der Zahl der pro Frau eines Geburtsjahrgangs bis zum Ende ihres gebärfähigen Alters tatsächlich geborenen Kinder (Abb. 6.1, Teil B). In Frankreich lag die endgültige durchschnittliche Kinderzahl in allen seit dem II. Weltkrieg geborenen Kohorten durchgehend bei über 2 Kindern je Frau. In Deutschland ist die Kohortenfertilität hingegen nach und nach auf durchschnittlich unter 1,5 Kinder je Frau zurückgegangen, wobei die Entwicklung in den neuen und alten Bundesländern unterschiedlich verlief[2]. In den neuen Bundesländern lag die kohortenspezifische Geburtenrate für alle zwischen dem Ende des II. Weltkriegs und den frühen 1960er Jahren geborenen Frauenjahrgänge bei rd. 1,8 Kindern je Frau. Anschließend ist sie stark zurückgegangen, so dass sie nicht mehr nennenswert über der kohortenspezifischen Geburtenrate der alten Bundesländer liegt.

Die anhaltende Differenz zwischen den deutschen und französischen Geburtenraten ist auf zwei unterschiedliche Fertilitätsmuster zurückzuführen. 2012 hatten zwar 36% aller Frauen im Alter von 25-49 Jahren in Deutschland keine Kinder – wohingegen sich dieser Anteil in Frankreich nur auf 28% belief (Abb. 6.2) –, viele der jüngeren Frauen dieser Kohorte werden allerdings künftig noch Kinder bekommen. Einer der Erklärungsfaktoren – wenn auch kein sehr wichtiger – ist darin zu sehen, dass französische Frauen früher beginnen, Kinder zu bekommen, als deutsche Frauen (falls sie Kinder bekommen): 2013 betrug das durchschnittliche Alter der Frauen bei der Geburt des ersten Kindes in Frankreich 28,1 Jahre, in Deutschland 29 Jahre. Außerdem haben die Frauen in Deutschland, wenn sie Kinder bekommen, im Durchschnitt weniger Kinder: Der Anteil mit zwei oder mehr Kindern liegt in Deutschland bei 39%, in Frankreich bei 44%.

Abbildung 6.2 **In Frankreich sind mindestens zwei Kinder am üblichsten, in Deutschland bleiben Frauen mit größerer Wahrscheinlichkeit kinderlos**

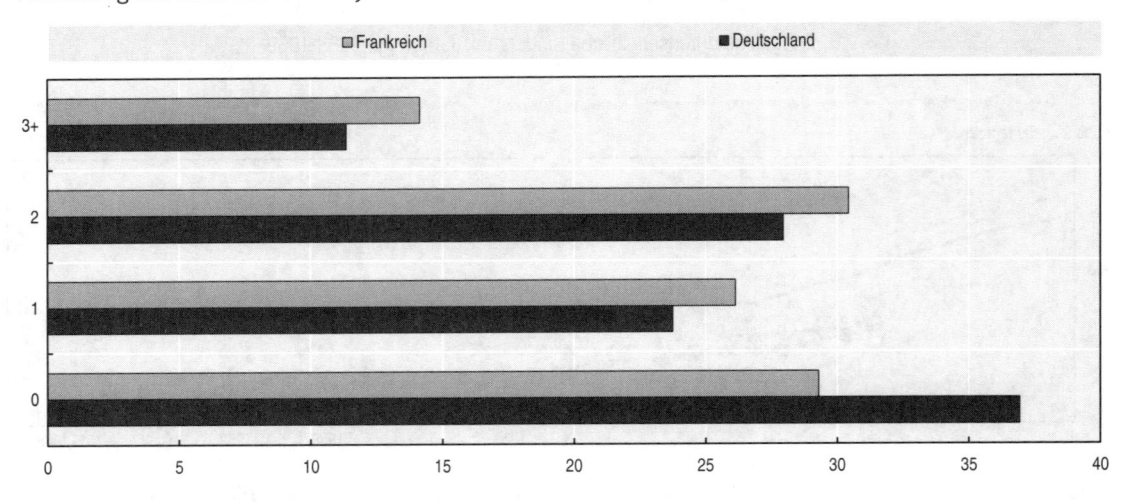

Verteilung der Zahl der Kinder je Frau im Alter von 25-49 Jahren, Frankreich und Deutschland, 2012

Quelle: Europäische Arbeitskräfteerhebung 2012 für Frankreich; Mikrozensus 2012 für Deutschland.

Der wichtigste Umstand ist allerdings, dass in Frankreich wesentlich weniger Frauen bis zum Ende ihres gebärfähigen Alters kinderlos bleiben als in Deutschland und vor allem in den alten Bundesländern (Abb. 6.3). In Frankreich bleiben nur 13% der Frauen kinderlos. Dies ist in etwa der gleiche Anteil wie in den neuen Bundesländern, wo die Kinderlosenquote in den Nachkriegsjahren konstant blieb, bevor sie dann für die ab den 1950er Jahren geborenen Jahrgänge zunahm. In den alten Bundesländern ist die Kinderlosenquote hingegen für die ab 1935 geborenen Frauenjahrgänge kontinuierlich und zunehmend rasch gestiegen. Dort sind rd. 23% der in den späten 1960er und/oder frühen 1970er Jahren geborenen Frauen kinderlos. Dieser Anteil ist auch im OECD-Vergleich hoch.

Allerdings ist auch hier anzumerken, dass in der Kohorte der 25- bis 49-jährigen Frauen viele in den nächsten 25 Jahren noch Kinder bekommen werden. Deshalb ist der Anteil der endgültigen Kinderlosigkeit – d.h. der Frauen über 50 Jahren ohne Kinder – deutlich niedriger als die obigen Zahlen nahelegen. Dennoch bleiben Frauen in Deutschland und vor allem in den alten Bundesländern mit deutlich höherer Wahrscheinlichkeit endgültig kinderlos als in Frankreich (Abb. 6.3).

Kinderlosigkeit kann in Deutschland mit verschiedenen Faktoren in Zusammenhang gebracht werden (Dorbritz, 2008; Kreyenfeld und Konietzka, 2013; Bujard, 2015b). Die Wahrscheinlichkeit der Kinderlosigkeit ist höher unter Frauen mit hohem Bildungsniveau und ohne Migrationshintergrund, die Vollzeit arbeiten und in städtischen Räumen leben (Bujard, 2015b). Der Kinderlosenanteil ist beispielsweise unter Frauen mit niedrigem Bildungsniveau mit 15% fast halb so hoch wie unter Frauen mit Hochschulabschluss (27%), wobei Frauen mit Migrationshintergrund einen großen Teil der Frauen mit niedrigem Bildungsniveau stellen. In westdeutschen Städten beträgt der Anteil der Kinderlosen unter Frauen mit hohem Bildungsniveau ohne Migrationshintergrund 38%, und er erhöht sich auf 48%, wenn diese Frauen zudem in Vollzeit arbeiten.

Die bei der Kinderlosigkeit in Deutschland beobachteten Trends lassen außerdem auf eine wachsende Unvereinbarkeit zwischen Mutterschaft und Vollzeitbeschäftigung schließen (Bujard, 2015b; Thévenon, 2009)[3]. Viele Frauen haben den Eindruck, dass Kinder zu haben zwangsläufig bedeutet, die Arbeitszeit zu reduzieren oder ganz aus dem Arbeitsmarkt ausscheiden zu müssen. Eine nicht unerhebliche Zahl von Frauen, die eine berufliche Karriere verfolgen wollen, bleibt kinderlos (Kreyenfeld und Konietzka, 2013; Bujard, 2015b).

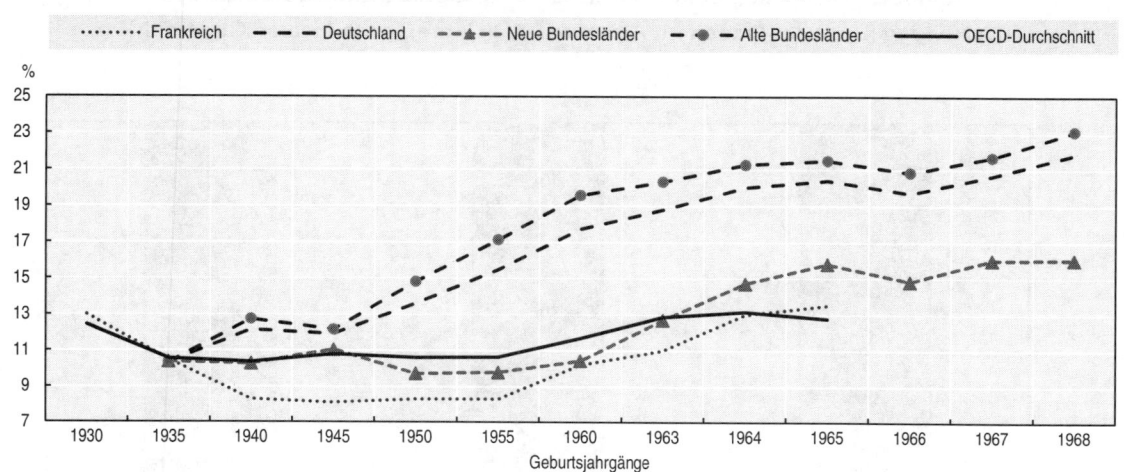

Abbildung 6.3 **Die endgültige Kinderlosigkeit ist in Deutschland doppelt so hoch wie in Frankreich**

Quelle: OECD Family Database, *www.oecd.org/els/family/database.htm*; Bujard (2015b).

3. Differenz zwischen tatsächlicher und gewünschter Kinderzahl

Eine niedrige Fertilität und Kinderlosigkeit sind nicht immer Ausdruck persönlicher Präferenzen. Sowohl in Frankreich als auch in Deutschland ist der Anteil der Frauen, die Kinderlosigkeit für sich persönlich als „ideal" betrachten, gering: Er beträgt 3% in Frankreich und 7% in Deutschland (Abb. 6.4) und ist somit deutlich geringer als der tatsächliche Anteil der Kinderlosen. Daraus kann geschlossen werden, dass viele Frauen in Frankreich, vor allem aber in Deutschland, ungewollt kinderlos sind.

Ein weiterer Unterschied zwischen Frankreich und Deutschland betrifft die ideale Kinderzahl. 2011 gab in Frankreich ein großer Teil der Frauen (45%) an, dass sie gerne mindestens drei Kinder hätten. In Deutschland betrug der entsprechende Prozentsatz nur 18%. Dort gaben zwei Drittel der Befragten an, dass sie zwei Kinder als ideal betrachten.

Frankreich ist ein Land, in dem sowohl die angestrebten als auch die tatsächlichen Geburtenzahlen relativ hoch sind (Abb. 6.5). Demgegenüber gehört Deutschland zu einer Gruppe von Ländern, in denen die angestrebten ebenso wie die tatsächlichen Geburtenzahlen niedrig sind. Daraus kann geschlossen werden, dass das Zusammenspiel zwischen kulturell geprägten Einstellungen gegenüber Kindern und verinnerlichten Zwängen der Elternschaft sowohl Auswirkungen auf den Kinderwunsch als auch auf das tatsächliche Geburtenverhalten hat (Klobas und Ajzen, 2015).

Neuere Trends lassen darauf schließen, dass sich die Einstellungen zur Elternschaft in Deutschland verändern und die Talsohle durchschritten ist: Dorbritz und Naderi (2013) beobachten seit Anfang der 2000er Jahre eine Zunahme der Zahl der Kinder, die Erwachsene eigenen Angaben zufolge gerne hätten. Diese Zunahme wird an verschiedenen Maßen des Kinderwunschs deutlich. Dorbritz und Naderi stellen z.B. fest, dass die Zahl der Kinder, die sich 20- bis 39-Jährige unter „realistischen" Bedingungen[4] wünschen, zwischen 2005 und 2011 von 1,44 auf 1,77 angestiegen ist. Das Institut für Demoskopie Allensbach (2015) sieht eine ähnliche Entwicklung des Kinderwunschs, die mit einer sich verändernden Wahrnehmung in Verbindung gebracht wird: 2013 betrachteten 33% der Deutschen ihr Land als kinderfreundlich, 2007 betrug dieser Anteil nur 25%. 2013 fühlten sich weniger Eltern von Kindern unter 3 Jahren finanziell eingeschränkt (48% gegenüber 36%), und der Anteil derjenigen, die es schwer fanden, Betreuung für ihre Kinder zu finden, war deutlich gesunken – von 29% im Jahr 2007 auf 13% im Jahr 2013.

Abbildung 6.4 **Die „ideale" Familie hat in Deutschland zwei Kinder**
Verteilung (in %) der Frauen im Alter von 15-39 Jahren nach idealer Kinderzahl

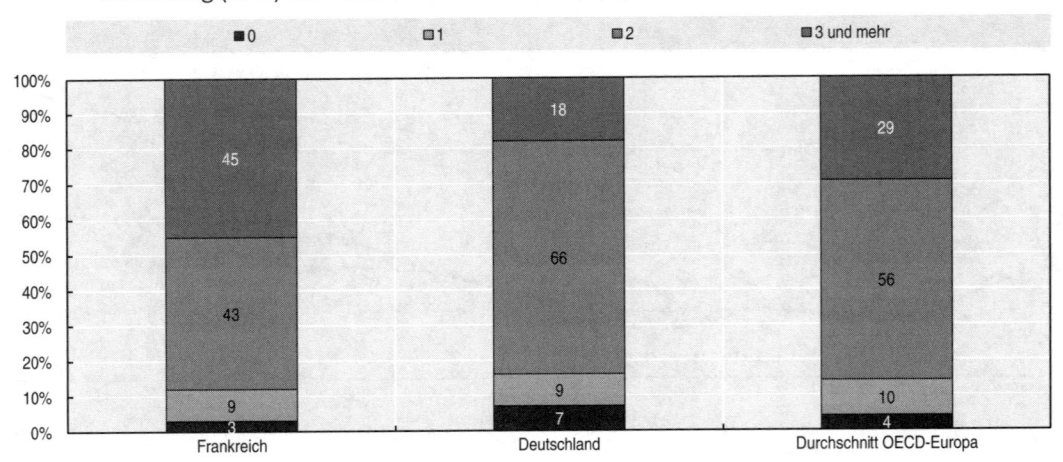

	0	1	2	3 und mehr
Frankreich	3	9	43	45
Deutschland	7	9	66	18
Durchschnitt OECD-Europa	4	10	56	29

Quelle: Eurobarometer 2011, nach Berechnungen von Testa (2012).

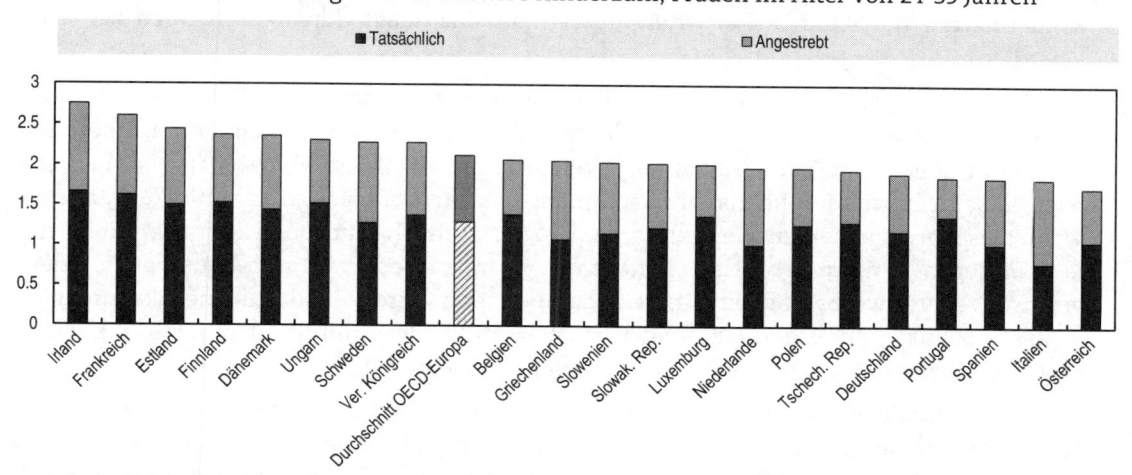

Abbildung 6.5 **Mittlere angestrebte Kinderzahl in der EU angehörenden OECD-Ländern**
Tatsächliche und angestrebte mittlere Kinderzahl, Frauen im Alter von 24-39 Jahren

Quelle: Eurobarometer 2011 zu Fertilität und gesellschaftlichem Klima, http://ec.europa.eu/public_opinion/index_en.htm.

4. Vereinbarkeit von Familie und Beruf als eine entscheidende Determinante des Geburtenverhaltens

Die im Ländervergleich festzustellenden Unterschiede bei den Geburtentrends sind zahlreichen Faktoren zuzuschreiben (Goldstein et al., 2009; OECD, 2011). Die Erholung der zusammengefassten Geburtenziffern, die in den 1990er und 2000er Jahren in vielen OECD-Ländern verzeichnet wurde, war in gewissem Umfang eine logische Folge des Aufschubs der Elternschaft in den Nachkriegskohorten, die dann mit über 30 oder Anfang 40 Jahren Kinder bekamen und so den vorherigen Rückgang der Geburtenraten teilweise wieder ausglichen (Bongaarts und Sobotka, 2012). Für den Aufschub der Elternschaft kann es verschiedene Motive geben, zwei wichtige Gründe sind jedoch:

- die wachsende Zahl von Frauen, die erst ihre Position auf dem Arbeitsmarkt festigen möchten, bevor sie Kinder bekommen;
- die veränderten Einstellungen zur Aufteilung von Erwerbstätigkeit und Kindererziehung innerhalb der Haushalte.

Beschäftigungsstrukturen und Geburtenverhalten

Das Geburtenverhalten hängt aus verschiedenen Gründen zunehmend vom Erwerbsstatus der Frauen ab (Anderson und Kohler, 2015; Luci-Greulich und Thévenon, 2014). Erstens hat das deutlich gestiegene Bildungsniveau der Frauen zur Folge, dass sich für sie die Kosten einer Unterbrechung der beruflichen Laufbahn wegen Schwangerschaft und/ oder Kindererziehung erhöhen. Zweitens ist es für Frauen angesichts der wachsenden wirtschaftlichen Instabilität sowie des Risikos der Trennung vom Partner zunehmend wichtig, ihre Arbeitsmarktsituation zu sichern, bevor sie eine Familie gründen (Bernhardt, 1993; Blossfeld, 1995). Deshalb bekommen erwerbstätige Frauen, vor allem solche mit hohem Bildungsniveau, ihr erstes Kind zwar in der Regel früher als nichterwerbstätige, allerdings nur in nord- und westeuropäischen Ländern, in denen sie mit größerer Wahrscheinlichkeit Zugang zu Angeboten haben, die die Vereinbarkeit von Familie und Beruf verbessern (Rendall et al., 2014; Wood et al., 2015). In Ländern hingegen, in denen das Angebot an solchen Hilfen beschränkt ist, ist die Geburt eines Kindes häufig mit einem deutlichen Rückgang des Familieneinkommens verbunden, da mindestens ein Partner seinen Arbeitszeitumfang reduzieren oder ganz zu arbeiten aufhören muss, um sich um das Kind zu kümmern. Diese Einkommenseinbuße wiegt offenbar für Eltern besonders schwer, die gerne mehr Kinder hätten, die aber beide arbeiten müssen, um das Haushaltseinkommen zu sichern (Greulich et al., 2016).

Die Vereinbarkeit von Familie und Beruf ist eine entscheidende Voraussetzung für hohe Frauenerwerbstätigenquoten und hohe Geburtenraten. Effektiv sind die Länder, in denen ein hoher Anteil der Frauen der Altersgruppe 25-54 Jahre erwerbstätig ist, häufig auch diejenigen mit den höchsten zusammengefassten Geburtenziffern (Abb. 6.6), auch wenn diese im Allgemeinen ebenfalls unter dem Bestandserhaltungsniveau von 2,1 Kindern je Frau liegen. Umgekehrt weisen Länder mit geringen Geburtenraten häufig auch eine geringe Frauenerwerbstätigkeit auf. Deutschland fällt dadurch auf, dass seine zusammengefasste Geburtenziffer deutlich niedriger ist als in Ländern mit ähnlich hohen Frauenerwerbstätigenquoten, wie z.B. Frankreich und Neuseeland.

Unterschiede auf der gesamtwirtschaftlichen Ebene in Bezug auf Geburtenraten und Frauenerwerbstätigenquoten sind insofern Ausdruck von Unterschieden auf Personenebene, als die Arbeitsmarktbeteiligung der Frauen von der Zahl und dem Alter der Kinder im Haushalt abhängig ist. Die Erwerbstätigenquoten der Frauen sinken in Frankreich und Deutschland mit steigender Kinderzahl, allerdings sind Mütter mit einem oder zwei Kindern in Frankreich mit wesentlich größerer Wahrscheinlichkeit erwerbstätig als in Deutschland (Abb. 6.7). Auch Mütter von Kindern im Vorschulalter sind in Frankreich mit größerer Wahrscheinlichkeit erwerbstätig, und die Erwerbstätigenquoten von Frauen mit Kindern im Alter von 0-2 Jahren sind in Deutschland deutlich niedriger. Ab dem Moment, wo das jüngste Kind in die Schule kommt, sind allerdings kaum noch Unterschiede bei den Erwerbstätigenquoten festzustellen (dies gilt aber nicht für die Zahl der Arbeitsstunden).

Inzwischen kehren in Deutschland mehr Frauen nach der Geburt der Kinder ins Erwerbsleben zurück als noch vor einigen Jahren. Insbesondere die Zahl der erwerbstätigen Mütter von Kindern unter drei Jahren ist zwischen 2006 und 2013 – d.h. nach Einführung des Elterngelds im Jahr 2007 – erheblich gestiegen: Auf diesen Zeitraum bezogen

Abbildung 6.6 **In Ländern mit hoher Frauenerwerbstätigkeit sind die Geburtenraten oft höher**
Zusammengefasste Geburtenziffern und Erwerbstätigenquoten der Frauen (25- bis 54-Jährige), 2014[1]

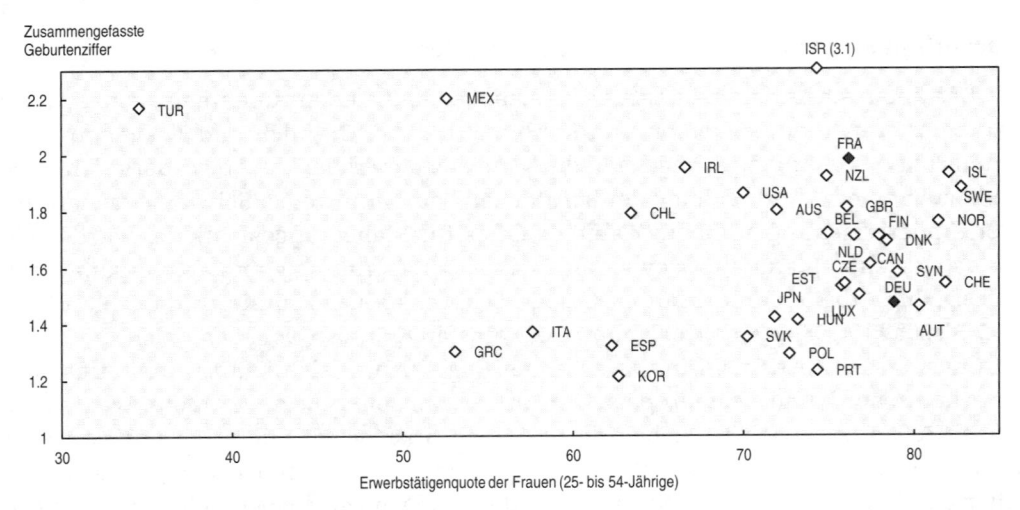

1. Die Daten zur zusammengefassten Geburtenziffer beziehen sich für Kanada auf 2012 und für Chile auf 2013.
Quelle: OECD Family Database, *www.oecd.org/els/family/database.htm*.

Abbildung 6.7 **Die Mutterschaft hat in Deutschland einen negativeren Effekt auf die Erwerbstätigkeit der Frauen als in Frankreich**

Erwerbstätigenquoten (in %) von Müttern (15- bis 64-Jährige) von Kindern im Alter von 0-14 Jahren nach Zahl dieser Kinder und Alter des jüngsten Kinds in Deutschland, Frankreich und im OECD27-Durchschnitt, 2013

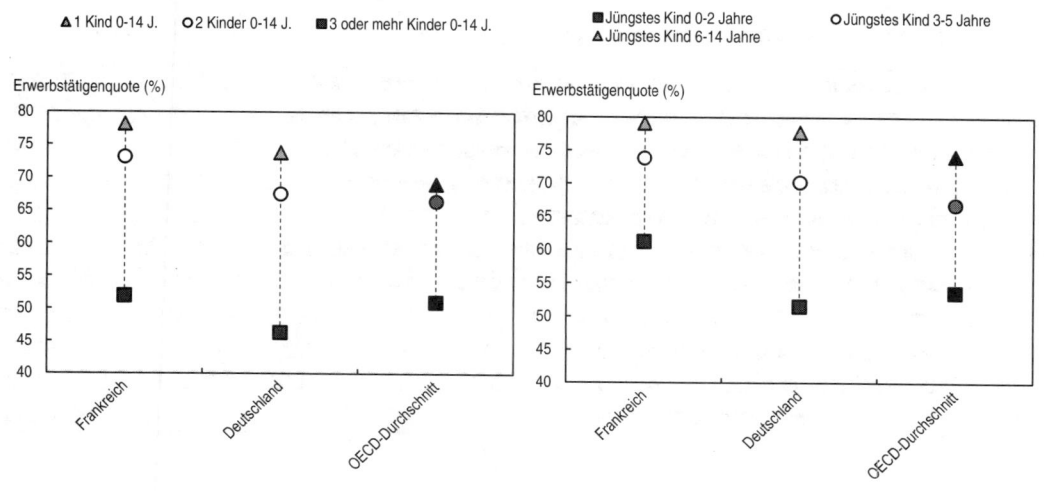

Quelle: OECD Family Database, www.oecd.org/els/family/database.htm.

arbeiteten im zweiten Lebensjahr nach der Geburt eines Kindes 10% mehr Mütter, und im dritten Lebensjahr eines Kindes waren es 13% mehr (BMFSFJ, 2015).

Die Präsenz von Kindern im Haushalt und deren Zahl hat in Deutschland ebenfalls einen größeren Einfluss auf die Wochenarbeitszeit als in Frankreich. Thévenon (2009) stellt seit den frühen 1990er Jahren eine wachsende Polarisierung beim Erwerbsstatus der Frauen fest, die von der Kinderzahl mitbeeinflusst wird. In Deutschland arbeiten Frauen mit Kindern zunehmend häufig in Teilzeitbeschäftigungsverhältnissen mit geringer Stundenzahl (weniger als 20 Stunden pro Woche), während vollzeitbeschäftigte Frauen eine vergleichsweise hohe Wochenarbeitszeit haben und offenbar immer häufiger kinderlos sind. In Frankreich war keine solche Polarisierung festzustellen. Dort arbeiten 45% der weiblichen Beschäftigten 35-39 Stunden pro Woche, und der Effekt des ersten und zweiten Kindes auf die Vollzeitbeschäftigung ist wesentlich weniger ausgeprägt als in Deutschland und den meisten anderen europäischen Ländern. Viele teilzeitbeschäftigte Frauen haben in Frankreich zudem eine höhere Wochenarbeitszeit als in Deutschland: In Frankreich liegt der Anteil der erwerbstätigen Frauen, die maximal 20 Stunden pro Woche arbeiten, unter 9%, in Deutschland hingegen über 20%.

Einstellungen zu Beruf und Familie

Die Unterschiede beim Erwerbsstatus der Frauen sind in gewissem Umfang auch auf Unterschiede bei den Einstellungen zur Vereinbarkeit von Familie und Beruf sowie zur Aufteilung der Erwerbstätigkeit innerhalb der Paare zurückzuführen. Ein hoher Anteil der beschäftigten Frauen in Deutschland, die mehr als 35 Stunden pro Woche arbeiten und deren Partner ebenfalls in Vollzeit arbeitet, sind nicht mit dem Umfang ihrer Arbeitszeit zufrieden: Fast drei Viertel von ihnen würden eigenen Angaben zufolge gerne weniger arbeiten (Abb. 6.8, Teil A). In Frankreich (48%) sowie in Finnland, Norwegen und Schweden (rd. 40%) ist der entsprechende Anteil deutlich niedriger. Demgegenüber sind in Deutschland die

6. PARTNERSCHAFTLICHKEIT UND GEBURTENVERHALTEN IN DEUTSCHLAND UND FRANKREICH

Abbildung 6.8 **Wie viel würden Sie gerne arbeiten?**

Verteilung (in %) beschäftigter Frauen nach idealer Wochenstundenzahl im Vergleich zur tatsächlichen Wochenarbeitszeit, Frauen mit einem vollzeitbeschäftigten Partner, ausgewählte Länder, 2010

A. Frauen mit einer Arbeitszeit von über 35 Stunden (und einem vollzeitbeschäftigten Partner)

■ Weniger als die tatsächliche Stundenzahl   □ Genauso viel   ■ Keine Meinung   ■ Mehr als die tatsächliche Stundenzahl

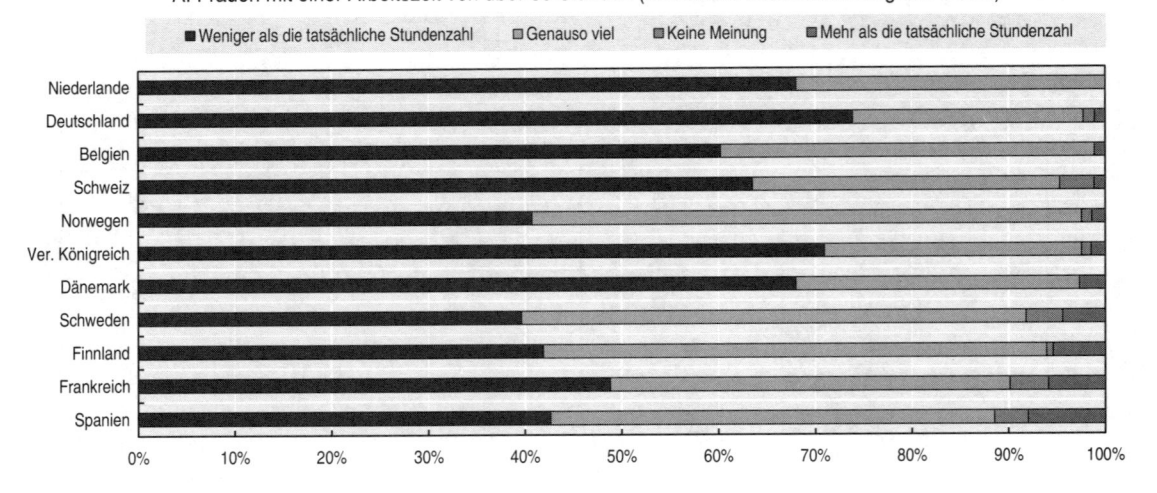

B. Frauen mit einer Arbeitszeit von maximal 35 Stunden (und einem vollzeitbeschäftigten Partner)

■ Weniger als die tatsächliche Stundenzahl   □ Genauso viel   ■ Keine Meinung   ■ Mehr als die tatsächliche Stundenzahl

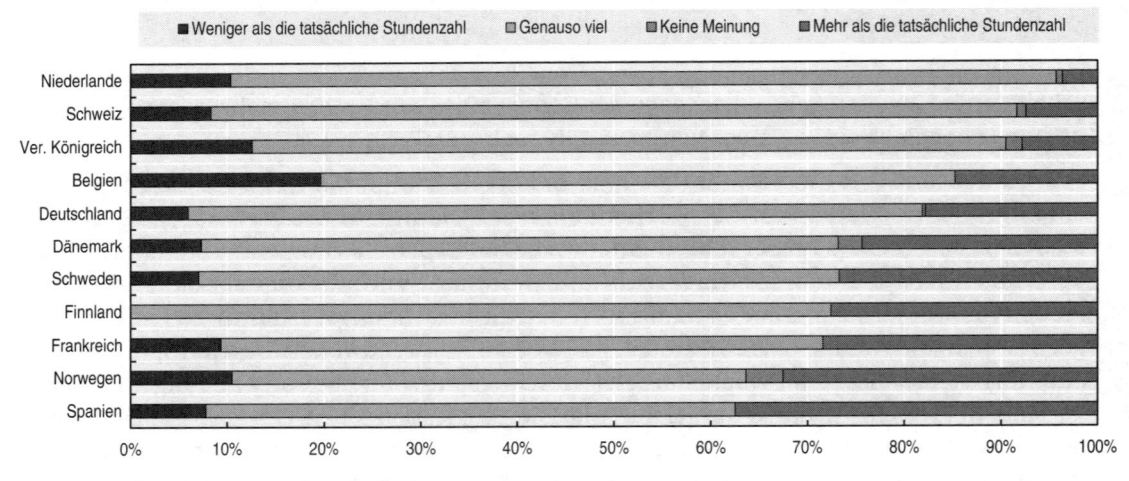

1. Die Daten zur zusammengefassten Geburtenziffer beziehen sich für Kanada auf 2012 und für Chile auf 2013.
Quelle: OECD Family Database, *www.oecd.org/els/family/database.htm*.

meisten Frauen, die maximal 35 Stunden pro Woche arbeiten, offenbar zufrieden (Abb. 6.8, Teil B): Nur 15% von ihnen geben an, dass sie gerne mehr arbeiten würden, im Vergleich zu 30% in Frankreich.

Kapitel 2 befasste sich mit dem Arbeitszeitumfang, den sich in einer Partnerschaft lebende Männer und Frauen mit und ohne Kinder im Vorschulalter für ihre Partner wünschen würden. Die Präferenzen unterscheiden sich deutlich zwischen den Geschlechtern. Frauen wünschen sich, dass ihre Partner durchschnittlich deutlich mehr Stunden pro Woche arbeiten als umgekehrt. Solche geschlechtsabhängigen Präferenzen sind in allen Ländern festzustellen, in Deutschland, den Niederlanden und dem Vereinigten Königreich sind sie aber stärker ausgeprägt als beispielsweise in Schweden, Dänemark und Frankreich. Die im Ländervergleich zu beobachtenden Unterschiede zeigen, dass das Modell des männlichen Haupt- bzw. Alleinverdieners in vielen Ländern immer noch sehr gegenwärtig ist.

Brachet et al. (2010) stellen zudem fest, dass in Deutschland stärker als in Frankreich die Ansicht vorherrschend ist, dass Männer sich erst einmal ein stabiles Einkommen sichern sollten, bevor sie heiraten und Kinder in die Welt setzen. Und innerhalb Deutschlands ist diese Ansicht in den alten Bundesländern stärker verbreitet als in den neuen (Bernardi et al., 2008).

Aufteilung der Kinderbetreuungsaufgaben zwischen den Geschlechtern und Geburtenverhalten

Die Fachliteratur zeichnet bezüglich des Zusammenhangs zwischen den Geburtenraten und der Aufteilung der unbezahlten Arbeit in der Familie ein uneinheitliches Bild[5]. Manche Studien stellen fest, dass traditionelle Geschlechterrollen und Verhaltensmuster mit einer früheren Familiengründung und höheren Kinderzahl verbunden sind, so z.B. Bernhardt und Goldsheider (2006) sowie Westoff und Wiggins (2009). Andere sind hingegen der Ansicht, dass geschlechtergerechtere Verhaltensmuster und eine ausgewogenere Aufteilung der Arbeit im Haushalt zu einem Anstieg der Geburtenraten führt (z.B. Cooke, 2009; Duvander und Andersson, 2006). Und Duvander, Lappegard sowie Andersson (2010) stellen für Schweden und Norwegen fest, dass eine stärkere Mitwirkung des Vaters bei der Betreuung des ersten Kindes die Wahrscheinlichkeit eines zweiten Kindes deutlich erhöht.

Aassve et al. (2015) kommen zu dem Schluss, dass Paare, die die unbezahlte Arbeit in der Familie gerechter unter sich aufteilen, in Ländern wie Frankreich, Ungarn und Litauen mit größerer Wahrscheinlichkeit ein zweites Kind haben. Allerdings haben die Art der unbezahlten Arbeit, die Mutter und Vater jeweils übernehmen, und die Frage, wie viel Zeit sie darauf verwenden, unterschiedliche Auswirkungen auf die Wahrscheinlichkeit weiterer Kinder. Miettinen et al. (2015) stellen z.B. für Finnland fest, dass die Wahrscheinlichkeit der Geburt eines weiteren Kindes steigt, wenn die Frauen weniger Zeit mit Hausarbeit verbringen. Eine stärkere Beteiligung der Männer an der Hausarbeit scheint hingegen keinen positiven Effekt auf die Geburtenraten zu haben. Dies ist jedoch der Fall, wenn sich die Väter stärker an der Kinderbetreuung beteiligen. Diese neueren Ergebnisse decken sich mit denen einer Studie von Cooke (2004), in der für Deutschland festgestellt wird, dass die Wahrscheinlichkeit steigt, dass Paare ein zweites Kind haben, wenn sich die Väter stärker um die Kinder kümmern, während der Effekt der Beteiligung der Väter an der unbezahlten Hausarbeit offenbar nicht signifikant ist.

Erwerbsstatus der Frauen, Partnerschaftsstrukturen und Geburtenverhalten in Deutschland und Frankreich

Dieser Bericht untersucht, wie die Wahrscheinlichkeit der Elternschaft von Paaren in Deutschland und Frankreich durch die Wechselwirkungen zwischen dem Arbeitsmarktstatus der Frauen, ihrem Arbeitszeitumfang und den sozioökonomischen Merkmalen der Partner beeinflusst wird (vgl. 6.A1 wegen Einzelheiten zu den angewandten Methoden). Er kommt zu dem Schluss, dass die Wahrscheinlichkeit der Elternschaft in Deutschland stärker vom Bildungsniveau und dem Erwerbsstatus der Frauen abhängig ist als in Frankreich, was darauf zurückzuführen ist, dass es in Deutschland schwieriger ist, eine Vollzeitbeschäftigung mit familiären Pflichten zu vereinbaren, und dass die Opportunitätskosten der Elternschaft somit höher sind.

- Für Frauen in Deutschland, die nur die Pflichtschulzeit absolviert haben, ist die Wahrscheinlichkeit, innerhalb eines Zwölfmonatszeitraums ein Kind zu bekommen, fast doppelt so hoch wie für Frauen mit Hochschulabschluss. In Frankreich ist sie nur 30% höher.

- Der Erwerbsstatus spielt in beiden Ländern eine Rolle, erwerbstätige Frauen haben (unabhängig von der Zahl der Arbeitsstunden) in Deutschland jedoch mit deutlich geringerer Wahrscheinlichkeit Kinder.

- Frauen, die in Teilzeit arbeiten (vor allem wenn sie weniger als 20 Wochenarbeitsstunden leisten), haben in Deutschland mit wesentlich größerer Wahrscheinlichkeit Kinder als vollzeitbeschäftigte Frauen. Der Einfluss des Arbeitszeitumfangs unterscheidet sich auch je nach dem Bildungsniveau der Frauen, wobei im Ländervergleich allerdings Unterschiede in Bezug auf die Wechselwirkungen zwischen Bildungsniveau und Arbeitszeitumfang bestehen. In Frankreich haben Frauen – unabhängig von der Zahl der Arbeitsstunden – mit 30-40% geringerer Wahrscheinlichkeit Kinder, wenn sie einen Hochschulabschluss haben, als wenn sie nur einen Abschluss des Sekundarbereichs I haben. In Deutschland haben vollzeitbeschäftigte Frauen demgegenüber mit wesentlich geringerer Wahrscheinlichkeit Kinder, wenn sie einen Abschluss des Sekundarbereichs II haben, als wenn sie einen Hochschulabschluss haben. Dies verdeutlicht die großen Hindernisse, vor denen vollzeitbeschäftigte Frauen in Deutschland stehen, wenn sie Kinder haben möchten, vor allem wenn sie ein geringeres Bildungsniveau haben und es sich nicht leisten können, Beruf und Kindererziehung zu verbinden.

- Auch die Berufswahl der Frauen scheint sich auf das Geburtenverhalten auszuwirken, und zwar unabhängig vom Arbeitszeitumfang (vgl. 6.A1 wegen einer Definition der Berufsgruppen). In Deutschland ist die Wahrscheinlichkeit, innerhalb eines Zwölfmonatszeitraums ein Kind zu bekommen, z.B. für Angehörige akademischer Berufe höher als für Führungskräfte, bei denen die Wahrscheinlichkeit der Mutterschaft wiederum größer ist als bei Technikerinnen, Bürokräften und sonstigen Frauen in Berufen mit geringeren Qualifikationsanforderungen. Der Zusammenhang zwischen ausgeübtem Beruf und Fertilität könnte der Tatsache zuzuschreiben sein, dass sich Frauen bei der Berufswahl teilweise davon leiten lassen, wie gut sich die verschiedenen Berufe mit ihrem Kinderwunsch vereinbaren lassen. Angehörige akademischer Berufe können in der Tat mehr Möglichkeiten haben, ihre Arbeitszeiten flexibel anzupassen, um sie mit ihren familiären Pflichten in Einklang zu bringen, als z.B. Maschinenbedienerinnen. Das Gleiche ist auch in Frankreich zu beobachten, dort scheint es sich jedoch nicht in gleichem Umfang auf die Geburtenraten auszuwirken.

- In Frankreich haben zwei Frauen mit gleichem Beruf und Stundenlohn bei sonst gleichen Bedingungen mit größerer Wahrscheinlichkeit Kinder, wenn sie einer vollzeitnahen oder einer Teilzeitbeschäftigung nachgehen, als wenn sie 40 Stunden oder mehr pro Woche arbeiten. Ein umfassendes Angebot an Ganztagskinderbetreuung ohne Unterbrechung, einschließlich außerschulischer Betreuung, scheint zu bewirken, dass das Geburtenverhalten innerhalb von Berufsgruppen stärker vom Arbeitszeitumfang abhängig ist. In Deutschland haben Arbeitszeitunterschiede innerhalb von Berufsgruppen hingegen wenig Auswirkungen auf das Geburtenverhalten, was sowohl berufsspezifischen Einschränkungen der Arbeitszeitflexibilität als auch dem unzureichenden Kinderbetreuungsangebot zuzuschreiben sein könnte. In Deutschland sind Frauen mit größerer Wahrscheinlichkeit gezwungen, sowohl die Wahl ihres Berufs als auch ihren Arbeitszeitumfang an ihrem Kinderwunsch auszurichten (soweit dies möglich ist).

- Für Frauen mit hohem Einkommen sind die Opportunitätskosten der Mutterschaft im Allgemeinen höher. Daher ist unter sonst gleichen Bedingungen zu erwarten, dass sie mit geringerer Wahrscheinlichkeit Kinder bekommen. Dies ist in Deutschland in der Tat festzustellen, wo Frauen mit geringem Einkommen mit deutlich größerer

Wahrscheinlichkeit Kinder bekommen als Frauen im mittleren oder oberen Bereich der Einkommensverteilung. In Frankreich hat der individuelle Verdienst der Frauen hingegen wenig Einfluss auf das Geburtenverhalten, auch wenn Spitzenverdienerinnen mit etwas größerer Wahrscheinlichkeit Kinder haben als Frauen mit geringem Einkommen. Angebote zur Verbesserung der Vereinbarkeit von Familie und Beruf verringern die Opportunitätskosten der Elternschaft und gewährleisten so, dass die Geburtenwahrscheinlichkeit mit dem Einkommen der Frauen steigt[6].

Außerdem ist festzustellen, dass das Bildungsniveau und der Verdienst des männlichen Partners in Deutschland einen wesentlich größeren Einfluss auf das Geburtenverhalten haben als in Frankreich. Einkommensunterschiede zwischen den Partnern haben in Frankreich bei sonst gleichen Bedingungen keinen Einfluss auf die Wahrscheinlichkeit der Elternschaft. In Deutschland hingegen, wo der Verdienst des Mannes häufig als entscheidend für die erforderliche Einkommenssicherheit betrachtet wird, um Kinder zu haben, steigt die Wahrscheinlichkeit der Elternschaft erheblich, wenn der Mann deutlich mehr verdient als die Frau. Dieser starke Einfluss des Verdiensts des Mannes auf das Geburtenverhalten erklärt sich daraus, dass die Vorstellung, wonach der Mann für den Unterhalt der Familie aufkommen muss, sowie traditionelle Geschlechterrollen und Verhaltensmuster in Deutschland noch deutlich stärker verbreitet sind als in Frankreich.

Der Vergleich von Frankreich und Deutschland lässt darauf schließen, dass Veränderungen der Beschäftigungsmuster in Paarfamilien mit einem Anstieg der Fertilität verbunden sind. Dazu muss die Förderung der Vereinbarkeit von Familie und Beruf in Deutschland allerdings weiter ausgebaut werden, um den Konflikt zwischen Vollzeitbeschäftigung und Mutterschaft zu verringern. Dass Paare Kinder bekommen, würde dann weniger vom Arbeitszeitumfang oder dem Beruf der Frau abhängen, und die Bedeutung der traditionellen Aufgabenteilung zwischen den Partnern würde abnehmen. Vereinbarkeitsregelungen – d.h. Regelungen zugunsten einer besseren Vereinbarkeit von Familie und Beruf – sind somit ein entscheidendes Element von Rahmenbedingungen, die höhere Geburtenraten und eine gleichberechtigtere Teilhabe von Männern und Frauen am Erwerbsleben fördern sollen.

5. Was können Vereinbarkeitsregelungen bewirken?

Die in der jüngsten Vergangenheit und aktuell umgesetzten Änderungen in der Familienpolitik machen es vielen Haushalten leichter, familiäre und berufliche Pflichten miteinander zu vereinbaren (Kapitel 3). Allerdings erhalten erwerbstätige Eltern und vor allem Mütter in Deutschland immer noch deutlich weniger Unterstützung als in Frankreich. Insbesondere das Kinderbetreuungsangebot ist in Frankreich, wo vorschulische und außerschulische Betreuungsmöglichkeiten seit Mitte der 1990er Jahre häufig – wenn auch nur unvollkommen – auf die Anforderungen von Vollzeitbeschäftigten zugeschnitten sind, deutlich stärker ausgebaut als in Deutschland. Dank längerer Schulzeiten und einem umfassenden Angebot an Betreuung außerhalb der Schulzeit ist es für viele französische Familien mit Kindern im Schulalter deutlich einfacher, Vollzeitbeschäftigung und Familie zu vereinbaren (Kapitel 3). In Deutschland bietet die Mehrzahl der Ganztagsgrundschulen demgegenüber maximal sieben oder acht Stunden Unterricht und Betreuung an, so dass die meisten Eltern ihre Kinder am Nachmittag abholen müssen. Und auch wenn die Zahl der 3- bis 6-Jährigen steigt, die in Ganztagskindergärten untergebracht sind, erhalten die meisten Kinder dieser Altersgruppe nur einen Teil des Tages formelle Betreuung. So bleibt vielen Frauen nichts anderes übrig, als zwischen Kindern oder Vollzeitbeschäftigung zu wählen.

Umfangreiche Evidenz belegt, dass bessere Möglichkeiten, um Beruf und Familie zu vereinbaren, einen positiven Effekt auf die Fertilität haben. Wichtig ist natürlich, wie die Familienförderung gestaltet ist. Einmalige Geldleistungen und „Babyprämien" können zwar Einfluss darauf haben, wann Paare Kinder bekommen, haben aber nicht zwangsläufig Auswirkungen auf die Gesamtzahl der Kinder je Familie (OECD, 2011; Thévenon und Gauthier, 2011).

Neuere Daten zeigen ferner, dass längere Phasen der Freistellung vom Beruf für Väter und Mütter einen positiven, aber schwachen Effekt auf die Geburtentrends haben (Luci-Greulich und Thévenon, 2013). Dieses Ergebnis deckt sich mit Evaluierungen der Einführung des Elterngelds in Deutschland im Jahr 2007, die darauf hindeuten, dass die Geburtenraten von Frauen Mitte Dreißig mit hohem Bildungsniveau seit der Reform in Deutschland gestiegen sind (Bujard und Passet, 2013; Stichnoth, 2014).

Der Ausbau der Betreuungsangebote für Kinder im Vorschulalter ist ein weiterer Faktor, für den durchgehend ein positiver Effekt auf die Geburtentrends festgestellt wird (Luci-Greulich und Thévenon, 2013). Hank und Kreyenfeld (2002) zeigen diesbezüglich, dass sich die geringen Geburtenraten in Deutschland durch das begrenzte Kinderbetreuungsangebot erklären lassen – einen Faktor, der auch mit dafür verantwortlich ist, dass sich Frauen zwischen Vollzeitbeschäftigung oder Kindern (und Teilzeitbeschäftigung) entscheiden müssen. Der jüngste Anstieg der Zahl der Plätze in öffentlichen Kinderbetreuungseinrichtungen hat effektiv zu einem Anstieg der Geburtenzahlen geführt. Bauernschuster et al. (2013) vermuten, dass das 2007 gesetzte Ziel für den Ausbau des Kinderbetreuungsangebots – eine Betreuungsquote von 39% – die zusammengefasste Geburtenziffer von 1,4 auf 1,55 Kinder je Frau erhöhen könnte.

Es gibt auch Evidenz dafür, dass Elternzeitansprüche speziell für Väter eine stärkere Beteiligung der Väter an der Kindererziehung fördern, die wiederum positive Auswirkungen auf die Geburtenraten haben kann (Duvander und Andersson, 2006; Duvander et al., 2010; Lappegard, 2009; Skrede, 2005). Der Großteil dieser Evidenz stammt aus nordischen Ländern, wo die Väterzeitregelungen großzügiger sind als in anderen Ländern und Verwaltungsdaten Vergleiche des Verhaltens vor und nach den betreffenden Reformen ermöglichen. Der Effekt der Väterzeitregelungen ist allerdings schwach und kommt nicht in allen Ländern zum Tragen. Duvander et al. (2015) stellen z.B. fest, dass sich die Fertilität in Norwegen nach der Einführung eines vom Vater zu nehmenden Teils der Elternzeit im April 1993 nicht veränderte. Die Einführung einer entsprechenden Regelung in Schweden im Jahr 1995 schien allerdings zu einem erheblichen Anstieg der Fertilität geführt zu haben. Insbesondere wurde ein deutlicher Anstieg der Häufigkeit der Geburt eines zweiten oder dritten Kindes verzeichnet, vor allem in Niedrigeinkommenshaushalten.

Für familienpolitische Maßnahmen wurde ebenfalls festgestellt, dass sie Einfluss auf die Kinderplanung und vor allem die Entscheidung für das erste und das zweite Kind haben (Billingsley und Ferrarini, 2014; Mills et al., 2008; Pailhé, 2009). Maßnahmen, die sowohl auf Familien nach dem traditionellen Modell des männlichen Alleinverdieners als auch auf Doppelverdienerfamilien ausgerichtet sind, scheinen die Entscheidung für ein erstes Kind zu begünstigen, während Fördermaßnahmen nur für Doppelverdiener Einfluss auf die Entscheidung für ein zweites Kind haben. Die Familienpolitik hat aber offenbar keinen Einfluss auf die Entscheidung für ein drittes sowie für weitere Kinder.

6. Schlussbetrachtungen

Die zusammengefassten Geburtenziffern sind in Deutschland in den letzten Jahren gestiegen, und neuere Daten lassen darauf schließen, dass die seit Ende der 2000er Jahre eingeleiteten Politikänderungen zu diesem Anstieg beigetragen haben. Vor allem die Einführung von Elterngeld und Elternzeit im Jahr 2007 und der Ausbau der Kinderbetreuungsangebote halfen, die Konflikte zu verringern, mit denen sich viele Eltern und vor allem Mütter konfrontiert sehen, die eine berufliche Karriere verfolgen und zugleich Kinder haben möchten. Außerdem betrachten 33% der Deutschen ihr Land heute als kinderfreundlich, während dies 2007 nur für 25% der Fall war (Institut für Demoskopie Allensbach, 2015).

In den vergangenen fünfzig Jahren war die Mutterschaft in Deutschland mit hohen Opportunitätskosten verbunden, weil es an Unterstützung für Eltern fehlte, die berufliche und familiäre Pflichten zu vereinbaren suchten. Dies führte zu einem deutlichen Aufschub der Geburt des ersten Kindes und einem stärkeren Anstieg der Kinderlosigkeit als in den meisten anderen europäischen Ländern (Burh und Huinink, 2015). Die Entwicklung verlief in den neuen und alten Bundesländern jedoch unterschiedlich. In den neuen Bundesländern hatte das steigende Bildungsniveau der Frauen keine wesentlichen Auswirkungen auf die kohortenspezifische Geburtenrate, die bis zu den in den 1960er Jahren geborenen Jahrgängen stabil blieb. In den alten Bundesländern trug die fehlende Unterstützung für die Vereinbarkeit von Familie und Beruf hingegen zu einem Rückgang der Geburtenraten in allen Geburtskohorten bei.

Die Evidenz in diesem Kapitel zeigt, dass die Geburtenraten in Deutschland stärker mit dem Bildungsniveau und dem Erwerbsstatus der Frauen zusammenhängen als in Frankreich. Vor allem Frauen, die Vollzeit berufstätig sind, bleiben in Deutschland mit wesentlich größerer Wahrscheinlichkeit kinderlos als in Frankreich, während Mütter mit deutlich höherer Wahrscheinlichkeit in Teilzeit arbeiten und nur wenige Wochenarbeitsstunden leisten (20 oder weniger). Vor diesem Hintergrund könnten Veränderungen der Beschäftigungsstrukturen, die es Eltern gestatten, mehr Zeit mit ihren Kindern zu verbringen, Paare dazu ermutigen, eine Familie zu gründen bzw. mehr Kinder zu bekommen.

Maßnahmen zur Unterstützung erwerbstätiger Eltern können einen positiven Effekt auf die Fertilität haben. Heute sind viele Länder mit einer hohen Frauenerwerbstätigkeit auch durch vergleichsweise hohe Geburtenraten (fast 2 Kinder je Frau) gekennzeichnet. Die vorliegenden Daten lassen darauf schließen, dass vor allem der Ausbau der Kinderbetreuungsangebote einer der entscheidenden Faktoren für die Zunahme der Fertilität in Ländern ist, die höhere zusammengefasste Geburtenziffern aufweisen als Deutschland. Eine gerechtere Aufteilung der Kinderbetreuungsaufgaben zwischen Müttern und Vätern kann Paare ebenfalls dazu bewegen, mehr Kinder zu bekommen. Hinzu kommt, dass ein möglicher langfristiger Effekt von Maßnahmen zur Unterstützung erwerbstätiger Eltern in einem Anstieg der angestrebten Kinderzahl bestehen könnte, vor allem wenn die Eltern sehen, dass sie nicht mehr zwischen Kindern *oder* Karriere wählen müssen.

Veränderungen des Geburtenverhaltens dürften jedoch nur ganz allmählich zum Tragen kommen, und bestehende Strukturen der Arbeitsorganisation in Familie und Beruf werden sich wandeln müssen. Zudem können Maßnahmen zugunsten einer besseren Vereinbarkeit von Familie und Beruf nur einen begrenzten Effekt haben, wenn sie nicht durch Änderungen der Arbeitsmarktbestimmungen flankiert werden, die es ermöglichen, Kinder zu haben *und* eine berufliche Karriere zu verfolgen. Wenn man den jüngsten Analysen der Geburtentrends Glauben schenken darf, könnte eine geschlechtergerechtere Aufteilung von Erwerbstätigkeit und Kindererziehung zwischen Müttern und Vätern weiter steigende Geburtentrends begünstigen.

Anmerkungen

1. Die zusammengefasste Geburtenziffer gibt die durchschnittliche Zahl der Kinder an, die eine Frau entsprechend der jeweiligen altersspezifischen Geburtenraten im Verlauf ihres Lebens zur Welt bringen würde, wenn unterstellt wird, dass keine Frauen im gebärfähigen Alter sterben. Sie wird in der Regel durch Addition der über Fünfjahreszeiträume berechneten altersspezifischen Geburtenraten ermittelt. Unter Berücksichtigung der Kindersterblichkeitsraten und ohne Zuwanderung ist eine zusammengefasste Geburtenziffer von 2,1 Kindern je Frau im Allgemeinen ausreichend, um die Bevölkerungszahl eines Landes stabil zu halten. Dies ist das sogenannte Bestandserhaltungsniveau.

2. Myrskyla et al. (2013) rechnen allerdings damit, dass die kohortenspezifische Geburtenrate in Deutschland nicht mehr weiter abnehmen, sondern für ab 1970 geborene Frauen leicht auf rd. 1,6 Kinder je Frau ansteigen wird. Die Differenz im Vergleich zu Frankreich wird jedoch bestehen bleiben, da Myrskyla et al. davon ausgehen, dass sie sich dort bei rd. 2,1 Kindern je Frau stabilisieren wird.

3. Der Anteil der kinderlosen Frauen schwankt je nach Art des ausgeübten Berufs. Unter Akademikerinnen in den alten Bundesländern ist die Kinderlosenquote traditionell hoch, auch wenn sie in den letzten Jahren etwas abgenommen hat (Bujard, 2012).

4. Der „realistische Kinderwunsch" wird anhand von Fragen ermittelt, bei denen die Befragten ihre tatsächlichen Lebensumstände berücksichtigen müssen, bevor sie angeben, wie viele Kinder sie sich wünschen.

5. Die Widersprüche zwischen den Ergebnissen sind z.T. auf Unterschiede bei der Definition und Messung von Geschlechtergerechtigkeit zurückzuführen, da in vielen Studien nicht die Aufgabenteilung an sich untersucht wurde. Die wenigen Studien, die sich mit Alltagsaktivitäten und der Aufteilung der Hausarbeit befassen, untersuchen den relativen Beitrag der beiden Partner, lassen jedoch zwischen den Haushalten bestehende Unterschiede beim Umfang der Hausarbeit außer Acht (Miettinen, 2015).

6. Diese Feststellung deckt sich mit den Ergebnissen von Andersson et al. (2014), die den Einfluss des Einkommen der Frauen auf die Entscheidung, Kinder zu bekommen, in Deutschland und Dänemark im Zeitraum 1980-2001 vergleichen. Sie kommen zu dem Schluss, dass in Dänemark ein positiver Zusammenhang zwischen dem Einkommen der Frauen und der Fertilität besteht, während dieser Zusammenhang in den alten Bundesländern negativ ist. Sie sehen darin die Folge unterschiedlicher Politikorientierungen in den beiden Ländern. Die dänische Sozialpolitik der 1980er und 1990er Jahre ermutigte die Frauen dazu, sich erst beruflich zu etablieren, bevor sie Kinder bekamen, während die deutsche Politik damals nicht darauf ausgerichtet war, die Erwerbstätigkeit von Müttern zu fördern.

Literaturverzeichnis

Aassve, A. et al. (2015), "What Is your Couple Type? Gender Ideology, Housework Sharing, and Babies", *Demographic Research*, Vol. 32, Article 30, S. 835-858.

Anderson, T. und H. Kohler (2015), "Low Fertility, Socioeconomic Development, and Gender Equity", *Population and Development Review*, Vol. 41, No. 3, S. 381-407.

Andersson, G., M. Kreyenfeld und T. Mika (2014), "Welfare State Context, Female Labour-market Attachment and Childbearing in Germany and Denmark", *Journal of Population Research*, Vol. 31, No. 4, S. 287-316, http://dx.doi.org/10.1007/s12546-014-9135-3.

Bauernschuster, S., T. Hener und H. Rainer (2015), "Children of a (Policy) Revolution: The Introduction of Universal Child Care and its Effect on Fertility", *Journal of the European Economic Association*, http://dx.doi.org/ 10.1111/jeea.12158.

Bernardi, L., A. Klärner und H. Von der Lippe (2008), "Job Insecurity and the Timing of Parenthood: A Comparison between Eastern and Western Germany", *European Journal of Population*, Vol. 24, No. 3, S. 287-313, http://dx.doi.org/10.1007/s10680-007-9127-5.

Bernardt, E. (1993), "Fertility and Employment", *European Sociological Review*, Vol. 9, No. 1, S. 25-42, http://esr.oxfordjournals.org/content/9/1/25.full.pdf.

Bernhardt, E. und F. Goldsheider (2006), "Gender Equality, Parenthood Attitudes, and First Births in Sweden", *Vienna Yearbook of Population Studies*, No. 4, S. 19-39.

Billingsley, S. und T. Ferrarini (2014), "Family Policy and Fertility Intentions in 21 European Countries", *Journal of Marriage and Family*, Vol. 76, No. 2, S. 428-445.

Blossfeld, H.-P. (Hrsg.) (1995), *The New Role of Women: Family Formation in Modern Societies*, Westview Press, Boulder.

BMFSFJ (Bundesministerium für Familie, Senioren, Frauen und Jugend) (2015), "Familienreport 2014 – Leistungen, Wirkungen, Trends", Bundesministerium für Familie, Senioren, Frauen und Jugend.

Bongaarts, J. und T. Sobotka (2012), "A Demographic Explanation for the Recent Rise in European Fertility", *Population and Development Review*, Vol. 38, No. 1, S. 83-120, März, http://onlinelibrary.wiley.com/journal/10.1111/(ISSN)1728-4457.

Brachet, S., M-T. Letablier und A. Salles (2010), "Devenir parents en France et en Allemagne : normes, valeurs, représentations", *Politiques sociales et familiales*, No. 100, S. 79-92, www.persee.fr/web/revues/home/prescript/revue/caf.

Breton, D. und F. Prioux (2009), "The One-child Family: France in the European Context", *Demographic Research*, Vol. 20, No. 27, S. 657-692, www.demographic-research.org.

Buhr, P. und J. Huinink (2015), "The German Low Fertility: How We Got There and What We Can Expect for the Future", *European Sociological Review*, Vol. 31, No. 2, S. 197-210, http://esr.oxfordjournals.org/content/31/2/197.abstract.

Bujard, M. (2015a), "Consequences of Enduring Low Fertility – A German Case Study. Demographic Projections and Implications for Different Policy Fields", *Comparative Population Studies*, Vol. 40, No. 2, S. 131-164, www.comparativepopulationstudies.de/index.php/CPoS/article/viewFile/185/202.

Bujard, M. (2015b), "Kinderlosigkeit in Deutschland: Wie interagieren Bildung, Wohnort, Migrationshintergrund, Erwerbstätigkeit und Kohorte?", *Zeitschrift für Familienforschung – Journal of Family Research*, 27. Jg., Heft 3, S. 1-25.

Bujard, M. (2012), "Talsohle bei Akademikerinnen durchschritten? Kinderzahl und Kinderlosigkeit in Deutschland nach Bildungs- und Berufsgruppen", *BiB Working Paper*, No. 4/2012, Bundesinstitut für Bevölkerungsforschung.

Bujard, M. (2011), "Family Policy and Demographic Effects: the Case of Germany", *Demografia*, Vol. 54, No. 5, English edition, S. 56-8, http://demografia.hu/en/.

Bujard, M. und J. Passet (2013), "Wirkungen des Elterngelds auf Einkommen und Fertilität", *Zeitschrift für Familienforschung – Journal of Family Research*, 25. Jg., Heft 2, S. 212-227, www.bib-demografie.de/SharedDocs/Publikationen/DE/BuchInfo/Bu_Zff_Wirkungen_Elterngeld.pdf?__blob=publicationFile&v=2.

Cooke, L. (2004), "The Gendered Division of Labor and Family Outcomes in Germany", *Journal of Marriage and the Family*, Vol. 66, No. 5, S. 1246-1259.

Dorbritz, J. (2008), "Germany: Family Diversity with Low Actual and Desired Fertility", *Demographic Research*, No. 19, No. 17, S. 557-598.

Dorbritz, J. und R. Naderi (2013), "Trendwende beim Kinderwunsch?", *Bevölkerungsforschung*, 34. Jg., Ausgabe 04/2013, Mitteilungen aus dem Bundesinstitut für Bevölkerungsforschung.

Duvander, A.-Z. und G. Anderssen (2006), "Gender Equality and Fertility in Sweden: A Study on the Impact of the Father's Uptake of Parental Leave on Continued Childbearing", *Marriage and Family Review*, Vol. 39, Issue 1-2, S. 121-142.

Duvander, A.-Z., T. Lappegard und G. Andersson (2010), "Family Policy and Fertility: fathers' and mothers' use of parental leave on continued childbearing in Norway and Sweden", *Journal of European Social Policy*, Vol. 20, No. 1, S. 45-57.

Duvander, A.-Z., T. Lappegard und M. Johansson (2015), "Family Policy Reform Impact on Continued Fertility in the Nordic Countries", Paper für das Families and Societies Second Annual Consortium Meeting, Madrid, Januar.

Frejka, T. und J-P. Sardon (2007), "Cohort Birth Order, Parity Progression Ratio and Parity Distribution Trends in Developed Countries", *Demographic Research*, Vol. 16, Article 11, S. 315-374, www.demographic-research.org/.

Frejka, T. und T. Sobotka (2008), "Fertility in Europe: Diverse, Delayed and Below Replacement", *Demographic Research*, Vol. 19, Article 3, S. 15-46, *www.demographic-research.org*.

Goldstein, J., T. Sobotka und A. Jasilioniene (2009), "The End of 'Lowest-low' Fertility?'", *Population and Development Review*, Vol. 35, No. 4, S. 663-699, *http://onlinelibrary.wiley.com/doi/10.1111/j.1728-4457.2009.00304.x/pdf*.

Greulich, A., O. Thévenon und M. Guergot-Larivière (2016), "Securing Women's Employment: A Fertility Booster in European Countries?", *CES Working Paper*, No. 2016/24, Université Paris 1 Sorbonne, *ftp://mse.univ-paris1.fr/pub/mse/CES2016/16024.pdf*.

Institut für Demoskopie Allensbach (2015), "Familienbilder in Deutschland und Frankreich – Vergleich der Ergebnisse von Repräsentativbefragungen der Bevölkerung im Alter von 16 bis 49 Jahren in beiden Ländern", Untersuchung im Auftrag des Bundesministeriums für Familie, Senioren, Frauen und Jugend, Allensbach.

Klobas, J. und I. Ajzen (2015), "Making the Decision to Have a Child", in A. Liefbroer, J. Klobas und D. Philipov (Hrsg.), *Reproductive Decision-Making in a Macro-Micro Perspective*, Springer.

Kohler, H.P., F. Billari und J. Ortega (2002), "The Emergence of Lowest-Low Fertility in Europe During the 1990s", *Population and Development Review*, Vol. 28, No. 4, S. 641-680.

Kreyenfeld, M. und D. Konietzka (2013), *Ein Leben ohne Kinder: Ausmaß, Strukturen und Ursachen von Kinderlosigkeit in Deutschland*, Springer.

Luci-Greulich, A. und O. Thévenon (2014), "Does Economic Advancement 'Cause' a Re-increase in Fertility? An Empirical Analysis for OECD Countries (1960-2007)", *European Journal of Population*, Vol. 30, No. 2, S. 187-221.

Luci-Greulich, A. und O. Thévenon (2013): "The Impact of Family Policies on Fertility Trends in Developed Countries", *European Journal of Population*, Vol. 29, No. 4, S. 387-416, *http://dx.doi.org/10.1007/s10680-013-9295-4*.

Miettinen, A., L. Lainiala und A. Rotkirch (2015), "Women's Housework Decreases Fertility: Evidence from a Longitudinal Study among Finnish Couples", *Acta Sociologica*, Vol. 58, No. 2, S. 139-154.

Myrskyla, M., J. Goldstein und Y.S. Cheng (2013), "New Cohort Fertility Forecasts for the Developed World: Rises, Falls, and Reversals", *Population and Development Review*, Vol. 39, No. 1, S. 31-56.

OECD (2011), *Doing Better for Families*, OECD Publishing, Paris, *www.oecd.org/social/family/doingbetterforfamilies.htm*.

Rendall, M. et al. (2014), "Employment Impacts on Partnership and Parenthood Entry in Different Family-Policy Regimes", Paper für die European Population Conference 2014, verfügbar unter: *http://epc2014.princeton.edu/*.

Stichnoth, H. (2014), "Short-run Fertility Effects of Parental Leave Benefits: Evidence from a Structural Model", *Discussion Paper*, No. 14-069, ZEW (Zentrum für Europäische Wirtschaftsforschung), *http://ftp.zew.de/pub/zew-docs/dp/dp14069.pdf*.

Testa, M.R. (2012), "Family Sizes in Europe: Evidence from the 2011 Eurobarometer Survey", *European Demographic Research Papers*, No. 2, Institut für Demographie, Wien.

Thévenon, O. (2009), "Increased Women's Labour Force Participation in Europe: Progress in the Work-Life Balance or Polarization of Behaviours?", *Population (englische Fassung)*, Vol. 64, No. 2, S. 235-272.

Thévenon, O. und A. Gauthier (2011), "Family Policies in Developed Countries: A Fertility Booster with Side-effects", *Community Work and Family*, Vol. 14, No. 2, S. 197-216.

Westhoff, C.F, und J. Wiggins (2009), "Relationship between men's gender attitudes and fertility", Response to Puur et al.'s 'Men's childbearing desires and views of the male role in Europe at the dawn of the 21st century', Demographic Research 19: 1883-1912", *Demographic Research*, Vol. 21, No. 3, S. 65-74.

Wood, J., J. Vergauwen und K. Neels (2015), "Economic Conditions and Variation in First Birth Hazards in 22 European Countries between 1970 and 2005", in K. Matthijs et al. (Hrsg.), *Population Change in Europe, the Middle-East and North-Africa : Beyond the Demographic Divide*, Ashgate Publishing, S. 45-80.

ANHANG 6.A1

Beruf oder Kinder? Ein Vergleich des Geburtenverhaltens in Deutschland und Frankeich

Die durchgeführte empirische Analyse soll den Einfluss folgender Faktoren auf das Geburtenverhalten in Frankreich und Deutschland vergleichen:

- Erwerbsstatus, Beruf, Einkommen, Bildungsniveau und Familienstand der Frauen;
- ERwerbsstatus, Beruf, Einkommen, Bildungsniveau und Familienstand der Partner der Frauen.

Die für die Analyse verwendeten Daten stammen aus den EU-Arbeitskräfteerhebungen der Jahre 2003-2012. Ein derart breiter Stichprobenumfang erleichtert eine detaillierte Analyse des Einflusses der Beschäftigungsstrukturen. Diese Strukturen werden anhand von Informationen zum Arbeitszeitumfang, zum ausgeübten Beruf und zum Einkommen erfasst. Mit Hilfe der Daten ist es auch möglich, die Merkmale der Frauen und ihrer Partner zu untersuchen.

Die Analyse befasst sich mit der Geburtenwahrscheinlichkeit von Frauen im Alter von 25-49 Jahren. Von einer Geburt wird ausgegangen, wenn im Haushalt ein Kind im Alter von unter einem Jahr lebt. Im Betrachtungszeitraum haben in Deutschland schätzungsweise 8,1% der 25- bis 49-jährigen Frauen innerhalb eines Zeitraums von zwölf Monaten ein Kind zur Welt gebracht. In Frankreich ist dieser Anteil mit 12% um ein Drittel höher. Diese Differenz deckt sich mit den bei den zusammengefassten Geburtenziffern festzustellenden Unterschieden.

Es wird unterstellt, dass die Geburtenwahrscheinlichkeit durch eine Reihe berufsbezogener Faktoren beeinflusst wird, wie den Arbeitsmarktstatus, der anhand folgender Kategorien betrachtet wird:

- nichterwerbstätige Frauen[1];
- Arbeitslose;
- erwerbstätige Frauen in Teilzeitbeschäftigung mit geringer Wochenarbeitszeit (höchstens 19 Stunden), in Teilzeitbeschäftigung mit hoher Wochenarbeitszeit (20-29 Stunden), in reduzierter Vollzeitbeschäftigung („vollzeitnah" – 30-39 Wochenarbeitsstunden) und mit langen Arbeitszeiten (mindestens 40 Wochenarbeitsstunden).

Diese Informationen beziehen sich auf den Arbeitsmarktstatus nach und *nicht* vor Geburt des Kindes, weshalb keine Rückschlüsse bezüglich des Kausaleffekts des Erwerbsstatus auf das Geburtenverhalten gezogen werden können. Die Daten geben jedoch Aufschluss über die sehr unterschiedlichen Zusammenhänge zwischen Erwerbsstatus und Geburtenverhalten in Deutschland und Frankreich.

Bei den erwerbstätigen Frauen wird auch der Beruf berücksichtigt, wozu eine Unterteilung in die Berufshauptgruppen (einstellig) der Internationalen Standardklassifikation der Berufe (ISCO) vorgenommen wird:

- Angehörige gesetzgebender Körperschaften, leitende Verwaltungsbedienstete und Führungskräfte – ISCO-Berufshauptgruppe 1;
- akademische Berufe – ISCO-Berufshauptgruppe 2;
- Technikerinnen und gleichrangige nichttechnische Berufe, Bürokräfte und kaufmännische Angestellte, Dienstleistungsberufe und Verkäuferinnen – ISCO-Berufshauptgruppen 3, 4 und 5;
- Fachkräfte in Landwirtschaft und Fischerei sowie Handwerks- und verwandte Berufe – ISCO-Berufshauptgruppen 6 und 7;
- Anlagen- und Maschinenbedienerinnen, Montiererinnen und Hilfsarbeitskräfte – ISCO-Berufshauptgruppen 8 und 9.

Der individuelle Verdienst wird als Erklärungsvariable ebenfalls berücksichtigt. Allerdings liegen dazu nur ab 2009 Daten vor. Die Modellspezifikation wird deshalb auch ohne Informationen zum Einkommen geschätzt, um einen möglichst langen Zeitraum betrachten zu können.

Die weiteren berücksichtigten personenbezogenen Merkmale sind:

- Alter – aufgeschlüsselt in die Altersgruppen: 25-29, 30-34, 35-39, 40-44 und 45-49 Jahre;
- Bildungsniveau mit ISCED 1 und Aufschlüsselung nach: maximal Sekundarbereich I, Sekundarbereich II und Tertiärbereich;
- Familienstand der Frauen, aufgeschlüsselt in: Alleinstehende, nicht mit einem Partner zusammenlebend; Unverheiratete, mit dem Partner zusammenlebend; Verheiratete, mit dem Partner zusammenlebend.

Außerdem wurden Jahres-Dummy-Variablen in die Modellschätzung aufgenommen, um jahresspezifische Faktoren (z.B. Konjunkturzyklen) zu berücksichtigen, die den Zusammenhang zwischen der Fertilität und den Erklärungsvariablen verändern können. Regionale Unterschiede zwischen den alten und neuen Bundesländern in Deutschland werden ebenfalls berücksichtigt, wozu Dummy-Variablen verwendet werden, die nichtbeobachteten regionalen Faktoren Rechnung tragen. Analog dazu wurden für Frankreich acht regionale Dummy-Variablen aufgenommen, die möglicher nichtbeobachteter Heterogenität Rechnung tragen sollen.

Die Modellschätzungen werden in zwei Blöcken durchgeführt. Der erste umfasst in einer Partnerschaft und nicht in einer Partnerschaft lebende Frauen, der zweite nur in einer Partnerschaft lebende Frauen, um den Effekt der Merkmale des Partners zu untersuchen. Des Weiteren wird der Effekt des Erwerbsstatus mit Bildungsmerkmalen verknüpft, um mögliche in Abhängigkeit vom Bildungsniveau zum Tragen kommende Unterschiede beim Effekt der Arbeitsintensität auf das Geburtenverhalten zu untersuchen.

Die geschätzten Fertilitätsgleichungen lauten folglich:

1. Block:

[1] $$Ln\left(\frac{y=1}{y=0}\right) = \theta Age + \alpha Edu_w + \beta WS_w + \gamma Edu_w * WS_w + \delta Occup_w + \mu Earnings_w + \pi Partnership_w + \tau T + \varphi R$$

2. Block (Frauen, die mit dem Partner zusammenleben):

[2] $$Ln\left(\frac{y=1}{y=0}\right) = \theta Age + \alpha Edu_w + \beta WS_w + \gamma Edu_w * WS_w + \delta Occup_w + \mu Earnings_w + \emptyset WS_m$$
$$+ \pi EduDiff_{w,m} + \omega EarningsDiff_{w,m} + \tau T + \varphi R$$

Wobei y (= 1 wenn ein Kind geboren wurde und = 0 wenn nicht) eine Logit-Funktion des rechten Eklärungsvariablenblocks ist. Die zweite Gleichung unterscheidet sich von der ersten dadurch, dass sie Informationen zum Erwerbsstatus des Partners und zu den Unterschieden beim Bildungsniveau und Verdienst der Partner enthält.

Die Regressionsrechnungen werden für Deutschland und Frankreich getrennt durchgeführt, um die Stärke des Zusammenhangs zwischen den Erklärungsfaktoren und der Geburt eines Kindes zu vergleichen.

In Tabelle 6.A1.1 sind die Ergebnisse für alle Frauen angegeben, ob sie mit einem Partner zusammenleben oder nicht. In der ersten Spalte sind für beide Länder jeweils die Ergebnisse der Modellspezifikation ohne Berücksichtigung der Informationen zu Berufsgruppen und individuellem Verdienst angegeben. Die zweite Spalte umfasst Informationen zu den Berufen, aber nicht zum Einkommen, während in der dritten Spalte auch das Verdienstniveau berücksichtigt ist. (Die Modellspezifikation beruht auf den Umfrageergebnissen aus den drei Jahren, für die entsprechende Informationen vorliegen.)

Zu den wichtigsten Schlussfolgerungen, die aus dieser Tabelle gezogen werden können, gehören:

- Für Frauen mit einem Bildungsabschluss des Sekundarbereichs I ist die Wahrscheinlichkeit, dass sie in einem Zwölfmonatszeitraum ein Kind bekommen, 1,42-1,47mal höher als für Frauen mit einem Abschluss von Sekundarbereich II. Ein Abschluss des Tertiärbereichs (Hochschulabschluss) verringert die Wahrscheinlichkeit der Mutterschaft im Vergleich zu Frauen mit einem Abschluss des Sekundarbereichs II umgekehrt um 32-42%. In Frankreich sind die Unterschiede bei der Geburtenwahrscheinlichkeit, die mit dem Bildungsniveau in Zusammenhang gebracht werden können, deutlich geringer.

- Der Erwerbsstatus der Frauen spielt in beiden Ländern eine Rolle, in Deutschland haben erwerbstätige Frauen jedoch mit deutlich geringerer Wahrscheinlichkeit Kinder, während der Effekt der Beschäftigung auf die Geburtenwahrscheinlichkeit in Frankreich schwächer ist. Beispielsweise ist die Differenz zwischen der Wahrscheinlichkeit der Mutterschaft von Frauen, die maximal 20 Stunden pro Woche erwerbstätig sind, und der von Frauen, die nichterwerbstätig sind, wie den Spalten 3 und 3' zu entnehmen ist, in Frankreich (0,24) doppelt so hoch wie in Deutschland (0,12).

- In beiden Ländern ist die Wahrscheinlichkeit, innerhalb eines Zwölfmonatszeitraums ein Kind zu bekommen, für Angehörige akademischer Berufe höher als für Führungskräfte, bei denen die Wahrscheinlichkeit der Mutterschaft wiederum größer ist als bei Technikerinnen, Bürokräften und sonstigen Frauen in Berufen mit geringeren Qualifikationsanforderungen.

- In beiden Ländern ist die Wahrscheinlichkeit der Mutterschaft für Frauen, die einer Teilzeitbeschäftigung nachgehen, wesentlich höher als für vollzeitbeschäftigte Frauen. Nach Berücksichtigung des Berufs schwankt die Wahrscheinlichkeit der Mutterschaft in Deutschland jedoch nicht mehr in Abhängigkeit von der Zahl der geleisteten Arbeitsstunden, während dies in Frankreich der Fall ist.

- Der Einfluss des Arbeitszeitumfangs unterscheidet sich auch je nach dem Bildungsniveau der Frauen, diese Wechselwirkung ist in den beiden Ländern jedoch unterschied-

Tabelle 6.A1.1 **Zusammenhang zwischen Beschäftigung und Geburtenverhalten**
Regressionsergebnisse – alle Frauen im Alter von 25-49 Jahren

	Deutschland			Frankreich		
	(-1)	(-2)	(-3)	(1')	(2')	(3')
Bildungsniveau (Referenzgröße: Sekundarbereich II)						
Sekundarbereich I	1.47***	1.42***	1.48***	1.35***	1.24***	1.17***
	-0.024	-0.027	-0.05	-0.014	-0.014	-0.023
Tertiärabschluss	0.68***	0.66***	0.58***	0.79***	0.85***	0.87***
	-0.013	-0.014	-0.024	-0.01	-0.011	-0.019
Erwerbsstatus (Referenzgröße: Nichterwerbstätige)						
Arbeitslose	0.09***	0.12***	0.13***	0.24***	0.28***	0.28***
	-0.004	-0.005	-0.012	-0.004	-0.005	-0.007
Höchstens 19 Std.	0.28***	0.16***	0.12***	0.31***	0.23***	0.24***
	-0.006	-0.009	-0.015	-0.006	-0.006	-0.02
20-29 Std.	0.21***	0.12***	0.13***	0.34***	0.24***	0.27***
	-0.005	-0.007	-0.016	-0.005	-0.006	-0.02
30-39 Std.	0.17***	0.12***	0.12***	0.24***	0.18***	0.18***
	-0.003	-0.007	-0.015	-0.002	-0.004	-0.013
Mindestens 40 Std.	0.13***	0.094***	0.10***	0.20***	0.14***	0.14***
	-0.003	-0.005	-0.012	-0.003	-0.004	-0.009
Wechselwirkung Bildungsniveau*Erwerbsstatus						
Sekundarbereich I						
Arbeitslose	..	0.93	..	..	1.04	..
		-0.117			-0.049	
Höchstens 19 Std.	..	1.19**	..	..	1.22***	..
		-0.066			-0.061	
20-29 Std.	..	1.31***	..	..	1.40***	..
		-0.79			-0.053	
30-39 Std.	..	0.65***	..	..	1.18***	..
		-0.033			-0.032	
Mindestens 40 Std.	..	0.60***	..	..	1,23.	..
		-0.031			-0.045	
Hochschulabschluss					..	..
Arbeitslose	..	1.34**	..	..	0.88*	..
		-0.152			-0.044	
Höchstens 19 Std.	..	1.02	..	..	0.69***	..
		-0.073			-0.047	
20-29 Std.	..	1.18*	..	..	0,84.	..
		-0.11			-0.044	
30-39 Std.	..	0.74**	..	..	0.88***	..
		-0.074			-0.031	
Mindestens 40 Std.	..	1.28**	..	..	0.87***	..
		-0.119			-0.054	
Beruf (Referenzgröße: Führungskräfte)						
Akademische Berufe	..	1.18**	1.02	..	1.02	1.19***
		-0.072	-0.106		-0.025	-0.061
Technikerinnen	..	0.947	0.64***	..	0.79***	0.89**
		-0.05	-0.065		-0.018	-0.046
Fachkräfte in Landwirtschaft und Fischerei	..	0.92	0.52***	..	0.75***	0.74***
		-0.071	-0.077		-0.032	-0.062
Maschinenbedienerinnen und Hilfsarbeitskräfte	..	0.59***	0.38***	..	0.55***	0.62***

Anmerkung: Die Standardfehler sind in Klammern angegeben. ***, ** und *: signifikant bei 1%, 5% bzw. 10%. Die Odd Ratios sind angegeben.
Unter (1) und (1') sind die Ergebnisse ohne Berücksichtigung von Beruf oder Einkommen für den Zeitraum 2003-2012 wiedergegeben.
Unter (2) und (2') sind die Ergebnisse ohne Berücksichtigung des Einkommens für den Zeitraum 2003-2012 wiedergegeben.
Unter (3) und (3') sind die Ergebnisse unter Berücksichtigung sämtlicher Kovariablen für den Zeitraum 2009-2012 wiedergegeben.

lich ausgeprägt. In Frankreich bekommen Frauen mit hohem Bildungsniveau mit 30-40% geringerer Wahrscheinlichkeit Kinder als Frauen, die maximal einen Abschluss des Sekundarbereichs I haben, ganz gleich, wie viele Stunden pro Woche sie arbeiten. In Deutschland haben vollzeitbeschäftigte Frauen hingegen mit wesentlich geringerer Wahrscheinlichkeit Kinder, wenn sie einen Abschluss des Sekundarbereichs haben, als wenn sie einen Hochschulabschluss haben.

- Der Zusammenhang zwischen Geburtswahrscheinlichkeit und individuellem Verdienst ist in den beiden Ländern ebenfalls unterschiedlich. In Deutschland bekommen Frauen mit geringem Einkommen mit deutlich größerer Wahrscheinlichkeit Kinder als Frauen im mittleren oder oberen Bereich der Einkommensverteilung. In Frankreich hat der individuelle Verdienst der Frauen hingegen wenig Einfluss auf das Geburtenverhalten, und die Wahrscheinlichkeit der Geburt eines Kindes während eines Zwölfmonatszeitraums ist für Frauen mit höherem Jahresverdienst größer.

Tabelle 6.A1.2 gibt die Ergebnisse für verheiratete oder unverheiratete Frauen wieder, die mit einem Partner zusammenleben. Aus Platzgründen ist nur der Einfluss des Verdiensts und der Merkmale des Partners angegeben, obwohl in der Schätzung auch andere Kovariablen berücksichtigt sind. Wie aus der Tabelle ersichtlich ist, haben die Merkmale des Partners in Deutschland einen wesentlich stärkeren Einfluss als in Frankreich:

- Haushalte haben bei sonst gleichen Bedingungen mit größerer Wahrscheinlichkeit Kinder, wenn die Frauen ein höheres Bildungsniveau haben als ihre Partner. Dieser Zusammenhang schwächt sich in Frankreich ab und verliert an Bedeutung, wenn das Einkommen berücksichtigt wird.

- Haushalte, in denen der Mann deutlich mehr verdient als die Frau, haben ebenfalls mit deutlich größerer Wahrscheinlichkeit Kinder. In Frankreich wird die Wahrscheinlichkeit eines Kindes im Haushalt nicht wirklich durch das Einkommensgefälle zwischen den Partnern beeinflusst.

Tabelle 6.A1.2 **Zusammenhang zwischen Geburtenverhalten und Partnermerkmalen**
Regressionsergebnisse – Frauen im Alter von 25-49 Jahren, die mit einem Partner zusammenleben

	Deutschland		Frankreich	
	(-1)	(-2)	(-1)	(-2)
Bildungsdifferenz im Vergleich zum Partner				
(Referenzgröße: gleiches Bildungsniveau)				
Mann hat höheres Bildungsniveau als Frau	0.97	1.01	1.03**	0.98
	-0.026	-0.052	-0.014	-0.022
Mann hat niedrigeres Bildungsniveau als Frau	1.17***	1.21***	1.14***	1.03
	-0.036	-0.069	-0.018	-0.028
Erwerbsstatus des Partners				
(Referenzgröße: Vollzeitbeschäftigte)				
Arbeitslose	1.12***	1.04	1.11***	1.18***
	-0.038	-0.085	-0.024	-0.043
Nichterwerbstätige	0.85***	0.93	0.89***	0.85***
	-0.036	-0.074	-0.024	-0.037
Teilzeitbeschäftigte (geringe Stundenzahl)	1	1.04	1.05*	0.99
	-0.042	-0.075	-0.029	-0.047
Teilzeitbeschäftigte (hohe Stundenzahl)	0.95**	0.97	1.01	1.01
	-0.017	-0.035	-0.011	-0.02
Verdienst				
(Referenzgröße: 3. Quintil)				
1. Quintil		1.66***		0.86**
		-0.111		(0.04.)
2. Quintil		1.36***		1
		-0.081		-0.044
4. Quintil		0.75***		0.98
		-0.055		-0.045
5. Quintil		0.76**		1.15**
		-0.069		-0.065
Verdienstdifferenz zwischen den Partnern				
(Referenzgröße: gleiches Einkommensquintil)				
Mann verdient mehr als Frau		1.36***		1.07**
		-0.075		-0.029
Mann verdient weniger als Frau		1.02		1.06*
		-0.049		-0.034
Zahl der Beobachtungen	231175	65635	401060	114490
Log-Wahrscheinlichkeit	-57787.55	-16782.67	-129681.1	-41041.62
McFadden Pseudo R2	0.239	0.254	0.224	0.223

Anmerkung: Die Standardfehler sind in Klammern angegeben. ***, ** und *: signifikant bei 1%, 5% bzw. 10%. Die Odd Ratios sind angegeben. Unter (1) und (1') sind die Ergebnisse ohne Berücksichtigung des Einkommens für den Zeitraum 2003-2012 wiedergegeben. Unter (2) und (2') sind die Ergebnisse unter Berücksichtigung sämtlicher Kovariablen für den Zeitraum 2009-2012 wiedergegeben.

Anmerkungen

1. Frauen in Elternzeit werden wahrscheinlich als nichterwerbstätig eingestuft, wenn sie in der Referenzwoche nicht gearbeitet haben.

ORGANISATION FÜR WIRTSCHAFTLICHE ZUSAMMENARBEIT UND ENTWICKLUNG

Die OECD ist ein einzigartiges Forum, in dem Regierungen gemeinsam an der Bewältigung von wirtschaftlichen, sozialen und umweltbezogenen Herausforderungen der Globalisierung arbeiten. Die OECD steht auch ganz vorne bei den Bemühungen um ein besseres Verständnis neuer Entwicklungen und unterstützt Regierungen, Antworten auf diese Entwicklungen und die Anliegen der Regierungen zu finden, beispielsweise in den Bereichen Corporate Governance, Informationswirtschaft oder Bevölkerungsalterung. Die Organisation bietet den Regierungen einen Rahmen, der es ihnen ermöglicht, ihre Erfahrungen mit Politiken auszutauschen, nach Lösungsansätzen für gemeinsame Probleme zu suchen, gute Praktiken aufzuzeigen und auf eine Koordinierung nationaler und internationaler Politiken hinzuarbeiten.

Die OECD-Mitgliedsländer sind: Australien, Belgien, Chile, Dänemark, Deutschland, Estland, Finnland, Frankreich, Griechenland, Irland, Island, Israel, Italien, Japan, Kanada, Korea, Lettland, Luxemburg, Mexiko, Neuseeland, die Niederlande, Norwegen, Österreich, Polen, Portugal, Schweden, Schweiz, die Slowakische Republik, Slowenien, Spanien, die Tschechische Republik, Türkei, Ungarn, das Vereinigte Königreich und die Vereinigten Staaten. Die Europäische Union beteiligt sich an der Arbeit der OECD.

OECD Publishing sorgt für eine weite Verbreitung der Ergebnisse der statistischen Datenerfassungen und Untersuchungen der Organisation zu wirtschaftlichen, sozialen und umweltpolitischen Themen sowie der von den Mitgliedstaaten vereinbarten Übereinkommen, Leitlinien und Standards.

OECD PUBLISHING, 2, rue André-Pascal, 75775 PARIS CEDEX 16
(81 2016 11 5 P) ISBN 978-92-64-26327-7 – 2016